U0129383

儒家義理輔導學之建構

——以王陽明與王船山義理中的意義治療為核心開展

李 瑋 皓 著

文 史 哲 學 集 成
文史哲出版社印行

國家圖書館出版品預行編目資料

儒家義理輔導學之建構：以王陽明與王船山
義理中的意義治療為核心開展 / 李瑋皓著.
-- 初版. -- 臺北市：文史哲, 民 109.01
　頁；　公分. -- （文史哲學集成；729）
ISBN 978-986-314-501-1（平裝）

1.(明)王守仁　2.(清)王夫之　3.學術思想
4.哲學

126.4　　　　　　　　　　　108022108

文 史 哲 學 集 成　729

儒家義理輔導學之建構
——以王陽明與王船山義理中的意義治療為核心開展

著　　　者：李　　　瑋　　　皓
出　版　者：文　史　哲　出　版　社
　　　　　　http://www.lapen.com.tw
　　　　　　e-mail：lapen@ms74.hinet.net
登記證字號：行政院新聞局版臺業字五三三七號
發　行　人：彭　　　正　　　雄
發　行　所：文　史　哲　出　版　社
印　刷　者：文　史　哲　出　版　社
　　　　　　臺北市羅斯福路一段七十二巷四號
　　　　　　郵政劃撥帳號：一六一八〇一七五
　　　　　　電話886-2-23511028・傳真886-2-23965656

定價新臺幣五四〇元

二〇二〇年（民一〇九）一月初版

摘 要

　　本文旨在嘗試將「意義治療」之義蘊從王陽明良知學與王船山義理中彰顯而出。是以筆者將嘗試提出一個新的義理架構之可能，此新的義理架構，具有兩個特點：第一、新的詮釋觀點是承襲自先秦孟子（前372－289）「性善說」，實有根源性。且此詮釋方式並非憑空創造，只是長期受到遮蔽，而未彰顯。第二、此詮釋方式能使現代人更為理解並體貼於陽明良知學與船山之義理之義蘊，並透過陽明之良知學與船山之義理解決吾人生命中所會面臨之問題。儒家義理本為探究吾人生命之學問，是以如何使自我受異化之生命重新獲得彰顯，消解依生命所產生之煩惱病痛；原本健康之吾人更能調適上遂，與他人和生活世界中之天地萬物之間產生真實之感通連結，成就萬物一體，具體落實於當代中而做到會通中外、通貫古今之使命，真實體現儒家義理之義蘊，並為吾人提供一安身立命之基礎進而追求自我生命之意義價值，最終安頓生活世界中之天地萬物。

　　第二章旨在以唐君毅先生圓融之義理為基礎，提出陽明與船山義理會通之可能。誠然此處之「會通」，並不是以一家義理強行比附另外一家之義理，而是分別以兩者獨特義理中之旨趣，見其同中有異，異中有同之處。兩人義理之旨趣雖各有側重，然乃為針對不同氣質之人，教予不同之人生命中不同階段之工夫，當機得其受用。第三章：〈論「本體」義蘊之意義治療與「惡」之

產生〉，意在論述陽明之「良知本體」與船山「即氣言體」之旨趣。並論述在陽明與船山之義理中，吾人之「惡」從何而出且要如何實踐「去惡」之工夫；第四章：〈論「工夫」義蘊之意義治療〉，則為重在應用儒家義理中「意義治療」之思維方式，以具體之工夫實踐，嘗試療癒現當代吾人生命中所會面臨之普遍苦惱與病痛，進而實踐立己立人，及物潤物之使命。第五章：〈論「達用」義蘊之意義治療〉，乃重在活用儒家義理中「意義治療」之思維方式，進而重新詮表陽明與船山傳統之義理問題。吾人可從陽明與船山以儒家義理為主以真實體現儒家「萬物一體」之感。是以本書作深入之探討，希冀能由此將傳統雋永之義理落實於當代之中，恢復與天地萬物本具之一體感，獲得真實無妄之人生境界，體現儒家人文化成之生活世界之理想。以下即依上述架構，逐步展開討論。

　　關鍵詞：王陽明、王船山、唐君毅、意義治療、生命之學

自 序

如果你擁有一萬個小時，你會拿來做些什麼事情呢？

當代新儒家大儒唐君毅先生在 1967 年因左眼網膜脫落，在日本京都入院接受治療期間，在病榻上深刻反省自己的生命而寫下《病裏乾坤》一書。而後他於 1976 年 8 月被診斷出肺癌，然唐先生仍勤勉不懈，持續寫作，最後在 1978 年 2 月病逝香港。

淡江大學榮譽教授王邦雄先生曾於其著作《老子的哲學》一書的〈老子講論三十年──修訂二版序〉中，寫下其當時之心境。原來王先生當時為《鵝湖月刊》社社長，看諸多專欄，都難以為繼，無疾而終，是以王先生率先作一示範，花了五個月的時間，一個月兩萬字，連續刊登五期，證明只要專注凝聚，經由連載的責任感，不到半年間，即完成其之升等論文。

上述所舉的這些前輩們的生命經驗，是每每在我累得想放棄時，再再鼓勵我堅持下去。我於 2014 年 9 月起就讀輔仁大學博士班，也在同年的 6 月，經醫生診斷得知自己罹患「僵直性脊椎炎」。即便知道自己不太能熬夜，但仍不斷督促自己，不能有所懈怠。於是我花了三年半的時間，不分日夜地完成這本博士論文。本書之完成，有賴許多師長對於我的期勉與肯定。

我要感謝我就讀於華梵大學中文系時的導師許師宗興與韓師子峯，兩位老師引領我進入中國義理的世界，從那時我才開始漸漸明白自己的才性與方向；碩士班時期林師素玟肯定我作中國義理式的「意義治療」之研究，對我有著莫大之鼓勵；在輔仁大

學中文所博士班時期受趙師中偉之諸多啟發與鼓勵，學生感激在心頭；感謝許師朝陽不斷地敦勉督促我多發表學術文章，以建立自己的學術能力與視野；此外我也要特別感謝我的學姐郭士綸，不論在生活或是學術上，學姐都給予了我許許多多的幫助與鼓勵。

再來我要感謝口考時幫助我打理許多事情的士綸學姐、智力與妍儀，以及給予我諸多意見的老師們：感謝廖俊裕老師提供了諸多書目供我參考並提供案例分析之可能性；感謝蔡家和老師諸多的寶貴意見，使我的拙作能獲得諸多更好的改進空間；感謝楊自平老師給予拙作諸多未來能延伸的向度，以及提出拙作諸多之盲點；感謝林安梧老師給予我的鼓勵，當時碩士班的口試委員也是安梧師，我一直將老師當時的話記在心上，並努力讓自己的學術能有所成長。最後我要感謝從碩士學位論文以來一直給予我指導的指導教授曾師昭旭。老師溫柔敦厚、條理分明的學術風格帶領我領略中國義理的世界，體悟成為一個「人」的意義價值，我永遠、永遠感謝老師教導我的一切。

在此我打從心底由衷感謝文史哲出版設在現今出版業蕭條的狀況下，仍願意出版我的拙作。

我也要感謝我的父母與家人，是他們養育我，我才能無後顧之憂地進行我的研究。最後的最後，還要感謝我的內人，謝謝她體諒我的工作並給予我無限的支持與鼓勵。使我的生命潤澤而充實。

如今我畢業了，謹以此文警惕自己莫忘為什麼選擇走上學術這條路的初衷之外，我一直都認為「中國義理」是需要體現在自己的生活中的。我會持續努力成為一個「人」，體現屬於我自己生命的意義價值。

李瑋皓　謹識於汐止自宅

儒家義理輔導學之建構
——以王陽明與王船山義理中的
意義治療為核心開展

目　　次

第一章　緒　論

　　筆者自碩士班開始，研究之重心即聚焦於「如何建立安頓自我亦安頓他人生命之義理」。是以筆者於碩論時，嘗試將明儒王陽明（1472－1528）之良知學義理與西方傅朗克先生[1]（Viktor E. Frankl，1905－1997）之意義治療學（Logotherapy）展開會通，並從中找尋吾人得以療癒自我、安身立命之處。然筆者在研讀博士班後，更進一步地欲嘗試以會通中西義理為基礎，以挺立自我文化中本具之療癒吾人生命存在之義理思維。而開顯屬於中國文化之「儒家義理輔導學」。

　　復次，筆者在博士班時接觸了明末清初鼎革之際之王船山（1619-1692）之義理，亦由其義理當中發覺可由船山義理建構另外一套別於陽明良知學卻同屬於儒家之義理輔導學。吾人常會因為生命中所面對之艱困境域而選擇沉溺於其中、無法自拔甚至痛苦終生。然吾人需要知道，吾人之生命有其意義價值，然知道了還不行，仍需要吾人自我具體之心性修養與道德實踐。使吾人能在追尋生命意義價值之過程中，能體悟到其中即蘊含著一治療之

---

[1] Frankl 教授曾於 1969 年 2 月間到臺北進行兩次演講，當時王堅厚教授（筆者自註：應為「黃堅　厚教授」）經由 Frankl 同意，正式將其姓譯為「傅朗克」，Frankl 之正式中文姓名由此確定。然 坊間譯法不一，或稱傅蘭克、弗蘭克、法蘭克等，均為 Frankl 之譯名，本書皆統稱「傅朗克」。 參見項退結，〈傅氏來台之鱗爪及其他〉，收入於傅偉勳，《批判的繼承與創造的發展》（臺北： 東大圖書公司，1986 年 6 月），頁 181。

效果，此治療之效果得以使吾人把持一正面負責任之態度以面對吾人所處之生活世界[2]，且使吾人皆能真正地成為一個「人」。

　　然由於吾人之生命皆為獨一無二之存在，吾人之心靈體悟與活動在透過語言詮表之時很難取得絕對之理解。是以筆者嘗試於本書當中提出「超越的反省」與「兩端而一致」之方法論，提出一個透過理解與詮釋之方式[3]，將自我之生命與他人、生活世界以及根源之道產生連結，並引導吾人實踐心性修養之工夫，進而使本書之論點有一脈絡可循，以彰顯本書所欲嘗試以陽明與船山義理所建構之儒家義理輔導學所以成立之處。

第一節　前人研究之成果

　　由於本書之著重面向在於陽明與船山義理所建構之儒家義理輔導學，職是之故，筆者於本節中將前人研究之成果集中於上

---

2 關於「生活世界」，林安梧先生曾指出：「一般講『生活世界』，就是我們現在所處的生活場域。我們在這裡是有所『生』、有所『活』，共著這個場域而說。所謂『場域』，是人參與其中才構成了『場域』，才構成了『生活世界』。但是它不是這一層，這一層我們說是俗世的生活世界。當我們說『生活世界』的時候，其實也隱含了一個根源性的意義，便是『源泉滾滾，沛然莫之能禦』的根源性創造狀態。也就是說，這個生活世界有兩層意義：一個是世俗義的，一個是根源義的。」參見林安梧，《儒學轉向：從「新儒學」到「後新儒學」的過渡》（臺北：臺灣學生書局，2006 年 2 月）頁 67。

3 關於「理解與詮釋」，林安梧先生即指出：「『理解』並不是一外於自身的對象化把握活動而是自身主體息息相關的交融與互動，此自然科學與人文學問之所以不同也。經由生命實存的點化開啟了嶄新的詮釋，這樣的理解、詮釋所帶來的不是批判而是一種『因而通之』、『調適而上遂於道』的治療。這樣的治療不是外力的力入，而是內在的迸發與昇進，從當下實存的情境下，掘發其實存的意義，喚醒人的實存主體性，在不斷的自我界定過程中，完成自我詮釋的活動，此自我之詮釋即是自我之治療活動。」參見林安梧，《牟宗三前後：當代新儒家哲學思想史論》（臺北：臺灣學生書局，2011 年 9 月），頁 110。

述三個面向之學者研究進行討論。

壹、唐君毅

　　身為當代新儒家大儒之唐君毅先生，其雖未明確點出其之義理有「意義治療」之義蘊；然吾人在細查唐君毅先生之諸多著作中，其對於吾人為何會「惡」之產生以及如何「去惡」之問題進而擁有道德生活之問題多有著系統性之思考。[4]唐君毅先生稱此為「人學」[5]。是以其點出吾人常因意念所起而與外物接觸之時，心不正進而即有一念陷溺[6]之可能。然唐君毅先生亦肯定吾人若在每

4　唐君毅先生在其《道德自我之建立》、《人生之體驗》、《人生之體驗續編》、《心物與人生》、《人文精神之重建》、《中國人文精神之發展》、《中國文化之精神價值》、《生命存在與心靈境界》、《病裏乾坤》、《文化意識與道德理性》、《哲學概論》等等之著作中，皆可散見唐君毅先生對於「惡」之義蘊多有所討論，且其以為此為當代之吾人需要去開拓之面向。唐君毅先生即言道：「正統的儒家，則或不認識，或認識不夠深切，或認識夠深切，而為更深之理由，隱而未發者。至少自語言文字之表達上說，正統儒家所說者，是不夠的。現在我們要開拓儒家思想，此一面之思想，亦須加入攝入，如何攝之，而不礙儒家思想之根本義如性善論，是一個哲學上之大問題，但亦不難解答。」參見唐君毅，《人生之體驗續編》（臺北：臺灣學生書局，1996 年 3 月），頁 137。

5　關於「人學」，唐君毅先生曾說道：「這套學問我名曰『人學』，是人的學問。是要把外在客觀化的東西重新收回到自己來。……此即顯示人自身之學問，就像我餓了，除非我自己去吃飯，任何人不能對我之餓幫忙。這套學問，或者在我自己心上能覺悟，或著一無所有。如心性之學，前人得了，但我們自己不得，也就沾不了他人恩惠。這是無所依攀，是自己與自己面對面的地方。……這種學問的語言不是指示的，也不是宣傳式的，而是啟發式的。指示式的語言只要指一物件即可，宣傳的語言也可用來說服或暗示，而啟發式的語言則必須清楚，必須找出一個東西以供印證。所以它隨各人之具體生活而有不同，並且最後還要將此語言收歸到自己才能瞭解。同時，說這一類語言，也可不說完，而可有含蓄、有保留。這種語言也不能嚴格系統化，而隨事而因應。……它不同於哲學，只能說它是心性之學。但又非心理學，而是人性的學問。」參見唐君毅，《人生隨筆》（臺北：臺灣學生書局，2014 年 4 月），頁 37-38。

6　關於「一念陷溺」，唐先生即指出：「人種之罪惡可以齊天，可用一切善為工具，以暢遂其惡，然而其產生之最原始之一點，只是一念之陷溺，由此陷溺而成無盡之貪欲。……人之可以由一念陷溺而成無盡之貪欲，只因為人精

個遭遇困難之當下皆「一念自反」[7]，則吾人能在此當下即復歸於「天德流行境」[8]。吾人在平時道德實踐之過程中，即蘊含著治療自我生命意義之效果。而當代許多學者亦指出唐君毅先生之「人學」義理富含著治療學之義蘊。[9]

復次，唐君毅先生論陽明與船山義理之著作多集中於《中國哲

神之本質，是要求無限。人精神所要求的無現，本是超越現實對象之無限，然而他一念陷溺於現實的對象，便好似謂現實對象所拘繫，他便會去要求現實對象之無限，這是人類無盡貪欲的泉源。人所接觸現實對象，本是有限，祇有精神之自覺才是無窮無際，人陷溺於現實的對象時，他失去了他自覺中的無窮無際之感，於是想在現實的對象中，獲得此無窮無際之感，於是人才有了無盡之貪欲。」參見唐君毅，《道德自我之建立》（臺北：臺灣學生書局，2015 年 9 月），頁 156。

7 關於「一念自反」，唐君毅先生即指出：「不陷溺之念即是天理流行，依乎天機而動。……誠然，我們要常常自覺有不陷溺之心境，非最高的人格不能。但是當下的不陷溺的心境，則是一念自反，即能具備的。因為我們才覺有陷溺，知病便是藥，我們的心便已不限溺。我們覺有陷溺而拔出，即不陷溺。這是我們當下可以求得的。我們亦可說，我們之不陷溺的心，原即我們之從事一切現實活動的心之『本體』。我們只怕不自反；才自反，它便在。而一念之超拔，即通於一切的善。同上注，頁 168。

8 關於「天德流行境」，唐君毅先生曾說道：「天德流行境，又名盡性立命境，于其中觀性命界。此要在論儒教之盡主觀之性，以立客觀之天命，而通主客，以成此性命之用之流行之大序，而使此性德之流行為天德之流行，而通主客、天人、物我，以超主客之分者。」參見唐君毅，《生命存在與心靈境界》上冊（臺北：臺灣學生書局，2006 年 9 月），頁 51。又言：「此儒家之思想，要在對於人當下之生命存在，與其當前所在之世界之原始的正面之價值意義，有一真實肯定，即順此真實肯定，以立教成德，而化除人之生命存在中之限制與封閉，而銷除一切執障與罪惡所自起之根，亦銷化人之種種煩惱苦痛之原。」參見氏著，《生命存在與心靈境界》下冊，頁 158。

9 林安梧先生即撰有〈開啟「意義治療」的當代新儒學大師──唐君毅先生〉與〈邁向儒家型意義治療之建立──以唐君毅《人生之體驗續篇》為核心的展開〉。此二文收入於氏著，《牟宗三前後：當代新儒家哲學思想史論》，頁 107-126。另有期刊論文〈再論「儒家型的意義治療學」──以唐君毅先生的《病裡乾坤》為例〉《鵝湖月刊》第 28 卷第 4 期（2002 年 10 月）頁 7-16。曾昭旭先生亦撰有〈論唐君毅先生的心性實踐予我之感發〉。收入於曾昭旭，《存在感與歷史感：論儒學的實踐面向》（臺北：臺灣商務印書館股份有限公司，2003 年 8 月）頁 157-169。高柏園先生亦撰有〈論唐君毅先生生命治療學〉。收入於景海峯主編主編，《儒學的當代發展與未來前瞻》，頁 149-161。鄭志明先生亦撰有〈從唐君毅的《病裏乾坤》談儒學醫療〉《鵝湖月刊》第 28 卷第 4 期（2002 年 10 月）頁 17-28。

學原論》相關之篇章。而其以「即哲學史以論哲學」[10]之方式詮釋中國義理，進一步提出古今中西之哲人所創立之各種相反相異之義理可周流貫通，以成義理教化之流行。[11]唐君毅先生對於陽明與船山之義理有特為精深而相應之了解與體悟，其一方面如陽明義理肯定吾人道德之主體，透過自我生命向內之反省與向上之提昇，以創造自我人生之意義與價值。另一方面如船山義理強調開展道德、價值、民族、歷史、文化等之意義與價值，

　　吾人個人之體悟雖無法複製，然卻是可提供他人作為參照之用，而其終極目的即在於使自我之心靈脫離虛妄之人生，進而擁有真實之道德生活，以成就其自身存在之意義。唐君毅先生之義理對於關懷吾人人生所會面臨之種種苦難之掌握，可謂非常精準，值得吾人後輩學習。

貳、牟宗三

　　當代新儒家大儒牟宗三先生對於儒家義理之分殊主要貢獻在於提出將宋明理學分為三系說，而其對於陽明義理之論述主要集中在《王陽明致良知教》、《從陸象山到劉蕺山》與《宋明儒學的問題發展》。牟宗三先生善於以分解詮釋為主，並精析釐清

---

10 見唐先生言：「所謂即哲學史以論哲學者，即就哲學義理之表現于哲人之言之歷史秩序，以見永恆的哲學義理之不同形態，而合以論述此哲學義理之流行之謂。既曰流行，則先後必有所異，亦必相續無間，以成其流，而其流亦當有其共同之所向。」參見唐君毅，《中國哲學原論・原教篇》（臺北：學生書局，2004年10月），頁9。

11 蔡仁厚先生曾記道：「唐先生又曾說到，他願意使自己的哲學思想，成為一條人人可以往來行走的橋梁或通路。有了唐先生這種寬平坦蕩的胸懷，而後乃能善視各種學術思想，而一一安排其位次序列，使之交融會通而相輔相成。」參見蔡仁厚，《新儒家的精神方向》（臺北：臺灣學生書局，2017年3月），頁307。

歷代之儒家義理在語言概念上之混雜，以進一步識其精當洞見之旨趣，最終使吾人對於中國各家義理能有一系統性之理解，而非只是各自之體驗。

牟宗三先生之義理所關懷之最終目的即在於「吾人之真實生命要如何落實於生活中並盡全體大用」。[12]並致力於將傳統儒學通過反省批判與重建與現代化社會接軌之課題。牟宗三先生之義理以一種新精神新疏解之方式詮釋傳統儒家義理，使儒家義理能得以別開生面，而使之更順適妥貼，充實中國文化之生命，返本以開新，在現代學術之大流中實有著巨大之貢獻。

參、傅偉勳

傅偉勳先生為首位將西方傅朗克「意義治療學」引進國內並提倡將中國傳統儒釋道之心性論義理與西方意義治療學理論相互融通深化，以發展一套適當可行的中國式精神療法之學者。[13]

傅偉勳先生之義理強調以吾人真實存在之生命心靈為基礎，適當地會通與轉化東西方哲學理論，並進行批判之繼承與創造之發展之詮釋，使中國傳統義理得以轉化為現代人安頓自我生命之用。[14]是以在其諸多著作中，吾人可見其努力嘗試於闡發中國

---

12 牟宗三先生即指出：「不管橫說豎說，總有一中心觀念，即在提高人的歷史文化意識，點醒人的真實生命，開啟人的真實理想。……生命總是縱貫的，立體的。專注意于科技之平面橫剖的意識總是走向腐蝕生命而成為『人』之自我否定。中國文化的核心是生命的學問。由真實生命之覺醒，向外開出建立事業與追求知識之理想，向內滲透此等理想之真實本源，以使理想真成其為理想，此是生命的學問之全體大用。」參見牟宗三，《生命的學問》自序（臺北：三民書局，2015 年 8 月），頁 1-2。

13 參見傅偉勳，《批判的繼承與創造的發展》（臺北：東大圖書股份有限公司，1986 年 6 月），頁 176。

14 傅偉勳先生曾說道：「現代儒家學者一旦具有多元開放的思想胸襟，就會為了儒家思想的自我轉折與未來發展，敢於面對非儒家傳統的正面衝擊所引發

儒釋道之義理所本具蘊含之意義治療之義蘊，進而建立現代生死學之研究，成為治療吾人生命存在之一帖良方。[15]傅偉勳先生於晚年期間罹患淋巴腺癌，然其努力不懈地將西方意義治療學引進國內，為中國傳統義理思想開展濫觴，使得後輩學者於研究詮釋中國義理時能經由意義治療之義蘊體貼於吾人之生活世界中，此實有著功不可沒之貢獻。

肆、蔡仁厚

　　蔡仁厚先生為牟宗三先生的嫡傳弟子，對於陽明義理之論述主要集中在《王陽明哲學》一書，以為自先秦儒家孔孟以降，乃為「『一心之朗現、一心之申展、一心之遍潤』的心與理通而為一之『心學』。」[16]並進一步主張儒家義理恆常之意義價值即在於「吾人自覺地疏解並提昇自我之生命，使自我之生命沿著正確之方向發展，並發揮積極之正面之作用，以開展出整個人文世界」。[17]

的外在難題（故需外在批評），以及儒家思想本身（可能）蘊含著的內在難題（故需內在批評），設法覓取解決這些難題的理論線索，同時批判地超克傳統儒家在思維方法上的局限性，嚴格要求今後儒家思想『（在問題設定上）的齊全性，（在問題解決上）的無瑕性，（在解決程序上）的嚴密性，以及（在語言表現上）的明晰性』。否則儒家思想在今日的多元世界，只能停留在孤芳自賞的階段，無由期臻世界性的學術水平。」參見傅偉勳，《從西方哲學到禪佛教》（臺北：三民書局，1991年2月），頁112-113。
15 傅偉勳先生曾說道：「意義治療學雖是西方文化的產物，它與東方（尤其中國）的人生觀察、人性論、哲學智慧等很有銜接融通之處。……傅朗克所說的態度價值，如能借用中國儒道佛三家的心性論予以深化，很可以發展一套適當可行的中國精神治療學出來。」參見傅偉勳，《死亡的尊嚴與生命的尊嚴》（臺北：正中書局，2010年6月），頁217。
16 參見氏著，《新儒家的精神方向》，頁237。
17 蔡仁厚先生即指出：「人的生命，有正負兩面。正面的是德性生命，負面的是氣質生命或說情欲生命。對於正面的德性生命，要求涵養、充實、發揚、上升，以求得最後的圓滿的完成。對於負面的氣質生命或情欲生命，則須予

　　蔡仁厚先生秉持著以儒家為中國文化之主幹之精神，其一心一念只關懷中華文化與儒家學術之光暢發皇，並強調吾人能透過在人生中實踐儒家義理，以完成自我之價值之實現與創造[18]，蔡仁厚先生如此宏偉之風範，實值為吾人後輩學習。

伍、曾昭旭

　　曾昭旭先生之《王船山哲學》一書曾被譽為中文學界中詮釋船山義理最為完備之書[19]，而曾昭旭先生亦以船山義理為其自身一切言行論著之總根源，而其所關懷之議題即為「生命（道）如何在實存生活之體驗中自我安頓、文化如何自我永續發展之學問」。[20]曾昭旭先生在其諸多著作中強調吾人之生命具有兩重需求──

　　即「生存需求」與「意義需求」。而身處於當代之吾人常因生命求上達之道德實踐中受到挫折阻礙而有「意義失落」之感。進而造成吾人生命有窒鬱不行之處。是以曾昭旭先生嘗試在中國

以變化和節制。變化，是對氣質而言，化掉氣質中的偏與雜，使生命便得中正合理而無所偏，變得清澈純一而無所雜；節制，是對情欲而言，要使情欲納入軌道的限制中而不放縱、不氾濫。」參見蔡仁厚，《宋明理學‧北宋篇，心體與性體意旨述引》（臺北：臺灣學生書局，1991 年 9 月），頁 1。又說：「由價值意識、道德意識、民族意識凝斂而成的『文化意識』，乃是儒家學問的血脈所在。離開了文化意識，可以說就沒有真正的儒家學問。」同上注，頁 103。

18 蔡仁厚先生補充道：「儒家這『生命的學問』，（1）由主觀面的縱的實踐，要求與天道天命通而為一，這是成就生命之『質』的純一高明；（2）由客觀面的橫的實踐，要求與天下民物通而為一（職數家國天下而為一體，與天地萬物為一體），這是成就生命之『量』的廣大博厚。高明以配天，博厚以配地，這兩面合起來，人的莊嚴高貴與充實飽滿的生命，便可以得到真實的完成。」同上注，頁 96。

19 此為陳來先生語，可參見陳來，《詮釋與重建：王船山的哲學精神》（北京：生活‧讀書‧新知三聯書店，2010 年 12 月），頁 537-538。

20 參見曾昭旭，《王船山哲學》〈新版自序〉（臺北：里仁書局，2008 年 3 月），頁 1。

經典文本之義理時，提出理論之詮釋與建構，進而以中國儒家義理輔導學幫助疏通自我與他人消極負面之生命狀態，並引導其走向正面積極之生命狀態。[21]而中國義理輔導學所關懷之問題即在於吾人如何立於生存需求之上，進而追尋「意義價值之需求」。真切體貼於吾人之生活世界中，以起療癒生命意義之用，並實踐如何自信自立真實地做成一個「人」，此亦為實踐當代儒學之使命與本質。[22]

昭旭先生以其自我生命之真實感悟與體會，主張吾人必須正視吾人與生活世界之間皆為一真實之存有，而吾人對於他人以至於整個生活世界中之天地萬物皆有一責任感，唯吾人在當下所面對之境遇有此自覺並承擔之，把握其生命之意義，此過程可謂一意義治療之開展。而吾人在經由此過程中，即能解決自我之困惑並進而重新理解把握自我生命意義之價值。[23]

---

21 曾昭旭先生即指出：「在西方主於幫助受傷生命復元，中方則在引導健康生命上達。如今可合併地說，先問生命何以挫折受傷？不正因在上達之途受阻，人之本性本願不得實現，遂產生意義之失落、存在之被否定嗎？因此療癒之道，除了緊急但暫時的症狀緩解之外，更當進一步疏通其上達受挫之鬱結，助其重新走通此上達之路以自我實現，才是根本之治療。換言之，引導生命之有效上達，才是幫助其創傷復元的徹底、充分有效的辦法。於是儒家傳統的心性修養之學便可全盤引入西方心理輔導、精神治療的領域，以助其調適而上遂。這當然首要肯定人之性善，並實踐地知其良心，且存在地發用以愛人潤物。」參見曾昭旭，〈再論儒學對西方文化的善化功能——以心理創傷療癒與愛情生活發展為論題〉收入於景海峯主編，《儒學的當代發展與未來前瞻》（北京：人民出版社，2014年12月），頁66。

22 曾昭旭先生即指出：「在生存需求已普遍獲得滿足，而已普遍萌芽的意義需求卻只成嚴重苦惱的現代，其實是人人都要生命哲學的指引，而儒學也當大行其道才對的。只因儒學長久的異化與世人對儒學根深柢固的成見，誤以權威、教條、為統治者服務來看代儒學，才使得儒門智慧被白白閒置。所以，如何以現代觀點與語言重講儒學，疏通歷史鬱結，光暢生命智慧，應是當代儒者的當務之急罷。……所謂儒學的本質，便不是在學問思辨上釐訂『道是什麼』，而是以真誠的心，進入具體的生活情境中，真實解除人的存在困惑。」參見氏著，《儒家傳統與現代生活：論儒學的文化面相》，頁28-29。

23 曾昭旭先生即指出：「要避免掉落到求快樂反而惹來痛苦傷害之陷阱，根本上只能靠人心的自覺，也就是通過創造力的發揮真切感受到自我的存在，從而有自我實現，與人相通的舒暢、悅樂。這時，自我實現了，一切外物才不

　　曾昭旭先生之義理對於建立吾人生命根本之自信自立之掌握，可謂非常體貼於吾人與吾人所處之生活世界，非常值得吾人後輩學習。

陸、林安梧

　　林安梧先生近二十餘年來所關懷之問題即為「人存在之異化及其復歸之可能」。是以其承繼傅偉勳先生將西方意義治療學會通與中國義理思想，進而建構屬於自我文化中之「中國儒、釋、道三家義理型態之意義治療學」而富有成果。[24]

　　林安梧先生即指出其所建構之儒家型意義治療學中所強調即為「我，就在這裡」；道家型意義治療學中所強調即為「我，回到天地之間」；佛家型意義治療學中所強調即為「我，當下空無」。[25]其中林安梧先生對於儒家義理又有進一步之論述與詮釋，其指出吾人處於此生活世界中與本體之間之關聯，吾人與此生活世界乃為不可分離之關係，是必然要面對而處於其中也。是以吾人處於生活世界中，即有陷溺、異化之可能。[26]是以林安梧先生進

　　　會變質為誘發病痛的寒邪，而只會隨緣成為自我實現的憑藉。」參見曾昭旭，《在說與不說之間——中國義理學之思維與實踐》（臺北：漢光文化，1992年2月），頁174-175。

24　林安梧先生即說道：「筆者以『意義治療』來說儒家所隱含的治療學思維，再以『存有治療』來說道家來說道家所隱含之治療學思維，又以『般若治療』來說佛家所隱含之治療學思維，復以『五行治療』來說萬國道德會所隱含的治療學思維。稱謂有別，義涵亦各有所異，但總的來說，當可以『意義治療』一詞涵概之。」參見氏著，《中國宗教與意義治療》〈序言〉，頁1。又言：「我們當有機會讓古典漢語，經由現代漢語進到生活世界中，有著嶄新的意義詮釋，並關聯到西方近現代以來的學術話語，對比、詮釋、融通、轉化，而有進一步創造之可能。」參見林安梧，《中國人文詮釋學》代序（臺北：臺灣學生書局。2009年10月），頁11。

25　參見氏著，《儒學轉向：從「新儒學」到「後新儒學」的過渡》，頁73-77。

26　林安梧先生即說道：「關聯此本體的詮釋學，自有其展開的一套意義世界，

而提出以陸象山（1139－1192）與王陽明心學義理為主之本體詮釋學與本體實踐學，肯定吾人之本心對於此生活世界能有一適當之體驗與詮釋，進而安頓自我之身心，使自我能體現身心一如之境。[27]

林安梧先生所建構之「中國義理之意義治療學」，清楚地與西方意義治療學有所區別。且自林安梧先生建構儒釋道三家型意義治療學後，研究「中國義理之意義治療學」或會通之相關研究論文如雨後春筍般出現。[28]林安梧先生所建立之回歸根源之道之真切實踐與體驗之學問，此實有巨大而豐碩之學術貢獻。

柒、陳 來

陳來先生著有《有無之境：王陽明哲學的精神》與《詮釋與

以作為吾人存在之基底（horizon），吾人既生於斯，長於斯，裁成天地，輔相萬物。換言之，吾人之作為人是存活於此世間的（being-in-the-world），而此世間則為此本心之遍潤、之所朗照，亦是此道體之所充拓，之所流布。……人之為一個人，即是一當下之存在（existential being），同時亦是一本然之體的存在（ontological being）。但值得注意的是，人作為一個當下之存在，他首當其衝的是一種獨特不二之境域（situation），這個境域一方面使人真正進入世間成為一個具體而真實的存有，但同時卻使得人亦離其自己而造成所謂的疏隔（或異化（alienation））的狀態。由其是一些不可避免的外力，使得這樣的狀態益形嚴重，於是人而非人，無法成為一如實之存在（authentic being）。」參見林安梧，《中國宗教與意義治療》（臺北：明文書局。2001年7月），頁116-117。

27 關於「身心一如」，林安梧先生即指出：「『身』、『心』互為體用，一者『身』以藏心，『心』以發身；再者，『心』以藏身，『身』以發心。……『身』之藏心，這是『具體而實存』的藏，是以此活生生之實存而具體化的身將『心』具體化、實存化、內在化，……這樣的『發』是將原先普遍、絕對之真實的心融入具體而實存之境域，身心通而為一。『心』以藏身，這是『本體而根源』的藏，是將此活生生之實存而具體化的身，藏於本體之源的『心』，……這樣的『發』是將此本體之緣的心經由具體兒實存的身，顯露出來，身心通而為一。」參見氏著，《牟宗三前後：當代新儒家哲學思想史論》，頁199。

28 按筆者之資料收集檢索，刊登於學術期刊上論文共計超過70餘篇；碩博士論文共計超過20餘本。

重建：王船山的哲學精神》二書分別論述陽明與船山之義理旨趣。陳來先生立於考據之嚴謹與資料之紮實之基礎上，對於陽明與船山義理皆能提出諸多特殊之問題意識並能提出創新且清楚之詮釋剖析中國義理之問題。

而陳來先生對於陽明義理之研究成果，主要是著重在從「有」與「無」之間之關係，探究陽明「萬物一體」之思想。並指出陽明義理是在宋明理學發展中獨能融會儒、釋、道三家之義理精粹，進一步為儒家義理建構出在本體論與境界論上最融攝三家之義理為一之大儒。陳來先生對於船山義理之研究成果，主要是將船山所有關於義理部份之論著，由宋明理學之發展脈絡與問題意識出發，全面而縝密地將船山置於宋明理學史中進行詳細論述，吾人可從其之研究中窺見船山早期思想與後期思想之演變，而即便船山思想有所演變，然其仍不離「批判佛老、重建儒學」之宋明理學問題意識，並通過詮釋經典進一步開展船山自身之義理思想。

陳來先生對於陽明與船山義理之著作，提供不少可資參考之探索題材與論析角度，亦對本文在研究範圍上具有一定程度之參考價值。

捌、陳祺助

陳祺助先生長期鑽研探究船山學，其專著《王船山「道德的形上學理論」之開展》對於儒家道德的形上學，以船山之義理為核心，論述道德的形上學理論系統，並深入分別論及傳統義理中「天道」、「性」、「工夫」等議題而有豐碩之研究成果。

陳祺助先生據以分別討論這三個主題。「當人能盡心之全體大用， 本末貫通， 充分實現心之善性，至於其極，便能自知己

性之善，亦可知他人之性善，且能因此而體悟天道生化之實即不外乎是，如此，便得以證成『道德的形上學』」。[29]其中陳祺助先生特別關注之處即在於探究船山學與朱子學與陽明學之間之異與同，論述各家中異中有同、同中有異之旨趣，此特顯出各家義理獨立之處，此種探究之精神非常值得吾人後輩學習。

玖、蔡家和

蔡家和先生的碩士論文乃是以陽明學派中之王龍溪為主要研究對象，博士論文則是以明代羅欽順為主要研究對象。其近年以來則將研究方向集中於明末清初之王船山上，試圖建立從宋代朱子學到清代戴震學中，學術是為何如此過渡，並強調「脈絡研究」之重要。即其以為船山之意理乃是針對在詮釋不同之經典時而有不同之見解；且由於船山是「詮釋經典」，是以其在詮釋經典時乃常為順著經典原文本身之脈絡以闡發己意。是以當吾人在看船山論著時，時常會有不一致之感。然若能體悟船山乃為隨文領義，即可知異同之兩端終能一致。[30]

蔡家和先生強調吾人在進行概念式之詮釋之時，依然要與原文之脈絡有所熨貼，如此方不會陷於自身矛盾之可能。此點十分值得吾人後輩在進行研究時刻警惕自我。

---

29 參見陳祺助，《王船山「道德的形上學理論」之開展》（高雄：麗文文化，2012 年 6 月），頁 22。
30 蔡家和先生即補充道：「然吾人『脈絡式』的研究方法，乃相對於『概念式』的研究方法，吾人不是完全反對概念式研究法，而是反對只有概念式的研究，……只有概念式的研究容易偏孤，船山『兩端一致』之說是最反對偏孤的。」參見蔡家和，《王船山《讀孟子大全說》研究》（臺北：臺灣學生書局，2013 年 9 月），頁 17-18。

拾、其他相關之論文

　　自傅偉勳先生將西方傅朗克「意義治療學」引進國內並提倡將中國傳統儒釋道之心性論義理與西方意義治療學理論相互融通深化以降，國內許多學者亦紛紛提出自我之見解，如尉遲淦先生即著有〈論儒家意義治療的兩重意義〉[31]；陳佳銘先生著有〈Frankl意義治療法的人生觀與王陽明的聖人觀〉與〈從孔、孟的命論談儒家意義治療學之建構〉[32]；陳德和先生著有〈當弗朗克遇上老子—意義的治療與作用的保存〉一文[33]；曾春海先生著有〈儒家對身心靈的治療——以王陽明為範例〉[34]；趙中偉先生著有〈人性之善也，猶水之就下也——從意義治療剖析孟子的「性善」說〉[35]。

　　綜上所述，筆者簡略地說明上述幾位學者之觀點，也因為二手資料之無窮無盡，筆者於此只能淺談，無法一一述及。上述學者之觀點雖未必為最新之資料，然新的資料卻又未必能超越上述學者之見地，但亦提供給筆者一明確之指向，為往後學術研究或具體之實踐之依據。[36]

31　刊載於《應用倫理研究通訊》第七期（1998 年 7 月），頁 20-22。
32　分別刊載於《應用倫理研究通訊》第十一期（1999 年 7 月），頁 50-54；《生死學研究》第 9 期（2009 年 1 月），頁 45-80。
33　刊載於《鵝湖月刊》第 32 卷第 12 期（2007 年 6 月），頁 33-44。
34　刊載於《輔仁宗教研究》第十四期（2007 年 2 月），頁 33-47。
35　刊載於《輔仁國文學報》第四十一期（2015 年 10 月），頁 1-34。
36　除了上述學者之外，近十年論及「儒家型意義治療學」之碩博士學位論文如下：高翊軒，《儒家型「意義治療」與「治道」關係之探析－以朱子「理」學為論述核心》（新北：淡江大學中文系碩士論文，2008 年）。黃立森，《孟子義理所蘊涵的身心治療學與傅朗克意義治療學之探討與會通》（新北：華梵大學中文系碩士論文，2009 年）。胡得士，《唐君毅之人生體驗及其意義治療》（花蓮：國立東華大學中文系碩士論文，2012 年）。蕭安琪，《陽明良知學的意義治療－以《傳習錄》為核心的展開》（臺中：國立中興大學中文系碩士論文，2012 年）。洪廉其，《儒家型意義治療學——以王陽明「心學」為核心的開展》（臺北：國立臺灣師範大學中文系碩士論文，

第二節　研究動機與目的

　　筆者曾於碩士學位論文時，嘗以陽明良知學與傅朗克意義治療學進行相互融通作為研究。而於本書中，筆者則嘗試建立屬於吾人固有儒家文化中本具卻隱而未顯之「意義治療」學[37]，以尋求在大化流行之生活世界中之吾人能獲得得以安頓自我之心靈與生命之正面積極之力量。

　　職是此故，筆者在立足於前人研究成果之上，於本書中欲進

　　2013 年）；王元儼，《孔子仁學中之意義治療學》（新北：輔仁大學中文系碩士論文，2017 年）等等。

37 關於此「意義治療」之「意義」，曾昭旭先生曾指出：「原來所謂意義，就是永恆感的體驗，　也就是無限性地掌握。所以，當人能親切體知人生的意義的時候，他人性中永恆無限的需求就得到安頓了。」參見曾昭旭，《良心教與人文教：論儒學的宗教面相》（臺北：臺灣商務印書館，2003 年 8 月），頁 153。而所謂之「治療」，林安梧先生指出：「關於『治療』這個概念，在我的用語裡，治療不是對治，治療基本上是一個『化解』……由化解到成全，基本上所走的是儒家的路。」又其補充道：「我強調『治療』，基本上是希望落在這整個實踐過程裡面，能夠起一個恰當的作用。哲學有其恰當的作用，宗教有其恰當的作用，整個人文學也有其恰當的作用。這恰當的作用就是怎麼樣由『文』回到『人』，由我們所理解、所詮釋的語言文字符號系統，回到人本身、回到事物本身、回到道本身，這是我所強調的，這也就是回到天地，而讓天地生長萬物這個地方我之所以會有這麼強的一個要求，就是因為面對到整個時代的業惑、業力、迷惑，所產生的一個思考。」參見氏著，《儒學轉向：從「新儒學」到「後新儒學」的過渡》，頁 73、81。鄭志明先生亦補充道：「中國社會是以儒學作為主要的精神系統，儒學提供了天人之間可以依循的生存法則，傳達了人類自身與宇宙對應的自覺體證與主觀調適，有著安身立命的信仰本性，不但重視身體的健康狀態，還重視生命內在本質的精神實現，作為個體生命存在的重要醫療體系。從醫療的觀點重新來審查儒學內在的文化生命，發現儒學、文化與醫療是緊密結合，成為華人社會的主要精神支柱與行動指南，可以安頓有形的軀體，也可以強化生命的體驗。」又言：「「意義治療」一詞擴大了醫療的內涵，所謂治療或醫療，不只是對治有形體的生理與心理的疾病，還包了自我靈性的精神體驗。」參見鄭志明，〈從唐君毅的《病裏乾坤》談儒學醫療〉《鵝湖月刊》第 28 卷第 4 期（2002 年 10 月），頁 17。

一步論述的是，自先秦孔子開展儒家義理以降，儒學在各個時代有其不同之面向之發展與意義價值。是以筆者想進一步追問的是，「儒家義理具體落實開展於當代之意義價值為何呢」？又「儒家義理要『如何』方能具體熨貼開展於吾人所處之現當代呢」？換言之，儒家義理在現當代以西方文化為主之講求效率、便捷，資訊科技發展迅速之社會，吾人之生活已不太缺乏物質 —— 甚至可進而追求自我之物質生活精緻化、豪奢化，將外在物質之追逐，視為自我生命中之最高意義價值。然即便擁有了最好的物質條件，其依然感覺到不快樂，進而感覺到空虛而迷失了自我。究竟是為什麼呢？

原來儒家義理重視實踐，而不著重於知識理論之論證或概念之思辨。是以其義理之旨趣即在於將自我之所學與行為通而為一，以自我之生命作為為學之對象，而吾人生命之存在本即為包含著有限與無限兩種關係且具有兩重需求 —— 即「生存需求」與「意義需求」。[38]吾人之生命與身體於此生命世界乃唯一有限之實存[39]，然吾人之欲望卻是無限也，是以吾人之存在必然會陷溺於此

---

38 關於「意義價值之需求」，曾昭旭先生即指出：「就人性的兩重需求而言，這就是生存的需求與價值實現的需求。前者是人與動物相疊的部份，即告子所謂『食色性也』，……也可稱之為人性的初級需求。嚴格地說，這不足以稱為人性，因為無法將人與動物有效區分。因此孟子才即人性的進級需求也就是意義、價值、尊嚴的需求而界定人性。……由於生存需求的迫切性與優先性，所以當人還未能滿足『免於匱乏』、『免於恐懼』的需求之前，是不會感受到有意義、價值、尊嚴之需求的。換言之，當人還沒有吃飽飯之前，人只是動物，還不配稱為人。但等到人吃飽飯之後，意義、價值的需求自然出現，這時人才踏入人的領域，而開始感知人的存在問題。」又言：「所謂儒學的本質，便不是在學問思辨上釐訂『道是什麼』，而是以真誠的心，進入具體的生活情境中，真實解除人的存在困惑，以滿足人意義價值的需求。」參見曾昭旭，《儒家傳統與現代生活：論儒學的文化面相》（臺北：臺灣商務印書館，2003年10月），頁2-3。

39 關於「實存」，傅偉勳先生即補充道：「我在這裡所說的『實存』，兼涵『現實存在』（actual exstence）與真實存在（true actual exstence）雙義。如果暫借西方實存主義（或稱存在主義）的說法，世界上的其他事物、動物祇是現

生活世界中進而產生種種煩惱而無法超拔。當吾人陷溺於欲望之時，即成為一道德「異化」[40]之生命實存，而吾人之生命即喪失了其本有之意義價值，是以吾人之生命即從內部道外部處處皆產生了矛盾、對立、苦悶、創痛、迷失，而使吾人感受到「存在的空虛感」[41]。

如此吾人要進一步追問的是，吾人要如何復歸於生命之「常道」，使自我之生命重新獲得整體而有和諧之感呢？筆者即希冀能透過陽明與船山義理中所蘊含之意義治療思維，使吾人能積極面對與承受當下所面臨之艱困之境域，透過一個治療之歷程，以協助受傷生病之生命復原，亦即恢復吾人得以自行創造其自我之人生價值、建立自我存在之尊嚴，進而使吾人擁有一道德之生活，開啟回歸自己本真之生命之契機。[42]

實存在，祇不過『存在』著，祇有人的存在才算『實存』著，祇有做為『單獨（單一獨特）實存』的人能夠針對本身的現實存在，探索真實存在及其意義。」參見傅偉勳，《學問的生命與生命的學問》（臺北：正中書局，1993年12月），頁3-4。

40 關於「異化」，林安梧先生曾指出：「『異化』（alienation）……可以理解成『亡其宅』（not at home）的意思。如果關聯著孟子所說『仁者，人之安宅也』來說的話，我們說我們都得居住在人性的宅第之中，我們都宜居在人與人的道德真實感所關聯為一體這樣所成的宅第之中（如陽明所謂『一體之仁』即是），如此說來，所謂的『亡其宅』指的正是人之不能處在由人性之怵惕惻隱之仁所成的宅第，也就是如孔子所說的處在『不仁』的狀態。」參見氏著，《中國宗教與意義治療》，頁116-117、144。

41 關於「存在的空虛感」，傅朗克即說道：「若沒能辨別那最根本的存在的空虛，就無法理解憂鬱、攻擊、上癮這類普遍現象。領養老金與年邁者面臨的危機也是如此。除此之外，存在的空虛也會出現在各種面具與偽裝下。有時追尋意義的意志會受挫，由追尋權力的意志取而代之，這也包涵了追尋權力的原始面貌——追尋財富的意志。有些時候，追尋意義的意志受挫後，會由追尋快樂的意志所取代。這就是為什麼存在的空虛往往導致以性為代價。從這些情況來看，我們會發現存在的空虛中，性慾氾濫。」參見 Viktor E. Frankl，The Doctor and the Soul：From Psychotherapy to Logotherapy（New York：Vintage Books，1986年9月），頁56。中文譯本請參見 Viktor E. Frankl 著，李雪媛、柯乃瑜、呂以榮合譯，《向生命說 yes！》（臺北：啟示出版，2009年6月），頁164-165。

42 唐君毅先生即補充道：「所以我們最後的結論，便是努力去否定現實人類世

　　吾人之一生中常存在著迷惘與無奈之面向，筆者以為儒家義理實可提供現代之吾人在面對自我身心之苦痛、人生中之苦痛等等負面之感覺情緒中，能挺立自我、貞定自我之生命，並於生活世界中獲得真實安頓之可能。[43]

　　即便時代再怎麼更迭，儒家義理中肯定人性為善、肯定吾人皆有良知良能，並把握此良知良能而能隨時自覺反省進而超拔困頓，通於至善之能力。[44]是以筆者從陽明義理與船山義理中探究其所隱含之「意義治療」，不論吾人為上根之人亦或著為中下根之人[45]，皆能透過其二人之義理義蘊輔導吾人並藉由此獲得安頓且貞定自我之生命之治療義蘊。

界所見之一切罪惡，而實現我們理想之人類社會，使一切人都能真實的努力完成其人格，使人類社會，成為一切人格能互相了解欣賞而表現真美善之人格世界。」參見氏著，《道德自我之建立》，頁171。

43 蔡仁厚先生即補充道：「儒家開顯的道路，是常道，儒家講說的道理，是常理。常，是恆久的意思，一世百世，一代千代，都是行走在常道大道上，都是踐行著常理大理。有如日月之光，週而復始，永無窮止。」參見蔡仁厚，〈重申「返本開新」與「三統並建」〉收入於氏主編，《儒學的當代發展與未來前瞻》，頁52。

44 關於「至善」，鄔昆如先生曾指出：「在倫理道德的層次上，人生的目的也就被界定在『止於　至善』之境。從人生目的的指向善，哲學的知識論設法認清『善』的真面目，而形上學則證明　『善』原就是存有本身的特性。『存有』與『至善』在本體的意義上是等同的，可以互換的。倫理學在這裡的任務是：教人透過如何的生活，才可以達到這『至善』的目標，完成人生的目的。正如吾人在做許多事時，都有目的，倫理學在這裡的目的，就是教人『善』度生活，在思　言行為上都符合倫理的法則，終至使生活有意義，生命有價值。生活的意義，生命的價值，行為的正確，都將濃縮到「善」度生活的抽象理念中。「善」的課題，因而是倫理學首先要討論的課題。」參見鄔昆如，《倫理學》（臺北：五南圖書，2011年4月），頁313-314。

45 見陽明言：「我這裏接人，原有此二種。利根之人，直從本源上悟入人心，本體原是明瑩無滯的。原是箇未發之中。利根之人，一悟本體，即是功夫。人己內外，一齊俱透了。其次不免有習心在，本體受蔽。故且教在意念上實落為善去惡。功夫熟後，渣滓去得盡時，本體亦明盡了。……利根之人，世亦難遇。本體功夫，一悟盡透。此顏子明道所不敢承當。豈可輕易望人？人有習心，不教他在良知上實用為善去惡功夫，只去懸空想箇本體。一切事為，俱不著實。過養成一箇虛寂。此箇病痛，不是小小，不可不早說破。」參見陳榮捷，《王陽明傳習錄詳註集評》（臺北：臺灣學生書局，2006年9月），頁359-360。

　　然吾人於此要進一步追問的是，為何本文要以陽明與船山義理為核心以建構儒家義理輔導學呢？陽明良知義理之義蘊其特點即在於吾人將自我之良知擴充直貫於當下所接觸之事事物物中而即知即行，將一切事物皆收攝於自我之良知之中，以對治吾人與天地萬物之間種種疏離與異化之現象，並推擴及於他人之心，乃至天地萬物與吾人之間真切地感通而有萬物一感之連結之感；而依船山之義理而言，其著重透過抱持著追本溯源、反省批判並加以創新之態度，進而開展人文化成之世界，並且立人道之極。[46]是以其之義理強調如何將生活世界中二端對立之現象，並歸於一致。

　　即便兩位哲人義理對於如何對治吾人受異化之生命之細微之處仍有不同之見解。然陽明與船山義理中對於「天道」、「心性與物」以及「工夫」之義蘊在儒家義理中實為「同歸而途殊」[47]而實有可會通之處。且兩位哲人之義理義蘊之於西方傅朗克之意義治療亦實有可融通之處，三人之義理對於吾人生命真實之存在與追尋自我生命意義價值之終極關懷之向度上，實有會通之可能。

　　然筆者於本文中並非以意義治療理論為詮釋主體，而是嘗試將「意義治療」之義蘊從陽明良知學與船山義理學中以唐君毅先生圓融無礙之義理架構為主進而彰顯出兩位儒者義理中之意義治療義蘊。是以筆者將嘗試提出一個新的義理架構之可能，此新的義理架構，具有兩個特點：第一、新的詮釋觀點是承襲自先秦孟子（前 372－289）之「性善說」，實有根源性。且此詮釋方式並非憑空創造，只是長期受到遮蔽，而未彰顯。第二、此詮釋方式

---

46 必須特別說明的是，陽明並非不重視人文歷史之意義價值，陽明義理之義蘊旨趣在於強調吾人道德自我主體之挺立與超越之層面。

47 見船山言：「是故始於一，中於萬，終於一。始於一，故曰：『一本而萬殊』；終於一而以始，故曰：『同歸而殊塗』。」參見清·王夫之撰，李一忻點校，《周易外傳》（北京：九州出版社，2010 年 1 月），頁 133。

能使現代人更為理解並體貼於陽明良知學與船山之義理之義蘊，並透過陽明之良知學與船山之義理解決吾人生命中所會面臨之問題。

　　然在此筆者必須進一步說明的是，為何以唐君毅先生之義理為進路詮釋陽明與船山之義理呢？原來唐君毅先生其體悟所有之義理固有千差萬別，然實為一整體之歷史中開展之，是以就此發展歷程而言，於此發展歷程其中之義理亦必有其可會通之處，即此發展歷程之整體性所在也；是故個別義理間之差異，亦僅是對此之整體性之不同見解。是以唐君毅先生以為古今中西之哲人所創立之各種相反相異之義理可融攝貫通，以成義理教化之流行。是以消解種種不同義理間之衝突與矛盾，在不同之義理之間實有同中見異，異中見同之可能。[48]

　　即便陽明與船山之義理有所差異，然在整體儒家義理中，其皆特別重視吾人之道德實踐與創造感通之能力。[49]其旨趣即在吾人能透過自我之道德自覺與道德實踐之相依互進之上並進而擴充開

---

48 唐君毅先生即補充道：「依吾平日之見，嘗以為凡哲人之所見異者，皆由哲學義理之世界，原有千門萬戶，可容人各自出入；然既出入其間，周旋進退，還當相遇；則千門萬戶，亦應有其通。故今本歷史秩序，以論此宋明儒學中哲學義理之流行，亦當觀其義理流行之方向，如何分開而齊出，又如何聚合而相交會；不先存增益減損之見，以于同觀異，于異見同，方得其通。然後于此哲學義理之流行，見古今慧命之相續。。故此觀同異之事，宜當循諸儒思想之先後衍生，而次第形成之序，由原至流，再窮流竟委，以觀之。」參見氏著，《中國哲學原論‧原教篇》，頁9。又言：「吾人之心思，原有此不同之方向之運用，足以分別與種種不同之義理相契會。夫然，亦唯有人之善自旋轉其心思之運用，如天樞之自運于於穆者，方能實踐彼──義理之各呈於──一方向深度之運用之前，以咸得其位，如日月星辰之在天；亦方能實見得一切真實不虛之義理，其宛然之衝突矛盾，皆只是宛然而暫有，無不可終歸於消解；以交光互映而並存於一義理世界中。」參見唐君毅，《中國哲學原論‧原性篇》自序（臺北：臺灣學生書局，2006年11月），頁11。
49 曾昭旭先生即補充道：「於儒家義理觀之，皆是在同一真體下各各自效其用也。……於同在儒家理想下之各派，雖亦有許多爭議，……然俱是在第二義下對諍，於根本理想則同也。」參見曾昭旭，《道德與道德實踐》（臺北：漢光文化，1989年8月），頁38-39。

展之。如此除了能滿足自我之意義需求，並建立吾人之外在行為
之規範，而在吾人於平時灑掃應對進退之道德實踐中逐步擴充貫
通於整個生活世界，是以儒家義理強調吾人與天地萬物之間之一
體性、和諧性與連續性。

　　本文以為，儒家義理雖存在於當代社會中，然由於現代化之
發展，使得儒家義理中本具之意義價值雖存於當代卻隱而不顯
──甚至現代之吾人對於儒家義理存在著許多誤解，以為儒家義
理即是封建、保守而迂腐之老舊思維。是以儒家義理於當代似乎
只能停留於學術研究之層面，為學者們探究論辯之辭章學問，進
而喪失了儒家義理中「具體實踐」之重要性，而無法給予當代之
吾人產生一相應且體貼於吾人與吾人所處之生活世界之回應。[50]是
以筆者以為傳統而雋永之儒家義理能透過「意義治療」之思維作
為進路重新詮釋理解之，使吾人得以使自我之道德心靈臻於圓
滿，進而擴充並挺立吾人全體生命之調適上遂，開展人文化成之
世界，此乃為儒家義理體貼於當代社會之具體落實開展之可能且
必要之關鍵時刻。[51]換言之，藉由對兩位哲人思想脈絡做全新之詮

50　王金凌先生即補充道：「學術問題脫離不開現實生活，只是我們為了討論的
　　方便，而將問題從現實生活中單獨提出來，只專從理論上討論；久而久之，
　　便會忘掉這是為了最底層的生活而存在的。一旦遺忘了，就會在理論中轉圈
　　圈，但現實生活是變動的，如果只是在理論上討論，就會變成食古不化，不
　　知變通。」參見王金凌，《先秦學術講錄》上冊（臺北：萬卷樓圖書股份有
　　限公司，2017年9月），頁6。
51　曾昭旭先生曾將儒學區分為兩種：即「正統的儒學」與「俗化的儒學」，見
　　其言：「一般所理解的所謂儒家或儒學其實是後者，它的特徵是略過心性的
　　根源而逕以一套定型的觀念系統、行為規範與機構運作為標準，以對個體生
　　命施予管理、教化、評價。此即所謂禮教。……源自孔孟的正統儒學則完全
　　不是如此，它本質上是一種生命哲學，乃是以肯定性善、逆覺良知、當下實
　　踐的仁學或心性學為本；進而擴充良心，及物潤物，而以建構一富涵善意的
　　道德秩序為理想，……在此最重要的是仁與禮兩者的本末之辨。必須是由仁
　　而禮、由本而末、由內而外的實踐與創制，才算是真儒學。若本源迷失，拘
　　泥教條，不知變通，便是偽儒學。偽儒學當然會束縛人心，損傷生命而理當
　　被質疑，但真儒學則對促進生命之回歸，文化之再造具有重大的價值。」參

釋，於研究上實有相當之急迫性，故本文以此作為論文之主題，希冀能通過義理之深入辯證，呈現陽明良知學與船山義理本具之意義治療之義蘊，以符合現當代吾人之需求。

由於中國傳統之經典大致上並非為知識之學而是關涉到生命存在與道德實踐之學問，是以必定得體貼於吾人自我之身心。這又有一來一往兩路：一來是引導經典中之道或義理於吾人之生活世界中，以其對一己身心起啟發、提點、引導、規範的作用，獲致生命成長、意義湧現的成果，進而擁有「道德之生活」之可能。換言之即是藉由中國經典中之義理闡述或顯豁吾人之人生；然後反過來，吾人亦正可以藉如此自我實現之經驗、獨特之體現之心得，以及理解人生之主觀脈絡，以印證經典中之義理，使抽象之義理以至本質不可說之道，頓時有了一別開生面之開展流行之可能。

儒家義理時常被吾人視為修養身心之「為己之學」，然儒家義理中所強調真正之「為己之學」，一方面除了主動地透過實踐之功夫圓滿地成就自我生命之意義外，使自我由滿足「生存需求」之外，進而去追尋「意義需求」；另一方面亦要去成就同處於此生活世界中之他人或天地萬物，以貞定「天人、物我、人己」之關係。[52]將雋永之儒家經典不只是體貼於吾人所處之時代，更要使其「生活化」，將儒家經典之義蘊解放，進而做到立人道之極，

見曾昭旭，《儒家傳統與現代生活：論儒學的文化面相》（臺北：臺灣商務印書館，2003年10月），頁51-52。

52 林安梧先生即指出：「一般說來，儒家之為『為己之學』此是大家所共許的；而此為己之學是『根源於心，通極於天道』。它強調的是每一個具有人性身份的人皆可以自足而完滿的成就其自己，而且這樣所成就的自己不是小體之己，而是大體之我。而這裡所謂的『自足而完滿的成就其自己』這個斷語則又緊密扣連著綿綿不絕的實踐功夫。」參見氏著，《中國宗教與意義治療》，頁116。

重建吾人社會中之和諧關係，開展人文化成之世界。[53]

　　儒家義理本為探究吾人生命之學問[54]，是以如何使自我受異化之生命重新獲得彰顯，消解自我生命中所產生之煩惱病痛；原本健康之吾人更能調適上遂，與他人和生活世界中之天地萬物之間產生真實之感通連結，成就萬物一體，具體落實於當代中而做到返本開新、會通中外、通貫古今之文化使命。真實體現儒家義理之義蘊，並為吾人提供一安身立命之基礎進而追求自我生命之意義價值，最終安頓生活世界中所存之天地萬物。[55]

　　以上即為筆者對於本書研究動機與目的之說明。

---

53 曾昭旭先生即指出：「幫助生命度過艱危之道無他，就是啟發人的良心，促進他主體性的充分自覺罷了！……我們須正視人之生命要找尋其出路的根本需求，而正面回應他，滿足他才行。而生命的真正出路或根本需求無他，就是包含自由、自尊、自信、自我肯定、自我獨立等內涵的主體性需求，以及包含相知、相愛、相信、涉入人間、交流生命、與他人與社會和諧相處、圓成一體的道德性需求罷了！……這才是人之所以為人的充分的自我實現。人也要到此際，才會覺得生命充實飽滿光輝。」參見曾昭旭，《存在感與歷史感：論儒學的實踐面向》（臺北：臺灣商務印書館，2003 年 8 月），頁 44。

54 牟宗三先生曾說道：「中國哲學，從它那個通孔所發展出來的主要課題是生命，就是我們所說的生命的學問。它是以生命為他的對象，主要的用心在於如何來調節我們的生命，來運轉我們生命、安頓我們生命。」參見牟宗三，《中國哲學十九講》（臺北：臺灣學生書局，2015 年 8 月），頁 15。又言：「生命總是縱貫的、立體的。專注意於科技之平面橫剖的意識總是走向腐蝕生命而成為『人』的自我否定。中國文化的核心是生命的學問，由真實生命之覺醒，向外開出建立事業與追求知識之理想，向內滲透此等理想之真實本源，以使理想真成其為理想，此是生命的學問之全體大用。」參見牟宗三，《生命的學問》自序（臺北：三民書局，2015 年 8 月），頁 1-2。

55 唐端正先生即補充道：「儒家的理想，是要把我們自然的人生，轉化為道德的人生，使我們的生命依從良知理性，而不依從本能慾望，依從大體，而不依從小體。……凡生命所追求實現的價值，儒家經良知和理性批判後，無不一一加以肯定，步步加以實踐，為成全個體生命之價值，……儒家通往天人合一的途徑，不但不必外天下、外物、外生，而且要將天下萬物和自己的生命一起成就，可謂內外兼盡，巨細無遺。這可以說是一種大成圓教，也可以說是一套最圓滿的安身立命之道。」參見唐端正，《解讀儒家現代價值》（香港：商務印書館（香港）有限公司，2011 年 7 月），頁 81-83。

第三節　研究方法與範圍

　　首先筆者必須說明的是，為什麼於本書以「義理」，而非以「哲學」為名呢？

　　曾昭旭先生即指出：

> 「中國哲學」這概念，在一般使用是從西方文化中的「哲學」（philosophy）一概念引申而來。亦即：是以西方哲學為標準，來查考中國歷史中的種種文化現象或文化陳述，將符合這標準的事實，抽取之而加以論述，即成為所謂中國哲學，但這樣一來，中國哲學即失去他自己的精神面貌，而成為西方哲學的附庸或例證了。[56]

　　筆者以為以「義理學」為名最為熨貼陽明與船山義理所蘊含之意義價值。在中國儒家經典中自有一套消融西方文化之宗教與哲學，並進一不能體現通徹天人、安身立命之學。而儒家義理亦自有其高明博大之義蘊。

　　復次，又如《論語》中有云：「君子以文會友，以友輔仁。」與「道之以德，齊之以禮。」[57]合言之稱為儒家義理輔導學。[58]是以筆者即以中國文化本即有之「義理」與「輔導」，訂為本書之

---

56 參見氏著，《在說與不說之間──中國義理學之思維與實踐》，頁2。
57 參見南宋・朱熹，《四書章句集註》（新北：鵝湖月刊社，2014年10月），頁140、54。
58 誠然，儒家義理輔導學之內涵即融攝了意義治療之義蘊。其要旨在挽救吾人「意義需求之失落」，然為突顯挺立自我中國儒家經典中固有之文化，本書於篇目用「儒家義理輔導學」，而具體落實之章節稱為「意義治療」。

篇名。

　　復次，筆者必須進一步說明的是，當吾人在面對中國經典文本時，「如何詮釋」乃為一件非常重要之基礎工作。不同之思想家有著不同之方法，是以雖皆為面對同一部經典文本，卻會有著不同之詮釋結論。而當代吾人在研究中國義理時，亦會面臨到相同之問題，且在當代與西方文化會通之中，所得出之詮釋結論更為大相逕庭。然吾人所得出之詮釋結論乃為「創造性之詮釋」[59]。既然稱其為「創造性」，如此在人文學[60]立場之中即無有對錯之分別，而只在吾人能否接受其詮釋而已。是以筆者研究方法甚為重要，底下筆者即立於前人之研究成果上，進一步論述本書所用之研究方法與研究範圍。

壹、超越的反省

　　「超越的反省」乃為唐君毅先生所認知一切義理研究方法之核心。[61]如此吾人要進一步追問的是，究竟什麼是「超越的反省」呢？

---

59 此為傅偉勳先生所提出之方法論。其中包含五種義理辯證之層次，最後一個層次即為「創謂」。即指「原思想家現在必須說出什麼？」或「為了解決原思想家未能完成的思想課題，創造的詮釋者現在必須踐行什麼？」其旨趣在於將經典文本藉由批判進而將此思想家之義理落實於吾人所處之當代。而傅偉勳先生原以「必謂」為創造詮釋學之最高層次，後於 1991 年 2 月在香港「安身立命」國際研討會後，接受霍韜晦先生之建議，將最高層次「必謂」修訂為「創造」。參見氏著，《學問的生命與生命的學問》，頁 228-242。關於創造詮釋學之論述與應用，可參見傅偉勳，《從創造的詮釋學到大乘佛學》，臺北：東大圖書股份有限公司，1999 年 5 月，頁 1-46。

60 關於「人文學」，林安梧先生即說道：「『人文』是什麼，人們經由語言、符號、象徵，這樣的一種媒介，來理解這個世界、詮釋這個世界，所構成的一大套系統性的、原則的、有程序、有步驟，有論證的這樣的一個系統，這樣的一個系統，我們把它叫做『人文學』。所以，關連著人來詮釋這個世界所構成的一大套系統，就叫做『人文學』。」參見氏著，《中國人文詮釋學》，頁 6。

61 參見唐君毅，《哲學概論》上冊（臺北：臺灣學生書局，2005 年 10 月），頁 209。

見唐君毅先生即言：

> 所謂超越的反省法，即對於我們之所言說，所有之認識，所
> 知之存在，所知之價值，皆不加以執著，而超越之；以期翻
> 至其後面、上面、前面，或下面，看其所必可以有之最相切
> 近之另一面之言說、認識、存在、或價值之一種反省。[62]

　　唐君毅先生即言道吾人之生命與一切創造性之根源「道」之
連結，唯有透過「正」、「反」、「正」之超越的反省辯證方得
以確立。[63]而吾人亦能透過「超越的反省」將吾人所處之生活世界
中之種種現象（俗情毀譽之超越、人生之艱難與哀樂、死生之說
與幽冥之際、人生之虛妄與真實、人生之顛倒與復位）透過不斷
地超越反省，不斷地自覺之心靈活動，翻轉至種種現象之後面、
上面、前面，或下面，如此具體落實在吾人所處之生活世界中，
滿足且安頓吾人之道德情感，亦療癒吾人所面對種種之負面現
象，開顯吾人人生之智慧。[64]當吾人以「超越的反省」之方法論切
入陽明與船山之義理，除了正面論述生命之積極上達之面向，亦
反面論述如何透過超越的反省治療吾人以復歸自我與他人生命之
整全。

　　誠然，唐君毅先生亦強調超越的反省雖為一切義理研究方法
之根本，然吾人亦不能以超越的反省作為唯一之方法論，而必須

62　同上注，頁 205。
63　唐君毅先生即補充道：「必俟我們對原初之『正』作一超越之反省，而認識
　　其後或其前之『反』，進而再超越此『正』、『反』等，而後可能。」同上
　　注，頁 207。
64　唐君毅先生即補充道：「只沿著生命之流游泳，去追逐著前頭的浪花，你是
　　看不見水上的漣漪的。你要見水上的漣漪，除非你能映放你心靈的光輝，在
　　生命之流水上回光映照。這是說，你當發展一個『自覺生命自身的心靈』，
　　如是你將有人生的智慧。你當映放心靈的光輝，來求自覺你的生命，反省你
　　之生活。」參見唐君毅，《人生之體驗》（臺北：臺灣學生書局，2010 年
　　10 月），頁 42。

兼肯定其他義理研究方法，與超越的反省法並在，以各成其為義
理方法之一種。[65]是以本書之研究方法乃以唐君毅先生關懷吾人生
命中之上達之阻礙，以歸於人生之常道之治療學義理為主，藉由
反省自覺進而超越人生中種種之現象，真切地體切到生命中之陷
溺之本質，進而開展療癒之契機，以助吾人之生命有超升而上達
之可能，為現當代之吾人提供一個實踐自我生命之修正與生命之
療癒之可能。

貳、兩端而一致

　　上文筆者論述了「超越的反省」之方法論，然吾人要進一步
追問的是，超越的反省乃是以吾人自我心靈自覺反省之活動為
主，實難以歸納於一常態形式中進而具體而言之，[66]然筆者在此仍
是要嘗試清楚論述「道」之所以為根源以及其與天地萬物之關係，
是以提出「兩端一致論」試圖以清晰之語言詮表釐清吾人與道之
存在與其所相應之天地萬物能有一真實之認識。

　　首先，「兩端一致論」乃為船山所提出之義理，見其言：

---

65 參見氏著，《哲學概論》上冊，頁 218。
66 誠然，此實非為唐君毅先生之過，而是當無人在研究整體中國義理（特別為
　　心性學）之困難。曾昭旭先生即補充道：「在研究中國學問的時候，常常無
　　法使用有嚴格意義或嚴謹程序的方法，以獲致明確可認知的結論；而只能提
　　供某些意義寬鬆的『經驗』或『進路』以供參考。這便是研究中國學問的基
　　本困難所在。」又言：「其中最難的當然就是中國傳統的心性學，即今所謂
　　中國哲學或本書所稱的中國義理學。即因義理學的諸理論所欲說明的存在事
　　實，乃是關涉道人最內在的本心的活動、本性之存在的道德經驗。這樣的道
　　德經驗其不同於一般的感官經驗之處，在它蘊含著一無聲無臭的『道』，以
　　為賦予一一感官經驗以意義的價值根源。於是，吾人欲對此存在事實有所說
　　明時，主題便不在說明這事實的形貌結構如何，而重在說明這事實何以是有
　　價值的？……人的煩憂痛苦到底從何而來？人要如何才能解除憂苦，重證至
　　樂等等。」參見氏著，《在說與不說之間——中國義理學之思維與實踐》，
　　頁 12、32。

> 「天下之變萬，而要歸於兩端。兩端生於一致，故方有『美』
> 而方有『惡』。方有『善』而方有『不善』。據一以概乎
> 彼之不一，則白黑競而毀譽雜。聖人之『抱一』也，方其
> 一與一為二，而我徐處於中；故彼一與此一為壘，乃知其
> 本無壘也，遂坐而收之。壘立者『居』，而坐收者『不去』，
> 是之謂善爭。」[67]

　　船山即指出在吾人所處之生活世界中，有著許多對立之價值
觀。而這些對立之價值觀，實然源自於無聲無臭之「道」。是以
其主張吾人必須抱一終極價值之根源以超越兩端之對立。換言
之，船山以為世間之價值就表面言之看似對立，然就根源而言並
無絕對性之衝突。而聖人抱持著道，是故能超越世間之種種衝突，
而使天道獲得開顯。

　　是以曾昭旭先生即立於船山之基礎之上，進而提出建構詮表
中國義理理論之方法論，見其言：

> 所謂兩端，就是指在這種型態的言說架構中，須包含截然相
> 異的兩個層面，其一是形而上的道（包括超越的理性與絕對
> 自由的心），其二就是形而下的器（包括一切表象界的事物
> 及與此等事物相對應的語言）。而且這兩端（道與氣、道與
> 物、理與氣、心與物、意與言等等）還須被清楚地區分出來，
> 不可混淆、牽纏、重疊。這樣，通過這理論，我們才可能對

---

67 參見清・王夫之著，王孝魚點校，《老子衍　莊子通　莊子解》（北京：中
　華書局，2014 年 11 月），頁 5-6。

它們有最起碼的辨認。[68]

　　曾昭旭先生即說道兩端中之其中一端乃為形而上之道。換言之，即為吾人之良知本心或無聲無臭之根源之「道」；另外一端乃為形而下之器，換言之，即為吾人所處之生活世界中所面對之天地萬物或體驗之種種現象。然此兩端之關係常會互相遮蔽，是以吾人對於此兩端虛有一清楚之認識，如即不會偏執於一端而不自覺。復次，雖此兩端皆是透過語言詮表得以呈現，然由於吾人皆為一獨特之存在，是以每個人對於「道」之體認乃為主觀也。職是之故，吾人單以語言詮表「道」時乃為不圓滿之方式。如此吾人要進一步追問的是，吾人究竟要如何對此一切創造性之根源「道」能有一如真實之論述呢？即是將「兩端」歸於「一致」中。見曾昭旭先生說道：

　　　　所謂一致，就是指在這種型態的言說架構中，須負責通過一辯證的對話或互動，說明這兩端之終為一體。當然，此所謂一體必不能是兩個次級系統（兩端）同屬於一更大的邏輯系統之意。因為那樣就表示依然僅涉及表象界而仍未能觸及形上道體。此所謂一體，因此必只能是「相即而為一體」，……這表示兩端是互相參滲融、互相涵攝的，而那真實的道，就是在這相即、相滲融、相涵攝的動態中呈現。……存在於由兩端的對話互動所形成的整體氛圍之中。此即謂之「圓融」或「圓成」。[69]

68 參見氏著，《在說與不說之間——中國義理學之思維與實踐》，頁32。
69 同上注，頁33。

　　曾昭旭先生即說道吾人之所以可以藉由兩端來論述「道」，乃是由於此兩端乃為一致、為一體之關係，然須特別注意的是，此兩端而一體並非邏輯系統中上與下層次之關係，而是兩端即一體，一體即兩端之關係，吾人得以透過此兩端一致之關係體現一切創造性之根源「道」之存在。而吾人以辯證式之對話或互動，將兩端合於一致，此辯證之過程即意謂著兩端乃為一同存在，而此存在乃是須透過動態之方式得以流行呈現。換言之，此「兩端一致論」所著重的旨趣不在於以語言詮表吾人所處之生活世界之結構或形上之理；而是提供一個建立道德自我之「進路」引導吾人時刻作修養心性之功夫之契機。

　　是以具體將「兩端一致論」落實於本書而言，則論及陽明與船山義理之輔導過程以及其之治療義蘊。使生命受異化之吾人得以歸返於其真實之道德自我，在動態辯證之過程中即蘊含著治療生命異化之作用，使吾人之生命得以疏通鬱結，與天德同流行。

參、研究之範圍

　　本書研究旨在建構以陽明與船山義理為主之儒家義理輔導學，是以研究範圍主要分為三個部份：陽明義理之原典以《王陽明全集》與陳榮捷先生所著之《王陽明傳習錄詳註集評》為陽明義理之主要徵引書目。[70]船山義理部份則集中於《周易外傳》、《周易內傳》、《張子正蒙注》、《尚書引義》、《讀四書大全說》、《老子衍　莊

---

70 明・王守仁撰，吳光、錢明、董平、姚延福編校，《王陽明全集》（上海：上海古籍出版社，2014 年 1 月）。陳榮捷，《王陽明傳習錄詳註集評》（臺北：臺灣學生書局，2006 年 9 月）。

子通　莊子解》等為主要徵引書目以作船山義理中相互證之之用。[71]
傅朗克意義治療學之部份，除了以英文文本為基礎之外，亦有中文
譯本做參照之用。[72]

　　復次，本書中所蒐集之二手書資料大致較新程度而言，到
2016、2017 年下旬為止，以上即為筆者對於本書研究方法與研究範
圍之說明。

第四節　各章安排之順序與特色

　　筆者於此書中各章節之安排，經過反覆增損修改而後成文，
並於此說明各章節之安排之旨趣如下：第二章旨在以唐君毅先生
圓融之義理為基礎，提出陽明與船山義理會通之可能。誠然此處
之「會通」，並不是以一家義理強行比附另外一家之義理，而是
分別以兩者獨特義理中之旨趣，見其同中有異，異中有同之處。
兩人義理之旨趣雖各有側重，然乃為針對不同氣質之人，教予不
同之人生命中不同階段之工夫，當機得其受用。第三章：〈論「本
體」義蘊之意義治療與「惡」之產生〉，意在論述陽明之「良知
本體」與船山「即氣言體」之旨趣。並論述在陽明與船山之義理

---

71 清·王夫之撰，李一忻點校，《周易外傳》（北京：九州出版社，2010 年 1
　月）。清·王夫之撰，李一忻點校，《周易內傳》（北京：九州出版社，2010
　年 1 月）。清·王夫之著，《張子正蒙注》（北京：中華書局，2011 年 12 月）。
　清·王夫之著，王孝魚點校，《尚書引義》（北京：中華書局，2011 年 12
　月）。清·王夫之著，《讀四書大全說》（北京：中華書局，2011 年 12 月）。
　清·王夫之著，王孝魚點校，《老子衍　莊子通　莊子解》（北京：中華書
　局，2014 年 11 月）。

72 Viktor E.Frankl，The Doctor and the Soul: From Psychotherapy to Logotherapy
　（New York:：Vintage Books，1986 年 9 月）。Viktor E.Frankl 著，李雪媛、
　柯乃瑜、呂以榮合譯，《向生命說 yes！》（臺北：啟示出版，2009 年 6 月）。
　Viktor E.Frankl 著，游恆山譯，《生存的理由》（臺北：遠流，1991 年 7 月）。
　Viktor E.Frankl 著，鄭納無譯，《意義的呼喚》（臺北：心靈工坊，2010 年
　7 月）。游恆山編譯，《生命的主題》（新北：書泉出版社，1987 年 8 月）。

中，吾人之「惡」從何而出且要如何實踐「去惡」之工夫；第四章：〈論「工夫」義蘊之意義治療〉，則為重在應用儒家義理中「意義治療」之思維方式，以具體之工夫實踐，嘗試療癒現當代吾人生命中所會面臨之普遍苦惱與病痛，進而實踐立己立人，及物潤物之使命。第五章：〈論「達用」義蘊之意義治療〉，乃重在活用儒家義理中「意義治療」之思維方式，進而重新詮表陽明與船山傳統之義理問題。吾人可從陽明與船山以儒家義理為主，詞斥與會通佛家、道家之義理，以真實體現儒家「萬物一體」之感。是以本章擇要幾個重要之面向作深入之探討，希冀能由此將傳統雋永之義理落實於當代之中，恢復與天地萬物本具之一體感，獲得真實無妄之人生境界，體現儒家人文化成之生活世界之理想。

　　筆者於此特別需要進一步說明之處在於，筆者此書之作各章節之間雖非如西方式系統結構性之論述方式，而是採取中國傳統之生命道德之義理旨趣。在中國義理中所關懷探問之「道」即是一不可分析的整體實存，吾人只能透過指點式地即事顯道（包括即理顯道與即情顯道）。而各事所顯，事雖不同，所顯之道則唯一。於是唯一之道與諸顯道之事之關係，不但理事圓融，亦是事事圓融的。亦即：各事之間是具有互相呼應、滲透、涵攝之關係的。[73]

　　是以筆者為相應於如此之特質，在各章節之寫作編排方式雖

---

73 劉述先先生即指出：「通過邏輯推理、論證、玄想的哲學分析向不為中國傳統所重。……而儒家的道當然也不能通過經驗歸納來建立。它只有通過體知來把握，但它一樣有普世性，追隨聖賢的模楷就可以如實相應，但與超自然的啟示沒有任何關係。儒家用的語言多是隱喻、譬喻，似缺少精確性，但所教決不是不能理解。」參見劉述先，〈哲學分析與詮釋：方法的反省〉，收入於李明輝編，《儒家經典詮釋方法》（臺北：國立臺灣大學出版中心，2012年5月），頁20。

各自獨立成文，然其中之義蘊卻是可互相呼應滲透涵攝的。是以各章節似亦各具主題，各顯重心，亦絕非分析性之齒輪零件；而仍是各自獨立而又能互相涵攝。實都是為面對當代之文化困局而謀求更新解決之道，即嘗試不僅僅止於思辨理論學術之回應，而能更進一步回到吾人所處之生活世界作實踐之回應，藉回歸生命人性之根源以解決吾人生命與現當代之文化因失本而造成之困局。[74]筆者蒙前賢之脈絡乃能有所見如此，有所說如此。今即暫以此文標示筆者目前之所見，並以為日後努力之起點，自勉之餘尚祈各位學者賜正。以下即依上述架構，逐步展開討論。

---

74 曾昭旭先生即補充道「凡儒家皆新儒家。若抱殘守缺，對當代之人生及文化無問題感更不思何以回應，則雖熟讀論孟、深研程朱陸王，實皆非真儒而是偽儒、俗儒。……換言之：面對新情境之挑戰只是一機緣，找回失落的的生命根本精神以自我再挺立才是真課題。」參見曾昭旭，〈為新子學定性定位〉「2017 新子學論壇」會議論文，臺北：中國文化大學，2017 年 10 月。

第二章　論唐君毅疏解陽明與
船山義理衝突

　　身處明清鼎革之際之王船山對於明代之王陽明之義理多有所訓斥[1]。然吾人可見當代新儒家之唐君毅先生以「即哲學史以論哲學」之方式，詮釋中國義理，見其言：

> 依吾平日之見，嘗以為凡哲人之所見異者，皆由哲學義理之
> 世界，原有千門萬戶，可容人各自出入；然既出入其間，周
> 旋進退，還當相遇；則千門萬戶，亦應有其通。故今本歷史
> 秩序，以論此宋明儒學中哲學義理之流行，亦當觀其義理流
> 行之方向，如何分開而齊出，又如何聚合而相交會；不先存
> 增益減損之見，以于同觀異，于異見同，方得其通。然後于
> 此哲學義理之流行，見古今慧命之相續。故此觀同異之事，

1　見船山言：「王氏之學，一傳而為王畿，再傳而為李贄，無忌憚之教立，而廉恥喪、盜賊興，中國淪沒，皆惟怠於明倫察物而求逸獲，故君父可以不卹，名義可以不顧。……其流禍一也。」然其在詮釋「道一而已，此是則彼非，此非則彼是，固不當同日而語。」又言：「後世陸子靜、王伯安必欲同之。」參見清・王夫之著，《張子正蒙注》（北京：中華書局，2011 年 12 月），頁 332、334。船山在此將陽明、王畿、李贄建構陽明學之系譜，其對於陽明學發展所產生之流弊有所批判，然曾昭旭先生即指出：「船山所斥者，實陽明學之末流耳。故其攻陽明，實由時代之因緣，而心存忌諱故也。」參見曾昭旭，《王船山哲學》（臺北：里仁書局，2008 年 3 月），頁 444。

> 宜當循諸儒思想之先後衍生，而次第形成之序，由原至流，
> 再窮流竟委，以觀之。[2]

　　唐先生即說道其體悟所有之義理固有千差萬別，然實為一整體之歷史中開展之，是以就此發展歷程而言，於此發展歷程其中之義理亦必有其可疏解之處，即此發展歷程之整體性所在也；是故個別義理間之差異，亦僅是對此之整體性之不同見解。是以唐先生以為中國諸賢義理之間實有同中見異，異中見同之可能。[3]職是此故，筆者擬就唐先生圓融無礙之義理為依據，試圖提出疏解陽明與船山義理之可能。然在此筆者必須進一步說明的是，為何以唐君毅先生之義理為進路詮釋ㄅ陽明與船山之義理呢？原來唐先生以為古今中西之哲人所創立之各種相反相異之義理可融攝貫通，以成義理教化之流行。是以消解種種不同義理間之衝突與矛盾，在不同之義理之間實有疏解會通之可能。唯筆者於此無意進行判教式之高下論斷，而僅是先行客觀展示其間可疏解之處，是以此處之「疏解」，並不是以一家義理強行比附另外一家之義理，而是分別以兩者獨特義理中之旨趣，見其可融通之處。

　　陽明之義理承繼先秦孟子心學，而船山在《讀四書大全說》中對於孟子之義理更多有所闡發。是以吾人要進一步追問的是，同樣都是服膺於孟子義理的陽明與船山，能否藉由唐先生之義理

---

2 參見唐君毅，《中國哲學原論・原教篇》（臺北：學生書局，2004 年 10 月），頁 10。

3 唐先生即補充道：「乃由吾既嘗觀義理之世界之世界之門戶之不同，又欲出入其中，冀得其通，更守其至約；亦使吾之心，得多所上契于昔賢之心，更無今古之隔。對當世之學風言，則吾之原道篇與此書之所以著，唯意在展示中國哲學義理流行之不息，以使人對此中國之綠野神州上下數千年之哲學之慧命相續，由古至今未嘗斷，有如實之觀解，以助成其亦將不息不已于未來世，而永無斷絕之深信。」同上注，頁 11。

能有一疏解會通之可能？此乃為本論文欲關切之問題。學界已有一些比較陽明與船山義理中「工夫論」之研究。[4]本論文則嘗試以中國義理中傳統之架構「天道、心性與物、工夫」三義，就兩位哲人之說法，以唐先生之觀點進行疏解。是以本文之開展，即從「陽明與船山義理中『天道』之義蘊」；接著論述「陽明與船山義理中『心性與物』之義蘊」；最後闡述「陽明與船山義理中『工夫』之義蘊」。以下即依上述架構，逐步展開疏解之討論。

第一節　陽明與船山義理中「天道」義蘊之疏解

依唐先生對於中國義理史中「道」之詮釋，其以為各家之義理對於超越於吾人之生活世界中而不可見聞之本體之體認，皆各有其旨趣；然各家義理乃於同一本原所發，而又能互相會通。誠然，此道體並非只是孤立之存在，而是天地萬物之所依據之根源，乃為健行不息、於穆不已、流行變化之天地萬物共同之道體，是以天道所蘊藏之生生之理進而流行並體現於吾人所處之生活世界

---

4 如曾先生即在《王船山哲學》一書中，有專節「論船山嚴斥陸王」。參見氏著，《王船山哲學》，頁 299-303。又有〈朱子、陽明與船山之格物義〉與〈論儒家工夫論之轉向——從陽明學到船山學〉二文，分別收入於曾昭旭，《道德與道德實踐》（臺北：漢光文化，1989 年 8 月），頁 111-126。與曾昭旭，《在說與不說之間——中國義理學之思維與實踐》（臺北：漢光文化，1992 年 2 月），頁 99-113。孫欽香先生亦有〈王陽明、王船山《大學》詮釋的比較研究——以新民和格物致知詮釋為中心〉，《貴陽學院學報（社會科學版）》第 40 期（2014 年 8 月），頁 29-33。與〈朱子、陽明與船山《大學》詮釋之比較——以「明明德親(新)民」關係為中心〉，《廈門大學學報（哲學社會科學版）》第 235 期（2016 年 5 月），頁 112-119。陳祺助先生亦有〈王船山與王陽明工夫論比較〉，《鵝湖學誌》第 58 期（2017 年 6 月），頁 29-72。

中。[5]

　　陽明在其五十歲時即以「無聲無臭獨知時，此是乾坤萬有基」[6]之「良知」，作為其義理系統最高本體之規範[7]。而天地萬物皆是由良知所創生變化而出，見其言：

> 先生曰：「良知是造化的精靈。這些精靈，生天生地，成鬼成帝，皆從此出，真是與物無對。人若復得他完完全全，無少虧欠，自不覺手舞足蹈，不知天地間更有何樂可代。」（《傳習錄》頁 323）

　　陽明即說道所謂「生天生地」，乃為強調「良知本體」之自然流行，而「無對」即是指出此良知本體即是在這流行發用之過程中，能無所不在、進而圓滿無缺、無少虧欠。是以陽明言：「道即是良知。良知原是完完全全，是的還他是，非的還他非，是非只依著他，更無有不是處。」（《傳習錄》頁 325）依陽明之義

5　見唐先生言：「蓋吾人平日之視而不見，見而實不知者，惟于不視之時，方能更如實之見。吾所知見者，是天地間實有運于至變至動，生滅無常之中，而又至常至靜，悠久不息之道或種種之道在。循此道，則可徹幽明之隔、通生死之變、貫天人之際。此原為古今東西之聖哲所同有之契向。」又言：「吾對中國哲學思想之全體，恆有一整個之觀感。即其雖沿不同道路而形成，然皆自同一本原而發，……中國之不同哲學理論，其結構疏朗。故在外部看。則恆互相涵攝。」又言：「吾今之論中國哲學中之道，乃限在就中國先哲之明言及『道』，並有一道為中心，可通貫其全部思想者，而論之。」參見唐君毅，《中國哲學原論・原道篇》卷一（臺北：臺灣學生書局，2000 年 9 月），頁 3-4、26-27、49-50。

6　參見明・王守仁撰，吳光、錢明、董平、姚延福編校，《王陽明全集》〈上海：上海古籍出版社，2014 年 1 月〉，頁 870。

7　「吾良知二字，自龍場以後，便已不出此意。只是點此二字不出。於學者言，費卻多少辭說。今幸見出此意。一語之下，洞見全體，真是痛快，」參見陳榮捷，《王陽明傳習錄詳注集評》（臺北：臺灣學生書局，2006 年 9 月），頁 396。又見《全集》記載：「良知即天道。」同上注，頁 298。

理而言，無相無形之良知妙用流行並創生吾人所處之生活世界中之天地萬物，良知既超越於一切萬物之上，卻又流行於一切萬物之中。換言之即是以吾人之良知即為天地萬物之靈明。[8]

如是，吾人要進一步追問的是，作為創生天地萬物之良知，與吾人之間是具有什麼樣之關係呢？見其言：

> 先生曰：「爾看這箇天地中間，甚麼是天地的心」？對曰：「嘗聞人是天地的心」。曰，「人又甚麼教做心」？對曰，「只是一箇靈明」。曰，「可知充天塞地中間，只有這箇靈明。人只為形體自間隔了。我的靈明，便是天地鬼神的主宰。天沒有我的靈明，誰去仰他高？地沒有我的靈明，誰去俯他深？鬼神沒有我的靈明，誰去辨他吉凶災祥？天地鬼神萬物離卻我的靈明，便沒有天地鬼神萬物了。我的靈明離卻天地鬼神萬物，亦沒有我的靈明。如此便是一氣流通的，如何與他間隔得」？（《傳習錄》頁 380-381）

陽明即說道吾人良知靈明所呈現之「一氣流通」[9]，使天地萬物本具之意義，皆透過吾人心中之一點良知靈明而獲得彰顯，吾

8　陽明言：「夫良知一也。以其妙用而言謂之神。以其流行而言謂之氣。以其凝聚而言謂之精。安可以形象方所求哉？」又言：「良知之虛便是天之太虛，良知之無便是太虛之無形，……凡有貌象形色，皆在太虛無形中發用流行，未嘗作得天的障礙。聖人只是順其良知之發用，天地萬物俱在我良知的發用流行中，何嘗又有一物超於良知之外，能作得障礙？」參見氏著，《傳習錄》，頁 216、328。

9　見陽明言：「向晦宴息，此亦造化常理。夜來天地混沌，形色俱泯。人亦耳目無所睹聞，眾竅俱翕。此即良知收斂凝一時。天地既開，庶物露生。人亦耳目有所睹聞，眾竅俱闢。此即良知妙用發生時。可見人心與天地一體。故『上下與天地同流』。」參見氏著，《傳習錄》，頁 326-327。陽明之意即是吾人良知呈現能感能悟之時，即是與天道同流行。

人之心進而方可超越與天地萬物之限制[10]，將天地之高深、鬼神之吉凶災祥、萬物之存在之朗現與吾人之良知連結合一，真實實踐良知全體之大用。[11]是以陽明言：「君子之學，惟求得其心。雖至於位天地，育萬物，未有出於吾心之外也。」（《全集》頁267）誠然，陽明在此並非否定外在客觀事物之存在，其主觀地肯定吾人與天地萬物以吾人之良知感通之重要性，藉由吾人對於自我內在良知之肯定，並以吾身實踐之，進而通向吾人所處之生活世界，在此仁心感通之無限過程中，吾人之良知即為宇宙天地之中心，而宇宙天地即獲得生生之機。[12]

復次，相對於陽明「即良知言體」；船山則是以「氣」作為其本體之規範、「即氣言體」，見其言：

---

10 唐先生即補充道：「心之被『限制』所限制，亦其自己所決定，因為心之活動之本質即超越向上。」參見唐君毅，《心物與人生》（臺北：臺灣學生書局，2002年9月），頁125。

11 牟宗三先生即補充道：「陽明從良知（明覺）之感應說萬物一體，……從明覺感應說物，這個『物』同時是道德實踐的，同時也是存有論的，……從明覺感應說萬物一體，仁心無外，我們不能原則上說仁心之感通或明覺之感應到何處為止，我們不能從原則上給它畫一個界限，其極必是以天地萬物為一體。這個『一體』同時是道德實踐的，同時也是存有論的——圓教下的存有論的。」參見牟宗三，《從陸象山到劉蕺山》（臺北：臺灣學生書局，2011年7月），頁225。

12 見《傳習錄》記載：「人的良知，就是草木瓦石的良知；若草木瓦石無人的良知，不可以為草木瓦石矣。豈惟草木瓦石為然？天地無人的良知，亦不可為天地矣。蓋天地萬物，與人原是一體，其發竅之最精處，是人心一點靈明，風雨露雷，日月星辰，禽獸草木，山川土石，與人原只一體。故五穀禽獸之類皆可以養人，藥石之類皆可以療疾，只為同此一氣，故能相通耳。」又可見其記載道：「先生曰：『你未看此花時，此花與汝心同歸於寂。你來看此花時，則此花顏色一時明白起來。便知此花不在你的心外。』」參見氏著，《傳習錄》，頁330-331。牟先生即補充道：「象山與陽明既只是一心的朗現，一心的伸展，一心的遍潤，故對於客觀地自『於穆不已』之體言道體性體者無甚興趣，對于自客觀面根據『於穆不已』之體而有本體宇宙論的展示者尤無多大興趣。」參見牟宗三，《心體與性體》第一冊（新北：正中書局，2010年12月），頁47。

太虛即氣，絪縕之本體，陰陽合於太和，雖其實氣也，而未可名之為氣；其升降飛揚，莫之為而為萬物之資始者，於此言之則謂之天。氣化者，氣之化也。陰陽具於太虛絪縕之中，其一陰一陽，或動或靜，相與摩盪，乘其時位以著其功能，……各自成其條理而不妄，……而知之必明，處之必當，皆循此以為當然之則，於此言之則謂之道。[13]

　　船山首先即說道所謂之「天」即為「氣」也，氣乃為本體之「實」。此實存靜態之「渾然一氣」，乃為諸多名言之一。[14]蓋氣體流行分化為陰陽二氣之後，此陰陽二氣交感變化即為道、為理也。

　　依船山之見，若「理」離了「氣」而言之，即無法體現其真義[15]，理作為主持分劑以調節氣，於是氣中必有理，理氣合兩端合於一[16]。是以船山言：「天者，理而已矣，得理則得天矣。」[17]又

---

13 參見氏著，《張子正蒙注》，頁17-18。

14 曾先生即補充道：「船山之重言氣，……而當正解之為『亦是氣』，……『亦是氣』則即氣以顯體，與其前之儒學只是進路不同，實體不二也。再進言之，儒學之基本態度原即是『全體肯定』者，故於本體之指點，當說之為：亦是天、亦是誠、亦是神、亦是道、亦是中、亦是知、亦是理、亦是氣、亦是性、亦是心、亦是仁、亦是敬，……而此許多『亦是』則實仍是一。」參見氏著，《王船山哲學》，頁329。陳祺助先生亦補充道：「『氣』若作為『名言』，亦不過是『氣之實』無限多名言之一而已。言道者論道之言有多端，故『氣之實』亦有多名：天、理、性、心、太極、道、太和、太虛、誠、中、和、命、善、陰陽、……等等皆『氣之實』之名，氣不過是其中一端。」參見陳祺助，《王船山「道德的形上學理論」之開展》（高雄：麗文文化，2012年6月），頁25-26。

15 船山言：「盈天地間，人身以內人身以外，無非氣者，故意無非理者。理，行乎氣之中，而與氣為主持分劑者也。」又言：「天地之間，皆理之所至也。理之所至，此氣無不可至。言乎其體而無理不可勝者，言乎其用而無事不可任矣。」參見清・王夫之，《讀四書大全說》（北京：中華書局，2011年12月），頁465、537。

16 見船山言：「天下之變萬，而要歸於兩端。兩端生於一致，故方有『美』而方

言：「蓋言心言性，言天言理，俱必在氣上說，若無氣處則俱無也。」（《讀四書大全說》頁 718）船山所言之「氣」乃是具備「理」於其中，理氣合一，要先有氣，始有流行變化（氣化），是故船山以為「理」不是由「天」出，此本體在尚未氣化流行時只可曰「天」或「太極」；具體流行於吾人之生活世界中，則可曰「氣」或「誠」。而天理亦必經由氣之流行，而後起理之名。是以船山言：「天下豈別有所謂理，氣得其理之謂理也。氣原是有理底，盡天地之閒無不是氣，即無不是理也。」（《讀四書大

有『惡』。方有『善』而方有『不善』。據一以概乎彼之不一，則白黑競而毀譽雜。聖人之『抱一』也，方其一與一為二，而我徐處於中；故彼一與此一為壘，乃知其本無壘也，遂坐而收之。壘立者『居』，而坐收者『不去』，是之謂善爭。」參見清・王夫之著，王孝魚點校，《老子衍　莊子通　莊子解》（北京：中華書局，2014 年 11 月），頁 5-6。船山指出吾人處之生活世界中，有著許多對立之價值觀，而這些對立之價值觀，實然源自於「道」。是以其主張吾人必須抱一以超越兩端。曾先生即補充道：「其精神則無非是說明兩端之性雖分析地對立，卻是辯證地全具於每一真實存有之中。……推而廣之，更可以有種種不同的概念設計，而要之是每一成對的概念，都是其一指涉形而上的道，其一指涉形而下的器，如性情、理氣、心物、義理之性與氣質之性、道心與人心、道與物、言與意、空與色相等等。而理論的推展，則目的一在於在價值上釐訂二者的本末關係（形上之道為本、形下之器為末），二在於存在上說明二者之相融相即為一體。」參見曾昭旭，《良心教與人文教：論儒學的宗教面相》（臺北：臺灣商務印書館，2003 年 8 月），頁 97。林先生亦補充道：「天下的變化雖然極為雜多，但當我們說變化時實已寓含了一經常不變之道以為對比，否則亦不能顯示出變化，於是我們可以將天下的萬變推而為『常』『變』兩端，而常變是相依待而成的，常中有變，變中有常，兩端歸為一致，一致即含兩端。」又言：「船山所謂的『氣』，是通形而上，形而下的，作為本體之體的氣即辯證的具含著理，氣的流行即依理而分劑之，理既具主宰義又具條理義，理則是本體之體亦復是個體之體，本體之體的氣與主宰義的理合而為一；就具體實在而言，理氣亦為一。」參見林安梧，《王船山人性史哲學之研究》（臺北：東大圖書，1987 年 9 月），頁 89、105。換言之，船山以為世間之價值就表面言之看似對立，然就根源而言並無絕對性之衝突。而聖人抱持著道能超越世間之種種衝突，而使天道獲得開顯。

17 參見清・王夫之撰，李一忻點校，《周易內傳》（北京：九州出版社，2010 年 1 月），頁 279。

全說》頁 666-667）

　　船山將「氣」作為其根源義，而「理」則為第二義。由此可見船山將「天」、「氣」、「誠」三名實為一。其即氣言體，有體有用[18]，氣實有常在，乃為周流貫通之動態歷程，據以此開展出動而無息、真實無妄之天道觀。此真實無妄之天之本體理氣合一，即體即用、即氣即化，一切氣之推移變化以及推移變化所形成之條理，皆是由此氣之本體所開顯之大化流行。

　　唐先生以為陽明「良知本體」與船山「即氣言體」之義理固然有其各別之旨趣，有其頗為類似之處。然陽明與船山之不同在於其無獨立之天道論，而是直接肯認吾人之道德本心以致良知而明天理，換言之即是陽明義理特重主體義以人道融攝天道。船山則有其獨立之天道論與人道論。[19]見唐先生言：

> 心可為思任何事物之心，而任何事物，亦皆可說為心所可能思及之事物，以為心所涵攝。再一切事物皆可說有性、有性、有氣。是見此諸名言概念之皆具普遍性。……至少

---

18 見船山言：「當其有體，用已現；及其用之，無非體。蓋用者用其體，而即以此體為用也。故曰：『天地絪縕，萬物化生』，天地之絪縕，而萬物之化生即於此也。」參見氏著，《讀四書大全說》，頁 503。曾先生即指出：「船山的整個思路都傾向於從存在去說的。所以於體，他不是即心言體（心體、如王陽明）、即理言體（理體，如朱子），而是即氣言體，也就是即實存言體。當然他的氣不是純指物質，其中更包涵了良心、天理，而為形上形下一體凝合的存在。同樣，他說性也是如此。他別將張載的氣質之性為『在氣質中之性』，即與氣質凝合為一而表現之性。這便將孟子即心而言的超越至善之性落實下來，成為存在之性。」參見氏著，《道德與道德實踐》，頁 72。

19 唐先生即補充道：「船山之言道，……船山則統形上形下，而以氣化為形上、為體，即形器明道，即事見理，即用見體。此頗類似陽明。然陽明之即用見體，體惟是良知天理。即事見理，事惟是致此良知天理。……船山之言即器明道，即事見理，即用見體，則不僅據以明人道，同時據以明天道。」參見氏著，《中國哲學原論・原教篇》，頁 517-518。

> 在一般之理解上看，其內涵之廣大或豐富，仍不足與道相
> 比。……氣之一名……皆至為廣大。故可說一切存在皆物，
> 皆氣所成。吾人故可將道視為一存在之物或氣，……然吾
> 人又不必能將任何道，皆化為存在之物或氣。……此道與
> 理之義，故大於物與氣也[20]

　　唐先生即說道不論是如陽明以「良知」言體，亦或是如船山即「氣」言體，在唐先生看來，其皆只是為方便言說廣大豐富、價值共通且具超越性但難以言詮之「道體」之暫時性之名言概念，代表著言道者所談的共同道、理。是以陽明言：「夫良知，理一也，而分則殊；體圓也，而用則方。」（《全集》頁1691）船山亦言：「理一而所指殊，故言各有端。」[21]又言：「名者，言道者分析而名；言之各有所指，故一理而多為之名，其實一也。」[22]是以不論是「良知」或以「氣」言道體，其皆為指涉此形而上不可言說之道體之其中一端。天地萬物其實皆由此不可言說之全體之道之一端所凝成者，是故天地萬物之間其彼此之形象雖異，然天地萬物皆因道之創生而有其獨特之存在意義。唐先生即補充道：「以哲學中之種種義理概念，一一就其本身而言，雖恒皆有其普遍永恒悠久等意義，然其彼此又互不相同。人之心靈活動依其一以遍運遍觀于宇宙人生之事物所成之哲學，即不同于依其另一以遍運遍觀于宇宙人生事物所成之哲學。由此而宗不同哲學之人，各有其不同種類之人生觀宇宙觀，而不能互觀其所觀，乃恒

---

20 參見氏著，《中國哲學原論・原道篇》卷一，頁34-35。
21 參見清・王夫之，《禮記章句》卷31. 收入於《船山全書》第四冊（長沙：岳麓書社，2011年1月），頁1353。
22 參見氏著，《張子正蒙注》，頁17。

互斥其所觀者之非是。則宗不同哲學者，雖各能遍觀，而不能互遍觀其遍觀，不能有對遍觀之遍觀，此不能有遍觀之遍觀，亦似有義理上之必然。」[23]誠然道體根本實在雖難以言詮，然天道並非完全超越於吾人，而是同時內在於吾人之生命。在人即為人之本心本性。是以天人乃為合一，吾人之本心本性同樣是最根本實在。客觀外物世界亦是因天道之生生作用而有，其呈現為萬物之相亦不能離吾人之本心本性而存在。是故萬物亦不能離天道人心而另有實在。

職是此故，吾人即可藉由諸多之次高次大、彼此平行之名言，進一步將不同之義理所言之本體互相相知而交會，最終能通過修養工夫進而證實並上遂而通極於至大至廣之道體。[24]

第二節　陽明與船山義理中「心性與物」義蘊之疏解

雖然陽明以主觀面詮釋天道與船山以客觀面詮釋天道之方式不

---

23 參見唐君毅，《生命存在與心靈境界》上冊（臺北：臺灣學生書局，2006 年 9 月），頁 30。

24 唐先生即補充道：「最高最大之道，即在一切次高次大之道之互相貫通之中。此最高最大之道縱必為一，次高次大者，則可不只一而為多，因無多，亦無多之貫通為一故。」參見氏著，《中國哲學原論‧原道篇》卷一，頁 45。又言：「人類之哲學心靈，仍有一克服上列之困難之道，此即人尚可有對哲學之哲學。此即其不特依一普遍義理概念以遍觀，且能于既依之以遍觀之後，更超越之，另依一普遍之義理概念以遍觀。此一不斷超越之歷程，即為一次序之歷程。由此次序之歷程，而人之哲學心靈，遂可歷諸遍觀，而更回顧其所歷，以成對諸遍觀之遍觀。」吾人可通過將不同義理中普遍之概念加以遍運遍觀，體悟其義理，進而形成一至廣至高之義理。把不同義理之遍觀收攝在一更廣更高層位之義理或遍觀之內。同上注，頁 31。

盡相同，然兩者對於儒家義理中「心性」之詮釋，其皆肯定吾人心性之根源處乃為「至善」也。[25]而兩者對於「心性與外物」之詮釋，亦有其疏解之處。唐先生曾指出：「船山之言心，取橫渠心統性情之說，以氣載天理，而為心；氣所具理，為性；……謂理之具於心，為心所知所行，而呈其用于心；故心之如何如何之行，皆必循理，皆所以著理。故曰性為體，心為用也。體用不可二，故心性不可二。」[26]在唐先生看來，陽明與船山在吾人心性固有仁義之性之德，心與性乃為一而不可分為二。然船山與陽明之義終有不同之處。如此吾人要進一步追問的是，不同之處為何呢？首先即見陽明言：

> 心一也。未雜於人謂之道心。雜以人偽謂之人心。人心之得其正者即道心。道心之失其正者即人心。初非有二心也。（《傳習錄》頁 42）

---

25 見陽明言：「然至善者心之本體也。心之本體那有不善？」參見氏著，《傳習錄》，頁 369。船山亦言：「色、聲、味自成其天產、地產，而以為德於人者也。己有其良貴，而天下非其可賤；己有其至善，而天下非其皆惡。」參見清・王夫之著，王孝魚點校，《尚書引義》（北京：中華書局，2011 年 12 月），頁 147。然陽明亦有言：「無善無惡者理之靜，有善有惡者氣之動。不動於氣，即無善無惡，是謂至善。」參見氏著，《傳習錄》，頁 123。此「無善無惡」之說，最為船山所不滿，見其言：「陽明撫贛以前，舉動俊偉，文字謹密，又豈人所易及！……便盡失其故吾。故田州之役，一無足觀。使陽明而早如此，則劾劉瑾、討宸濠，事亦不成矣。蓋斥奸佞、討亂賊，皆分別善惡事，不合於無善、無惡之旨也。」參見清・王夫之，《俟解》。收入於明・黃宗羲，清・王夫之撰，《黃梨州王船山書》（臺北：世界書局，2015 年 3 月），頁 13。船山之「善惡」觀旨趣在於吾人所處之生活世界中之實存之理開展歷史文化社會人生之事上而論之，然陽明所言之無善無惡之本體，乃是就良知本體所具之天理，表現流行於生活世界中則進而有知善知惡、好善惡惡之具體實踐。是以兩者義理之重點有所不同，此乃吾人須明辨之；然船山與陽明在整體儒家義理之中，卻有著互相發明、互相會通之處。

26 參見氏著，《中國哲學原論・原教篇》，頁 564-565。

　　陽明即說道「道心」與「人心」並非有著不同二心之別[27]，「道心」即為陽明所說至善純潔之本心，是以陽明言：「道心者，良知之謂也。」（《傳習錄》頁 187）吾人皆具有天生本具靈昭不昧之良知道心；然當吾人之道心受私欲所遮蔽時，此時即為「人心」。陽明強調吾人若欲與自我內在之天道同流行，其關鍵處即在去除自我之私欲，使自我內在之良知呈現。[28]

　　復次，見陽明言吾人之「心」與外在之「物」之關係：

> 先生遊南鎮。一友指巖中花樹問曰，「天下無心外之物。如此花樹，在深山中自開自落，於我心亦何相關」？先生曰，「你未看此花時，此花與汝心同歸於寂。你來看此花時，則此花顏色一時明白起來。便知此花不在你的心外。」（《傳習錄》頁 332）

---

27 關於「心」，見陽明言：「所謂汝心，亦不專是那一團血肉；若是那一團血肉，如今已死的人，那一團血肉還在，緣何不能視聽言動？所謂汝心，卻是那能視聽言動的，這箇便是性，便是天理。有這箇性，才能生這性之生理，便謂之仁。這性之生理，……都只是那天理發生。以其主宰一身，故謂之心。這心之本體，原只是箇天理，原無非禮。這箇便是汝之真己，這箇真己是軀殼的主宰。若無真己，便無軀殼。」又言：「心之本體即是性。性即是理。」參見氏著，《傳習錄》，頁 146、107。陽明所言之「心」，即為吾人良知本體。是以吾人之心具備在每個當下呈現靈明自覺之能力，而「軀殼」即為吾人之身體。依陽明之理解，心即性，性即心，陽明重視心之主體義與活動義，性體是需要透過吾人自我之道德實踐才可落實。是以陽明主張藉由良知本體在每個當下之呈現，則天理流行於吾人之心中，並以吾人之身體實踐此良知，進而使自我達至「身心一如」之境，此即為「心即理」。

28 見陽明言：「日之體本無不明也，故謂之大明。有時而不明者，入於地，則不明矣。心之德本無不明也，故謂之明德。有時而不明者，蔽於私也。去其私，無不明矣。」參見氏著，《全集》，頁 1079。

陽明所言之「物」，即是「事」也。[29]而所謂之「寂」，並非指不存在，而是唯有外在客觀之物（花樹）與吾人內在主觀之良知之間有所感通（明白），此時天地萬物之存在與吾人之良知連結合一而獲得貞定。是以陽明言：「夫在物為理，處物為義，在性為善，因所指而異其名，實皆吾之心也。心外無物，心外無事，心外無理，心外無義，心外無善。」（《全集》頁 175）是以無論是生活世界中之天地萬物，亦或是吾人平時之日用人倫、灑掃應對進退之事，皆因為與吾人內在之良知自覺感通，進而朗現外在於吾心之所有事物之意義價值。[30]

船山亦曾以「道心」、「人心」詮釋吾人心性之義蘊，見其言：

> 今夫情，則迥有人心道心之別也。喜、怒、哀、樂，人心也。惻隱、羞惡、恭敬、是非，道心也。斯二者，互藏其宅而交發其用。雖然，則不可不謂之有別已。於惻隱而有其喜，於惻隱而有其怒，於惻隱而有其哀，於惻隱而有其樂，羞惡、

---

29 見陽明言：「物者，事也，凡意之所發必有其事，意所在之事謂之物。」同上注，頁 1071。又言：「身之主宰便是心。心之所發便是意。意之本體便是知。意之所在便是物。」參見氏著，《傳習錄》，頁 37。唐先生即補充道：「陽明首將朱子所謂物，與吾人之一般所謂『對物之知』、或意念、或行事相連結，而合以名之曰『物』。此亦以即將吾人通常所謂客觀外在，而為吾人之心之所對之物，與吾人對之之心之與意念或行事，合稱之為一物。」參見氏著，《中國哲學原論・原教篇》，頁 300-301。

30 唐先生即言：「人之仁，表現於人之以其情與萬物感通，而成己成物之際。則在生化發育中之自然物，吾人明見其與他物相感通，而開啟新事物之生成，則吾人又何不可謂物亦有仁德之表現？……物與物以其功能，互相感通，互相貫注涵攝，正為一切生生之事物所自始，即事物之元，事物之始也。物與物由此相感通，而相應相和以生生，即為物之亨，物之禮也。相對之物由此而各得其所求，即物之利物之義。生生之新物之各得成就，而顯物之生理，……為物之貞，即物之智也。……只謂人有此德而物無德，在經驗上無根據。」參見唐君毅，《中國文化之精神價值》（臺北：正中書局，1993 年 1 月），頁 110。

恭敬、是非之交有四情也。於喜而有其惻隱，於喜而有其羞
惡，於喜而有其恭敬，於喜而有其是非，怒、哀、樂之交有
四端也。故曰互藏其宅。以惻隱而行其喜，以喜而行其惻隱，
羞惡、恭敬、是非，怒、哀、樂之交待以行也。故曰交發其
用。[31]

　　船山即言所謂之「人心」，乃具有情意識知等靈明之作用，
其性質並非為純然至善，而「惻隱、羞惡、恭敬、是非」之四端
之性，即為「道心」，亦即為「性」，而吾人心中具有四端之性，
故心具眾理而本為善。「喜、怒、哀、樂」即為四情，是以船山
言：「情便是人心，性便是道心。」（《讀四書大全說》頁674）
若吾人就性情而言，性實而情虛；然就吾人所處之生活世界而言，
情可見而性不可見，性必在情中而見也，是故性情一體而不可分。
而吾人一方面可從惻隱處見其喜怒哀樂之現象，另一方面亦可從
喜處見惻隱、羞惡、恭敬、是非之性也。然吾人唯此一心，心
唯一體，道心與人心實則為同一心體不同之兩端而以效用而有
所區分。
　　人心乃為形下之形氣之知覺運動，屬於見聞之知之認知作
用；道心乃為形上之性理之昭徹朗現，屬於德性之知之自覺作用。
是以船山雖分言而有道心人心之別，然合而言之實則同此一心，
而有互藏交發之用。[32]

---

31 參見氏著，《尚書引義》，頁22-23。
32 見船山言：「以本體言，雖不可竟析之為二心；以效用言，則亦不可槩之為一
　心也。」又言：「性者，道心也；知覺者，人心也。人心、道心合而為心。」
　參見氏著，《讀四書大全說》，頁691、722。曾先生即補充道：「至此貫通之
　所以成立，則畢竟仍須以道心為主，以明其本貫於末之義也。由此而言，則唯
　可說性有其情，而不可說情有其性，以唯性唯道心可說其有自主性也。」參見

復次，見船山言吾人之「心」與外在之「物」之關係：

> 今夫事，與人之相接也。不接於吾之耳目口體者，不可謂事
> 也，何也？不接於吾之耳目口體，天下非無事也，而非吾之
> 所得制，則六合內外，固有不論不議者矣，則固非吾事矣。
> 不發之於視聽言動者，不可謂心也，何也？不發之於視聽言
> 動，吾亦非無心也，而無所施其制，則人生以上，固有不思
> 不慮者矣，是尚未得為心也。是故於事重用其所以來，於心
> 重用其所以往；於事重用其心之往，於心重用其事之來。(《尚
> 書引義》頁 46)

　　船山所謂之「事」，即為吾人生活世界中所有之客觀之物也。[33]船
山以為當吾人之心尚未發動與外物感通往來之時，此時吾人之心無
實用，心中所具之理亦無法體現，是故不可謂事、謂心。外物與吾
人雖有區別，然實為不可分割而連結為一。人中有物，物中有人；
物為實有，心為實動，吾人與外物乃為此生活世界中之整體互相依
賴之兩端而終不可離。[34]然當吾人之心與外物相交往來後，吾人之心

氏著，《王船山哲學》，頁 431。

33 見船山言：「天之風霆雨露亦物也，地之山陵原隰亦物也；則其為陰陽、為柔
　剛者皆物也。物之飛潛動植亦物也，民之厚生利用亦物也；則其為得失、為善
　惡者皆物也。凡民之父子兄弟亦物也，往聖之嘉言懿行亦物也；則其為仁義禮
　樂者皆物也。……心無非物也，物無非心也。」參見氏著，《尚書引義》，頁
　5。船山以為吾人所處之生活世界中之一切萬事萬物（即自然現象與精神現象），
　包涵人文化成中之倫理制度皆為客觀存在之「物」。

34 見船山言：「且夫物之不可絕也，以己有物；物之不容絕也，以物有己。己有
　物而絕物，則內戕於己，物有己而絕己，則外賊乎物。物我交受其戕賊，而害
　乃極於天下。」同上注，頁 3。船山此處之意即是重視吾人與生活世界中之外
　物之一體性而不可相絕。

能貫通古今中外一切事理進而使其具創生性[35]，發之於外則能使吾人之心流行於天下以建立真實無妄之人道。是以船山言：「蓋天理之流行，身以內，身以外，初無畛域。天下所有，皆吾心之得；吾心所藏，即天下之誠。」（《尚書引義》頁48）心必為實心，理必為實理，物必為實物，以一切為實而不虛，吾人之心含性感通外物而變化萬理，「心」與「物」本末通貫為一，此時即能於吾人之生命中合兩端而一致，有真實之條理而不絮亂矣。

　　誠然，陽明以體用一源言心即理、心外無理、心外無物與船山以性為理，心為氣之載理之立體進路終為不同。然不可否認的是，兩人對於道心人心實為一心之辨別與吾人之心與外物之感通上，實有疏解之處。而吾人亦可見陽明與船山言：

> 「率性之謂道」，便是道心。但著些人的意思在，便是人心。道心本是無聲無臭，故曰微。依著人心行去，便有許多不安穩處，故曰惟危。（《傳習錄》頁318）

> 夫舜之所謂「道心」者：適於一而不更有者也。「惟精惟一」，僅執其固然而非能適於有，弗精弗一，或蔽其本有而可適於無者也；未發（人心。）有其中（道心。），已發（人心。）有其和（道心。），有其固有；而未發無不中，已發無不和，

35　見船山言：「天下之物相感而可通者，吾心皆有其理……天下之物皆用也，吾心之理其體也。」參見氏著，《張子正蒙注》，頁121。關於「事理之創生性」，唐先生即補充道：「事理之為具體之理，又與性理社會文理之為具體之理亦不同。其不同在：性理為普遍者，形而上者；而事理為特殊者，形而下者。……事理則可分別直就一人一事之所以成上說。……成新事之理，乃隨事之不斷發生，而亦不斷創出，此之謂事理之創生性。……中國由明末至清之思想家，最能了解事理之所以為事理者，莫如王船山。」參見唐君毅，《中國哲學原論・導論篇》（臺北：臺灣學生書局，2004年10月），頁79-80。

> 無其所無者也。固有焉。故非即人心而即道心，僅有其有，
> 而或適於無，故曰微也。(《尚書引義》頁 22)

　　陽明與船山即言雖有吾人之心有道心人心之別，然實則為「同一心體」。然吾人即常因意念所起而與外物相幾之時，心不正進而有一念陷溺之可能。此時「道心」即被私欲所遮蔽，立即墮陷成了「人心」。是以陽明所言之「心即理」之工夫有兩種進路。即就上根之人而言，良知所發之意念乃為純善無惡，是以若在每個遭遇困難之當下「一念自反」，即是良知之朗現；然就一般中下根之人而言，陽明仍強調吾人須在每個遭遇困難之當下透過事上磨練[36]，方可使自我之良知呈現。[37]船山亦強調吾人乃是需要透過在心上做道德修養之工夫，貞定自我之心，方可與天理同流行。[38]

---

36 見陽明言：「是徒知靜養，而不用克己工夫也。如此，臨事便要傾倒。人須在事上磨，方立得住，方能靜亦定，動亦定。」陽明所謂事上磨練的「事」，即指吾人生命中一切的活動，包含了吾人之意念、情緒、行為等，皆屬事之範圍。陽明以為時時刻刻立吾人之良知本心，方可使內心獲得寧靜。「寧靜」之意並非表示退縮逃避，吾人處於生活世界中，便無法離事而求靜，是以吾人在生命中面對困難時能時刻把持良知本心之正，避免自我一念之陷溺，此即為「事上磨練」。又言：「良知之在人心，不但聖賢，雖常人亦無不如此。若無有物欲牽蔽，但隨常良知發用流行將去，即無不是道。但在常人多為物欲牽蔽，不能循得良知。……所謂生知安行，『知行』二字，亦是就用功上說。若是知行本體，即是良知良能，雖在困勉之人，亦皆可謂之生知安行矣。」陽明指出陷溺之念即為吾人生命中之病痛，是以陽明強調「知學」，只是將工夫用於遵循良知之發用流行，而「知行本體」亦即吾人皆本有之「良知良能」。是以若吾人時刻呈現自我之良知，此即為「知行合一」。參見氏著，《傳習錄》，頁62、233-234。

37 見陽明言：「我這裏接人，原有此二種。利根之人，直從本源上悟入人心，本體原是明瑩無滯的。原是箇未發之中。利根之人，一悟本體，即是功夫。人己內外，一齊俱透了。其次不免有習心在，本體受蔽。故且教在意念上實落為善去惡。功夫熟後，渣滓去得盡時，本體亦明盡了。……利根之人，世亦難遇。本體功夫，一悟盡透。此顏子明道所不敢承當。豈可輕易望人？人有習心，不教他在良知上實用為善去惡功夫，只去懸空想箇本體。一切事為，俱不著實。過養成一箇虛寂。此箇病痛，不是小小，不可不早說破。」參見氏著，傳習錄》，頁359-360。

38 見船山言：「欲修其身者先正其心」，聖學提綱之要也。「勿求于心」，告子

綜上所述，陽明與船山言吾人之心與外物之關係，可知心與物乃為相涵互攝、互為感通。依陽明而言，吾人之心與外物感通之時，此時天地萬物之意義即獲得呈現，陽明即言：「心無體，以天地萬物感應之是非為體。」（《傳習錄》頁 333）是以，陽明「心外無物」之義蘊，可就兩個層面而言之。即第一，就心而言，心外無理。此層意義船山與陽明有類似之見解。[39]

復次，就外物而言，心外無物之意乃為「感而遂通天下」，是以吾人能通過修養之工夫，能體現心物不二之義蘊。就此二層之義蘊，陽明與船山實有疏解之處。唐先生即總結言：

> 此外物之本體既絕對在你心外，離我們心之外；你便不能說，我們所了解的外物性質與外物本身之性質是分立；……你認識外物之真正性質時，外物的性質不內再於你的心。……你認識外物之真正性質時，外物只是在你心外。你必當說，你認識外物之真正性質時，外物即內在於你的心，而客觀內在於主觀。[40]

唐先生即說道吾人之心具有感通主觀形而上之意義與客觀形而下之生活世界之能力。是以若非吾人透過道德實踐所體貼當

迷惑之本也。不求之心，但求之意，後世學者之通病。……此本一廢，則無君無父，皆所不忌。嗚呼！舍心不講，……危矣哉！」參見清・王夫之撰，《思問錄》，收入於氏等撰，《黃梨州王船山書》，頁 13。

39 見船山言：「集註『全體此心』四字，恰與『端』字對說。孟子之學，大旨把內外、精粗看作一致，故曰『萬物皆備於我』。『萬物皆備於我』，萬事皆備於心也。心之發端，則是惻隱、羞惡、辭讓、是非。到全體上，卻一部全禮樂刑政在內。只緣仁、義、禮、知之德，彌綸兩閒，或順或逆，莫不左右而逢原也。」見氏著，《讀四書大全說》，頁 550。

40 參見氏著，《心物與人生》，頁 122-123。

下之外物，人自不須感通之；未感通於吾人之外物，人自不會起心動念。唐先生即說道：「我們如果把宇宙當作一通體相關宇宙，則任何對象以通體相關之宇宙為背景，其意義都可說通於一切對象。所以我們嚴格說起來，我們應該可以於一對象中，領略其一切意義，而感受一全宇宙之意味於一對象中。」[41]唯吾人之心能真實自覺地與物感通，此時「物」便不再只是隔絕於吾人之孤零零之存在。天地萬物皆因吾人之心之感通進而以心化物、相即圓融、使吾人生命之意義與天地萬物之意義皆能獲得彰顯。

第三節　陽明與船山義理中「工夫」義蘊之疏解

　　上文筆者論述了陽明與船山對於道心人心之辨。以為吾人擁有天生本具之良知本體，此良知本體為一元至善之本體，然因後天之習氣沾染與吾人與物所交而有一念陷溺之可能。由於宋明儒者們其義理義蘊皆是強調如何「修身成聖」[42]，因此對於「如何透過修身與天理同流行」，自是無法迴避之問題。[43]是以筆者將分節

---

41 參見唐君毅，《哲學論集》（臺北：臺灣學生書局，1990 年 1 月），頁 99。

42 曾先生即指出：「相對於本體論，我們可以說其重心乃是在於工夫論。亦即：宋明儒者本無意在思辨上為良知、太極、理、氣、心、性等名言一一探究其本質，釐清其義界；他們所關心的乃是如何體現此理、實踐此道。總言之，宋明儒者之所重，不在『道是什麼』，而在『如何行道』。」參見氏著，《在說與不說之間——中國義理學之思維與實踐》，頁 100。

43 唐先生即指出：「故謂宋明儒之學，重在為世立教，……此體道修道工夫，恆須由面對種種非道之事物而用。……依吾之意，則對此種種非道之物，如邪暗之塞、氣質之偏，意見、私欲等之存在，其認識之深切，其對治工夫之鞭辟入裏，正為宋明儒者之進於先秦儒學之最大之一端。」參見氏著，《中國哲學原論·原教篇》，頁 4。

進一步論述在陽明與船山之義理中，如何為善去惡、一念自反，使吾人心性之本體能恢復澄明。

壹、成德之總工夫──立志與思

首先即見陽明闡述吾人「立志」之重要性，見其言：

> 夫學，莫先於立志。……是以君子之學，無時無處而不以立志為事。……精神心思凝聚融結，而不復知有其他，然後此志常立，神氣精明，義理昭著。一有私欲，即便知覺，自然容住不得矣。故凡一毫私欲之萌，只責此志不立，即私欲便退；聽一毫客氣之動，只責此志不立，即客氣便消除。……蓋無一息而非立志責志之時，無一事而非立志責志之地。故責志之功，其於去人欲，有如烈火之燎毛，太陽一出，而魍魎潛消也。（《全集》頁289-290）

陽明即說道「立志」即為吾人未臨事時「存天理」之功；「責志」即為吾人遭遇困難時「去人欲」之功，然立志責志實為一，乃為吾人避免一念陷溺、省察克治之工夫之根本。陽明更以種樹為例，闡述吾人「志」之重要性[44]。而唐先生亦指出：「立志亦是立一種理想。但此所立之理想，是直接為自己之具體個人立的，不是抽象普遍的；

---

44 見其言：「種樹者必培其根，種德者必養其心。欲樹之長，必於始生時刪其繁枝。欲德之盛，必於始學時去夫外好。……凡百外好皆然。」又曰：『只是立志。學者一念為善之志，如樹之種，但勿助勿忘，只管培植將去。自然日夜滋長。生氣日完，枝葉日茂。樹初生時，便抽繁枝。亦須刊落。然後根幹能大。初學時亦然。故立志貴專一。』」參見氏著，《傳習錄》，頁136。陽明即以為致良知於事事物物，而致良知於事事物物亦就是肯定一個立志。

同時不只是立之為心之客觀所對，而是立之為：自己之個人之心靈以致人格所要體現，而屬於此心靈人格之主體的。此即是要使此理想，真實的經由知以貫注至行，而成為屬於自己之實際存在的。」[45]是故吾人對於「立志」不能只是就文字思辨上了解，而是要下一真實之反躬體會之工夫，方可使自我超越，體現生命之意義價值。是以陽明言：「大抵吾人為學緊要大頭腦只是立志。」（《傳習錄》頁201）陽明強調吾人若志不立，則天下無事可成。吾人當以立志為成事及為學之本，應事接物時皆不可捨棄之，使天理自然流行且凝聚於吾人之心中。[46]

復次，見船山在詮釋《孟子》亦言「立志」之重要性：

> 夫此心之原，固統乎性而為性之所凝，乃此心所取正之則。而此心既立，則一觸即知，效用無窮，百為千意而不迷其所持……當其意之未發，則不必有不誠之好惡用吾慎焉，亦不必有可好可惡之現前驗吾從焉；而恆存恆持，使好善惡惡之理，隱然立不可犯之壁壘，帥吾氣以待物之方來，則不睹不聞之中，而修齊治平之理皆具足矣。此則身意之交，心之本體也；此則修誠之際，正之實功也。故曰「心者身之所主」，主乎視聽言動者也，則惟志而已矣。（《讀四書大全說》頁9）

船山即言吾人之性於心中體現之時，則面對到外在事物相交

---

45 參見唐君毅，《人生之體驗續編》（臺北：臺灣學生書局，1996年3月），頁76。
46 見陽明言：「只念念要存天理，即是立志。能不忘乎此，久則自然心中凝聚。……此天理之念常存。馴至於美大聖神，亦只從此一念存養擴充去耳。」參見氏著，《傳習錄》，頁57。

之時，將其使必於正、貞定為志。船山所言之「心之本體」，謂心之為體，乃是為性之所生，由性來決定；而心與吾人之感官並生，主宰感官，這種常在吾人胸中之主宰，即是所謂「志」，亦即為孟子所言之「持志」。是以船山言：「惟夫志，則有所感而意發，其志固在，無所感而意不發，其志亦未嘗不在，而隱然有一欲為可為之體，於不睹不聞之中。」又言：「志是大綱趣向底主宰。」（《讀四書大全說》頁 8-9、534）船山以為吾人之心若定貞定於道者即為志，是以志即為天道之體現，志常為吾人心之所存，並非存個虛空之心，亦非泛泛地存心，而是須存「仁義之心」[47]，使其不會陷溺。即能成為吾人之道德主宰。[48]其以為一切成德之根本工夫，即是吾人於未發之時恆存恆持此志心，涵養好善惡惡之理；於已發之時帥氣而正此志心，此即為性之全體大用。吾人心中具有以氣為本體所流行之天理，如此志即無法離開氣而言之。是以若吾人能在每一個與外物相交之當下，貞定自我之志，則今後之心思，即受自我當下之志為主宰，進而貞定今後以避免自我生命陷溺之可能。

　　上文闡述了「立志」之重要性，接著筆者將闡述何謂「思」。首先即見陽明言：

47　見船山言：「目言『仁義之心』，則以『存之』為工夫，孔子曰『操則存』，孟子曰：『存其心』者是也。」又言：「孔子曰『操則存』，言操此仁義之心而仁義存也；『舍則亡』，言舍此仁義之心而仁義亡也；『出入無時』，言仁義之心雖吾性之固有，而不能必其恆在也；『莫知其鄉』，言仁義之心不倚於事，不可執一定體以為之方所也；『其心之謂與』，即言此仁義之心也。」參見　氏著，《讀四書大全說》，頁 635、686。

48　唐先生即補充道：「心之官則思，而志即規定心之思，使常定向乎道者。則不僅規定當下一時之心思，且規定今後之心思。故船山言志，不如一般之以心有所之、心之有所向而動，言之；而已志為心所常存，而主乎視聽言動者。……志既為心所存而能主者，則志為內在，且能主宰、規定今後之心思，使定向于道者。」參見氏著，《中國哲學原論·原教篇》，頁 598。

> 良知是天理之昭明靈覺處。故良知即是天理。思是良知之發
> 用。若是良知發用之思，則所思莫非天理矣。良知發用之思，
> 自然明白簡易。良知亦自能知得。若是私意安排之思，自是
> 紛紜勞擾。良知亦自會分別得。蓋思之是非邪正，良知無有
> 不自知者。(《傳習錄》頁 241)

　　陽明即說道為善去惡最要緊之工夫，即在吾人皆本具至善且昭明靈覺之良知天理，以自我良知之「思」之表現流行以知善知惡，同時亦能好善惡惡而不夾雜一毫私意。是以陽明言：「良知只是箇是非之心。是非只是箇好惡。只好惡，就盡了是非。只是非，就盡了萬事萬變。」(《傳習錄》頁 341)唐先生即補充道：「當我對一特定人物有所事，與之發生直接關係時，我與他之間，即有一生命活動之相了解，精神上之相感通。只要此相了解感通，是真誠的，無私意間隔的，則我當下便與所接之人物為一體。我之仁心即昭露於相對並存的我與人物之關係中。由是而我們只要時隨地，以真誠之心，以敬意與接之人物相遇，我即隨時隨地與之為一體。天地萬物無窮，與我發生之感應關係無窮，我之真誠，皆可一一充滿於此一切感應關係中。即見我之真誠無窮，我之仁心之本無窮，而其表現昭露亦無窮。……我與天地萬物原是一體，我之仁心即天心，我們亦只能從此逐漸契入。」[49]吾人於未臨事時即存養自我之良知、時刻充盡自我之良知；如此吾人於臨灑掃應對進退之事時，便可將自我之良知體現以知是之非、是是非非，如此吾人心中之天理即可以在此當下契入並感通接觸之一切萬物，進而自然流行並充塞於天地之間。

49　參見唐君毅，《人文精神之重建》(臺北：臺灣學生書局，2000 年 6 月)，頁 248。

復次，吾人亦可見船山言「思」之重要性：

> 蓋仁義者，在陰陽為其必效之良能，在變合為其至善之條
> 理，原有紋理機芽在（紋理是條理，機芽是良能。），故即
> 此而發生乎思，如甲必柝，若勾必萌，非塊然一氣，混雜椎
> 鈍，不能有所開牖也。故曰天之所與我。與我以仁義，即便
> 與我以思也，此從乎生初而言也。乃心唯有其思，則仁義於
> 此而得，而所得亦必仁義。蓋人飢思食，渴思飲，少思色，
> 壯思鬥，老思得，未嘗不可謂之思，而思之不必得，乃不思
> 而亦未嘗不得。……其得不得之一因乎思者，唯仁義耳。此
> 思為本而發生乎仁義，亦但生仁義而不生其他也。……蓋思
> 因仁義之心而有，則必親其始而不與他為應，故思則已遠乎
> 非道而即仁義之門矣。是天之與我以思，即與我以仁義也。
> 此從乎成性而言也。（《讀四書大全說》頁 700）

　　船山即說道仁義為本而生於思，而思之所得亦但生仁義。是
以除了仁義以外，其他對象與思之間即不具備如此必然之關係[50]，
「思」乃為吾人所本具之良能，具有能超越一切而不蔽於物，以
覺知天道之全體大用，而下貫於當前之物，使吾人與天理同流行
之。[51]是以船山言：「故『思』之一字，是繼善、成性、存存三者

50　見船山言：「乃只思義理便是思，便是心之官；思食思色等，直非心之官，則
　　亦不可謂之思也。」參見氏著，《讀四書大全說》，頁 701。船山將思食思色
　　之「思」與思仁義義理之「思」做分辨，所謂之「思」，是以德性意義為主體，
　　而所謂思食思色等，皆不可謂之「思」。船山在此並非否定了吾人之生理需求，
　　而是其以為德性意義之外之事物，即使不思，亦可自然而然地成為吾人追逐之
　　對象。唯獨「仁義義理」之實踐，必由心之思而起用，而通於至善之境。
51　陳先生即指出：「天道『理氣』誠體即主宰即流行變化而凝於形質，健順之理
　　繼善於人以成仁義之性；仁義之性自生仁義之心，乃有必發之良能與至善之條

一條貫通梢底大用，括仁義而統性情，致知、格物、誠意、正心，都在者上面用工夫，與洪範之以『睿作聖』一語斬截該盡天道、聖功者同。」（《讀四書大全說》頁700-701）若尚未與物相交之時，吾人並非無其事，而是應時刻致思存理。實踐「思」之工夫，由是擴而充之，自能通徹而不蔽於物，進而求盡此仁義之心之全體大用，而當吾人與事物相幾之時，此體才能發用進一步應事接物、即可「至誠」[52]之境並安頓自我之身心。

　　以上筆者論述陽明與船山工夫之疏解在於吾人之根源起「立志」之心，進而在臨灑掃應對進退之事時，能以自我良知之「思」之表現流行以知善知惡。唐先生即補充道：「船山重理似程朱，而其由思以顯人心之理，間于非理中反照出理，實大同于陽明由良知之是是非非，以見良知之至善。」[53]船山以為竭思乃為吾人於生活世界中一切道德實踐工夫以顯自我之道心進而盡天理之根本，實可與陽明所言之「致良知」之工夫有所疏解。[54]

理，而仁義即此而發生，是即心之『思』。人生而性成，性自生心而有思之能，仁義乃即此而得，天理亦因此而昭著。從天道繼善順著說，是因仁義而發生思；由成性存存逆著說，則是因思而昭明仁義。」參見氏著，《王船山「道德的形上學理論」之開展》，頁366。

52 關於「至誠」，見船山言：「至誠體太虛至和之實理，與絪縕未分之道通一不二，是得天之所以為天也。其所存之神，不行而至，與太虛妙應以生人物之良能一矣。如此則生而不失吾常，死而適得吾體，跡有屈伸，而神無損益也。」又言：「至誠，實有天道之謂；大者，充實于內，化之本也。惟其健順之德，凝五常而無間，合二氣之闔辟，備之無遺，存之不失，故因天地之時，與之同流，有實體則有實用，化之所以咸通也。陰陽合為一德，不測之神也；存神以御氣，則誠至而聖德成矣。」參見氏著，《張子正蒙注》，頁18-19、65。船山所謂「至誠」，即是吾人之性與天道同流行，如此即不枉吾人之所以為人之價值意義。

53 參見氏著，《中國哲學原論‧原教篇》，頁592。

54 曾先生亦指出：「思即是良知的稱體起用，⋯⋯在這裏，船山是實同於陽明的。⋯⋯這正義便是積極地助成良知的發用，使良知不但因起念之廓然大公而得安，亦因結果之合理成功而得安。」參見氏著：《道德與道德實踐》，頁122-123。

貳、成德工夫之分殊──格物致知與正心誠意

前文筆者已有論述陽明船山在「心物」關係之見解上，實有疏解之可能。然在「格物致知」與「正心誠意」之實踐工夫上，兩人則有不同之處。首先見陽明言：

> 所謂致知格物者，致吾心之良知於事事物物也。吾心之良知，即所謂天理也。致吾心良知之天理於事事物物，則事事物物皆得其理矣。致吾心之良知者，致知也。事事物物皆得其理者，格物也。是合心與理而為一者也。（《傳習錄》頁172）

依陽明義理系統而言，其探究的是當吾人生命遇到困境之時，該如何去復求心物合一。良知本心即為吾人心之本體，亦為天理，即為至善之存有，此為本體論；「致」即為充分推致與恢復，此為工夫論；致良知即是本體亦為工夫，而陽明實以「致良知」之工夫收攝「格物致知」與「正心誠意」之義理將其打併歸一工夫。是以陽明言：「故區區專說致良知。隨時就事上致其良知，便是格物；著實去致良知，便是誠意。著實致其良知，而無一毫意必固我，便是正心。著實致良知，則自無忘之病。無一毫

又言：「以思直貫乎一切道德實踐，如實言之，固與陽明致良知之說無殊也。」參見氏著，《王船山哲學》，頁444。然唐先生亦有言：「陽明有即本體即工夫之論，而在船山則理為所知，心為能知；顯理之工夫在竭心之思，竭思以識理，乃心之工夫，非理能自顯。此則非陽明即心即理、即本體即工夫之論矣。」參見氏著，《中國哲學原論‧原教篇》，頁592。即便兩位哲人在體認本心以成德之總工夫上，其大方向兩人實為無殊，然在細部之工夫上，兩人則有同有異。

意必固我，則自無助之病。故說格致誠正。」（《傳習錄》頁268）
唐先生即補充道：「實踐人道之始，並不待遠求，並不待對人性
有窮盡之研究與分析，而唯待人之就此日常失活中，人之異於禽
獸知性之自然表現處，而加以自覺，以知其所以為人，此即實踐
人道之開始。」[55]唐先生即補充道：「當你的心體會了生命世界、
物質世界之精神的意義時，你的心開始籠罩著宇宙之全境了。你
將真覺整個的宇宙如全呈現於你心靈之鏡。物質、生命、精神，
在你的心中同時存在。但是當你發現這三個東西，同呈於你整個
的心靈時，你將進一步發現，這三個東西，原是互相滲透的。……
宇宙之一切存在，原來是一互相滲透，互相轉變配合之一和諧之
全體！當你真能體會全宇宙之互相和諧時，你將發現宇宙本身之
美，宇宙是一複雜中之統一。你有如是之思想時，你心中的宇宙
之各部，自己互相貫通了！」[56]當吾人之良知呈現之時，其要求實
踐之範圍即為無限，而天地萬物皆在吾人之良知感通之下，因仁
心而及物潤物，進而與天地萬物為一體。

　　職是此故，吾人須致自我之良知於萬事萬物之中，以求一切
皆得其正，此為推致擴充良知之義，在推致之過程中，亦即是恢
復吾人之自我之良知本心，推致與恢復，其義一也。此即為陽明
「致良知」工夫之義蘊。[57]

　　復次，見船山言其對於「格物致知」義蘊之見解：

---

55 參見唐君毅，《哲學概論》（臺北：臺灣學生書局，2005年10月），頁550。
56 參見唐君毅，《人生之體驗》（臺北：臺灣學生書局，2010年10月），頁158-159。
57 曾先生亦補充：「所謂致良知，所謂事上磨鍊也。亦即體證主體生命之存在，
　絕非孤懸之存在，而必然是即一切事物而存在、在日常生活中存在。所以及物
　潤物乃成為主體命的分內事，物我一如才是一心存在的圓滿義也。」參見曾昭
　旭，《存在感與歷史感：論儒學的實踐面向》（臺北：臺灣商務印書館，2003
　年8月），頁21。

蓋格物者知性之功，而非即能知其性；物格者則於既格之後，性無不知也。……「一以貫之」，物之既格也，而非多學而識之即能統於一以貫也。窮理格物只是功夫，理窮物格亦格物窮理之效，乃至於表裡精粗無不豁然貫通之日，則豈特於物見理哉！吾心之皆備夫萬物者固現前矣。到此方識得喜怒哀樂未發之中。蓋吾之性本天地之理也，而天下之物理亦同此理也。天下之理無不窮，則吾心之理無不現矣。吾心之理無不現，則雖喜怒哀樂之未發而中自立焉。萬物之皆備於我者，誠有之而無妄也。此非格物未至者所可知之境界。故難一一為眾人道耳。物理雖未嘗不在物，而於吾心實自實；吾心之神明雖己所固有，而本變動不居。若不窮理以知性，則變動不居者不能極其神明之用也固矣。心原是不恆底，有恆性而後有恆心。有恆性以恆其心，而後吾之神明皆致之於所知之性，乃以極夫全體大用，具眾理而應萬事之才無不致矣。……，言於吾心之知無所吝留而盡其才也。此聖賢之學所以盡人道之極，而非異端之所得與也。（《讀四書大全說》頁 714-715）

　　船山即說道吾人格物窮理之最終目的即在於「知性」[58]，格物

58　見船山言：「知量之大小、偏全、深淺、遲速，因乎生質。生而知之者，未嘗不資乎文以牖之，而舉其端即見其委，觸其末即達其本，而知量全矣。學而知之者，雖所聞在是，可因義類以有所推廣，而究不足以盡所知之理，然苟能自知其不足，則力學以求通，亦可與生知者同功。此聖人所以惓惓於學知之人，而欲其探本原以會通乎眾理也。」參見氏著，《四書訓義》，頁 406。依船山義理而言，「知」至少具有兩種義蘊，即「理性」之知和「內省」之知。理性之知即為吾人認知生活世界中之天地萬物；內省之知則為知吾人內在本具之天德；理性之知在知外在具體事理；「內省」之知在體道、盡性以知天。船山以

非即能知性，而知性必待於物既格之後。但格物與知性並非為割裂之兩端，而是必須要以「一以貫之」之工夫，以自我之良知為基點，將格物窮理之過程中所認知之具體而雜多之事理收攝為統一之性理。船山在此特別強調吾人非多學而識即能達到一以貫之一切事理。「喜怒哀樂未發之中」即為吾人性體之全具，而此性體之體現，即在於格物窮理後切實體貼於自我之身心之中，而後真積力久，如此才真能豁然貫通，使古今中外一切事理具創生性之意義價值[59]，篤實會通於心，發之於外則能使內具之四端之性流行於天下以建立人道。是以船山言：「君子之學，未常有不資於聞見也，未嘗不求之於心也。乃其於天下之理，一無敢忽，一無敢忘，研其機，窮其理，盡其變。」（《四書訓義》頁503）吾人之存在乃為有限，且吾人之心乃為變動不居、無一時一息不流行。是以若吾人之心之不發揮，則天給予人之靈明將枯涸僵滯，而吾人本有之生命意義與價值將消逝殆盡。

　　然此盡心知性之工夫，有賴於吾人不間斷地格物窮理以廣知獲致，在日用人倫之中果能盡吾心之大用格物窮理以廣知，如遇到之事幾乃為較為熟悉之事，則在此事上，當下便可致知。如此吾人透過吾性之體現，吾人在不斷地致知格物之過程所認知之一切見聞學知之活動同時即是道德實踐之過程，見聞之知與道德實踐實兩端復歸於一致。

為吾人對於知識探求之終極目的，即在於「探本原以會通乎眾理」，此亦可看出船山重視吾人後天之修養工夫。

59　見船山言：「君子之學以身為要，以心為主，由一心以推及於天下，無二致也。蓋其約也，而名物不遺，事理必徹，無（可）〔或〕遺也，則又博而且詳也。……蓋天下之理，一本而萬殊，知萬殊之皆原於一本者，知萬殊之皆原於一本者，非極萬殊之情理，則無以會其通。故綜究於天地萬物之生成變化者，將以說吾心之仁有此全體也……將以說吾心之義具此大用也。」同上注，頁504。

復次，見船山言其對於「正心誠意」義蘊之見解：

> 蓋靜而存養之功已密，則天理流行，而大中至正之則，炯然
> 不昧，故一念甫動，毫釐有差，即與素志相違而疾喻其非，
> 隱而莫見，微而莫顯，省察之功易而速矣。故愚嘗謂庸人後
> 念明於前念，君子初幾決於後幾。後念之明，悔之所自生也。
> 初幾則無事於悔矣。不睹不聞之中，萬理森然，而痛癢自覺，
> 故拔一髮而心為之動，此仁之體也；於靜存之，於動著之
> 也。[60]

船山即言道吾人平時所存之仁義之理若扎實而渾厚，則隨處
皆可體現天理流行。而吾人在深切自反、省察自我所發之念是否
有違於自我之志心，吾人存養省察之工夫之要旨，不僅要用於平
時靜存正心之時，更施於動發之際之誠意省察之事上。正心誠意
之工夫乃為吾人修身主宰之學[61]，是以吾人能透過正心誠意之工
夫，並體現吾人之所以為人之意義價值之本，進而立人道之極，
以體現全體之大用。

綜上所述，就「格物致知」與「正心誠意」之工夫論上，陽
明工夫義理著重主體順著自我昭明靈覺之良知之自致自呈現進而
流行。是以致良知之工夫，即是匡正吾人當下發心一念，若有不
正，當下復歸於正，乃為吾人修養之根本工夫。是以陽明言：「故
欲修身，在於體當自家心體。常令廓然大公，無有些子不正處。
主宰一正。」（《傳習錄》頁 368）然陽明此種工夫乃無法積極

---

60 參見氏著，《周易內傳》，頁 324。
61 見船山言：「欲脩其身者，為吾身之言行動立主宰之學。」參見氏著，《讀四
　書大全說》，頁 30。

肯定外物之理在成德上之價值。[62]而在船山，其明確將正物之「格物致知」與修身之「正心誠意」分為兩種不同之工夫，其一方面重視主觀內在修身之工夫以成德，另一方面亦肯定客觀外在認知活動及知識之價值以開展人文化成之世界。使內聖之功與外王之功能由本而末，通貫為一。[63]此為兩人工夫義理同中有異之歸趣。[64]

最後見唐先生總結言：

> 儒者合形上學之信心，與道德之實踐之天人合一之學之教。然其核心義，則在吾人上所言之由此心中本原或本心本性流出之惻怛等情。此即中國儒者所謂性情之際，亦天人之際之學之教，……以情理之如如不二，為其思想之歸止，以成其內心之信，再充內形外，以成盛德大業；更即此德業成信，以使情理與信及德業相輔為用，……以成一學一教之道也。[65]

---

62 誠然在此並非指陽明完全忽略客觀知識之重要性。陽明曾言：「良知無前後，只知得見在的幾。」參見氏著，《傳習錄》，頁 336。陽明致良知教之義旨在吾人臨事當下所見得之表現，是以無法預定其未來。換言之，吾人與他人之真實感通，非經過思慮安排而致，乃為一純粹之直覺。而吾人在未臨事之前一切學問思辨之工夫，仍有助於吾人臨事時能有合情合理之表現。

63 船山工夫義理雖是由本而末，通貫為一，不過船山仍是強調修身工夫之重要性。唐先生即指出：「至明末之大儒，如王船山、……雖亦深究理學中問題，然皆意在以內聖之學為立本之資；至言達用之學，則宗在經史。……如船山之暢發志為一心之存主之意；別人禽，嚴夷夏，端在正其心志，亦無異於以正心之功，統致知誠意之事。」參見氏著，《中國哲學原論‧導論篇》，頁 299-300。

64 曾先生亦補充道：「其直以思誠為本，以固正之心貞定末梢工夫，乃是同於陽明……。然船山更重以末梢所得，返以貞定其本，以使其心之所存養，乃是有實存實養，而非只空養一靈明，此則陽明所不及。」參見氏著，《王船山哲學》，頁 453。

65 參見氏著，《生命存在與心靈境界》下冊，頁 496。

　　唐先生即言道儒學中所論之工夫之成聖成德，皆在肯定吾人有著心中皆有著良知本體，若吾人順此良知之流行發用，貞定自我之道心，在修身工夫之過程中自覺自我昭明靈覺之良知，進而在臨事時能致思存理、萬事皆宜，如此即可避免自我生命有一絲陷溺之可能。唐先生即有指出：「人能知理而行之，使知無不至，行無不盡，則思誠而誠之功盡，而人道之善立。天之生人而使有心思，由誠而明也；人之承天而竭其心思，以知理而行之，則由明而誠。由明而誠，存人之誠，即存天之誠，而天人合一。……人能如天之自誠而明，則其知不待致，行不待力，而即知即行。此則自修養之果上說，船山又同于陽明矣。」[66]是以吾人能透過兩位哲人修養之工夫，吾人之生命得以有修養成德之可能，進而能成己成物、立人道之極，最終於吾人之生命中體現「天德流行境」。如此吾人即可安頓自我之生命，並進而使自我之生命臻於圓滿。[67]

第四節　小　結

　　經由上文筆者之梳理，吾人可從唐先生之義理中，尋求陽明與船山義理中對於「天道」、「心性與物」以及「工夫」之義蘊在儒家

---

66 參見氏著，《中國哲學原論・原教篇》，頁593。
67 唐先生即言：「一切道德心理之本質，都是超越現實的自己，那麼你便要知道，我們直截了當的說當下不陷溺於本能……等，固然所以保持我們當下的自由，而加強各種道德心理，亦即所以保持我們當下之自由。所以我們不從保持我們當下之道德自由著眼，而從道德心理本身之加強著眼，亦所以繼續保持我們之自由。……你在當下要發心去體驗各種道德心理，即所以保持你當下之道德自由到將來，同時亦使你從『當下所認為應具備或努力具備之道德心理，』逐漸擴張到『未來你所能具備之道德心理』之過程。……你要體驗各種道德心理，你必須使你自己處於各種可以發生道德心理之情境，並欣賞他人之道德生活，了解他人之道德行為。……體驗道德心理本身，是你應有的道德生活。」參見氏著，《道德自我之建立》，頁74-75。

義理中實為「同歸而途殊」[68]而有可疏解之處。吾人之生命心靈本具有自我反省之昭明靈覺，此昭明靈覺最終必由自我肯定其昭明靈覺，肯定其昭明靈覺實踐之真實無妄，進而貞定吾人自我生命之存在。據此以體現儒家中與天地間本具之「萬物一體」之感。

最後見唐先生言：

> 在遙遠的地方，一切虔誠終當相遇。這還是人之仁心與人仁心之直接照面。[69]

筆者擬以唐先生圓融無礙之義理，嘗於疏解陽明與船山之義理間之異同；兩人義理之旨趣雖各有側重，然乃為針對不同氣質之吾人，教予不同之人生命中不同階段之工夫，當機得其有所受用。[70]是故兩人之義理實為萬流歸儒，仍蘄於道而不息。

職是此故，吾人建立天道與吾人心性之關係，進而透過工夫之自覺地切身實踐，如此道之流行呈現即在遠方，亦即在吾人心中一念自反之當下。

---

68 見船山言：「是故始於一，中於萬，終於一。始於一，故曰：『一本而萬殊』；終於一而以始，故曰：『同歸而殊塗』。」。參見清・王夫之撰，李一忻點校，《周易外傳》（北京：九州出版社，2010 年 1 月），頁 133。

69 參見唐君毅，《青年與學問》（臺北：三民書局，2014 年 4 月），頁 140。

70 唐先生即言：「唯王船山之論性與天道，過於重氣，誠不如朱子、陽明重心與性理之純。然重氣即重精神之表現，……而我今論文化，即直承船山之重氣精神之表現之義而發展。然吾人之言心與性理，則仍依於朱子與陽明之路數。」參見唐君毅，《文化意識與道德理性》自序（二）（臺北：臺灣學生書局，2003 年 4 月），頁 8。

第三章　論「本體」義蘊之意義治療與「惡」之產生

第一節　論王陽明「心即理」義理中的意義治療

　　「意義治療」是由西方「第三維也納心理治療學派」維克多・傅朗克先生所創，其關懷之重點在於協助患者從生活中體悟自我生命之意義，進而面對現實，並改變其人生觀，積極樂觀的活下去，努力追尋生命之意義。中國明代王陽明之良知學與傅朗克之意義治療雖在學術理論上不盡相同，然兩位哲人對於探究生命之存有與終極關懷之向度上，實有連結之處。但筆者在本文中並非以意義治療理論為詮釋主體，而是嘗試將意義治療從陽明良知學中彰顯而出。是故，筆者將以詮釋學之方法提出一個新的義理架構，此新的義理架構，具有兩個特點：第一、新的詮釋觀點是承襲自先秦孟子「性善說」，實有根源性。且此詮釋方式並非憑空創造，只是長期受到遮蔽，而未彰顯。第二、此詮釋方式能使現代人更為理解陽明良知學，並透過陽明之良知學解決現代社會所面臨之問題。筆者以為，身為一個中華文化圈之傳承者，對於自我固有之中國義理之體悟，並非以西方之方法發掘，而是欲返回

吾人之生活世界，回歸吾人之歷史社會總體將其開展之。

首先，筆者欲以林安梧先生之詮釋說明何謂「意義」：

> 「意」在漢字的結構上是「心」「音」，是心靈的聲音，是
> 來自生命最為根源的真實「意向」（intention），它是純粹
> 的（pure），真實的（authentic）、實存的(existential)；進一
> 步說，它可以說是「道之所顯發的微妙之幾」，可以說是「道
> 心惟微」，是一切造化之源、心性之源的真實定向。「義」
> 在漢字的構造上是「羊」「我」，是自我之求其完善，是來
> 自生命內在的完善要求所成的確定性，它是公正的（fair）、
> 普遍的(universal)、理想的(ideal)；進一步說，它可以說是「人
> 之參贊於天地之間的落實處」，可以說是「允執厥中」，是人
> 落在生活世界的安身立命處，或者說是立腳處。[1]

透過林安梧先生的詮釋，「意義」一詞並不再只是語詞，而
是生命實存之意義價值。如此吾人要進一步追問的是，吾人為什
麼須要追尋此「意義」呢？原來傅朗指出為現代人試圖透過外物
（酒精、毒品、性愛）滿足自我之欲望，稱其為「存在的空虛感」，
傅朗克說道：「若沒能辨別那最根本的存在的空虛，就無法理解憂
鬱、攻擊、上癮這類普遍現象。領養老金與年邁者面臨的危機也
是如此。除此之外，存在的空虛也會出現在各種面具與偽裝下。
有時追尋意義的意志會受挫，由追尋權力的意志取而代之，這也
包涵了追尋權力的原始面貌 —— 追尋財富的意志。有些時候，追

1　參見林安梧著，〈「生命」、「實存」與「召喚」〉。收入於傅朗克著，鄭納
　無譯，《意義的呼喚》（臺北：心靈工坊，2010 年 7 月），頁 14。

尋意義的意志受挫後，會由追尋快樂的意志所取代。這就是為什麼存在的空虛往往導致以性為代價。從這些情況來看，我們會發現存在的空虛中，性慾氾濫。」[2]是以，吾人唯有真正將人生視為一種任務或使命的最高而最可貴的價值，即不外乎是重視每一個人的實存態度本身。每個人都是自己的主人，都有創造自我命運的自由，唯有自我創造自我才能夠產生存在感，每人要創造的意義皆不相同，端看命運交付給吾人之使命為何，不斷地接受命運給予吾人之挑戰，在此同時也就是在創造命運。林安梧先生即說道：「我們說儒學的心性之學，現在應該要落在整個意義治療裡面加以展開，通過具體的經驗事物的理解，然後朝向一個理論性的考察，並且經由這個理論性的考察，往上成為一個立體建構性的追溯。這個追溯是上通於道、上通於存有之源、上通於宇宙造化之源。」[3]是故，吾人為不斷探索人生種種積極且正面之意義價值，故須此「意義」，並使其意義歸為生命本身，此追尋生命意義之過程即為「意義治療」之開展。

　　吾人生命之存在勢必會經歷人生痛苦與挫折，但也因面對當下種種痛苦與挫折，吾人之生命意義能得以超越，體現生命無限之可能。傅朗克對此指出：「人之所以為人在於不斷邁向自己以外的人或事物，去實現意義。在此，意義的實現在於或是會遇某人，或為某種價值而獻身，或去愛某個人。唯有當人活出存在自我的超越面向，他才成為本真的人，他才成為真正的自己。」[4]陽明良知學並非是一空泛之理論，而是很實際地「即事言理」。陽

---

2 參見傅朗克著，李雪媛、柯乃瑜、呂以榮合譯，《向生命說 yes!》（臺北：啟示出版，2009 年 6 月），頁 164-165。

3 見氏著，《儒學轉向：從「新儒學」到「後新儒學」的過渡》，頁 436。

4 參見氏著，李雪媛、柯乃瑜、呂以榮合譯，《向生命說 yes!》，頁 266。

明之義理是可超越時空阻隔，且具有恆常意義之經典。是故，要如何落實於吾人所身處之世界中，成為治療現代社會異化現象之力量，乃為筆者所關懷之重點。而如何將亙古經典重新理解並詮釋為現代社會所用，亦是身為當代儒者之義務與使命。即如曾昭旭先生曾指出的「當代儒者之當務之急」：「在生存需求已普遍獲得滿足，而已普遍萌芽的意義需求卻只成嚴重苦惱的現代，其實是人人都要生命哲學的指引，而儒學也當大行其道才對的。只因儒學長久的異化與世人對儒學根深柢固的成見，誤以權威、教條、為統治者服務來看代儒學，才使得儒門智慧被白白閒置。所以，如何以現代觀點與語言重講儒學，疏通歷史鬱結，光暢生命智慧，應是當代儒者的當務之急罷。」[5]是以本文之開展，從「什麼是心即理」開始論述；接著說明「陽明良知學與傅朗克意義治療之會通在於生命意義之追求」；最後闡述如何「體現心即理」。希冀儒學經典如何在經典保存之既有價值中突破原有之局面，因應時代重新轉化，以求能於當代社會中體現陽明良知學與中華文化之意義價值。以下即依上述架構，逐步展開討論。

壹、心即理之義蘊

中國義理學最早論「心」之說，始於先秦儒學的《孟子·盡心上》：「盡其心者，知其性也。知其性，則知天矣。存其心，養其性，所以事天也。」[6]荀子雖不認同孟子之性善論，但在《荀子·解蔽篇》亦有闡述心之作用：「人何以知道？曰：心。心何

5　參見曾昭旭，《儒家傳統與現代生活：論儒學的文化面相》（臺北：臺灣商務印書館，2003 年　10 月），頁 28-29。

6　參見南宋·朱熹，《四書章句集註》（新北：鵝湖月刊社，2014 年 10 月），頁349。

以知？曰：虛壹而靜。」[7]而莊子亦有用過「心」來闡述其義理：
「夫隨其成心而師之，誰獨且無師乎？奚必知代而心自取者有
之？愚者與有焉。未成乎心而有是非，是今日適越而昔至也。」[8]
由菩提達摩所創的禪宗，亦有「明心見性」、「道在心悟」等以
心為主之詮釋。足可見「心」字在中國義理史上有其重要性。[9]是
以，陽明是如何詮釋「心」字呢？又「心」與「理」之關係為何？
以下筆者將分兩小節加以闡述。

一、陽明所言「心」之義蘊

「心」，就東漢‧許慎《說文解字》之解釋為：「人心，土
藏，在身之中。象形。博士說以爲火藏。」[10]一般而論，「心」
之本義所指涉的是人身之器官。而北宋理學家張載將「心」字賦
予了新的意義：

> 大其心，則能體天下之物，物有未體，則心為有外。世人
> 之心，止於聞見之狹；聖人盡性，不以見聞桎其心，其視
> 天下，無一物非我，孟子謂盡心則知性知天以此。天大無
> 外，故有外之心，不足以合天心。見聞之知，乃物交而知，

7　參見清‧王先謙撰，沈嘯寰、王星賢整理，《荀子集解》（北京：中華書局，
　　2012 年 3 月），頁 383。李滌生即補充道：「心有認識道的作用，心之中卻沒
　　有道，道是外在的。以此規定的心，稱作『認知心』。」參見李滌生著，《荀
　　子集釋》(臺北：臺灣學生書局，2014 年 9 月)，頁 484。荀子之心並非如同孟子
　　所言之良知本心，其心乃為「虛一而靜」之「認知心」。
8　參見陳鼓應，《莊子今註今譯》(臺北：臺灣商務印書館，2011 年 9 月)，頁 50。
9　徐復觀先生亦曾指出：「中國文化最基本的特性，可以說是『心的文化』。」
　　參見徐復觀，《中國思想史論集》（臺北：臺灣學生書局，1993 年 9 月），頁
　　242。
10　參見東漢‧許慎撰，清‧段玉裁注，《說文解字注》（臺北：天工書局，1998
　　年 8 月），頁 501。

非德性所知；德性所知，不萌於見聞。[11]

　　張載所言之「心」是具有收攝客觀經驗知識之「見聞之知」與通過修養實踐於生命之中之「德性之知」之心。是以必須擴充此心（大其心），而後即能返復於純粹之本源。而到了二程子，則對「心」字提出更多詮釋，如程顥即有言：「心是理，理是心。」[12]又其曾以「居京師往長安」為喻，闡述「心」之功能：

> 嘗喻以心知天，猶居京師往長安，但知出西門便可到長安。此猶是言作兩處。若要誠實，只在京師，便是到長安，更不可別求長安。只心便是天，盡之便知性，知性便知天，當處便認取，更不可外求。（《二程集》頁15）

　　程顥主張盡心即可知性，知性後則可知天，則當下之吾人之心，即是天。換言之，吾人若能窮理盡性，則能與仁（道）合。而程頤則提出不同主張，見其言：

> 問：「仁與心何異？」曰；「心是所主處，仁是就事言。」曰：「若是。則仁是心之用否？」曰：「固是。若說仁者心之用，則不可。心譬如身，四端如四支。四支固是身所用，只可謂身之四支。如四端固具於心，然亦未可便謂之心之用。」或曰：「譬如五穀之種，必待陽氣而生。」曰：「非是。陽氣發處，卻是情也。心譬如穀種生之穀種，生

---

11 參見清・王夫之，《張子正蒙注》（北京：中華書局，2011年12月），頁121-122。
12 參見北宋・程顥、程頤撰，《二程集》（臺北：漢京文化，1983年9月），頁139。

之性便是仁也。」（《二程集》頁 183-184）

　　引文中可見程頤以身與四肢以喻心與四端之情，其喻可見心與情之別，楊祖漢先生即指出：「（程頤）認為陽氣之發是情，不能說是心。心譬如穀種，即心是樞紐，關連著表現出來的情，與情所以能發的根據。如此理解心，則心不是性理，故心不是本心，而性理本身不能活動，活動的是氣。」[13]北宋之儒者大多未將「心」字作為本體而論之，而到了南宋之陸象山則首開「心即理」說：

> 此天之所以予我者，非由外鑠我也。思則得之，得此者也；
> 先立乎其大者，立此者也；積善者，積此者也。集義者，
> 集此者也；知德者，知此者也；進德者，進此者也。同此
> 之謂同德，異此之謂異端。心逸日休，心勞日拙，德偽之
> 辨也。豈惟辨諸其身，人之賢否，書之正偽，舉將不逃於
> 此矣。自有諸己至於大而化之，其寬裕溫柔足以有容，發
> 強剛毅足以有執，齋莊中正足以有敬，文理密察足以有別。
> 增加馴積，水漸木升，固月異而歲不同，然由萌蘗之生而
> 至於枝葉扶疏，由源泉混混而至於放乎四海，豈二物哉？[14]

　　引文中象山所言之「心」，乃為吾人所本有之，而此心乃為當下即可呈顯也。是以吾人必須涵養之、立之，以求恢復吾人之

---

13 參見王邦雄、岑溢成、楊祖漢、高柏園著，《中國哲學史》（臺北：里仁書局，2013 年 3 月），頁 492。

14 參見南宋・陸九淵撰，《陸象山全集》（臺北：世界書局，2012 年 12 月），頁 1。

本心。而明代之陽明即繼承了陸象山之說法，其所詮釋之「心」，乃為先驗性的純粹主體，且具有能分辨是非之能力的「良知本心」。見其四十九歲時為《象山文集》作序時說：

> 聖人之學，心學也。堯、舜、禹之相授受曰：「人心惟危，道心惟微，惟精惟一，允執厥中。」此心學之源也。中也者，道心之謂也；道心精一之謂仁，所謂中也。孔孟之學，惟務求仁，蓋精一之傳也……孟子辟義外之說，而曰：「仁，人心也。學問之道無他，求其放心而已矣。」……而要其學之必求諸心，則一而已。故吾嘗斷以陸氏之學，孟氏之學也。[15]

　　陽明以《尚書》為例，講述聖人之道即為志於道、盡人事、存天理。「道心」與「人心」並非二心之別，「道心」即為陽明所說至善、純潔之本心，當吾人之道心受私慾所遮蔽時，即為「人心」。陽明更以太陽為喻[16]，闡述吾人之心是有向善之意志且不須要向外求助。是故，陽明云：「心一也，未雜於人，謂之『道心』，雜以人偽，謂之『人心』。『人心』之得其正者即『道心』，『道心』之失其正者即『人心』，初非有二心也。」[17]「惟精惟一」，指的是要精誠專一，以求能「允執厥中」。「中」即為道

---

15 參見明・王守仁撰，吳光、錢明、董平、姚延福編校，《王陽明全集》〈上海：上海古籍出版社，2014 年 1 月〉，頁 273。

16 「日之體本無不明也，故謂之大明。有時而不明者，入於地，則不明矣。心之德本無不明也，故謂之明德。有時而不明者，蔽於私也。去其私，無不明矣。」可見王陽明認為心可分為至善之「本心」、受私慾阻隔之「人心」。而人心只要透過正心之工夫，即可復其德。參見氏著，《王陽明全集》，頁 1079。

17 參見陳榮捷，《王陽明傳習錄詳注集評》（臺北：臺灣學生書局，2006 年 9 月），頁 42。

心。

在陽明之義理系統中,「心」並不是一般經驗世俗之心,而是所謂至善之本心,無善惡之相可分,此心不落於善惡二元對立之境。吾人亦可從陽明五十五歲時作之〈惜陰說〉為例:

> 同志之在安成者,間月為會五日,謂之「惜陰」,其志篤矣。然五日之外,孰非惜陰時乎?離群而索居,志不能無少懈,故五日之會,所以相稽切焉耳。嗚呼!天道之運,無一息之或停;吾心良知之運,亦無一息之或停。良知即天道,謂之「亦」,則猶二之矣。知良知之運無一息之或停者,則知惜陰矣;知惜陰者,則知致其良知矣。「子在川上曰:逝者如斯夫!不舍晝夜。」此其所以學如不及,至於發憤忘食也。堯舜兢兢業業,成湯日新又新,文王純亦不已,周公坐以待旦,惜陰之功,寧獨大禹為然?子思曰:「戒慎乎其所不睹,恐懼乎其所不聞,知微之顯,可以入德矣。」或曰:「雞鳴而起,孳孳為利。」凶人為不善,亦惟日不足,然則小人亦可謂之惜陰乎?(《王陽明全集》頁298)

陽明以「天道之運」與「良知之運」為對比,強調「良知即為天理」。而此天理自然而然貫通至吾人所處之生活世界而不斷裂,是故陽明云:「須於心體上用功。凡明不得,行不去,須反在自心上體當,即可通。蓋四書、五經,不過說這心體,這心體即所謂道,心體明即是道明,更無二。此是為學頭腦處。」(《傳習錄》頁69)秦家懿先生亦指出:「陽明的思路是『圓型』的:他本著『人心』的自發自決力,而發明『知行合一』,『致良知』等等解釋;又在『良知本體』論上,為他的道德論奠基。事實上,

他的起點與終點，是同一箇『心』換句話說，他由『心』的一箇層次（『人心』」）達到另一層次（『道心』）。」[18]此即為陽明所言「心」之義蘊。

二、陽明所言「理」之義蘊

「理」字就《說文解字》中釋為：「治玉也。從玉里聲。」[19]而宋明儒學儒學家將「理」字視為宋明理學之最高範疇（即為形上本體），為當時儒學家們所共同追求之天理。[20]唐君毅先生即指出：「中國哲學史所謂理，……四是性理之理，此是宋明學家所重之理。……性理之理，是人生行為之內在的當然之理，而有形而上之意義並通於天理者。」[21]而陽明自龍場悟道後體悟「聖人之道，吾性自足」其認為「心之本體即是性，性即是理。」（《傳習錄》頁 170）陽明以為求理於外在事物是不對的，因為「理」體現之際即為吾人心中真誠惻怛之時，不須外求。因此陽明才會說：「心之本體即是天理，天理只是一個，更有何可思慮得？」（《傳習錄》頁38）陽明主張不可割裂心與理為二，即心即理，即理即心。是故牟宗三先生說：「此心即仁義之心，仁義即此心之自發。如果把仁義視為理……則此理即是此心之所自發，此即象山陽明所說之『心即理』。『心即理』不是心合理，乃是心就

---

18 參見秦家懿，《王陽明》（臺北：東大圖書公司，2013 年 7 月），頁 5。

19 參見氏著，清•段玉裁注，《說文解字注》，頁 15-16。

20 陳榮捷先生曾指出：「儒者從來言理，皆屬窮理與義理，本于《易經・說卦傳》之『窮理盡興以至于命』與《孟子・告子上》之理義與《萬章上篇》之條理。大多解理為治、為秩序，未作宇宙原則解。作如是解自宋儒始。」參見韋政通主編，《中國哲學辭典大全》（臺北：水牛出版社，1997 年 11 月），頁 479。

21 參見唐君毅，《中國哲學原論・導論篇》（臺北：臺灣學生書局，2004 年 10 月），頁 24。

是理。」[22]求理要在吾人心中下工夫，使吾人之心無私欲，則可使此心復其本體，回歸至善之狀態。而陽明所謂：「虛靈不昧，眾理具而萬事出。心外無理，心外無事。」（《傳習錄》頁70）虛靈不昧即為「正心」，陽明所謂之「心」，即為吾人之良知本心；所謂「理」，即為吾人之良知本心在日常生活中應物處世之理。理由本心體現，故云「心外無事」、「心外無物」、「心外無理」。陳來先生對此指出：「王守仁主張的心即理，這裡的心並不是指知覺而言，『心即理』的心只是指『心體』或『心之本體』而言，這個心之本體也就是從孟子到陸九淵的『本心』的概念，它不是現象意識層面經驗的自我，而是先驗的純粹道德主體。」[23]此即為「心即理」之核心義蘊。

　　然陽明之「心即理」，似乎都是偏重於良知本心之工夫，而忽略了外在知識，勞思光先生對此便指出：「『心即理也』一語，確義即是說：一切價值規範皆源自於自覺能力。但立此一義，嚴格說只是決定一切價值判斷——以及由此衍生之自覺行為——皆一自覺能力而可能，並未決定具體行為之特殊內容問題，後者即涉及認知活動或事理之了解。吾人循此線所以瞭解陽明時，立可發現陽明心目中實無認知活動之獨立領域。」[24]勞先生之問題，亦是吾人對於陽明學「心即理」之疑問。陽明之學生徐愛亦有相同之疑惑，於是便問陽明：

　　　愛曰，「……如事父一事，其間溫凊定省之類，有許多節目。

22 參見牟宗三，《從陸象山到劉蕺山》（臺北：臺灣學生書局，2011年7月），頁216。

23 參見陳來，《宋明理學》（臺北：允晨文化，2010年2月），頁300。

24 參見勞思光，《中國哲學史》（臺北：三民書局，2012年10月），頁446。

不知亦須講求否」？先生曰，「如何不講求？只是有箇頭腦。只是就此心去人欲存天理上講求。就如講求冬溫，也只是要盡此心之孝，恐怕有一毫人欲間雜。講求夏凊，也只是要盡此心之孝，恐怕有一毫人欲間雜。只是講求得此心。此心若無人欲，純是天理，是箇誠於孝親的心，冬時自然思量父母的寒，便自要去求箇溫的道理。夏時自然思量父母的熱，便自要去求箇凊的道理。這都是那誠孝的心發出來的條件。卻是須有這誠孝的心，然後有這條件發出來。（《傳習錄》頁30）

依徐愛之問題，是吾人除了理解行孝之理外，仍須要講求所以為孝之道，而陽明回答若是吾人之心純乎天理，則自然而然會體現。只要吾人立此良知本心而無私欲之蔽，則自然而然會因應不同之情境，做出合乎情理之回應，主動地為父母思量冬溫夏凊。是以陽明曰：「譬之樹木，這誠孝的心便是根。許多條件便是枝葉。須先有根，然後有枝葉，不是先尋了枝葉，然後去種根。」（《傳習錄》頁 30-31）陽明在與友人王純甫寫信時，亦論及心與理之關係：

夫在物為理，處物為義，在性為善，因所指而異其名，實皆吾之心也。心外無物，心外無事，心外無理，心外無義，心外無善。吾心之處事物，純乎理而無人偽之雜，謂之善，非在事物有定所之可求也。處物為義，是吾心之得其宜也，義非在外可襲而取也。格者，格此也；致者，致此也，必曰事事物物上求個至善，是離而二之也。（《王陽明全集》頁 175）

　　陽明主張無論是「理」、「義」、「善」，皆只是吾人良知本心上發顯，而體現出意義。是以陽明曰：「心外無物，心外無事，心外無理，心外無義，心外無善。」陽明所重視的是「如何體現吾人之良知本心」，不是將吾人與現實客觀世界一分為二，其只是就道德倫理而言內在（良知）與外在（自然）之間的關係。

　　在陽明義理系統中，「心與理」之關係，實即為由「心」之發用，體現天理，見其曰：

> 來教謂某大學古本之復，以人之為學，但當求之於內，而程朱格物之說，不免求之於外。遂去朱子之分章，而削其所補之傳。非敢然也。學豈有內外乎？大學古本，乃孔門相傳舊本耳。朱子疑其有所脫誤而改正補緝之，在某則謂其本無脫誤，悉從其舊而已矣。失在於過信孔子則有之，非故去朱子之分章而削其傳也。夫學貴得之心，求之於心而非也，雖其言之出於孔子，不敢以為是也，而況其未及孔子者乎？求之於心而是也，雖其言之出於庸常，不敢以為非也。而況其出於孔子者乎？且舊本之傳，數千載矣。今讀其文詞，既明白而可通，論其工夫，又易簡而可入。亦何所按據而斷其此段之必在於彼，彼段之必在於此，與此之如何而缺，彼之如何而誤，而遂改正補緝之？無乃重於背朱，而輕於叛孔已乎？（《傳習錄》頁248-249）

　　據上文可知，陽明重視的是「夫學貴得之心」，是故吾人之良知本心開顯，實踐於生活世界之時，必須合於理。是以陽明曰：「心即理也。無私心。即是當理。未當理，便是私心。若析心與理言之，恐亦未善。」（《傳習錄》頁115）在吾人體現「心即

理」之過程中，吾人之生命意義得以體現，這不僅僅是人生之體驗，而是印證了中西歷代偉大之哲人們所言之「生命智慧」。蔡仁厚先生即指出：「陽明所說的『心』是孟子的本心，亦即天心、道心；他說的『理』，是吾心應事接物之理，應事接物之理乃是道理，亦即吾心良知之天理。心為天心，理為天理，理由心發，即在心中。眾理具於吾心，故曰『心外無理』。心者，萬是之所由出，故曰『心外無事』。心之所發為意，意之所在為物，物即是事；心外無事，亦即『心外無物』。」[25]陳來先生亦針對此說道：「對王守仁來說，心外無物說的提出本來不是面對外在的客觀存在的物體，而是著眼於實踐意向對『事』的構成作用，因而心外無物說本來與那種認為個體意識之外什麼都不存在的思想不相干。如果說它不能完滿回答關於外界事物獨立於人的意識的客觀實在性問題，在很大程度上也是因為他本來不是面對這一問題的。」[26]是故，吾人只能確定陽明義理之根源在於「良知本心」，但他並非完全否定外在自然之理，陽明認為良知之理相對於自然之理更有其絕對優先性。外在之理人人皆可學習之，然吾人若無法體現內在本具之良知本心，即使學識再淵博，亦是枉然。

貳、心即理與意義治療之交會

上文筆者闡述了什麼是心即理，本節筆者將進一步論述「心即理與意義治療會通之處在於對生命意義之追求」。

首先要說明的是，什麼是「生命意義」呢？「生命意義」，是一個探究人類存在之目的與意義價值的哲學問題。「我是誰？」「我能成為一個怎樣的人？」「人存在的意義是什麼？」這些問

25 參見蔡仁厚，《王陽明哲學》，（臺北：三民書局，2009 年）頁 132。
26 參見氏著，《宋明理學》，頁 304。

題之提示是吾人自覺之象徵，亦為歷來哲學，科學以及神學探索之命題。而「生命」二字，林安梧先生是如此詮釋的：「『生』字原有險難之意，是『小屮』從『土地』裡冒了出來，看起來微弱，其實堅韌；但正也因為這樣的險難，而見其莊嚴，見其生機、見其奧蘊，見其天地之神妙。『命』字是限制，是『口』『令』之而定之，而限之；但就在這樣的定限下，人正視自己之有其定限；而正因如此而所以得以開啟無限之門也。『生命』就只如此，就在『命限』中『創造』其自己而已。」[27]而陽明之「心即理」就是吾人存在意義之依據與創造之根源，乃為吾人生命得以不斷成長之動力來源，亦為生命不致向下沉淪之保證。藉由良知本心之實踐，生命得以有意義與價值，吾人之生命因為本具良知本心，故能有對自我負責且自立自尊之能力，吾人亦不會妄自菲薄且自甘墮落。在追尋生命意義之過程中，吾人即能自我超越，實踐吾人身為人之意義價值，而有限之生命亦即產生無限之可能。「心即理」之重要性，在於能使吾人在其一生中時刻皆能產生信心與勇氣，使吾人不會因此而墮落於黑暗、絕望中。

　　傅朗克意義治療對於生命意義之闡述，如同陽明的「心即理」。傅朗克對於生命之意義，在他的自傳中曾自述：「十五、六歲時，我在那邊做了一次報告，題目不大不小，就叫做「生命的意義」。那時我就發展出兩個基本想法：我們其實不該去問生命有什麼意義，因為該被問的是我們自己。我們應該去回答生命問我們的問題，而要回應這些生命的問題，我們就必須為我們自己的存在負責。」[28]透過生命意義的追尋，吾人的生命得以趨於

---

27 參見氏著，〈「生命」、「實存」與「召喚」〉。收入於傅朗克著，鄭納無譯，《意義的呼喚》，頁17。
28 參見氏著，鄭納無譯，《意義的呼喚》，頁96。

圓滿。然吾人皆有不同而獨特之生命意義，是藉由個人去實踐才可得知自我之生命意義為何。兩位哲人之義理系統有其不同之處，林安梧先生即指出：「弗蘭克有猶太教的背景，但是他的意義治療基本上所強調的是向前看。這就是說，當我思考我生命的意義的時候，我是懷抱著希望，而且相信有一個力量指引著希望向前走，在這種情況之下，我去正視我存在的困境而往前進。這一點其實在某一個意義下與儒學有某種接近，並不花很多工夫往回溯地去處理哪些病痛的問題，其問題的重點在於我們必須向前開拓。這個向前開拓其實有兩個向度：一個是在具體經驗的歷程裡頭，如何向前瞻視；另外一個則是往上超越的契接，對神聖之場信息的契接。在儒學中，兩者都是很重要的。」[29]然即使在不同的時空背景下，陽明與傅朗克對於生命意義之追求與肯定卻是如出一轍。即使自身處之環境再惡劣，陽明與傅朗克依舊肯定人性，認為人性的最根源之處為「至善」，兩位哲人之學說皆是透過生命中苦難淬鍊而出，其目的皆為幫助他人追尋自己之生命意義，並進而推己及人、實踐自我之生命。

　　吾人為什麼須要追求生命意義呢？許多人以各種方式逃避生命的質問，其緣由在於缺乏屬於自身生命之目標與意義，在精神失去歸屬感後生命即陷入空洞與虛無之中。反之，若吾人藉由體悟自身之生命意義，即能承受任何苦難或折磨，而獲得超越苦痛之動力來源。從陽明在與學生間的對談亦可看出陽明對於生命向度提昇之可能性與必須性：

　　　希淵問，「聖人可學而至。然伯夷伊尹於孔子才力終不同。

---

29 參見氏著，《儒學轉向：從「新儒學」到「後新儒學」的過渡》，頁438。

其同謂之聖者安在？」先生曰，「聖人之所以為聖，只是其心純乎天理，而無人欲之雜。猶精金之所以為精，但以其成色足而無銅鉛之雜也。人到純乎天理方是聖，金到足色方是精。然聖人之才力，亦有大小不同。猶金之分兩有輕重。堯舜猶萬鎰，文王孔子猶九千鎰。禹湯武王猶七八千鎰。伯夷伊尹猶四五千鎰。才力不同，而純乎天理則同。皆可謂之聖人。猶分兩雖不同，而足色則同。皆可謂之精金。以五千鎰者而入於萬鎰之中，其足色同也。以夷尹而廁之堯孔之間，其純乎天理同也。蓋所以為精金者，在足色，而不在分兩。所以為聖者，在純乎天理，而不在才力也。故雖凡人，而肯為學，使此心純乎天理，則亦可為聖人。猶一兩之金，比之萬鎰。分兩雖懸絕，而其到足色處，可以無愧。故曰『人皆可以為堯舜』者以此。學者學聖人，不過是去人欲而存天理耳。猶鍊金而求其足色。金之成色，所爭不多，則煅鍊之工省，而功易成。成色愈下，則煅鍊愈難。人之氣質，清濁粹駁。有中人以上、中人以下。其於道，有生知安行、學知利行，其下者，必須人一己百，人十己千。及其成功則一。（《傳習錄》頁 119-120）

陽明以為吾人若欲達聖人之境，則必須時刻鍛鍊自我——即作存天理、去人欲之工夫。即便應時代背景不同，或個人修養工夫之不同，而有境界之別，然涵養自我之良知，乃吾人皆可行之成聖之道，是以立志致此良知，則吾人可突破己之有限，與天地萬物同為一體之「天德流行境」。而當吾人處在於天德流行境時，此時儒家是不須問意義之。此時活在當下、無入而不自得，天人性命相貫通。吾人之心靈超越二元之對立而與天德流行本末通貫並與天地萬物同

流，此即為吾人生命存在之終極意義與價值。但特別需要注意的是，吾人在工夫起始時（追尋意義之起點），此時仍須要時刻把持此意義。然到了盡性立命，便不必問之。唐君毅先生即補充道：「此中，人只須由其生命心靈之相續，而有其德行德性之相續，即可見此生命心靈與其德行德性，恒自超越其所已有已表現，而更有所表現，即見此超越的根原中之生命心靈，與其所具之德性，其流行於人之心靈生命，以成人之德性德行者之無盡。」[30]唐君毅先生所言之儒家義理下之當下即是、仁者不憂之境界，即是陽明良知學所開創之意義治療學與傅朗克之意義治療之不同之處。是以吾人之所以能體悟生命充滿意義之緣由，在於吾人亦認同他人具有其獨特之生命意義。傅朗克亦說道：「人對意義的探索是生命最原始的動力，不是因為本能驅策力才『續而產生的合理化作用』。這般意義是如此獨特而明確，非得當事人本身才能圓滿，也唯有如此，獲得的意義才能他自己追尋意義的意志。有些學者主張意義與價值『不過是心理自衛機轉、反向作用，以及昇華作用』。但是，就我個人而言，我不會願意單為『心理自衛機轉』而活，也不單為了『反向作用』而死；然而，人類卻能夠為了自己的理想與價值而活，甚至為之而死！」[31]他亦補充說：「生命的意義因人而異，每天、每小時的意義也都不同。因此，重要的不是廣泛的生命意義，而是人生當下的具體意義。……人不該追求抽象的生命意義。每個人都有自己明確的天職或人生使命，各自得要執行、實現的具體任務。那時的他不可取代，他的人生也沒有人能重複。因此，每個人的任務，都像執行任務的特定機會那般獨一無二。」[32]生命之獨特性並非是特立獨行，而是將生命

---

30 參見氏著，《生命存在與心靈境界》下冊，頁211。

31 參見氏著，李雪媛、柯乃瑜、呂以榮合譯：《向生命說 yes！》，頁158。

32 上注，頁166。

之意義價值落實於每一個不同之生命個體中並實踐之,見《傳習錄》記載道:

> 門人有言邵端峰論童子不能格物,只教以灑掃應對之說。先生曰,「灑掃應對,就是一件物。童子良知只到此。便教去灑掃應對,就是致他這一點良知了。又如童子知畏先生長者,此亦是他良知處。故雖嬉戲中見了先生長者,便去作揖恭敬。是他能格物以致敬師長之良知了。童子自有童子的格物致知。」又曰:「我這裏言格物,自童子以至聖人皆是此等工夫。但聖人格物,便更熟得些子。不消費力。如此格物,雖賣柴人亦是做得,雖公卿大夫以至天子,皆是如此做。」(《傳習錄》頁371)

陽明主張「格物致知」是修養良知之工夫。即便童子只是做「灑掃應對進退」之平常事,對於童子而言,亦為行良知之工夫,體現道體(良知)。這亦是陽明所主張之「事上磨練」之旨。即便是凡夫俗子乃至於聖賢皆是就其生命之意義,致自我之良知。陽明義理藉由實踐良知本心為其根源義,探求吾人生命存在之意義,此即為「為己」,而追求生命意義之學問,即為「為己之學」。因此陽明說:「人須有為己之心,方能克己。能克己,方能成己。」(《傳習錄》頁145)唐君毅先生亦指出:「求諸己或為己之學,一方是要視世間毀譽若無物,而拔乎流俗;但同時要人盡己之心,要發展其道德心情,以通人之心。」[33]實踐「為己之心」,即實踐了身為人之自我,實踐了「生命意義」。

---

[33] 參見唐君毅,《人生之體驗續編》(臺北:臺灣學生書局,1996年3月),頁29。

追尋生命意義亦可使吾人能超越有限之存有，實踐無限之意義：

> 問天壽不貳。先生曰，「學問功夫，於一切聲利嗜好，俱能脫落殆盡。尚有一種生死念頭，毫髮掛帶，便於全體有未融釋處。人於生死念頭，本從生身命根上帶來，故不易去。若於此處見得破，透得過，此心全體方是流行無礙，方是盡性知命之學。」（《傳習錄》頁334）

　　勞思光先生對此指出：「壽命的長短是被決定的自然現象，吾人不應憂心於此。反之，吾人應該超脫生死的憂慮，而只致力於能夠自作主宰的修身行義。」[34]陽明以為若吾人能把生死看破透徹，則吾人之良知本心方可自由而無阻礙。即如孟子曰：「舍生而取義者也。」（《四書章句集註》頁332）曾昭旭先生即指出：「儒家心性學之要義，則在當生命已回歸其自己，而使生命的創傷異化完全獲得療治與校正之後，進一步問：生命當如何重新出發，以實現生命本具的理想與愛？此即創造性之重新肯定與釋放。」[35]吾人之生命是無常的，因為害怕死亡，吾人經常忘記自己現在正「活著」。是故吾人常在一些芝麻綠豆般之小事上虛度光陰。不可否認的是，大部分的人都會害怕死亡，但若能用正面積極之態度去面對，不把生命浪費在懼怕死亡，而是面對眼前之生活，真真切切地活著，在有限之生命中，創造無限之價值，這才是吾人該關懷之問題。傅朗克在其自傳中亦針對「無常」談到：「終究，『老』只是人生無常的一面，但這個無常卻能成為我們責任感一個很大的推動力——使我們對責

---

34 參見氏著，《中國哲學史》，頁147-148。
35 參見氏著，《儒家傳統與現代生活：論儒學的文化面相》，頁55，

任感的認知成為人之存在的基本特性。而就意義來講，我在這裡再重複一次意義療法的箴言也是合適的，這是我有天在夢中想到，而醒來後趕緊把它記下來，並曾在《醫師的心靈關懷》一書中說過的：『要這樣活，當作你好像在活第二次一樣，好像你曾犯過你將犯的錯誤一樣。』確實，用這種虛構自傳式的觀點來對待自己的生活，你能提昇你對責任的認知。」[36]人生之意義不在於生命之長短，而在於生命過程之薄厚。是以吾人唯有真正認清生命之意義並開始追尋，才能夠活出自我，開展充滿意義之人生。

參、心即理之體現

前一節筆者闡述了心即理與意義治療之會通之處皆為追求吾人生命之意義。本節共分為三點，筆者將進一步論述「王陽明心即理之境界要如何達成」。

一、立志

首先筆者將說明什麼是「立志」。唐君毅先生將「志」訓為「心之所之」，即心之活動之所往。[37]林安梧先生則訓「志」為「奠立了一個心靈意識的根源與宇宙造化之源的信息之場。」[38]而陽明所言之「立志」即是要立「成聖」之志。唯有如此吾人才能為自己找到生命之意義價值，而不會迷失在物欲橫流之世間。陽明十分強調「立志」之重要性，其被貶謫至龍場時，創立龍崗書院教導學生所寫的〈教條示龍場諸生〉中，特立四項教條，首條教條即為立志：

---

36 參見氏著，鄭納無譯，《意義的呼喚》，頁211。
37 參見氏著，《人生之體驗續編》，頁75。
38 參見氏著，《儒學轉向：從「新儒學」到「後新儒學」的過渡》，頁450。

> 立志而聖，則聖矣；立志而賢，則賢矣。志不立，如無舵之
> 舟，無銜之馬，漂蕩奔逸，終亦何所底乎？……諸生念此，
> 亦可以知所立志矣。（《王陽明全集》頁 1073）

陽明認為吾人若志不立，則天下無事可成，其在教導學生
時，更曾有「務要立箇必為聖人之心，時時刻刻須是一棒一條痕，
一摑一掌血，方能聽吾說話，句句得力。」（《傳習錄》頁 378）
如此強烈之言語。他亦以築宅來比喻立志為成事之本。[39] 然立志
成聖並非容易之事，成聖不僅僅是入門之終極目的，亦是在學習
路上時時刻刻不可遺忘最重要之事。立下成聖之志，必須漠視一
切雜欲，必要時，生命亦可拋棄，此即為孟子所言之：「舍生取
義」。（《四書章句集註》頁 332）陽明以為「要存天理，即是
立志。能不忘乎此，久則自然心中凝聚，猶道家所謂『結聖胎』
也。」（《傳習錄》頁 57）陽明亦曾以種樹為例，闡述吾人應立
志培養本有之良知本心：

> 種樹者必培其根。種德者必養其心。欲樹之長，必於始生
> 時刪其繁枝。欲德之盛，必於始學時去夫外好。如外好詩
> 文，則精神日漸漏泄在詩文上去。凡百外好皆然。又曰，
> 「我此論學，是無中生有的工夫。諸公須要信得及。只是
> 立志。學者一念為善之志，如樹之種，但勿助勿忘，只管
> 培植將去。自然日夜滋長。生氣日完，枝葉日茂。樹初生
> 時，便抽繁枝。亦須刊落。然後根幹能大。初學時亦然。
> 故立志貴專一」。（《傳習錄》頁 136）

---

[39] 「『志於道』是念念要去擇地鳩材，經營成箇區宅。」參見氏著，《傳習錄》，
頁 311。

陽明重視培養「立志」之根源——即吾人之良知本心。因為吾性自足，不假外求。是故若吾人在生活中起私念時，只須反求吾心，克去即是。唐君毅先生對於「立志」亦指出：「立志亦是立一種理想。但此所立之理想，是直接為自己之具體個人立的，不是抽象普遍的；同時不只是立之為心之客觀所對，而是立之為：自己之個人之心靈以致人格所要體現，而屬於此心靈人格之主體的。此即是要使此理想，真實的經由知以貫注至行，而成為屬於自己之實際存在的。」[40]「立志」是要使自己成為一個更好的人，因此「立志」不能只是就文字思辨上了解，而是要下一真實之反躬體會的工夫，方可使自我超越，體現生命意義與價值。林安梧先生即指出：「陽明主張致良知於事事物物，其實這個致良知於事事物物也就是肯定一個立志。」[41]「立志」為入學之起點，亦為入學之終點，陽明知道立志成聖非簡易之事，然唯有全心全意地投入追尋生命之意義，吾人才不枉此生。

二、事上磨練

上文闡述了「立志」之重要性，接著筆者將說明何謂「事上磨練」：所謂事上磨練的「事」，即指吾人生命中一切的活動，包含了吾人之意念、情緒、行為等，皆屬事之範圍。陽明以為時時刻刻去人欲、存天理，立吾人之良知本心，方可使內心獲得寧靜。「寧靜」之意並非表示退縮逃避，吾人處於世，便無法離事而求靜，是故在生活中遇到困難時若能安此良知本心，那麼生命亦能獲得安頓。西元 1508 年，陽明在龍場悟得「格物致知」之旨，提出以「正」釋「格」，以「事」釋「物」，是故「格物」之理

---

40 參見氏著，《人生之體驗續編》，頁76。
41 參見氏著，《儒學轉向：從「新儒學」到「後新儒學」的過渡》，頁449。

即為「正事」。[42]指吾人在生命中面對困難時能時刻把持良知本心之正，而不被欲望所惑，此即為「事上磨練」。

陽明之格物說，即是要求吾人心恢復至善之境，即「誠意」也。而陽明以為「誠意」即為《大學》一書之核心義理：

> 大抵中庸工夫只是誠身。誠身之極便是至誠。大學工夫只是誠意。誠意之極便是至善。工夫總是一般。（《傳習錄》頁154-155）

在〈大學古本序〉中，陽明亦有指出：「《大學》之要，誠意而已矣。誠意之功，格物而已矣。誠意之極，止至善而已矣。」（《王陽明全集》頁 270）陽明相信任何學問都必須真正落實於生命之中，否則理為理，心為心，心與理割裂為二，無法實踐成聖之目的。誠意之工夫必須落實在生命中實踐以求達到至善之境界，如此方能真正解決生命所面臨之困惑與難題，並確立自我生命之意義。

陽明亦以鏡子譬喻吾人之心須在事上磨練：

> 聖人之心，纖翳自無所容，自不消磨刮。若常人之心，如斑垢駁雜之鏡，須痛加刮磨一番，盡去其駁蝕，然後纖塵即見，才拂便去，亦自不消費力。到此已是識得仁體矣。（《王陽明全集》頁164）

---

[42] 「格物如孟子『大人格君心』之『格』，是去其心之不正，以全其本體之正。但意念所在，即要去其不正，以全其正，即無時無處不是存天理，即是窮理。『天理』即是『明德』，『窮理』即是『明明德』。」參見氏著，《傳習錄》，頁39。

　　陽明以為聖人之心如明鏡般絲毫無纖塵，而吾人之心則如滿佈塵埃之鏡，是故須時常刮磨鏡面，以維持其澄明，吾人若能在日常生活面對困境時依舊盡去其駁蝕，磨練自我之心性，即為致良知。

　　陽明事上磨練說之真義，即為強調吾人學習聖賢之學並實踐於生命之中的重要性，唯有在生命中實踐學問，吾人才能真正做到如孔子所言之：「知者不惑，仁者不憂，勇者不懼。」（《四書章句集註》頁 116）成為昂首立於天地之間的真儒者。

三、致良知

「良知」一詞始出於《孟子·盡心上》：

> 人之所不學而能者，其良能也。所不慮而知者，其良知也。
> （《四書章句集註》頁 353）

　　孟子所謂的「良能良知」為先驗性，是吾人生而本具，是故「不學而能」、「不慮而知」，「良知」非透過後天經驗學習而得來，乃是經由吾人本心所發動。陳來先生即補充道：「『不學』表示其先驗性，『不慮』表示其直覺性，『良』即兼此二者而言。當然，良知之先驗性並不意味著人生落地立即可以現實地獲得它的全體，它有一個從潛在而發展、最終全部實現的過程。」[43]陽明在〈大學問〉中之詮釋即說道：「良知者，孟子所謂『是非之心，人皆有之』者也。是非之心，不待慮而知，不待學而能，是故謂之良知。」（《王陽明文集》頁 92）其引《孟子》所言之「良知」以詮釋《大學》中「致知」，是言「致良知」。「致」的意

43　參見陳來，《有無之境：王陽明的哲學精神》（北京：生活·讀書·新知三聯書店，2014 年 2 月），頁 187。

思即為推致與恢復。陽明在五十歲時年始揭「致良知」之教[44]，陽明如是說道：

> 自經宸濠、忠、泰之變，益信良知真足以忘患難，出生死，所謂考三王，建天地，質鬼神，俟後聖，無弗同者。乃遺書守益曰：「近來信得致信得『致良知』三字，真聖門正法眼藏。往年尚疑未盡，今自多事以來，只此良知無不具足。譬之操舟得舵，平瀾淺瀨，無不如意，雖遇顛風逆浪，舵柄在手，可免沒溺之患矣。」（《王陽明全集》頁 1411-1412）

陽明「致良知」說是其經歷了長期反覆省思，渡過生死之難關後的義理集大成，為「真聖門正法眼藏」。陽明以為「致良知」一語可包含之前所有的教法，皆可透過「致良知」加以詮釋，並無語病，亦不易使人產生誤解。是以陽明便以「致良知」來詮釋其五十歲前所提之教法：

> 故區區專說致良知。隨時就事上致其良知，便是格物；著實去致良知，便是誠意。著實致其良知，而無一毫意必固我，便是正心。著實致良知，則自無忘之病。無一毫意必固我，則自無助之病。故說格致誠正。（《傳習錄》頁 268）

「專說致良知」便可做到「格物」、「誠意」、「正心」之工夫，足可見「致良知」可融會陽明之前所有教法並加以貫通，實踐吾人之良知於外在行為事物，使一切合乎天理，如此道德之

---

[44] 「先生五十歲，在江西。正月，居南昌。是年先生始揭致良知之教。」參見氏著，《王陽明全集》，頁 1411。

理，是由吾人之良知本心所體現，此心與理便可合一。當吾人之良知本心體現時，其要求實踐之範圍無限，而天地萬物皆在吾人之良知感應範圍之內，因仁心必求親親仁民而愛物，與天地萬物為一體。是故須致吾人之良知於萬事萬物之中，以求一切皆得其正，此為推致擴充良知之義，在推致之過程中，亦即是恢復吾人之自我之良知本心而無病，推致與恢復，其義一也。陽明在提出「致良知」說之後，便時刻強調其重要性，如在〈答歐陽崇一〉中便說道：「致良知是學問大頭腦，是聖人教人第一義。」（《傳習錄》頁239）又在寫信給兒子正憲（?）時提到：「吾平生講學，只是『致良知』三字。」（《王陽明全集》頁1091）可看出致良知實為陽明義理之集大成，亦為他一生教法之總結。

依陽明義理系統而言，良知本心即為吾人心之本體，亦為天理，即為至善之存有，此為本體論；「致」即為充分推致與恢復，此為工夫論。致良知是本體亦為工夫，是以蔡仁厚先生指出：「『致良知』不是一句言談，亦不是一種論說，而是真切的道德實踐工夫。[45]」曾昭旭先生亦云：「所謂致良知，所謂事上磨鍊也。亦即體證主體生命之存在，絕非孤懸之存在，而必然是即一切事物而存在、在日常生活中存在。所以及物潤物乃成為主體生命的分內事，物我一如才是一心存在的圓滿義也。」[46]陽明所言之「致良知」，是須通過吾人生命內在以體現之，而此體現之際即為吾人日常生活中時時刻刻下工夫，由當下開始做起：

> 我輩致知，只是各隨分限所及。今日良知見在如此。只隨今

---

45 參見氏著，《王陽明哲學》，頁91。
46 參見曾昭旭，《存在感與歷史感：論儒學的實踐面向》(臺北：臺灣商務印書館，2003年8月)，頁21。

> 日所知，擴充到底。明日良知又有開悟。便從明日所知，擴
> 充到底。如此方是精一功夫（《傳習錄》頁 302）

依此可知，吾人實踐自我之良知，只是依據各自之良知本心充分實踐。今日實踐至此；明日則又有新的體悟，如此又從明日之體悟開始充分實踐。陳來先生說道：「王守仁的思想總體上說是強調道德實踐，在他看來，道德意識不須要到外面去尋找，人具有先驗的道德知識，因而所謂為學功夫、關鍵在依此知識而踐行之。」[47]「致良知」之實現即有「心即理」之義蘊，與「格物致知」之理，此即陽明所言之：

> 所謂致知格物者，致吾心之良知於事事物物也。吾心之良
> 知，即所謂天理也。致吾心良知之天理於事事物物，則事
> 事物物皆得其理矣。致吾心之良知者，致知也。事事物物
> 皆得其理者，格物也。是合心與理而為一者也。（《傳習錄》
> 頁 172)

致良知之工夫，須吾人自己憑著事上磨練而成，若吾人皆能時刻「致吾心之良知於事事物物」，便可復其位，回歸真實生命原有之意義價值。是以陽明云：「天理人欲，其精微必時時用力省察克治，方日漸有見。」（《傳習錄》頁 110）至於如何體現「吾心即理」，陽明在與學生陸澄（?）講學時，有所問答：

> 問上達工夫。先生曰，「後儒教人，纔涉精微，便謂上達，

47　參見氏著，《宋明理學》，頁 314。

未嘗學，且說下學。是分下學上達為二也。夫目可得見，耳可得聞，口可得言，心可得思者，皆下學也。目不可得見，耳不可得聞，口不可得言，心不可得思者，上達也。如木之栽培灌溉，是下學也。至於日夜之所息，條達暢茂，乃是上達。人安能預其力哉？故凡可用功、可告語者，皆下學。上達只在下學裏。凡聖人所說，雖極精微，俱是下學。學者只從下學裏用功，自然上達去，不必別尋箇上達的工夫。」（《傳習錄》頁 62-63）

「上達下學」語出《論語・憲問》[48]。引文中陽明言之「上達下學」指的是「參悟天理」與「關於外在事物之基本知識與思想方法」。陽明以為若吾人能在生活中時刻認真實踐所學之知識並擴充自我之良知，那麼自然便可參悟天理，此亦可看出陽明心學「致良知以達吾心即理」之旨趣。

肆、小　結

「吾心即理」為陽明在面對生命之一切威脅與挑戰之下的最終依歸，在陽明五十七歲臨終前，門人問其遺言，其心平氣和地說：「此心光明，亦復何言。」（《王陽明全集》頁 1463）透過陽明之生命歷程與其之言論相照，其曾說過之話語有了真實之生命。而傅朗克曾在集中營如此極限之環境下鼓勵他的同伴：「無論處在何種環境下，人的生命總是具有意義，這個無限的存在意義當然也包括了痛苦與臨終、困境與死亡。因此，我請求躺在漆黑營房裡專心傾聽的可憐同伴，正視我們當前的嚴峻處境，絕不

---

[48] 君子上達，小人下達。」「不怨天，不憂人。下學而上達，知我者其天乎？」參見氏著：《四書章句集註》，頁 155、157。

可灰心氣餒，即使我們的奮鬥毫無希望，也無損其意義與尊嚴，時時保有良知、勇氣、希望。我繼續說，在此艱難的時刻，一定有個人帶著要求的目光俯視我們，一個朋友或妻子，一個活著或死去的人或是你信仰的神。這些人期待我們別令他們失望，別自怨自艾，應以驕傲的態度來面對苦難與死亡。最後我說，我們的犧牲絕對有意義，其意義就在於犧牲的本質當中，雖然在這世界上（這看重外在成就的世界）犧牲似乎無法成就任何目標，但無論為了一個政治理想或為了他人而自我犧牲，確實有意義存在。」[49]因為吾人具有良知，故吾人可脫離物欲控制；因為吾人有良知，故吾人能有自覺向善之能力；因為吾人有良知，吾人的生命有了崇高之理想與意義；因為吾人有良知，吾人便可超越自身之有限性與死亡之恐懼，追尋其生命意義，昂首挺立於天地間，實踐吾人之所為人的意義價值，有限之生命也因此有了無限之可能。此即陽明在〈大學問〉中所言之：

> 《大學》者，昔儒以為大人之學矣。敢問大人之學何以在於『明明德』乎？陽明子曰：「大人者，以天地萬物為一體者也，其視天下猶一家，中國猶一人焉。若夫間形骸而分爾我者，小人矣。大人之能以天地萬物為一體也，非意之也，其心之仁本若是，其與天地萬物而為一也。（《王陽明全集》頁1066）

〈大學問〉一文為陽明一生義理之巔峰之作[50]，引文中可見

---

49 參見氏著，李雪媛、柯乃瑜、呂以榮合譯，《向生命說 yes！》，頁141-142。
50 林安梧先生曾指出：「就思想觀念的流程與衍變來說，〈大學問〉一篇成於陽明征思田之頃，時為明世宗嘉靖六年，歲次丁亥，西元一五二七年，陽明當時

陽明即言道所謂之「人」[51]，皆具有天生本具靈昭不昧之良知。
而「大人」與「小人」之別，即在於能否使自我之「心」在每個
當下呈現之。所謂之「大人」，即為時刻充盡自我之良知，發動
怵惕惻隱之心而能與天地萬物感通，此即為「萬物一體之仁」[52]，
吾人皆可在自我之生命內部實踐秉持儒學本質中所強調之意義價
值之需求。是以陽明以為若吾人無法充盡自我之良知至天地、孺
子、鳥獸、草木、瓦石以及萬事萬物之上，將天地萬物之苦痛視
為自我內在之苦痛，即為吾人一念之陷溺，而成麻木不仁之「小

已五十六歲，距陽明辭世僅一年，故此文可視為陽明晚年定論。」參見氏著，
《中國宗教與意義治療》，頁84。又陳立勝先生亦指出：「通篇闡發一體之仁
的〈大學問〉，代表王陽明思一生思想的高峰，被其最忠實的弟子錢　德洪稱
為『師門教典』。該文開宗明意點出王學的宗旨：『大人者，以天地萬物為一
體者也』，顯然，在王陽明本人的心目之中，『大學』即『大人之學』，萬物
一體之學。從早年一宗程氏『仁者渾然與天地萬物同體』之旨，到晚年『只發
〈大學問〉萬物同體之旨』，王陽明一生的旨趣　昭然若揭。」參見陳立勝，
《王陽明「萬物一體」論──從「身一體」的立場看》（臺北：臺大出版中心，
2005年5月），頁2-3。

51 關於「人」，見陽明言：「吾人與萬物混處於天地之中，為天地萬物之宰者，
非吾身乎？其能以宰乎天地萬物者，非吾心乎？心何以能宰天地萬物也？……
故曰：『人者，天地之心，萬物之靈也，所以主宰乎天地萬物者也。』吾心為
天地萬物之靈者，非吾能靈之也。……天作之，天成之，不參以人，是之謂天
能，是之謂天地萬物之靈。」參見氏著，《全集》，頁1478-1479。林月惠先生
即補充道：「儒家即從人與存有相互連屬、相互開顯的一體關係來理解人性，
對待萬物。於此意義下，人之所以為人，即在於他有領會存有的能力，並能彰
顯存有的意義。……人不是萬物的主宰者，而是萬物的看護者。當人不斷領會
存有的奧秘，參贊天地的化育時，才能滿全人與存有相互連屬為一體的關係，
進而恰盡『人』與『存有』相互開顯的存有論天職，也才能成為一個真正的
人。」參見林月惠，《詮釋與工夫：宋明理學的超越蘄嚮與內在辯證》（臺北：中央
研究院中國文哲所，2012年12月），頁26。

52 關於「萬物一體之仁」，林安梧先生即指出：「陽明強調此一體感並非臆想而
得，而是『其心之仁』本如此。仁是感通明覺，是常惺惺，是虛靈不昧，是怵
惕惻隱，是生命生息深沉的振動。由仁而說其為一體，此是一體之仁，一視同
仁。此一體之仁，人人皆有，不僅大人，即若小人亦然，不過小人是自限隔了。」
參見氏著，《中國宗教與意義治療》，頁87。

人」矣。陽明言「以天地萬物為一體者也」並非憑空詮釋，陽明
仍就傳統儒學將「大學」詮釋為「大人之學」。所謂「大人」即
是指能實踐良知而使自我之人格達到圓滿之人。「大人」在「致
良知」之工夫下，可使自我之仁愛感通於天地萬物之間，及物潤
物，合而為一。陽明接著說道：

> 是其一體之仁也，雖小人之心亦必有之。是乃根於天命之
> 性，而自然靈昭不昧者也，是故謂之「明德」。（《王陽
> 明全集》頁 1066）

所謂「一體之仁」，天地萬物之生生之德下貫於吾人之仁心
（良知），吾人之仁心無私，與天地萬物之間無隔閡。此一體之
仁之仁心為吾人天生本有，即便是小人亦有之。曾春海先生即指
出：「仁心或道德心靈根源於形上的終極存有——『天』所賦予，
對上天所賦予仁心的先驗道德律有『靈昭不昧』的自悟自明能力。
更有意義者，一體之仁有對世界進行無形的交感融通之道德意識
作用，而產生豐富的、悲天憫人的聯繫作用。」[53]正因為大人與
天地萬物為一體，是以能視天下猶一家、視中國猶一家。而陽明
詮釋之本遠承自先秦時期孔子言：「克己復禮為仁。一日克己復
禮，天下歸仁焉。」（《四書章句集註》頁 131）孟子言：「萬
物皆備於我矣。反身而誠，樂莫大焉。」（《四書章句集註》頁
350）「夫君子所過者化，所存者神，上下與天地同流。」（《四
書章句集註》頁 352）《中庸》言：「唯天下至誠，為能盡其性；
能盡其性，則能盡人之性；能盡人之性，則能盡物之性；能盡物

之性,則可以贊天地之化育;可以贊天地之化育,則可以與天地參矣。」(《四書章句集註》頁32)《易傳‧乾卦文言》曰:「夫『大人』者、與天地合其德,與日月合其明,與四時合其序,與鬼神合其吉凶。」[54]近承於宋儒,如張載言:「民吾同胞,物吾與也。」[55]又如程顥言:「仁者,與天地萬物為一體。」(《二程集》頁15)與陸象山言:「萬物森然於方寸之間,滿心而發,充塞宇宙,無非此理。」[56]

　　陽明之「萬物一體」說如諸賢哲人所言,由「仁」(良知)[57]而說其為一體,而此一體之仁,乃吾人所皆具有之。吾人只須實踐自我良知(致良知)則可恢復萬物一體之心,確立生命之意義。唐君毅先生即補充道:「人果能自盡性立命,則人亦皆可由其德行德性之相續不斷,以之天地之德性之即流行於其生命心靈中,而於其生命心靈之自身中,自達其敬誠,於天地之心、天地之生命,而以此心自祭此呈現於其心中之天地之心、天地之生命。」[58]而〈拔本塞源論〉中亦說道:

　　　夫聖人之心,以天地萬物為一體。其視天下之人,無外內遠近。凡有血氣,皆其昆弟赤子之親。莫不欲安全而教養之,以遂其萬物一體之念。天下之人心,其始亦非有異於聖人也,特其間於有我之私,隔於物欲之蔽。大者以小,

54 參見南宋‧朱熹,《周易本義》(臺北:大安出版社,2014年2月),頁38。
55 參見北宋‧張載著,林樂昌編校,《張子全書》(西安:西北大學出版社,2014年12月),頁53。
56 參見氏著,《象山全集》,頁21。
57 此處之「仁」,林安梧先生曾指出:「仁是感通明覺,是常惺惺,是虛靈不昧,是怵惕惻隱,是生命生息深沈的振動。由仁而說其為一體,此是一體之仁,一視同仁。」參見氏著,《中國宗教與意義治療》,頁87。
58 參見氏著,《生命存在與心靈境界》下冊,頁211-212。

通者以塞。人各有心。至有視其父子兄弟如仇仇者。聖人
有憂之。是以推其天地萬物一體之仁以教天下，使之皆有
以克其私，去其蔽，以復其心體之同然。其教之大端，則
堯舜禹之相授受，所謂道心惟微，惟精惟一，允執厥中……
蓋其心學純明，而有以全其萬物一體之仁。故其精神流貫，
志氣通達，而無有乎人己之分，物我之間。（《傳習錄》
頁 194-196）

　　陽明以為「拔本塞源」即為聖人所言之「萬物一體之仁」。
雖然吾人與聖人一樣，天生本具「萬物一體之心」，然因受私欲
阻隔，而無法體現之。是以陽明主張吾人萬物一體之心為吾人之
根本，而這是須要去努力恢復之。即如其所言：「仁者以天地萬
物為一體，使有一物失所，便是吾仁有未盡處。」（《傳習錄》
頁 112）楊祖漢先生亦指出：「陽明言致良知，指出良知便是能
澄治人的負面生命的最根源的力量。良知呈現，便可一念入微，
察見意念的善惡是非，如是便可誠其意。而致良知，必不能離卻
事事物物，通過致知之活動，便可善化人生種種事行，使事事物
物皆得其正。由此便可將人生一切事都收攝而成為良知實踐之內
容，進一步說，良知呈現，人便會與萬物為一體，不分人我、主
客。又在致良知而至精熟之境時，道德實踐是自然而然的，良知
雖應物酬酢，而並不感到有事須作；雖生萬善，但並不感到有善
可為，有惡須去。其時人之生命，故是奮進不已，而亦是自在安
舒。」[59] 吾人透過當下之實踐自我之良知，使吾人自行恢復心體
之同然，由「物我同一」昇華為「成己成物」，藉由實踐良知而

---

59 參見氏著，《中國哲學史》，頁 558-559。

有療癒之用，希冀最終能復歸於道、吾心與天理合一。是以陽明言：「若自己病痛未能除得，何以能療得天下之病！此區區一念之誠，……須是克去己私，真能以天地萬物為一體。」（《王陽明全集》頁 245）吾人若真能克盡自我之一念陷溺，進而復得自我之良知本體，並將此真誠感通之良知契入於生活世界中，以吾人之良知感通他人之生命、潤化天地萬物，以治療吾人生命與天地萬物本具之一體感。

在傅朗克的自傳中，他曾自述某次與一群美國教授、精神醫生、學生談到自己之「生命意義」是什麼，一個學生回答：「你寫的是：我生命的意義是幫助別人發現他們自己生命的意義。」[60]傅朗克之理念與陽明之理念即便時代背景不相同，然卻如出一轍。兩位哲人窮極一生讓自己實踐自身之生命意義之外，同時亦幫助他人發現屬於他們自己獨特之生命意義。即如孔子所言之：「己欲立而立人，己欲達而達人。」（《四書章句集註》頁92）陽明之良知教並非只是書本中之學問，而是必須落實於生命之中，真正處理生命所面臨之困惑與難題，並進而確立自我存在之意義。吾人若能於生命中實踐自身之生命意義，如此即可實踐真、善、美、聖之意義價值，並使自我之生命臻於圓滿之境。

最後，見陽明曾有詩云：

> 人物各有稟，理同氣乃殊。曰殊非有二，一本分澄淤。志氣塞天地，萬物皆吾軀。炯炯傾陽性，葵也吾友于。（《王陽明全集》頁 1146）

---

60 參見氏著，鄭納無譯，《意義的呼喚》，頁 220。

　　陽明即說道吾人之良知雖具有普遍性，然因吾人現實生命個別之差異，吾人擴盡良知之程度益有所差異。是以吾人只就落實於自我之生命上作工夫，經由當下所經驗之事上，隨其分限擴盡自我之良知，真實地踐履自我之良知，[61]如此即可避免受念之陷溺所苦，在道德之實踐歷程中，逐漸成就自我之生命意義，使自我之生命成為真實之存在，立人道之極，行聖賢之道，充分體貼自我之生命於天地萬物，[62]如此儒家義理中民胞物與之仁心與意義需求之自覺之責任感，吾人能透過實踐陽明「萬物一體」之義理，將自我之良知體貼於天地萬物之中，進而體現儒者「為天地立心，為生民立命，為往聖繼絕學，為萬世開太平」[63]之終極關懷。

第二節　論王陽明心學中「惡」之義蘊與去「惡」工夫

　　自先秦以降儒者們對於人性是善是惡，且該如何「為善去惡」

---

61 見陽明言：「我輩致知，只是各隨分限所及。今日良知見在如此。只隨今日所知，擴充到底。明日良知又有開悟。便從明日所知，擴充到底。如此方是精一功夫。」參見氏著，《傳習錄》，頁302。

62 唐君毅先生即指出：「存在之無不存在之可能者，方得為真實之存在；而無不存在之可能之生命，即所謂永恆悠久而普遍無所不在之無限生命。……吾人之生命能真實通於無限之生命，即能成為此無限之生命。吾更將說吾人之生命，原為一無限之生命。……吾人之有限極之一生，亦為此無限生命之一極，此極，是無限生命之一及，亦吾人之為人之極。人求有如實知與真實行，即求立此人極，亦實能立此人極，……人人皆能立人極。參見氏著，《生命存在與心靈境界》上冊，頁26-27。

63 參見南宋・朱熹編，《近思錄》（臺北：臺灣商務印書館股份有限公司，1986年4月），頁82。

之工夫多有所闡述。而到了宋明時期，由於宋明儒者們其義理義蘊皆是強調如何「修身成聖」，是故對於「惡」之來源，自是無法迴避之問題。[64]若吾人能確實地把握「惡」之義蘊，吾人道德實踐工夫之意義價值便不再只是消極地克念去欲，而是可積極地活出自我之生命意義。

在明代儒者王陽明以「抉發良知」為其核心義理之系統中，即有言吾人之良知為「至善之本體」。[65]如此吾人要進一步追問的是，若是吾人心體為「至善」之本體之性善論，如此吾人在生活世界中之「惡」是出自何處呢？且吾人又要如何實踐「為善」與「去惡」之工夫呢？此為筆者於本文中所關注之問題。[66]當代許多學者對於此議題多有所論述[67]，而本文嘗試以當代新儒者唐

---

64 唐君毅先生即指出：「故謂宋明儒之學，重在為世立教，……此體道修道工夫，恆須由面對種種非道之事物而用。……依吾之意，則對此種種非道之物，如邪暗之塞、氣質之偏，意見、私欲等之存在，其認識之深切，其對治工夫之鞭辟入裏，正為宋明儒者之進於先秦儒學之最大之一端。」參見唐君毅，《中國哲學原論・原教篇》（臺北：臺灣學生書局，2004 年 10 月），頁 4。

65 「然至善者心之本體也。心之本體那有不善？」參見陳榮捷，《王陽明傳習錄詳注集評》（臺北：臺灣學生書局，2006 年 9 月），頁 369。

66 唐先生即言道：「正統的儒家，則或不認識，或認識不夠深切，或認識夠深切，而為更深之理由，隱而未發者。至少自語言文字之表達上說，正統儒家所說者，是不夠的。現在我們要開拓儒家思想，此一面之思想，亦須加入攝入，如何攝入之，而不礙儒家思想之根本義如性善論，是一個哲學上之大問題，但亦不難解答。」參見唐君毅，《人生之體驗續編》（臺北：臺灣學生書局，1996 年 3 月），頁 137。

67 如齊婉先生即有〈王陽明與黃宗羲對於性情善惡詮釋之討論〉《當代儒學研究》第十七期（2014 年 12 月）；許朝陽先生著有《善惡皆天理：宋明儒者對善惡本體義蘊之探討》《善惡皆天理：宋明儒者對善惡本體義蘊之探討》（臺北：文史哲出版社，2014 年 4 月）；陳志強先生亦有〈一念陷溺──唐君毅與陽明學者「惡」的理論研究〉《中國文哲研究集刊》第四十七期（2015 年 9 月）。林月惠先生則指出宋明儒家論及「惡」之概念時，大抵有兩種形態，分別為「道德之惡」（the moral evil）與「自然之惡」（the physical evil），見其言：「「前者是指意志在自由的情況下違反道德的善所作的錯誤抉擇及內心態度，後者則

君毅先生之義理為開展，試圖論述在陽明良知教中，惡之來源與為善去惡之可能。[68]是以本文之開展，從「先秦儒者與陽明如何詮釋『心性』」開始論述；接著說明「陽明良知教中，『惡』之起源」；最後闡述「如何體現實踐去惡之工夫」。以下即依上述架構，逐步展開討論。

壹、儒家義理中「心性」之義蘊

中國儒家義理史上最早論「心性」議題之儒者，即為先秦時期之孔子，其曾言：「性相近也，習相遠也。」、「唯上知與下愚不移。」[69]孔子只論及吾人之本性為相近，而因後天習氣而有所分別，在此並未對吾人本性之善惡做出詮釋。[70]直到戰國時期之孟子提出「性善說」，這才奠定了儒學肯定心性本善義理之根基，同時「性善」亦為孟子義理之核心義蘊。見其言：

指存有者缺乏本性所應有的任何存有完美性，……當然，宋明理學家也許沒有如此清楚的區分，但心性之學與工夫實踐所關切的『惡』之問題，還是以『道德之惡』為主。」參見林月惠，《良知學的轉折：聶雙江與羅念菴思想之研究》（臺北：國立臺灣大學出版中心，2005年9月），頁695。」

68 經驗現象乃是善惡二元，二元現象斷惡修善以歸一元，這很容易理解；但一元本體如何向下建立二元，就有理論上的困難。……從肯定世界的立場而言，陽明既然說『有心俱是實，無心俱是幻』，就很難說無善無惡、不起分別在理論發展上是很順暢合理的結果。」參見許朝陽，《善惡皆天理：宋明儒者對善惡本體義蘊之探討》（臺北：文史哲出版社，2014年4月），頁315-316。許先生在此乃是以牟宗三先生之義理闡述陽明良知教中「惡」之問題。而在唐先生之諸多著作中，對於吾人「惡」之來源、如何去惡進而擁有道德生活之問題多有所闡述。是以筆者嘗試以唐先生之義理闡述陽明良知教中「惡」之義蘊以及去惡之工夫。

69 參見南宋・朱熹，《四書章句集註》（新北：鵝湖月刊社，2014年10月），頁175-176。

70 宋儒程子即注曰：「所謂下愚者有二焉：自暴自棄也。人苟以善自治，則無不可移，雖昏庸之至，皆可漸磨而進也。唯自暴者拒之以不信，自棄者絕之以不為，雖聖人與居，不能化而入也，仲尼之所謂下愚也。」同上注，頁176。

人皆有不忍人之心。……所以謂人皆有不忍人之心者，……
無惻隱之心，非人也；無羞惡之心，非人也；無辭讓之心，
非人也；無是非之心，非人也。惻隱之心，仁之端也；羞
惡之心，義之端也；辭讓之心，禮之端也；是非之心，智
之端也。人之有是四端也，猶其有四體也。有是四端而自
謂不能者，自賊者也；謂其君不能者，賊其君者也。凡有
四端於我者，知皆擴而充之矣。（《四書章句集註》頁
237-238）

　　孟子指出當吾人面對到他人受苦難之時，吾人在當下即會升
起不忍人之心，此即是怵惕惻隱之仁心，孟子據於此言吾人之本
性是善。孟子接著繼續說道惻隱、羞惡、辭讓、是非之心，乃是
由吾人善之性體所自然流露出也，此四端之心乃吾人天生皆有
之，並非是透過外鑠於吾人，而這亦為吾人與禽獸分野之際。[71]是
以若吾人能實踐此四端，加以存養之、擴充之，則人性中所蘊含
之意義價值即被體現。而吾人亦能從實踐四端之心之過程中，進
一步感到自我心靈愉悅而滿足。

　　復次，同為戰國時期較孟子晚出之荀子則主張「性惡論」。
荀子之性惡論，看似是對孟子之性善論而發，然兩者所謂之「心」

---

71 蔡仁厚先生即補充道：「『性善』是生命中之事，它不是一個知識的命題。所
　以，孟子對於性善的論證，不同於純外延的邏輯論證，而是一種內容意義的義
　理論證。在性質上，它是『反求己』的生命的反省，在方法上，則是不離人倫
　日用而作一種親切的指點。這是每一個人都可以反省親證，可以當下體悟而不
　假外求的。」參見蔡仁厚，《中國哲學史》上冊（臺北：臺灣學生書局，2009
　年7月），頁124。

實為不同指涉。[72]其在〈性惡篇〉中透過正反論證詮釋吾人之性
中有著氣質欲望之面向，是故若吾人不加以節欲、導欲則易有爭
奪之情形而導致吾人困窮，見其言：

> 人之性惡，其善者偽也。今人之性，生而有好利焉，……
> 今人之性惡，必將待師法然後正，得禮義然後治，今人無
> 師法，則偏險而不正；無禮義，則悖亂而不治，古者聖王
> 以人性惡，以為偏險而不正，悖亂而不治，是以為之起禮
> 義，制法度，以矯飾人之情性而正之，以擾化人之情性而
> 導之也，始皆出於治，合於道者也。……用此觀之，人之
> 性惡明矣，其善者偽也。[73]

荀子以為若吾人順著情性而動，則必會造成混亂，由此亦可
知荀子所言之「性」，是包含著「欲」之作用，換言之，荀子是
就自然生命之質，為中性。[74]是故吾人必須透過外在之禮義法度
將欲望節之、導之。人性雖然為惡，然可以透過「化」，透過「偽」
之工夫使吾人之性能臻於美善。「偽」在此有著「積學」、「積

---

72 唐君毅先生即指出：「孟荀之異，在孟子即心言性，而荀子分心與性為二。」
　參見唐君毅，《中國哲學原論・原性篇》（臺北：臺灣學生書局，2006 年 11
　月），頁 65。高柏園先生亦指出：「蓋荀子之心並非如孟子所言之良知本心，
　其能自覺自律地知是知非、好善惡惡，荀子論心乃將其視為認知心。」參見王
　邦雄、岑溢成、楊祖漢、高柏園著，《中國哲學史》（臺北：里仁書局，2013
　年 3 月），頁 87。

73 參見清・王先謙撰，沈嘯寰、王星賢整理，《荀子集解》（北京：中華書局，
　2012 年 3 月），頁 420-421。

74 李滌生先生即指出：「性是稟諸自然的本質，本無所謂善惡；善惡是後天的人
　為的價值判斷，不是先天的本然。先天的本然之性包括自然自然生命與能思之
　心兩部分。有此生命就必謀所以維護之（食），延續之（色），此即所謂情欲。」
　參見李滌生，《荀子集釋》（臺北：臺灣學生書局，2014 年 9 月），頁 538。

習」之意[75]，荀子雖言「性惡」，然並非主張「性本惡」，其只是以為吾人之性必須經由聖人所制定之禮義之道加以約束，而後即有善之體現。

而陽明所言之心，乃是無善無惡之至善之良知本體。吾人可從陽明與其門人徐愛之問答中，見陽明對於吾人之良知本體為至善之見解：

> 愛問，「至善只求諸心。恐於天下事理，有不能盡」。先生曰，「心即理也。天下又有心外之事，心外之理乎」？愛曰，「如事父之孝，事君之忠，交友之信，治民之仁，其間有許多理在，恐亦不可不察」。先生歎曰，「⋯⋯都只在此心。心即理也。此心無私欲之蔽，即是天理。不須外面添一分。以此純乎天理之心，發之事父便是孝。發之事君便是忠。發之交友治民便是信與仁。只在此心去人欲存天理上用功便是。」（《傳習錄》頁30）

徐愛之問題在於當吾人面對到世上有眾多之事理，若不一一講究之，則該如何應對呢？這似乎並非只能以「心外無理」闡述之。然依陽明之理解，若吾人時刻能秉持此良知本體之心並實踐之，外在客觀之事物與吾人內在主觀之良知之間有所感通，則良知自然會流行進而成就各種人倫日常之理。是故若吾人事事循此良知本體，即能達到忠孝仁義信，否則亦只是虛有其表。陽明所著重的並非先追求一個道理再求實踐；而是在當下使自我之良知

流行感通，則自然就萬事「合理」。是以陽明言：「見父自然知孝，見兄自然知弟，見孺子入井，自然知惻隱。此便是良知。」（《傳習錄》頁40）外在禮法制度之周全，亦無法使吾人趨向至善之境，唯有發自吾人良知本體所流行之善，方為真正之至善。

復次，見陽明在〈與王純甫書〉曾論及：

> 夫在物為理，處物為義，在性為善，因所指而異其名，實皆吾之心也。心外無物，心外無事，心外無理，心外無義，心外無善。吾心之處事物，純乎理而無人偽之雜，謂之善，非在事物有定所之可求也。……必曰事事物物上求個至善，是離而二之也。[76]

陽明將一切事物皆收攝於良知之下，而這些事物必須透過良知之實踐，方可體現其意義。陽明依此至善之良知本體，以為心、性、理為相通也[77]，而外在之事物並無法離開吾人天生本具之良知而存在，若無內在良知之開顯，則外在事物之意義則蕩然無存。是故若要使外在之事物皆得其理，就必須將吾人之良知落實並實踐於此生活世界中。綜上所述，陽明以為吾人之良知本體為至善之本體，而由此至善之本體所自然流露之性情，若能不帶有一絲私欲，則此時吾人之良知即可與天理同流行，進一步達到即真即善。[78]

---

76 參見氏撰，《全集》，頁175。
77 見陽明言：「心之本體即是性。性即是理。」參見氏著，《傳習錄》，頁107。
78 陳來先生即補充道：「對於王守仁來說，心外無『理』主要強調心外無『善』，善的動機意識是使行為具備道德意義的根源，因而善只能來自主體而不是外物，格物與致知都必須圍繞著挖掘、呈現這一至善的根源入手。」參見陳來，《宋明理學》（臺北：允晨文化，2010年2月），頁299。而唐君毅先生亦說道：「形上的心之本體，乃將道德自我向上推出去說，以指出其高卓與尊嚴；

貳、一念陷溺：「惡」之來源

上文筆者論及陽明以為吾人之心體是至善之良知本體，然吾人要進一步追問的是，既然良知本體為至善，那麼吾人時常感受到之「惡」或私欲，是從何處來呢？吾人可從陽明以除去園中花間草之譬向其門人薛侃闡述至善之良知本體與生活世界中善惡之別：

> 曰：「天地生意，花草一般，何曾有善惡之分？子欲觀花，則以花為善，以草為惡；如欲用草時，復以草為善矣。此等善惡，皆由汝心好惡所生，故知是錯。」曰：「然則無善無惡乎？」曰：「無善無惡者理之靜，有善有惡者氣之動。不動於氣，即無善無惡，是謂至善。」……曰：「草有妨礙，理亦宜去，去之而已。偶未即去，亦不累心。若著了一分意思，即心體便有貽累，便有許多動氣處。」……曰：「只在汝心，循理便是善，動氣便是惡。」……曰：「在心如此，在物亦然。世儒惟不知此，舍心逐物，將『格物』之學錯看了，終日馳求於外，只做得箇『義襲而取』，終身行不著，習不察。」……曰：「此正是一循於理，是天理合如此，本無私意作好作惡。」……曰：「卻是誠意，不是私意。誠意只是循天理。雖是循天理，亦著不得一分意。故有所忿懥、好樂，則不得其正。」（《傳習錄》頁123-124）

然後再以之肯定下面之現實世界，並以之主宰現實世界。」參見唐君毅，《道德自我之建立》（臺北：臺灣學生書局，2015年9月），頁33。

陽明即闡述生活世界中「善惡」與「好惡」之別，花與草皆為吾人所處之生活世界之物，然之所以名為花，之所以名為草，乃因吾人判別而有花與草之名之別。然對於花與草之自身而言，此名之別乃是因吾人由軀殼上起之私念私意[79]、動於氣而外加之。[80]是故因吾人外加之名，亦即皆隨此名而伴隨著對外物好惡貴賤之主觀評價。[81]是以花與草之善與不善，甚至天地萬物皆並無意義價值上之善惡之別，乃因吾人之良知本體之好惡判斷而有此之分。是以吾人必須要做到不隨自我之軀殼起念而不動於氣。陽明在此並非要吾人不去作價值判斷，而是在價值判斷之當下，必須「循良知天理之流行」而不著意（不動氣），進一步做到不滯不留，一以貫通。[82]是以陽明言：「意與良知當分別明白。凡

79　關於「隨軀殼起念」，牟先生曾說道：「照儒家講，則是人的私欲，如王陽明所說『隨軀殼起念』。我們平常都順著我們的軀殼起念，而非順著良知起念。本來我們若順著良知起心動念，則無一念昏沉的無明，亦不會有『平地起土堆』的情形；可是我們有軀殼，我們有感性私欲，所以才有無明昏沉。」參見牟宗三，《中國哲學十九講》（臺北：臺灣學生書局，2015 年 8 月），頁 295-296。

80　「凡應物起念處，皆謂之意。」由此可見陽明所謂之「意」即是吾人良知與外在事物交感之處。參見氏撰，《全集》，頁 242。周群振先生即指出：「在此，人們或許要問：世間之惡，果何自來？則先須知得惡之為物，並無超越地主之之道或元之可言，……起因則在人對善的道體之未能堅持而一貫，便留下間隙任惡滋生也。」參見周群振，〈儒家圓極的教旨與體態抒義──作為一個新儒學後進者的信念〉，收入於周群振等著，《當代新儒學論文集・內聖篇》（臺北：文津出版社，1991 年 5 月），頁 14。

81　見陽明言「至善者心之本體。本體上才過當些子，便是惡了。不是有一箇善，卻又有一箇惡來相對也。故善惡只是一物」。參見氏著，《傳習錄》，頁 305。

82　許朝陽先生即補充道：「這不累心、不著意，當然不是只對私欲或氣質的忽略，而是用『廓然太虛』、超然無執的態度對待之。既然將惡的對治工夫，由私欲、氣稟的克治，轉為不累心、不著意，便意味著惡的更根本來源，其實來自於心的膠執；而『善惡』也就有了從『道德』朝向『超道德』意義的轉變。」參見氏著，《善惡皆天理：宋明儒者對善惡本體義蘊之探討》，頁　41。

應物起念處，皆謂之意。意則有是有非，能知得意之是與非者，則謂之良知。依得良知，即無有不是矣。」（《全集》頁 242）陽明雖肯定吾人天生本具良知本體是以皆可成聖，而有「滿街皆聖人」之主張。[83]然若吾人不時刻加以對自身軀殼所起之意下工夫，則一念陷溺，惡即伴隨而生，亦即偏離了儒家義理之正道，喪失了吾人生命之意義價值。

　　復次，吾人可從《稽山承語》中之一段對話看陽明對於「意之善惡」之見解：

> 無善無惡者心也，知善知惡者良知也，為善去惡者格物也。……意者心之發，本自有善而無惡，惟動於私欲而後有惡也。惟良知自知之，故學問之要曰致良知。[84]

　　陽明所謂無善無惡之心，是指超越善惡二元對立之純然至善、全體廓然之良知本體[85]，因為其無善無惡，故可與天地萬物合一，進一步及物潤物。是以惡乃為吾人因一時陷溺之私意所引

---

83 見陽明言：「人胸中各有箇聖人。只自信不及，都自埋倒了」。參見氏著，《傳習錄》，頁 292-293。

84 參見吳震、孫欽香，《新視野中華經典文庫：傳習錄》（香港：中華書局，2015年 7 月），頁 387。

85 見陽明言：「無善無惡者理之靜，有善有惡者氣之動。不動於氣，即無善無惡，是謂至善。」參見氏著，《傳習錄》，頁 123。牟先生即指出：「『無善無惡心之體』是就『至善者心之本體』而說。無善無惡是謂至善。然則無善無惡者是『無有作好無有作惡』之意。善惡相對的謂詞俱用不上，只是一自然之靈昭明覺停停當當地自持著自己，此及為心之自體實相。至善是心之本體，猶言是心之自體實相，簡言之，就是心之當體自己也。」參見牟宗三，《從陸象山到劉蕺山》（臺北：臺灣學生書局，2011 年 7 月），頁 237-238。陽明所言之無善無惡之本體，乃是就良知本體所具之天理，表現流行於生活世界中則進而有知善知惡、好善惡惡之具體實踐。

起。[86]是以陽明曰：「喜怒哀樂，本體自是中和的。纔自家著些意思，便過不及，便是私。」（《傳習錄》頁92）既然良知本體是至善，如此「惡」即是落在了吾人所發出之「意」之上。意為吾人良知本體之所發，雖良知本體無善惡之分，然意念發動處則有善惡之別。是以陽明主張之致良知教，即是貫徹自我內在之天理使其流行，進而為善去除一切不善之人欲。然吾人必須進一步追問的是，既然吾人之良知本體是至善之本體，為什麼此至善之本體會生出惡念呢？見《傳習錄》載道：

> 心體上著不得一念留滯，就如眼著不得些子塵沙。些子能得幾多，滿眼便昏天黑地了。……這一念不但是私念，便好的念頭亦著不得些子，如眼中放些金玉屑，眼亦開不得了。（《傳習錄》頁380）

陽明不只將「私念」當作惡，甚至「善念」亦將其視為「惡」，原來陽明以為只要吾人良知本體有了「著意」[87]，便不是處於未

---

86 「雖妄念之發，而良知未嘗不在。但人不知存，則有時而或放耳。雖昏塞之極，而良知未嘗不明。但人不知察，則有時而或蔽耳。雖有時而或放，其體實未嘗不在也。存之而已耳。雖有時而或蔽其體實未嘗不明也。察之而已耳。」參見氏著，《傳習錄》，頁214。

87 見陽明言：「然不知心之本體原無一物，一向著意去好善惡惡，便又多了這分意思，便不是廓然大公。」參見氏著，《傳習錄》，頁141。關於「著意」，唐君毅先生曾指出：「我們並不必陷溺於聲色貨利貪名貪權之慾時，才是罪惡，我們陷溺於我們之任何活動，均是罪惡，而我們之任何活動，我們都可陷溺於其中。此乃因我們之任何活動，我們都可對之加以反省。而任何活動，當我對之加以反省時，都可把它固定化、符號化，成一現實的對象；而我們將它固定化、符號化，成一現實的對象以後，我們又可對它再加以把握，使隸屬之於我，執著之為我所有而生一種有所佔獲的意思。而當我們把一對象隸屬之於我，生一種佔獲的意思時，同時我即隸屬於對象，為對象所佔獲，而我之精神即為對象所限制、所拘繫而陷溺其中。」參見氏著，《道德自我之建立》，頁164。

發之中之至善廓然大公之心。[88]念若留滯，不論是善念惡念，皆會成為吾人良知本體流行於天地之隔閡。順著陽明之見解，吾人先天之良知本體是純然至善，是以「惡」與良知本體即無關聯，如此「惡」即是來自於後天之習氣影響。[89]

最後，見《傳習錄》載道：

88　「『未發之中』即良知也，無前後內外而渾然一體者也。」由此可見陽明將「未發之中」視為良知本體。參見氏著，《傳習錄》，頁 220。牟先生即補充道：「然則自心之發動言意，必不是直線地推說，乃是曲折地說。在這曲折說中，必認定心之體為超越的本心自己，發動而為意是在感性條件下不守自性歧出而著於物或蔽於物，因而成為意，如是，則意自意，而心體自心體，不能因意有善惡，而心體亦有善惡也。若云即如此，則兩者不相干，如何要說是心之發動？此蓋因意究竟亦是屬於心的，此猶波浪究竟屬於水。意蓋是憑依心體而起的波浪，只因為私欲氣質所影響而逐于物，因此遂脫離了心體而獨自成為意。若無此憑依關係，則亦將不可化而使之歸於心矣。」參見氏著，《從陸象山到劉蕺山》，頁 269。蔡仁厚先生亦補充道：「『意之動』有善有惡，而『動於意』則無論善念惡念皆將成為惡的，因為『意之動』是直接從心體發，可說是第一序的意；而『動於意』則是間接的，是順第一序的意又返回來而多起了一層念，在這第二層的念中，便有利害計較與意見習氣夾雜進去，所以無論善念惡念，一齊皆壞。」參見蔡仁厚，《王陽明哲學》（臺北：三民書局，2009 年 8 月），頁 115。

89　「夫惡念者，習氣也；善念者，本性也」參見氏撰，《全集》，頁 1083。關於「習氣」，唐先生即指出：「大率吾人之生活，隨時間而流轉，每作一事，即留存一以後在同類之情境下再作之趨向。此即昔賢劉蕺山所謂心之餘氣，是為習氣。一事屢經重作，則習氣愈增。如人心能自作主宰，凡事之作，皆依理為權衡，以定是否當重作，則由習氣所成之習慣，亦可省吾人之重作時所用之生命力量，而未始無用。然當人依念不能依理，以自作主宰時，則習氣自關流行，而人乃有一純依習慣之行為，吾人雖明知其不當有，而若不能不有者。當人在閒居靜處之時，則此習氣之流行，即化為無端而起之聯想的意念之相續不斷，而此聯想的意念中，恒夾雜欲念，與之俱行。此諸聯想、意念、欲念，相續不斷，因其所根，在過去之習氣，恒不能化為現在當有之具體之行為，以通于客觀之世界，以其有價值與意義，故純為一妄念而浪費吾人之生命力者。此習氣妄念有種種，亦有種種不同之方向，如東西南北之無定。又時或互相衝突，即又為分裂吾人之生命力，以使其難歸統一，以成一和諧貫通之生命者。此亦正是吾人之具生命之身體，所以有生理上之病之一根源，而為吾昔所忽視者也。」參見唐君毅，《病裏乾坤》（臺北：鵝湖出版社，1980 年 9 月），頁 26-27。

> 澄曰，「好色、好利、好名等心，固是私欲。如閒思雜慮，
> 如何亦謂之私欲」？先生曰，「畢竟從好色、好利、好名
> 等根上起。自尋其根便見。如汝心中決知是無有做劫盜的
> 思慮。何也？以汝元無是心也。汝若於貨色名利等心，一
> 切皆如不做劫盜之心一般，都消滅了。光光只是心之本體。
> 看有甚閒思慮？」（《傳習錄》頁 101）

　　陽明以為吾人在尚未與外在之事物感通之時，吾人不可起種
種妄念、惡念，此妄念、惡念即為私欲。是以吾人之心有所向進
而留滯、陷溺於此雜念中，良知本體即會受私欲所遮蔽。[90]是以
陽明言：「如今念念致良知。將此障礙窒塞，一齊去盡。則本體
已復，便是天淵了。」（《傳習錄》頁 100）吾人唯有透過對治
自我之習氣以復自我良知之本體，使其絲毫無妄念、惡念。如此
當下即良知本體活潑潑地發用不息，亦體現良知純然天理之流行。

參、一念自反：「惡」之根除

　　上文筆者論述了陽明以為吾人擁有天生本具之良知本體，此
良知本體為一元至善之本體，然因後天之習氣沾染與吾人軀殼所
引起之念而有善惡之別。是以本節將進一步論述在陽明良知教
中，該如何將意念所起之惡根除之，使吾人之良知本體能恢復澄
明。

---

90 唐先生即指出：「此當知過惡之念知之起，其原始之一點，只在此心之偏向而
滯住，以更不周流。此偏向，是過。一切惡之原始，只是過而不改，更自順其
過、護其過、以自欺，遂至於惡積而不可掩，罪大而不可改。然自一切惡之原
始處言，則初只是此心之有所偏向而滯住。」參見氏著，《中國哲學原論・原
教篇》，頁 481-482。

首先即見陽明闡述吾人「立志」之重要性，見其言：

> 夫學，莫先於立志。……是以君子之學，無時無處而不以
> 立志為事。……精神心思凝聚融結，而不復知有其他，然
> 後此志常立，神氣精明，義理昭著。一有私欲，即便知覺，
> 自然容住不得矣。故凡一毫私欲之萌，只責此志不立，即
> 私欲便退；聽一毫客氣之動，只責此志不立，即客氣便消
> 除。……蓋無一息而非立志責志之時，無一事而非立志責
> 志之地。故責志之功，其於去人欲，有如烈火之燎毛，太
> 陽一出，而魍魎潛消也。（《全集》頁 289-290）

陽明即說道「立志」即為吾人靜時「存天理」之功；「責志」即
為吾人遭遇困難時「去人欲」之功，然立志責志實為一，乃為吾人
避免一念陷溺、省察克治之工夫之根本。陽明更以種樹為例，闡述
吾人立志之重要性。是故吾人對於「立志」不能只是就文字思辨上
了解，而是要下一真實之反躬體會之工夫，方可使自我超越，體現
生命之意義價值。是以陽明言：「大抵吾人為學緊要大頭腦只是立
志。」（《傳習錄》頁 201）陽明強調吾人若志不立，則天下無事可
成。吾人當以立志為成事及為學之本，應事接物時皆不可捨棄之，
使天理自然流行且凝聚於吾人之心中。[91]立志即是「存天理」，「責

---

91 見陽明言：「只念念要存天理，即是立志。能不忘乎此，久則自然心中凝聚。……
　　此天理之念常存。馴至於美大聖神，亦只從此一念存養擴充去耳。」同上注，
　　頁 57。唐先生即指出：「立志亦是立一種理想。但此所立之理想，是直接為自
　　己之具體個人立的，不是抽象普遍的；同時不只是立之為心之客觀所對，而是
　　立之為：自己之個人之心靈以致人格所要體現，而屬於此心靈人格之主體的。
　　此即是要使此理想，真實的經由知以貫注至行，而成為屬於自己之實際存在的。」
　　參見氏著，《人生之體驗續編》，頁 76。

志」即是「去人欲」。[92]吾人之志之所以無法立，其緣由即是來自於吾人之私欲習氣，是以如何誠吾人所發之意，使受私欲遮蔽之良知重新朗現流行，即是吾人進一步必須追問之問題。

　　良知本體既然是至善，如此工夫只有下在意念上。是以陽明即對於「誠意」之工夫提出其見解：

> 必欲此心純乎天理，而無一毫人欲之私，此作聖之功也。必欲此心純乎天理，而無一毫人欲之私。非防於未萌之先，而克於方萌之際不能也。防於未萌之先，而克於方萌之際。此正中庸戒慎恐懼、大學致知格物之功。舍此之外，無別功矣。（《傳習錄》頁 227）

　　陽明以為誠意之實踐即是吾人之良知本體能與天理同，且能無一絲之私欲。不論是私欲萌發之前，亦或是私欲萌發之後，吾人必須透過致知之工夫推致自我之良知本體以將此念克倒。而陽明將「戒慎恐懼」與「致知格物」打併歸一，其旨趣只是「使吾人所發之逐外之念能復返歸於吾人之良知本體，使其無累無滯，合於天理流行」。[93]是以陽明曰：「戒懼之念是活潑潑地。此是

---

92 韓國學者李慶龍先生即指出：「重要的是先存天理、後去人欲之次第。就是說，一定先悟得『神氣精明，義理昭著』之境地，然後才能有『知覺』以消去人欲，這方是『省察克制之實功』。」參見李慶龍，〈十七世紀後陽明學時期和霞谷學的定位〉收入於鄭仁在、黃俊傑編，《韓國江華陽明學研究論集》（臺北：國立臺灣大學出版中心，2005 年 9 月），頁 34。

93 見陽明言：「格物如孟子『大人格君心』之『格』，是去其心之不正，以全其本體之正。但意念所在，即要去其不正，以全其正，即無時無處不是存天理，即是窮理。『天理』即是『明德』，『窮理』即是『明明德』。」又言：「所謂『致知、格物』者，致吾心之良知於事事物物也。吾心之良知，即所謂『天理』也。致吾心良知之『天理』於事事物物，則事事物物皆得其理矣。致吾心之良知者，致知也。事事物物皆得其理者，格物也。是合心與理而為一者也。」

天機不息處。……一息便是死。非本體之念即是私念。」（《傳習錄》頁286）而此亦為唐君毅先生所言之「一念自反」之工夫。誠意之工夫，即是將吾人所發之念使其為善而無惡，如此落實下去，則吾人於日用人倫之灑掃應對進退之時自然皆為善而無惡。[94]

復次，見《傳習錄》記載道：

> 先生嘗謂人但得好善如好好色，惡惡如惡惡臭，便是聖人。直初時聞之，覺甚易。後體驗得來此箇功夫著實是難。如一念雖知好善惡惡，然不知不覺又夾雜去了。才有夾雜，便不是好善如好好色，惡惡如惡惡臭的心。善能實實的好，是無念不善矣。惡能實實的惡，是無念及惡矣。如何不是聖人？故聖人之學，只是一誠而已。（《傳習錄》頁305）

引文中陽明特別指出聖人與凡人之差別只在於當吾人面對

參見氏著，《傳習錄》，頁39、172。蔡仁厚先生即補充道：「格物、致知、誠意，甚至加上正心，都是工夫，但卻不是四者本身各有一套獨特的工夫，而是步步逼緊集中於一點而又互相關聯著來說，因此，只能是一個工夫。」參見蔡仁厚，《王陽明哲學》（臺北：三民書局，2009年7月），頁32。陽明之義理探究的是當吾人生命遇到困境之時，該如何去復求心物合一。是以，吾人唯有將自我之良知安頓，實踐了良知，亦實踐了學問。陽明以「明明德」詮釋「誠意」，即是以誠意為主，去實踐格物致知之工夫，工夫方有實踐之可能。是以格物者，須要從吾人之內在良知下功夫，若能時時擴充此良知，自審而不正而格其正，並於事上實踐，安了此心後，方可追求外在之自然知識，否則此心不安，當吾人在生活中面臨到困境時，無法使所學之知識發揮作用。如此追求外在之理亦是枉然。

94 唐先生即補充道：「此良知天理之自體，原是能是是非非的，即原是戒懼的。此戒懼，乃其是是非非之自然表現。故當此為非或不善之意念之起，即致良知，而加以化除時，此中便無非之可非。是對治已畢，即不見所對治。至當其無意念之發時，亦即在當下無非可非，亦無所對治。……此心即可絕對體體獨立，全不與所對治者成相對。」參見氏著，《中國哲學原論·原教篇》，頁321。

自我時是否依舊能維持「誠」，吾人之良知乃為凌駕於生活世界中一切經驗之上之昭明靈覺之存在。具備定奪辨別一切思慮善惡，並非為後天外在之規範。[95]是以陽明所言之「心即理」之工夫有兩種進路。即：就上根之人而言，良知所發之意念乃為純善無惡，是以若在每個遭遇困難之當下「一念自反」，即是良知之朗現；然就一般中下根之人而言，陽明仍強調吾人須在每個遭遇困難之當下透過事上磨練，方可使自我之良知呈現。[96]吾人若能徹底實踐「好善如好好色」、「惡惡如惡惡臭」，如此吾人即是實踐儒家義理之義蘊。[97]是以陽明言：「故有一念發動，雖是不

---

95 陽明言：「所謂善惡之機，真妄之辨者，舍吾心之良知，亦將何所致其體察乎？」參見氏著，《傳習錄》，頁 174。

96 見陽明言：「我這裏接人，原有此二種。利根之人，直從本源上悟入人心，本體原是明瑩無滯的。原是箇未發之中。利根之人，一悟本體，即是功夫。人己內外，一齊俱透了。其次不免有習心在，本體受蔽。故且教在意念上實落為善去惡。功夫熟後，渣滓去得盡時，本體亦明盡了。……利根之人，世亦難遇。本體功夫，一悟盡透。此顏子明道所不敢承當。豈可輕易望人？人有習心，不教他在良知上實用為善去惡功夫，只去懸空想箇本體。一切事為，俱不著實。過養成一箇虛寂。此箇病痛，不是小小，不可不早說破。」參見氏著，《傳習錄》，頁 359-360。

97 見陽明言：「是徒知靜養，而不用克己工夫也。如此，臨事便要傾倒。人須在事上磨，方立得住，方能靜亦定，動亦定。」陽明所謂事上磨練的「事」，即指吾人生命中一切的活動，包含了吾人之意念、情緒、行為等，皆屬事之範圍。陽明以為時時刻刻立吾人之良知本心，方可使內心獲得寧靜。「寧靜」之意並非表示退縮逃避，吾人處於生活世界中，便無法離事而求靜，是以吾人在生命中面對困難時能時刻把持良知本心之正，避免自我一念之陷溺，此即為「事上磨練」。又陽明有言：「良知之在人心，不但聖賢，雖常人亦無不如此。若無有物欲牽蔽，但隨著良知發用流行將去，即無不是道。但在常人多為物欲牽蔽，不能循得良知。……所謂生知安行，「知行」二字，亦是就用功上說。若是知行本體，即是良知良能，雖在困勉之人，亦皆可謂之生知安行矣。」陽明指出陷溺之念即為吾人生命中之病痛，是以陽明強調「知學」，只是將工夫用於遵循良知之發用流行，而「知行本體」亦即吾人皆本有之「良知良能」。是以若吾人時刻呈現自我之良知，此即為「知行合一」。參見氏著，《傳習錄》，頁 62、233-234。

善，然卻未曾行，便不去禁止。……正要人曉得一念發動處，便即是行了。發動處有不善，就將這不善的念克倒了，須要徹根徹底，不使那一念不善潛伏在胸中。此是我立言宗旨」。（《傳習錄》頁 302-303）吾人若有不善之念頭，在當下即一念自反，則心誠而無妄，行直而無曲，良知本體即浩然流行之。[98]

最後，陽明以為若吾人能在生活世界中時刻誠自我之意念，實踐吾人之良知本體，則可涵養自我之生命，並進而與天地萬物為一體之境界。[99] 見其在〈拔本塞源論〉講道：

> 夫聖人之心，以天地萬物為一體。視天下之人，無外內遠近。凡有血氣，皆其昆弟赤子之親。莫不欲安全而教養之，以遂其萬物一體之念。天下之人心，其始亦非有異於聖人也。特其間於有我之私，隔於物欲之蔽。大者以小，通者以塞。人各有心，至有視其父子兄弟如仇讎者。聖人有憂之，是以推

---

98 牟先生即補充道：「致良知就是把駕臨乎經驗的善惡念以上之良知之『知』擴充出來而使意念只有善而無惡，即，使意念永是相應心體本性而發，而惡念則在良知之致中消化於無形。如是，意念雖是心之發動而在經驗中，而有『良知之天理』以徹之，則精誠徹怛，是『是』而存是，非『非』而去非，好『善』而行善，惡『惡』而去惡之『良知之用』以徹之，則經驗之流亦無不是天理流行矣，此之謂『誠意』。」參見牟宗三，《宋明儒學的問題與發展》（臺北：聯經出版公司，2009 年 10 月），頁 243。唐先生亦指出：「當下一念之自反自覺，即超凡入聖之路。重此當下一念，本是孔孟之教。而在後來之禪宗即明儒陽明學派以下諸子，更特別喜在當下一念上指點。此真中國哲學之骨髓所在。」參見氏著，《道德自我之建立》，頁 36。

99 關於「與天地萬物為一體」，陳立勝先生曾指出：「只要人真正體認到萬物一體，便自然能見孺子之入井、鳥獸之哀鳴觳觫、草木之摧殘、瓦石之毀壞而發露出怵惕惻隱之心、不忍之心、憫恤之心、顧惜之心，凡此種種仁心之發露皆屬於一體仁心的自然表現。這種『一體原則』讓我們的道德關切超越人類物種的範圍，而延伸到動物界、植物界乃至無機界。」參見陳立勝，《王陽明「萬物一體」論——從「身一體」的立場看》（臺北：臺大出版中心，2005 年 5 月），頁 133。

其天地萬物一體之仁以教天下，使之皆有以克其私、去其蔽，以復其心體之同然。……當是之時，天下之人，熙熙皞皞，皆相視如一家之親。……蓋其心學純明，而有以全其萬物一體之仁，故其精神流貫，志氣通達，而無有乎人己之分，物我之間。……此聖人之學所以至易至簡，易知易從，學易能而才易成者，正以大端惟在復心體之同然。（《傳習錄》頁194-196）

　　陽明主張其倡導之致良知教是要使世人能拔功利之本，塞機巧之源。其以為聖人之所以為聖，乃是其出於其良知本體與天理同，全然無私欲習氣之意。而此良知本體，為吾人皆有之，然吾人卻因私欲習氣而無法依天理而行，故有物我之分，則「惡」即在此產生。是故古代聖賢教吾人要「克其私、去其蔽，以復其心體之同然」，一念自反，由「小人」成就自我為「大人」，重新使誠愛無私之「一體感」能得以體現之。[100]是以陽明言：「若自己病痛未能除得，何以能療得天下之病！此區區一念之誠，……須是克去己私，真能以天地萬物為一體。」（《王陽明全集》頁245）吾人若真能復得良知本體，則定能視人猶己，並進而擴充良知、推己及人、並進而及物潤物，此與天地萬物同體之境界亦是唐君毅先生所言之「天德流行境」。身

---

100 陳來先生即補充道：「在儒家的立場上，正是恢復人心之所同然及由此而來的道德秩序，人類才可能根本免於苦難和眼淚，道德秩序本身並不是終極的目的。」參見陳來，《有無之境：王陽明的哲學精神》（北京：生活‧讀書‧新知三聯書店，2014年2月），頁298。陳志強先生亦指出：「當下的一念，是使人沉淪萬惡的起點；當下的一念，亦正好是驅除萬惡的轉機。此決定聖凡的一念，即可透露出人的絕對自由：……人生的陷溺與超拔，以至人格的高低升降，則從根本而言是人當下可自作主宰者，乃由人之自己是否『用工夫』所決定。」參見氏著，〈一念陷溺──唐君毅與陽明學者「惡」的理論研究〉，頁129。

為儒者之陽明,其肯定吾人先天具有之善性,並以為吾人在生活世界只要擴盡良知,克除自我軀殼所起之私欲習氣,即可使吾人在生活世界中與天理互相融攝,最後達致與萬物同為一體之境界。

綜上所述,陽明所言之「為善去惡」之工夫,即是要吾人澄明由軀殼所起之閒思雜慮,存自我之良知天理之善之真,進而一念自反,去其心中人欲之惡之妄,使其合於良知天理流行,進一步可與天地萬物感通而共存。如此吾人即不會時刻陷溺於私欲之中,進而體現自我之生命意義,使其臻於圓善。

肆、小　結

經由上文筆者之梳理,吾人可知陽明所言之「良知本體」,乃為一「無善無惡」、「至善」之本體,而因吾人有此先天本具之本體,是以人人皆有成聖之依據,聖人與凡人之差異為吾人之軀殼,順此軀殼所起之意,即是「惡」;不順此軀殼所起之意,即是「善」。意念之起處即是陽明致良知教要人下工夫之處,是以陽明在去惡之工夫上要人推致自我之良知、要人「一念改過,當時即得本心。」(《全集》頁 193)則可進而與天地萬物產生一體感。[101]

最後見陽明四十七歲時所撰《南贛鄉約》中言:

> 彼一念而善,即善人矣;毋自恃為良民而不修其身,爾一
> 念而惡,即

---

101 曾昭旭先生即指出:「這個大公至正的良知本心把握住了,才真能在人生中遇到一理便善用一理,遇到一物便提攜一物,終於在『精神四達並流』的公理公欲下和萬物怡然共處。」參見曾昭旭,《性情與文化》(臺北:時報文化出版公司,1988 年 6 月),頁 15。

惡人矣；人之善惡，由於一念之間，爾等慎思吾言，毋
忽！……人孰無善，亦孰無惡；為善雖人不知，積之既久，
自然善積而不可掩；為惡若不知改，積之既久，必至惡積而
不可赦。今有善而為人所彰，固可喜；苟遂以為善而自恃，
將日入於惡矣！有惡而為人所糾，固可愧；苟能悔其惡而自
改，將日進於善矣！然則今日之善者，未可自恃以為善；而
今日之惡者，亦豈遂終於惡哉？凡我同約之人，盍共勉之！
（《全集》頁 665-669）

「為善去惡」是陽明立約之宗旨，深信儒家義理為吾人盡性立
命之根基而自信不惑的陽明，始終深信人性是至善，天地之間並沒
真正之「惡」人，其只是因不修其身所發之「惡念」，因而「一念陷
溺」而為惡。然惡人若能真正地體悟擴盡良知本體「一念自反」，如
此即使再惡之人，亦有向善、甚至超凡入聖之可能。[102]是以陽明言：
「這是我醫人的方子，真是去得人病根，更有大本事人，過了十數
年，亦還用得著。」（《傳習錄》頁 335）若吾人能真實地面對自我
內在本具之良知本體，並對此良知本體做好存天理、去人欲之工夫
並實踐之時時知是知非、即時時無是無非，使自我之良知在臨事之
當下呈現流行，進而通於天地人我萬物，遍潤萬物，周流四方。如
此「惡」即隨著吾人在致良知之過程中消失殆盡，進一步體悟到真
實之樂[103]，吾人即可貞定生而為人之意義價值，生命亦即臻於完善。

---

102 唐先生即指出：「苦惡錯中罪惡與錯誤，都是當下可去的。因為錯誤於被知時
即銷毀，我們即有惡惡之意，惡惡時我們即已在去惡。即此當下去惡一念，等
流下去，惡即可去盡。而使此當下一念等流下去，當下的我，永遠是能做主宰
的。」參見氏著，《道德自我之建立》，頁 132。

103 陽明曾有言：「樂是心之本體。仁人之心，以天地萬物為一體，訴合和暢，厚
無間隔。……良知即是樂之本體。」參見氏撰，《全集》，頁 216。又言：「此

第三節　論王船山「氣」義理中的意義治療

　　吾人生存於此生活世界中，不可避免地一定會有「欲」之需求，然吾人異於禽獸之處，即在於身而為人，不僅僅只有生存需求，而是有著須要體現「意義」之雙重需求。處於明清鼎革之際之儒者王船山以為吾人之惡並非出自於「性情」，而是出自於「吾人與外物相幾之處」。是以吾人要盡一不追問的是，如何在與外物相幾之時，避免自我之生命陷溺呢？船山即以「養氣」為據，開展吾人意義治療之可能。然筆者在此必須特別指出的是，本文之開展不以傅朗克之意義治療學之理論逐一比附於船山之義理。而是直接以船山義理中「氣」之義蘊，對於吾人生命之療癒為核心開展之。如此吾人要進一步追問的是，船山對於「氣」之意義治療之義蘊，是如何開展呢？是以本文之開展，從「什麼是船山以前之宋明儒者們之『氣論』」開始論述；接著說明「船山所論之氣與傅朗克（Viktor E. Frankl）意義治療之會通，在於『吾人有其使命使自我之生命意義臻於圓滿』」；最後闡述船山義理中，「如何體現『氣』」。希冀將雋永之船山義理體貼於吾人所處之生活世界中，並踐履當代儒學之使命，吾人能透過船山之義理為據，對於修養工夫之方法與歷程之引導能建構出一套身心安頓之法。治療受虛妄與異化之苦痛之吾人，並進一步做到挺立自我，使吾人獲得「意義治療」，進而使自我身心一如，恢復真實無妄

心安處是樂也。」參見氏著，《傳習錄》，頁 343。

之人生。[104]以下即依上述架構，逐步展開討論。

壹、宋明儒者「氣」之義蘊

一、宋代儒者論「氣」之義蘊

北宋時期之周濂溪以《周易》作為其義理之根據，並在其《太極圖說》中以「乾元乾道」創生天地萬物，開展出其義理之體系，見其言：

> 無極而太極。太極動而生陽，動極而靜，靜而生陰。靜極復動。一動一靜，互為其根；分陰分陽，兩儀立焉。陽變陰合，……五行一陰陽也，陰陽一太極也，太極本無極也。五行之生也，各一其性。無極之真，二五之精，妙合而凝。……二氣交感，化生萬物。萬物生生，而變化無窮焉。[105]

濂溪即說道所謂之「太極」即為形上之真實無妄之至善實體，而「無極」則為此實體之無形無限之開展。[106]此真實無妄之

---

104 唐君毅先生即補充道：「我們都是人。但我們大都皆非真實存在的人。人並非一經存在，即以為一真實的存在。人之存在中，實夾雜無數虛妄或虛幻的成份。人要成為一真實的存在，須經過一真實化之歷程。」參見唐君毅，《人生之體驗續編》（臺北：臺灣學生書局，1996 年 3 月），頁 113。

105 參見董金裕，《周濂溪集今註今譯》（臺北：臺灣商務印書館股份有限公司股份有限公司，2011 年 8 月），頁 2。

106 吾人可在《通書》中，見濂溪稱此「實體」為「乾元乾道」，見其言：「誠者，聖人之本。「大哉乾元，萬物資始」，誠之源也。「乾道變化，各正性命」，誠斯立焉。純粹至善者也。故曰：「一陰一陽之謂道，繼之者善也，成之者性也。」元、亨，誠之通；利、貞，誠之復。大哉易也，性命之源乎！」參見氏著，《周濂溪集》，頁 7。關於「無極而太極」，歷來學者抱持不同觀點。張立文先生即說道：「『無極』為『無』。在『太極』之先；『太極』為『有』，

太極實體，一實萬分化成陰陽二氣；陰陽二氣交感化生五行之氣，進而創生天地萬物。[107]天道之流行乃是生生之無窮變化，並非為恆常不變。是以就濂溪之義理而言，「太極」乃為第一義，「陰陽二氣」則落為第二義。[108]

相對於濂溪之義理，同時期之張橫渠則以「氣」作為其義理之基石，進而發展出一套嶄新之儒家義理[109]，見其言：

是『無極』的化生者。……這種『從無生有』的宇宙化生論，是把『無』看成超越的虛無概念。」參見張立文，《宋明理學研究》（北京：中國人民大學出版社，2016 年 3 月），頁 107。陳來先生亦補充道：「周敦頤把太極元氣作為自然現象無限多樣性的統一基礎，所以他的宇宙論是一種氣一元論。」參見陳來，《宋明理學》（臺北：允晨文化，2010 年 2 月），頁 65。然牟宗三先生即指出：「其實義毋寧是本體論的妙用義，而不是直線的宇宙論的演生義。即或有宇宙論的演生義，亦應統攝於本體論的妙用中而體會之。」參見牟宗三，《心體與性體》第一冊（新北：正中書局，2010 年 12 月），頁 362。楊祖漢先生亦補充道：「太極決是一形上的道體。此道體不是一般有形象可見的物，所以周子用『無極』說明之，……因此『無極而太極』句不可解釋為從無極而生出太極來，即不可將無極看作是太極的上一層的存有。」參見王邦雄、岑溢成、楊祖漢、高柏園著，《中國哲學史》（臺北：里仁書局，2013 年 3 月），頁 460。濂溪以「誠」為其天道之義蘊，將其視為天地萬物創生之根源，而誠體之流行終始，使天地萬物各自生長，一切事物皆由誠而成始成終，是以誠為即活動即存有之本體，此即為天道之誠真實無妄之流行過程。

107 見濂溪言：「二氣五行，化生萬物。五殊二實，二本則一。是萬為一，一實萬分。萬一各正，小大有定。」參見氏著，《周濂溪集》，頁 28。關於「二氣交感」，劉滄龍先生即補充道：「陰陽二氣是易的兩體，兩者雖然異質而相對，但能交相感應以生成萬物。在氣的交感思維中，個體雖然都獨特相異，但是並不封限在自己生命的內部，而是願意讓自己與他者構成內在交感相通的共在關係，這不是互相限定的決定性關係，而是在開放的感通中一方面有所限制，另一方面則在互為內在他者的關係中成為自己。」參見劉滄龍，《氣的跨文化思考——王船山氣學與尼采哲學的對話》（臺北：五南圖書出版股份有限公司，2016 年 8 月），頁 8。

108 唐君毅先生即補充道：「在濂溪之明文中，于氣只連陰陽說；……故凡以此『氣』、……等觀念，……皆第二義以下之說。在第一義上說，濂溪之用乾元、乾道、太極之名，表形上之真。」參見唐君毅，《中國哲學原論‧原教篇》（臺北：臺灣學生書局，2004 年 10 月），頁 56。

109 韋政通先生即指出：「北宋儒者的思想，……真能登堂入室並發展出一個新系統的，就是張載。」參見韋政通，《中國思想史》下冊（臺北：大林出版社，1980 年 4 月），頁 1079-1080。

> 太虛無形，氣之本體。其聚其散，變化之客形爾。……太
> 虛不能無氣，氣不能不聚而為萬物，萬物不能不散而為太
> 虛。[110]

　　橫渠即說道所謂「太虛」，即為「氣之本體」也[111]，然吾人無法在此生活世界中藉由感官而見太虛，並非說其為空無一物，是以仍為實有。只是吾人只能藉由氣之流行凝聚即為而見有形之天地萬物；氣之流行分散即回復成太虛無形。是以橫渠言：「氣之聚散於太虛，猶冰凝釋於水；知太虛即氣，則無無。」（《張子全書》頁2）橫渠以為氣之流動如「絪縕」、「野馬」般，其中內涵浮沉、升降、動靜、相感之性；浮而上者為陽，降而下者則為陰。陰陽動靜相感、或相推盪、各有勝負、互為屈伸，為「太和」。[112]太虛與萬

---

110 參見北宋·張載著，林樂昌編校，《張子全書》（西安：西北大學出版社，2014年12月），頁1。

111 歷來學者對於此皆有其獨到之觀點。如陳來先生即指出：「虛與氣是與統一的。萬物與氣之間是一種同樣的聚散關係。因而，宇宙並不存在什麼真正的虛空或虛無。有形有象的物質形式可以為人直接感知，這是有；氣散歸為太虛，人無法看到它，但這並不是真正的無。所以宇宙是一個無限的實在，……在他看來，傳統所謂有與無，都是氣。……從哲學上看，張載的自然哲學無疑是氣一元論的哲學。」參見氏著，《宋明理學》，頁75。然楊祖漢先生即指出：「〈西銘〉所說：『天地之塞，吾其體；天地之帥，吾其性。』，可知他是以率領天地之氣化之道為人之性，而性體所發者是道德命令，道德命令是無條件的命令，是不會考慮生理欲望、心理情緒之要求，而只問是否合理者，若是則性體決不能是氣。因若性體是氣，則依性體而行只是依氣，又如何能超越、客浮生理欲望等氣性之要求？……故性體不能是氣。」參見氏等著，《中國哲學史》，頁467。

112 見張載言：「太和所謂道，中涵浮沉、升降、動靜相感之性，是生絪縕、相盪、勝負、屈伸之始。……不如野馬、絪縕，不足謂之太和。」又言：「升降飛揚，未嘗止息，《易》所謂『絪縕』，莊生所謂『生物以息相吹』、『野馬』者歟！此虛實、動靜之機，陰陽剛柔之始。浮而上者陽之清。降而下者陰之濁。」參

物皆是此氣在永恆循環之運行不息之過程中之不同狀態之表現。[113]
換言之，就橫渠之義理而言，太虛實即為太和之道體，然在與氣相
對時而言之，太虛即為形而上；而氣則為形而下。又太虛與氣乃是
不即不離，是以太虛與氣之關係為上而下、下而上不可分也。[114]

　　復次，見橫渠在《正蒙・太和》中論述「氣」與「理」之關
係：

> 天地之氣，雖聚散、攻取百塗，然其為理也順而不妄。……
> 氣之為物，散入無形，適得吾體；聚為有象，不失吾常。太
> 虛不能無氣，氣不能不聚而為萬物，萬物不能不散而為太
> 虛。循是出入，是皆不得已而然也。然則聖人盡道其閒，兼
> 體而不累者，存神其至矣。（《張子全書》頁1）

　　橫渠即說道吾人所處之生活世界中之一切萬物之存在皆具
有其意義價值，以彰顯太虛之氣或攻或取之無限創造之可能。然

見氏著，林樂昌編校，《張子全書》，頁1、2。張載在此指出所謂「絪縕」
與「野馬」即是太和之氣體，流行變化、感通聚結而形成萬事萬物。唐君毅先
生所補充道：「當說其氣只是一流行的存在或存在的流行，……此氣乃一無色
彩之純粹存在、純粹流行，……說其即是虛，則是自其可顯可隱、可感可寂、
可動可靜而說。其隱、寂、靜，即實而虛；而顯、感、動，即虛而實。前者為
一流行存在之創生創始，後者為其終成。」參見氏著，《中國哲學原論・原教
篇》，頁93。

113 見張載言：「所謂氣也者，非待其蒸鬱凝聚，接於目而後知之。苟健、順、動、
止、浩然、湛然之得言，皆可名之象爾。然則象若非氣，指何為象？」又言：
「凡可狀，皆有也；凡有，皆象也；凡象，皆氣也。」參見氏著，林樂昌編校，
《張子全書》，頁9、53。

114 牟宗三先生即補充道：「太和是綜持說之詞，……太虛是由分解而立者，一方
即與氣對立，一方又定住太和之所以為和，道之所以為創生之真幾。……氣變
雖有客形，而清通之神與虛空則遍而一，乃其常體。」參見氏著，《心體與性
體》第一冊，頁443-444。

雖有不同之可能，天地萬物之創生皆遵循一定順而無妄之規律。[115]
而天地萬物在氣散滅後回歸於恆常之太虛本體中，天地萬物之存
在即因氣之聚散流行而有變化。而聖人參合不偏不滯、窮神知化
進而體貼道體，與天地之德同流行。[116]

二、明代儒者論「氣」之義蘊

明儒羅整菴即一如宋儒張橫渠之義理，以「氣」作為其義理
之根據，並進而提出「理氣為一物」說[117]，首先即見其言：

> 理只是氣之理，當於氣之轉折處觀之。往而來，來而往，便
> 是轉折處也。夫往而不能不來，來而不能不往，有莫知其所

---

115 見張載言：「生有先後，所以為天序；小大、高下相並而形焉，是為天秩。天之生物也有序，物之既形也有秩。」參見氏著，林樂昌編校，《張子全書》，頁 12。

116 見張載言：「神，天德；化，天道。德，其體；道，其用，一於氣而已。」又言：「氣之性本虛而神，則神與性乃氣所固有。」同前注，頁 9、54。張載所言之「神」與「化」，皆是就氣之存在之流行而言。楊祖漢先生即補充道：「道是超越的實有，是使氣化流行成為可能的本體，並不是氣化流行，但道並不離開氣化流行，道的作用，便是使氣化活動成為可能者，故在氣化之活動處，便可見到道的作用。……充塞於天地間的氣化流行，都是道。」參見氏等著，《中國哲學史》，頁 467-468。

117 其「理氣一物說」主要是為修正朱熹將「性」詮釋為天地之性與氣質之性；將「理」詮釋為形而上，將「氣」詮釋為形而下，導致「理氣為二物」。是以整菴言：「一性而兩名，且以氣質與天命對言，語終未瑩。朱子尤恐人之視為二物也，乃曰『氣質之性，即太極全體墮在氣質之中。』夫既以墮言，理氣不容無罅縫矣。惟以理一分殊蔽之，自無往而不通。」又言：「僕從來認理氣為一物。」參見明・羅欽順著，閻韜點校，《困知記》（北京：中華書局出版，1990 年 8 月），頁 7-8、151。曾春海先生即補充道：「理氣不離不雜，易被其形上形下的二分法所誤讀誤解。羅欽順採『渾然』的表述法只是強調實存的具體存在世界中，理氣相涵攝而不離之本意。」參見曾春海，《中國哲學史綱》（臺北：五南圖書出版股份有限公司，2012 年 8 月），頁 625。整菴以天地萬物生成之觀點，詮釋理氣之問題，理與氣並非為兩個實體，是以即非為二元之對待。

以然而然，若有一物主宰乎其間而使之然者，此理之所以名
也。「易有太極」，此之謂也。若於轉折處看得分明，自然
頭頭皆合。……愚故嘗曰：「理須就氣上認取，然認氣為理
便不是。」此言殆不可易哉！（《困知記》頁 68）

　　整菴即說道所謂之「理」，並非為形而上之實體；而是氣之
流行變化時所呈現之條理。理與氣之間並非完全相同，是以整菴
言：「理須就氣上認取，然認氣為理便不是。此處間不容髮，最
為難言，要在人善觀而默識之。『只就氣認理』與『認氣為理』，
兩言明有分別，若於此看不透，多說亦無用也。」（《困知記》
頁 32）吾人只能在生活世界中「就氣認理」，即在氣之流動之往
來屈伸之處見理之存在。天地之間，無非一氣，並非別有一物
也。[118]

　　復次，見其言：

嘗竊以為，氣之聚便是聚之理，氣之散便是散之理，惟其有
聚有散，是乃所謂理也。推之造化之消長，事物之終始，莫
不皆然。（《困知記》頁 38）

　　引文中整菴即說道氣之聚散而創生天地萬物，故聚散只是一
氣之不同形態，然其本質仍為一氣。是以氣一則理一，氣萬則理

118　「蓋通天地，亙古今，無非一氣而已。氣本一也，而一動一靜，一往一來，一
　　　闔一闢，一升一降，循環無已。積微而著，由著複微，為四時之溫涼寒暑，為
　　　萬物之生長收藏，為斯民之日用彝倫，為人事之成敗得失。千條萬緒，紛紜膠
　　　轕而卒不可亂，有莫知其所以然而然，是即所謂理也。初非別有一物，依於氣
　　　而立，附於氣以行也。」參見氏著，閻韜點校，《困知記》，頁 4-5。

萬，存在於吾人之生活世界中之理有著種種曲折相。[119]而聚散之「理」並非為形而上永恆不變之本體；而是作為一氣之流行時之條理。整菴之理氣一物之義蘊即以為理並非空無一物，離氣而獨存，理即在氣化流行後獲得呈現。

與整菴同時期之王廷相，亦以「氣」作為其義理之基石。[120]首先即見其言：

> 太極之說，……推極造化之源，不可名言，故曰太極。求其實，即天地未判之前，大始混沌清虛混沌判之之氣是也。虛不離氣，氣不離虛，氣載於理，理出於氣，一貫而不可離絕言之者也。故有元氣，即有元道。（《王廷相集》頁596）

廷相即說道天地萬物皆是由元氣[121]之聚散所創生，而除了元

---

119 見整菴言：「若論一，則不徒理一，而氣亦一也。若論萬，則不徒氣萬，而理亦萬也。」又言：「窮理譬則觀山，山體自定，觀者移步，其形便不同。故自四方觀之，便是四般面目，自四隅觀之，又各是一般面目。面目雖種種各別，其實只是此一山。山之本體，則理一之譬也，種種面目，則分殊之譬也。在人所觀之處，便是日用間應接之實地也。」同上注，頁43、68。

120 見廷相言：「天內外皆氣，地中亦氣，物虛實皆氣，通極上下造化之實體也。」參見明·王廷相著；王孝魚點校，《王廷相集》（北京：中華書局，2009年2月），頁753。

121 見廷相言：「道體不可言無，生有有無。天地未判，元氣渾涵，清虛無間，造化之元機也。有虛即有氣，虛不離氣，氣不離虛，無所始，無所終之妙也。不可知其所至，故曰太極；不可以為象，故曰太虛，非曰陰陽之外有極有虛也。二氣感化，羣象顯設，天地萬物所由以生也，非實體乎？」又言：「氣也者，道之體也；道也者，氣之具也。」同上注，頁751、809。劉又銘先生即補充道：「宇宙本體（元氣）暨人性實體（血氣、心氣）的作用與運行都只是生機流行、整全渾然的『自然』（但又不是道家意義下的『自然』），然而在這渾然流行的自然軌跡當中卻又蘊含著『必然』的律則等著人們去發現去遵行……做為本原、本體的氣，應該是一種價值蘊藏在混沌生機中的自然主義意味的元氣，也就是混沌、素樸但是潛在、蘊含著價值而可以自行地、逐步地興發開展

氣之外，絕無任何形而上之實體；是以廷相言：「萬理皆出於氣，無懸空獨立之理。造化自有入無，自無為有，此氣常在，未嘗漸滅。」（《王廷相集》頁596）除了吾人所處之生活世界之外，即無有其他事物之存在。據以此進一步而言之，「太極」、「道」、「理」、「性」等形而上之概念無法離氣而獨存，這些概念如果為真實無妄之存在，是必理只能依附著氣而言之。是以其以為氣化之凝聚而有天地萬物，氣化之彌散則變回混沌清虛之原始狀態，氣始終只是變化流行而改變其形態，然並不會有所增減。[122]

復次，見其言：

> 天地之間，一氣生生，而常而變，萬有不齊。故氣一則理一，氣萬則理萬。世儒專言理一而疑理萬，偏矣。天有天之理，地有地之理，人有人之理，物有物之理，幽有幽之理，明有明之理，各各差別。統而言之，皆氣之化，大德敦厚，本始一源也；分而言之，氣有百昌，小德川流，各正性命也。（《王廷相集》頁848）

廷相即說道天地萬物皆為元氣之所創生，而由於氣化流行之具體過程中，即創生眾多不同形體與不同意義價值之萬物，萬物

的自然元氣（但又不是道家和西方自然主義意義下的自然元氣）。……自然氣本論的本體就宇宙本體來說是一種綜合了道德理性與非道德理性成份的本體。」參見劉又銘，〈宋明清氣本論研究的若干問題〉收入於楊儒賓、祝平次編，《儒學的氣論與工夫論》（臺北：國立臺灣大學出版中心，2012 年 5 月），頁 208-209。在廷相之義理而言，「元氣」即為流行之「道體」。而「太極」就其創造天地萬物方面而言之；「太虛」則為形容其無形體而言之。

122 見廷相言：「氣有聚散，無滅息。雨水之始，氣化也，得火之炎，復蒸而為氣。草木之生，氣結也，得火之灼，復化而為煙，以形觀之，若有有無之分矣，而氣之出入太虛者，初未嘗滅也。」同上注，頁 753。

雖都為氣之流行所構成，然萬物之間（天、地、人、物、幽、明）皆有其自己之形軀條理與意義價值。是以氣之流行變化為萬殊，而理作為氣之條理。萬殊之氣，其必然有著萬殊之理也。

　　綜上所論，即為宋明儒者論「氣」之義蘊，吾人可見自宋代開始便有儒者建立「氣本論」之義蘊。而至明代後更獲得開展。與同時代程朱、陸王之心性論有著不同之獨立價值與積極意義。

貳、王船山「氣」之義蘊與「意義治療」之交會與體現

　　上文筆者闡述了宋明儒者對於「氣」之義蘊之討論。本節筆者將進一步論述船山之「氣」與傅朗克之意義治療會通處為何。如是，吾人要進一步追問的是，船山之「氣」與傅朗克之意義治療會通之處為何呢？原來船山之義理與意義治療會通之處在於「吾人有其使命使自我之生命意義落實於此生活世界中，並臻於圓滿」。[123]是以吾人要進一步追問的是，在船山義理中，「氣」

123　傅朗克即說道：「意義治療認為人最在乎的是圓滿生命的意義，不僅只想滿足慾望及本能而感到滿足與喜悅，不僅想調解本我、自我與超我需求的衝突，也不僅是對社會、環境的適應與調整。」又言：「人不該追求抽象的生命意義，每個人都有自己明確的天職或人生使命，各自得要執行、實現的具體任務。那時的他不可取代，他的人生也沒有人能重複。因此，每個人的任務，都像執行任務的特定機會那般獨一無二。……人人都被生命質疑，唯有為自己的人生作答，才能回答生命的問題；負責任是他回應生命的唯一方式。因此，意義治療將負責任的態度是為人類存在的本質。……我之所以主張人類必須為生命負責，且必須實現生命的潛在意義，是想要強調，生命真正的意義要在這世上尋找，而非從個人或精神層面尋找，這不是個封閉系統。我稱這基本的特性為『人類存在的自我超越』。強調一個人的生命意義，意味著奉獻自己，成就自我之外的人或事，不管是待圓滿的意義，或遇見他人。人愈是忘記自己，為理想或愛他人而奉獻自己，便愈加有人性，也愈能實踐自我。」參見 Viktor E. Frankl，The Doctor and the Soul: From Psychotherapy to Logotherapy(New York: Vintage Books，1986 年 9 月)，頁 74-75。中文譯本請參見 Viktor E. Frankl 著，李雪媛、

具有何種義蘊呢？首先即見船山在《張子正蒙》中，詳細地詮釋
「天道、氣與吾人之心性」之義蘊：

> 名者，言道者分析而名；言之各有所指，故一理而多為之
> 名，其實一也。太虛即氣，絪縕之本體，陰陽合於太和，
> 雖其實氣也，而未可名之為氣；其升降飛揚，莫之為而為
> 萬物之資始者，於此言之則謂之天。氣化者，氣之化也。
> 陰陽具於太虛絪縕之中，其一陰一陽，或動或靜，相與摩
> 盪，乘其時位以著其功能，……各自成其條理而不妄，……
> 而知之必明，處之必當，皆循此以為當然之則，於此言之
> 則謂之道。……下言性心，則專言人矣。太虛者，陰陽之
> 藏，健順之德存焉；氣化者，一陰一陽，動靜之幾，品匯
> 之節具焉。秉太虛和氣健順相涵之實，而合五行之秀以成
> 乎人之秉彝，此人之所以有性也。原於天而順乎道，凝於
> 形氣，而五常百行之理無不可知，無不可能，於此言之則
> 謂之性。人之有性，函之於心而感物以通，象著而數陳，

柯乃瑜、呂以榮合譯，《向生命說 yes!》（臺北：啟示出版，2009 年 6 月），
頁 161、166-168。傅偉勳先生即指出：「傅氏的意義意志類似孟子在人性的高
層次肯定超自然本能的本然善性，而他『人生乃是一種任務』的實存意義觀，
亦會通著孔孟以來儒家所體認的正命或天命，亦即『人生是天賦善性所不得不
弘顯的道德使命』。」又言：「意義治療不啻是一種精神療法，它毋寧是人人
可以應用的自我分析方法，幫助我們培養適當可行的現代生活智慧，建立健全
的人生態度。而中國傳統的哲學智慧，經過適當的現代化，也可以當作一種廣
義的意義治療，供給任何常人自我分析的精神食糧。」參見傅偉勳，《批判的
繼承與創造的發展》（臺北：東大圖書股份有限公司，1986 年 6 月），頁 175、
186。傅朗克體認到人心理病痛之緣由來自於意義的失落，進而變成存在的挫
折。是以治癒之道，唯有透過對苦難之正視與愛的實踐，進而重新獲得存在之
意義感。就此點而言，實可與儒家義理中一貫關懷之生命道德意義，引導吾人
生命上達，暢通生命之鬱結展開會通。

名立而義起，習其故而心喻之，形也，神也，物也，三相
遇而知覺乃發。故由性生知，以知知性，交涵於聚而有間
之中，統於一心，由此言之則謂之心。[124]

　　船山首先即說道所謂之「天」即為「氣」也，氣乃為本體之
「實」。此實存靜態之「渾然一氣」，乃為諸多名言之一。蓋氣
體流行分化為陰陽二氣之後，此陰陽二氣交感變化即為道、為理
也。依船山之見，若「理」離了「氣」而言之，即無法體現其真
義，理作為主持分劑以調節氣，於是氣中必有理，理氣合兩端合
於一。是以船山言：「天者，理而已矣，得理則得天矣。」[125]又
言：「蓋言心言性，言天言理，俱必在氣上說，若無氣處則俱無
也。」（《讀四書大全說》頁 718）船山所言之「氣」乃是具備
「理」於其中，理氣合一，要先有氣，始有流行變化（氣化），
是故船山以為「理」不是由「天」出，此本體在尚未氣化流行時
只可曰「天」或「太極」；具體流行於吾人之生活世界中，則可
曰「氣」或「誠」。而天理亦必經由氣之流行，而後起理之名，
氣之化而有吾人，有吾人而有善性。是以船山言：「天下豈別有
所謂理，氣得其理之謂理也。氣原是有理底，盡天地之閒無不是
氣，即無不是理也。」船山將「氣」作為其根源義，而「理」則
為第二義。由此可見船山將「天」、「氣」、「誠」三名實為一。

---

124 參見清・王夫之著，《張子正蒙注》（北京：中華書局，2011 年 12 月），頁
　　17-18。
125 參見清・王夫之撰，李一忻點校，《周易內傳》（北京：九州出版社，2010
　　年 1 月），頁 279。蔡家和先生即補充道：「船山認為以天為理（程子的天理
　　之說）亦無不可，然此天理，不可離於氣。……然若言天時，不是以氣來理解
　　天，則這時便不可說天同等於理，因為天本於氣。」參見蔡家和，《王船山《讀
　　孟子大全說》研究》（臺北：臺灣學生書局，2013 年 9 月），頁 155。

其即氣言體，有體有用[126]，氣實有常在，乃為周流貫通之動態歷程，據以此開展出動而無息、真實無妄且至善之天道觀。此真實無妄之天之本體理氣合一，即體即用、即氣即化，一切氣之推移變化以及推移變化所形成之條理（健順、剛柔、中正、仁義），皆是由此本體所開顯之大化之流行。

復次，船山接著以「氣」詮釋吾人心性之問題，其以為陰陽二氣之絪縕運行依循著天道之誠[127]，乾之剛健與坤之柔順之性質即獲得彰顯。而「健順」相涵之發用流行，皆是萬理皆備之性之

---

126 見船山言：「當其有體，用已現；及其用之，無非體。蓋用者用其體，而即以此體為用也。故曰：『天地絪縕，萬物化生』，天地之絪縕，而萬物之化生即於此也。」參見氏著，《讀四書大全說》，頁503。曾昭旭先生即指出：「船山的整個思路都傾向於從存在去說的。所以於體，他不是即心言體（心體、如王陽明）、即理言體（理體，如朱子），而是即氣言體，也就是即實存言體。當然他的氣不是純指物質，其中更包涵了良心、天理，而為形上形下一體凝合的存在。同樣，他說性也是如此。他別解張載的氣質之性為『在氣質中之性』，即與氣質凝合為一而表現之性。這便將孟子即心而言的超越至善之性落實下來，成為存在之性。」參見曾昭旭，《道德與道德實踐》（臺北：漢光文化，1989年8月），頁72。

127 關於「誠」，見船山言：「夫誠者實有者也，前有所始、後有所終也。實有者，天下之公有也，有目所共見，有耳所共聞也。」又言：「誠也者實也，實有之固有之也。無有弗然，而非他有耀也。猶夫水之固潤固下，火之固炎固上也。無所待而然，無不然者以相雜，盡其所可致，而莫之能禦也。」參見清‧王夫之著，王孝魚點校，《尚書引義》（北京：中華書局，2011年12月），頁60、100。又言：「誠者，無對之詞也。……誠不誠之分者，一實有之，一實無之；一實全之，一實欠之。了解此有無、全欠之在天下，固不容有欺而當戒者矣。……乃無有不偽，而必有其誠。則誠者非但無偽之謂。……說到一箇『誠』字，是極頂字，更無一字可以代釋，更無一語可以反形，盡天下之善而皆有之謂也，通吾身、心、意、知而無不一於善之謂也。若但無偽，正未可以言誠。」又言：「若夫天，則《中庸》固曰『誠者，天之道也』。誠者，合內外，包五德，渾然陰陽之實撰，固不自其一陰一陽、一之二之之化言矣。誠則能化，化理而誠天。天固為理之自出，不可正名之為理矣，故《中庸》之言誠也曰一，合同以啟變化，而無條理之可循矣。」船山在此以水與火之客觀性質為例，論述水之「潤下」與火之「炎上」之性質，在船山看來，客觀存在者即是實有、即是「誠」。即為陰陽之實。參見氏著，《讀四書大全說》，頁604-605、720、666。

發用也。[128]而船山所認為之「心」，乃為「合載知能之道心」與「知覺運動之人心」[129]，然道心人心非二，乃為統體一貫之性情而各就一端以立名。如此吾人即透過真誠之道德實踐工夫，引導自我之生命得以上達，此即為意義治療之充盡開展。然吾人要進一步追問的是，究竟在船山義理中，吾人要如何實踐工夫挺立自我、本末貫一，進而避免自我生命陷溺之可能呢？即「持志」與「養氣知言」進而「集義」。首先即見其言：

> 若吾心之虛靈不昧以有所發而善於所往者，志也，固性之所自含也。乃吾身之流動充滿以應物而貞勝者，氣也，亦何莫非天地之正氣而為吾性之變焉合焉者乎？……虛靈之宰，具夫眾理，而理者原以理夫氣者也，理治夫氣，為氣之條理。則理以治氣，而固託乎氣以有其理。是故舍氣以言理，而不得理。則君子之有志，固以取向於理，而志之

---

128 船山言：「秉太虛和氣健順相涵之實，而合五行之秀以成乎人之秉彝，此人之所以有性也。原於天而順乎道，凝於形氣，而五常百行之理無不可知，無不可能，於此言之則謂之性。人之有性，函之於心而感物以通，……順而言之，則惟天有道，以道成性，性發知道；逆而推之，則以心盡性，以性合道，以道事天。惟其理本一原，故人心即天；而盡心知性……聖學所以天人合一。」又言：「健順，性也。」參見氏著，《張子正蒙注》，頁17-18、328。

129 關於「心」，船山曾言：「專是人心，專是知覺運動之心，固為性所居，而離性亦有其體，性在則謂之『道心』，性離則謂之『人心』。性在而非遺其知覺運動之靈，故養大則必不失小；性離則略知覺運動之持權，故養小而失大。知覺運動之心，與耳目相關生，而樂寄之耳目以得所藉。其主此心而為道心者，則即耳目而不喪其體，離耳目而亦固有其體也。故言心者，不可不知所擇也。」參見氏著，《讀四書大全說》，頁695。船山主張「情便是人心，性便是道心」（《讀四書大全說》頁674）唐君毅先生曾指出：「船山之言心，取橫渠心統性情之說，以氣載天理，而為心；……謂理之具於心，為心所知所行，而呈其用于心；故心之如何如何之行，皆必循理，皆所以著理。故曰性為體，心為用也。體用不可二，故心性不可二。」參見氏著，《中國哲學原論·原教篇》，頁564-565。

所往，欲成其始終條理之大用，則舍氣言志，志亦無所得
而無所成矣。（《讀四書大全說》頁 531-532）

　　船山即說道吾人之心若定貞定於道者即為志，是以志即為天
道之體現，志常為吾人心之所存，即能成為吾人之道德主宰。是
以船山言：「惟夫志，則有所感而意發，其志固在，無所感而意
不發，其志亦未嘗不在，而隱然有一欲為可為之體，於不睹不聞
之中。」又言：「志是大綱趣向底主宰。」（《讀四書大全說》
頁 8-9、534）而氣乃是充塞於天地之間，吾人心中具有以氣為本
體所流行之天理，如此志即無法離開氣而言之。是以若吾人能在
每一個與外物相幾之當下，貞定自我之志，則今後之心思，即受
自我當下之志為主宰，進而貞定今後以避免自我生命陷溺之可能。
　　從貞定自我之生命為基石，進而言養氣，船山以為吾人能透
過養氣貞定自我之志，進而知理行理，是以船山開展孟子所言之
「養氣」之義蘊，見其言：

　　孟子喫緊工夫在氣上。《集註》云「一身之氣」，意與下
　　言塞兩閒之氣分大小。然後云「氣，體之充也」，則塞乎
　　兩閒者，又安在非一身之氣耶？氣是箇不恐懼的本領，……
　　特其所以守之者有約不約之分耳。內裏有箇義作骨子，（義
　　即縮也，故曰「義以直內」。）以聽氣之自生，則守之功
　　約，而其用大。（《讀四書大全說》頁 528-529）

　　船山即說道所謂之充體之氣，即是以「義」[130]作為吾人面臨

---

130 關於「義」，見船山言：「此『義』字，大段在生死、行藏、進退、取舍上說，
　　孟子以羞惡之心言義是也。」參見氏著，《讀四書大全說》，頁 538。

艱困之事時，自我道德實踐之主宰。而船山所謂之「養」氣，並非為馴服調息、靜中養氣之意[131]，而是以「義」為核心，日漸培養自我之氣而成至大至剛之浩然之氣，使其壯大流行、無所畏懼，進而充塞於天地之間，是以船山言：「塞乎天地，須窮時索與他窮，須困時索與他困，乃至須死時亦索與他死，方得培壅此羞惡之心，與氣配而成其浩然，……無不從羞惡之心上打過，乃以長養此氣而成其浩然。」（《讀四書大全說》頁542）是以吾人成己成物、使物我和暢而為一體之關鍵旨在於吾人之羞惡之心能於每個困境之當下，以浩然之氣貞定直貫，進而療癒自我之身心，使自我身心一如。

復次，除了以培養培養吾人內在自我之浩然之氣外，船山亦重外在「知言」之工夫，見其言：

> 今且看知言是如何用功，養氣是如何用功。若人將集義事且置下不料理，且一味求為知言之學，有不流而為小人儒者哉？知言是孟子極頂處，唯灼然見義於內而精義入神，方得知言。苟不集義，如何見得義在內？既不灼然精義之在吾心，而以求知天下是非得失之論，非屑屑然但從事於記誦詞章，則逆詐、億不信，為揣摩鉤距之術而已矣。（《讀四書大全說》頁527）

---

131 見船山言：「孟子說養氣，元不曾說調息遣魔，又不曾說降伏者氣，教他純純善善，不與人爭鬧，露圭角。乃以當大任而無恐懼者，其功只在集義。」又言：「諸儒之失，在錯看一『養』字，將作馴服調御說，故其下流遂有如黃四如伏火之誕者。孟子之所謂養，乃長養之謂也。……此言養氣，只是以義生發此不餒不懾之氣，盛大流行，塞乎天地之間而無所屈。」又言：「後人不察，夾雜佛老，遂有靜養氣之說，極為害事。聖賢靜而存養，乃存養此仁義之心於靜中，雖靜不息。」同上注，頁541、544-545。

「精義入神」語出《周易·繫辭下傳》。[132]引文中船山即說道若吾人只求記誦文章之工夫，此並非為「知言」之義蘊、亦非為真儒者之體現。其以為知言即是知天下是非得失之言論，即是吾人日用人倫、灑掃應對進退之本。是以船山主張知言必須以吾人之「義」作為主宰，養氣與知言交相並進，互為內外，兩端合而為一致。如此方可體現聖人之境，進而與天理同流行。[133]

最後，船山以「集義」之工夫將「持志」、「養氣」、「知言」等工夫收攝歸一。見其言：

> 義，日生者也。日生，則一事之義，止了一事之用；必須積集，而後所行之無非義。氣亦日生者也，一段氣止擔當得一事，無以繼之則又餒。集義以養之，則義日充，而氣因以無衰王之間隙，然後成其浩然者以無往而不浩然也。……大要須知：道是志上事，義是氣上事。……孟子尊氣以盡心，故集義以擴充其志之所持。（《讀四書大全

132 「尺蠖之屈，以求信也。龍蛇之蟄，以存身也。精義入神，以致用也。利用安身，以崇德也。過此以往，未之或知也。窮神知化，德之盛也。」參見氏撰，李一忻點校，《周易內傳》，頁 320-321。

133 見船山言：「知言至處，是『大而化之』之境；養氣至處，只得『充實而有光輝』。若以為學之序言之，養氣以徙義為初功，知言以窮理為始事，內外、主輔雖並進，而自有別。此與大學格、致、誠、正之序同。知不至，固意不能皆誠，然抑非待物之盡格，知之已至，而後始有事於誠正也。故曰『壹是皆以脩身為本』。後其內而先其外，豈知本之學哉！」又言：「養氣者，夷、尹、孔子之所同也；知言者，孔子之所以異也；學孔子者，知言而以養其氣也。」參見氏著，《讀四書大全說》，頁 527-528、546。蔡家和先生即補充道：「孟子談知言處，最後舉孔子聖人以明之，故是大而化之；而養氣乃至大之氣，大而未化，故只有大的層次。」參見氏著，《王船山《讀孟子大全說》研究》，頁 243。

說》頁 538）

　　船山即說道「義」與「氣」必須互相配合、日生日集[134]，如此方可在每個面對困境之當下，挺立自我之心，積養浩然之氣，以合乎天道之理。[135]而與義相配而生之浩然之氣，自然亦是針對每一個不同之困境所發，是以吾人若能集義而養氣，使此浩然之氣日漸茁壯而不餒並貞定自我之志，如此即能在每個當下一念自反、豁然貫通，無往而不浩然，真實體現合內外之真實無妄、全體大用之天道。[136]

---

134 見船山言：「義惟在吾心之內，氣亦在吾身之內，故義與氣互相為配。氣配義，義即生氣。若云義在外，則氣既在外，其可云氣亦在外乎？義在吾身心之外，而氣固在吾身之內，乃引義入以求益其氣，則氣有虛而義乘其虛以襲之，因挾取此氣以為義用矣。」同上注，頁 539-540。

135 見船山言：「天下固有之理謂之道，吾心所以宰制乎天下者謂之義。道自在天地之間，人且合將去，義則正所以合者也。均自人而言之，則現成之理，因事物而著於心者道也；事之至前，其道隱而不可見，乃以吾心之制，裁度以求道之中者義也。故道者，所以正吾志者也。志於道而以道正其志，則志有所持也。」同上注，頁 537。陳來先生補充道：「道是天地之間自在的理，是客觀的，義是人心的規範原則，是我們的心用來處理事物的原則，是主觀的。……道是天之理，人應當使己之心合於天之理，而義就是使我們的心能合乎天理的東西。……人心之義使事物和實踐合於原則規範，這裡的義不僅有主觀性，而且具有能動性，即能動地賦予事物以合理規則。」參見氏著，《詮釋與重建：王船山的哲學精神》，頁 297-298。

136 見船山言：「孟子唯能見義於內，故於天下之言，無所求而不得，而浩然之氣日生。夫其見義於內者，豈斤斤之明足以察之哉？以無私之仁體藏密之知，故自喻其性之善，而灼然見義之至足於吾心。……以豁然貫通於吾心之全體大用也。……繇其知之大明，則為知言；繇其行之造極，則為養氣。（義無不集，故造極。）行造其極則聖矣。」參見氏著，《讀四書大全說》，頁 546-547。曾昭旭先生即補充道：「人心日用而不息，其道德人格也就日益累積而愈為富厚。這愈積愈厚、愈條理彰著的歷程，便是人性合理的辯證發展的歷程。所以船山認為性是日生日成的。而其日成之因，便在我們的道德實踐與人格修養。船山由此彰顯儒家『學不厭，教不倦的』的無窮實踐之義，也彰顯了極致之善在存在上永遠達不到，吾人只能在無窮實踐中去無限接近的天道嚴肅之義。」

參、小 結

經由上文筆者之梳理，吾人可知船山所言之「氣」之義蘊，即以天地萬物惟以氣為其實蘊，是故整個天道之運行實為動而無息，乃為一絕對之流行。其為言說之需要，將氣詮釋為本體一端之名，然實則包容收攝各家對於本體之詮釋。[137]而吾人即可透過「持志」與「養氣知言」進而「集義」之工夫，在修身工夫之過程中挺立自我，即可避免自我生命陷溺之可能，進而於最終臻於「天德流行境」。

最後，見船山在《四書訓義》中說道：

> 天下之理，至不一矣。其力不大，何以舉之？乃盡古今來所有之道德事功，皆氣舉之也。天下有此理，則吾有此氣；吾此氣足以及之，天下乃有此理，而其大也，孰得而限之？……惟吾之有氣所以伸於天下，而因成乎變。而其剛也，孰得而撓之？唯其未能養也，則一事之理至吾前，而吾無以勝之，而不知吾氣之可以治萬有而無歉。[138]

船山即說道舉凡古今所有之道德事業皆是以真實無妄、無始

參見氏著，《道德與道德實踐》，頁73。

[137] 陳祺助先生即補充道：「船山所建立的天道論，乃一理論圓滿的『天道一元論』；能有效地綜合、包容任何對於本體蘊奧之詮釋的一家之說；並維持太極或道體作為主宰生化之理的涵義，使船山學通於宋明儒學之血脈；而且不必透過時空現象，能合理說明宇宙發生問題的『於上發生』論；更能順利地解釋雜多的現象，維持本體的純一性，巧妙地回答『一多』問題。」參見氏著，《王船山「道德的形上學理論」之開展》，頁54。

[138] 參見清・王夫之撰，《四書訓義》卷二十七。收入於《船山全書》第七冊（長沙：岳麓書社，2011年1月），頁190。

無終之氣化之流行為開展，一切事物與吾人相幾之時，無非只是氣之流行發用。吾人能藉由養自我之至剛至大之浩然之氣，知天下之理，即順著此理之氣，進而將內在於吾人之「義」與「氣」互相配合、日生日集，從立己開展為成物之道德事功，順應生活世界中之變化，並進而承擔生活世界中之憂患，應萬事萬物而無所窒礙。希冀在通過筆者之梳理詮釋下，使船山義理由經典文本中，重新體貼於現代社會之時空背景環境，使儒家義理之意義價值，參與吾人之生命，進而獲得療癒生命、安頓生命之可能。

第四節　論王船山義理學中「惡」之義蘊與去「惡」工夫

　　關於所謂人性中「惡」之來源，乃是著重道德實踐之儒家義理史上難解之問題。大抵中國義理史上傳統分辨人性之法，即是孟子之「即心說性」[139]與告子「即生說性」[140]，身處明代鼎革之

---

139 孟子曰：「水信無分於東西。無分於上下乎？人性之善也，猶水之就下也。人無有不善，水無有不下。今夫水，搏而躍之，可使過顙；激而行之，可使在山。是豈水之性哉？其勢則然也。人之可使為不善，其性亦猶是也。」又孟子曰：「乃若其情，則可以為善矣，乃所謂善也。若夫為不善，非才之罪也。惻隱之心，人皆有之；羞惡之心，人皆有之；恭敬之心，人皆有之；是非之心，人皆有之。惻隱之心，仁也；羞惡之心，義也；恭敬之心，禮也；是非之心，智也。仁義禮智，非由外鑠我也，我固有之也，弗思耳矣。故曰：『求則得之，舍則失之。』或相倍蓰而無算者，不能盡其才者也。」參見南宋・朱熹，《四書章句集註》（新北：鵝湖月刊社，2014 年 10 月），頁 325、328。

140 告子曰：「性，猶杞柳也；義，猶桮棬也。以人性為仁義，猶以杞柳為桮棬。」又言：「性猶湍水也，決諸東方則東流，決諸西方則西流。人性之無分於善不善也，猶水之無分於東西也。」又言：「生之謂性。」又言：「食色，性也。仁，內也，非外也；義，外也，非內也。」又言：「性無善無不善也。」同上注，頁 325、326、328。

際之王船山，則反對此二分法。[141]曾昭旭先生即指出：「船山的整個思路都傾向於從存在去說的。所以於體，他不是即心言體（心體、如王陽明）、即理言體（理體，如朱子），而是即氣言體，也就是即實存言體。當然他的氣不是純指物質，其中更包涵了良心、天理，而為形上形下一體凝合的存在。同樣，他說性也是如此。他別解張載的氣質之性為『在氣質中之性』，即與氣質凝合為一而表現之性。這便將孟子即心而言的超越至善之性落實下來，成為存在之性。」[142]若吾人先天即是善，如此吾人要進一步追問的是，吾人又為什麼會有不善之行為呢？而如此在吾人所處之生活世界中之「惡」來自何處？且吾人又要如何實踐去「惡」之工夫呢？此為筆者所關心之議題。是以本文之開展，從「船山如何詮釋『人性』」開始論述；接著說明「船山義理學中，『惡』從何處來」；最後闡述「如何體現實踐去惡之工夫」。以下即依上述架構，逐步展開討論。

壹、船山義理中「人性」之義蘊

唐君毅先生曾梳理中國義理史上，言「性」之諸義。見其指出：「一、性指吾人直對一人或事物而觀看之或反省之時，所知所見之性相或性質；⋯⋯此可稱為『現實性』、『外表性』或『外性』二、由吾人所見所之之人或是物之性相、性質，為人或事物所表現，吾人遂思即此人或事物在不為吾人所知時，亦當有此性質性相。⋯⋯此可稱為『本質性』、『可能性』或『內性』。三、

---

141 林安梧先生曾指出：「船山亟反『氣質之性』與『天地之性』（本然之性）二分的格局，他通過『氣本體論』的觀點，將這二分的格局綜合起來，給予一哲學人類學的說明。」參見林安梧，《王船山人性史哲學之研究》（臺北：東大圖書，1987 年 9 月），頁 108。

142 參見曾昭旭，《道德與道德實踐》（臺北：漢光文化，1989 年 8 月），頁 72。

吾人既知人或事物之內性本質，再還觀其表現之性相，即以後者之所以有，乃依於前者；而人或是物之本質，遂可視為因、為體；其表現之性相，可視為果、為用。四、就人或事物之體、及人或事物本身，而觀其所致之果、或所呈之用、或其活動後所終止歸宿之處之所然，而以之為人或事物之性之存在……可逕名之『前性』或『終性』。五、剋就人或事物之本質，而觀其有一趨向於表現之幾，或觀一潛隱之本質之原有一化為現實、或現實化之理，……而正趨向於一將如彼『然』之『幾』或『理』，而謂之性。……貴乎人或事物之己生者與未生者之當前的『生生之性』。」[143]而船山所言之「性」，乃以「氣」為核心開展之具有生化萬物之「生生之性」[144]，「氣」實為天地萬物之生化根源，而吾人之具體形質亦是由此一陰一陽氣所構成之，此即為「人性」，乃為吾人先天本具之性，見其言：

> 在天謂之理，在天之授人物也謂之命，在人授之於氣質也謂之性。（《讀四書大全說》頁 471）

> 天之所用為化者，氣也；其化成乎道者，理也。天以其理授氣於人，謂之命。（人以其氣受理於天謂之性。）（《讀四書大全說》頁 749）

可見船山以為天化之理是一具無限本質之純善無惡之理[145]，

---

143 參見唐君毅，《中國哲學原論‧原性篇》（臺北：臺灣學生書局，2006 年 11月），頁 528-529。

144 唐君毅先生曾指出：「氣所具理，為性。」參見氏著，《中國哲學原論‧原教篇》，頁 564。

145 曾昭旭先生曾指出：「而如此之理，即是一具無限本質之純理（或依船山語謂

而內具於吾人身上，即為吾人之性。是故「性」即是氣凝成形後，所蘊藏在吾人自身之理，是以船山言人性，必為「氣質中之性」。（《讀四書大全說》頁 465）由天之賦予一面而言謂之「命」，岑溢成先生即指出：「人的生命、本能及才幹，都是在不斷的受命過程中逐漸形成的。人性既然是不斷生成，自然是可以不斷改變的。人性的不斷改變，或源於天然的變化，或由於客觀的影響與主觀的修習。源於天然的變化，是先天的性；因影響和修習而成就的，是後天的性。」[146]在船山看來「性」與「命」為同一也，由人之稟受而言謂之「性」。

船山亦以乾坤兩卦，論述吾人之所以為人之意義，見其言：

> 陰陽之撰各六，其位亦十有二，半隱半見，見者為明，而非忽有，隱者為幽，而非竟無。天道人事，無不皆然，體之充實，所謂誠也。十二位之陰陽，隱見各半，其發用者，皆其見而明者也。時有偶值，情所偶動，事所偶起，天運之循環，是物之往來，人心之感應，當其際而發見。故聖人設筮，以察其事會情理之相赴，而用其固有之理，行其固然之素位，所謂幾也。幾者誠之幾，非無其誠，而可有其幾也。是則爻見於位者，皆反其故居，而非無端之忽至矣。（《周易內傳》頁112）

船山即說道凡卦均有六陰六陽之十二爻。顯於畫卦者有六，

之至理），乃是不管氣之分化凝結成何物，而此純理亦必貫注其中，依其自己之道德方向以起生化之用者，此即與形構之理之隨物而異，……當宇宙渾全之一氣流行分化而凝為人之時，此生化根源之至理自亦內在於人之形色之中，此即特名之為性。」參見曾昭旭，《王船山哲學》（臺北：里仁書局，2008年3月），頁513。

146 參見王邦雄、岑溢成、楊祖漢、高柏園著，《中國哲學史》（臺北：里仁書局，2013年3月），頁603-604。

未顯於畫卦者亦為六，吾人僅見位於顯處之六爻，無法見背面幽隱之六爻，是以〈乾卦〉之六畫陽爻乃居於顯位、六畫陰爻居於隱處而為坤。各個卦之顯隱、幽明、嚮背雖有不同，然彼此卻是兩端相互而合一完整之卦體。是以吾人觀其餘各卦無不兼具此種「十二位陰陽嚮背、半隱半現」之性質，故而有所分別。是故船山言：「乾坤極而正者也。六十二卦不極而亦正者也。何也？皆以其全用而無留無待者並建而捷立者也。」（《周易外傳》頁214）其即據以此全具合顯隱二者之六陽爻六陰爻共十二爻，乾坤並建[147]以詮釋天道之全體。[148]是以天道即是以乾之創造性與坤之保聚

---

147 關於「乾坤並建」，見船山言：「凡卦有取像於物理人事者，而乾坤獨以德立名，盡天下之事物，無有像此純陽純陰者也。陰陽二氣氤氳於宙合，融結於萬匯，不相離，不相勝，無有陽而無陰，有陰而無陽，無有地而無天，有天而無地。故周易並建乾坤為諸卦之統宗，不孤立也。然陽有獨運之神，陰有自立之體，天入地中，地函天化，而抑各效其功能。故伏羲氏於二儀交合以成能之中，摘出其陽之成像者，以為六畫之乾，而文王因係之辭，謂道之元亨利貞者，皆此純陽之撰也；摘出其陰之成形者，以為六畫之坤，而文王因係之辭，謂道有元亨利牝馬之貞者，惟此純陰之撰也；為各著其性情功效焉。然陰陽非有偏至之時，剛柔非有偏成之物。故周易之序，錯綜相比，合二卦以著幽明屈伸之一致。乾坤並立。」參見氏撰，李一忻點校，《周易內傳》，頁26。船山即說道《易》中本有六十四卦，其意原象徵著六十四類之人事情狀。然唯獨「乾坤」二卦，與其他六十二卦在本質上有所不同。乾陽與坤陰之卦，在船山看來乃為伏羲氏所淬鍊而出之兩項純理，而其餘之六十二卦，則是由文王以乾陽坤陰二氣之交感神化，所分別制定之語言涵義。是以船山言：「《周易》並建〈乾〉、〈坤〉於首，無有先後，天地一成之象也。無有地而無天、有天而無地之時，則無有有〈乾〉而無〈坤〉、有〈坤〉而無〈乾〉之道，無有陰無陽、有陽無陰之氣，……無陽多陰少、陰多陽少。」參見氏著，《張子正蒙注》頁243。當純陽與純陰之理所絪縕之二卦，其關係為平等而相即，並非為孤立相待。乾陽與坤陰同時生成，並體而立，陽不孤陽，陰必與其同時並立；陰亦不孤陰，陽必與之同時並立。天地萬物即藉由乾之創造性與坤之保聚性合其兩端而一致，以各著其性情功效，乾陽與坤陰兩端之性為天道之合撰，此兩者氣化交感而後，即可呈現真實無妄之道。

148 曾昭旭先生即補充道：「船山以太極為真實具體存在的宇宙生命體，此生命體若以『卦』之形式來姑且表示或象徵，那便是由六陽六陰的十二丈所構成的完

性[149]，所構成也，此即為充實之體，亦即真實無妄之誠體。乾坤以其純而不雜之健順之德以開展其餘之六十二卦，天地萬物皆以此充實之體而開展，而由於天地萬物在陰陽二氣交感神化上，有所當位不當位之不同，是以天地萬物有了形質之差異。船山以為吾人唯有透過「反身立誠」後之「誠之幾」，方為真實無妄之存在，而吾人與天地萬物之意義價值即在每一個當下臻於圓滿。

天地萬物與吾人雖皆受天之所命而生化，然吾人之性與物之性，是截然不同之性。見其言：

> 天命之人者為人之性，天命之物者為物之性。今即不可言物無性而非天所命，……可謂命於天者有同原， 而可謂性於己者無異理乎？……反之於命而一本，凝之為性而萬殊。在人言人，在君子言君子。（《讀四書大全說》頁 65-66）

整卦禮。此卦體涵具二德，便是由直貫地發用創生來說『乾』(創生原則、始條理)，以及由架構地累積成體說『坤』(凝成原則、終條理)。而乾坤實為一體（體用不二，只是說的方向不同），所以乾卦的六陽背後隱有六陰，坤卦的六陰背後也隱有六陽，乾坤兩卦實為一完整卦體的互為隱顯的兩面，乃用來象生命之純德者。其他六十二卦才是象本體發用開展的諸般現象。」參見氏著，《存在感與歷史感：論儒學的實踐面向》，頁 4。

149 見船山言：「天地之際，間不容髮，而陰陽無畛者謂之沖，其清濁異用，多少分劑之不齊，而同功無忤者謂之和。沖和者行乎天地而天地俱有之，相會以廣所生，非離天地而別為一物也。故保合則為沖和，奠位則為乾坤。」參見氏著，李一忻點校，《周易外傳》，頁 53。又言：「若使但依種性而成，則區別而各相肖；唯聚而成，散而毀，既毀而復聚，一唯陰陽之變合，故物無定情，無定狀，相同而必有異。足知陰陽行乎萬物之中，乘時以各效，全具一絪縕之體而特微爾。」參見氏著，《張子正蒙注》，頁 26。牟宗三先生即補充道：「有創造真幾處即是元，有真實生命處即是元。……創造即是天，保聚即是地。……乾元為綱領，坤元為隸屬。」參見牟宗三，《心體與性體》第一冊，頁 326。船山以為陰陽二氣各以其功能以成性成形化育萬物，萬物之個體雖有區別，然又有其相似之處，是以萬物各有其獨特之性情功效，然又具有陰陽絪縕之共通性。

　　船山即主張天地萬物皆有由天所命之理，然人性與物性因「氣質」不同，而有量上之差異，是故不可混同之。[150]曾昭旭先生即指出：「蓋此理雖亦內在於一切氣化之物中以發用，然物只是冥受天命之化，乃是無能自覺此理，發以為心者；則此理畢竟只能屬諸天，而不宜說為此物所具有也。唯於人則不然，人乃是可以全體此一陰一陽見知能之道，以主動地發心著理者，故特於人名之曰性，以顯人道之首出萬物也。」[151]是以船山言：「合一陰一陽之美以首出萬物而靈焉者，人也。」[152]又言：「唯人全具健順五常之理，善者，人之獨也。」[153]天所命之萬物之理乃是各異其理，此亦為天道能一本生化萬殊之義蘊。

　　復次，見船山在《張子正蒙注》中言道：

> 天以其陰陽五行之氣生人，理即寓焉而凝之為性。故有聲色臭味以厚其生，有仁義禮智以正其德，莫非理之所宜。聲色

---

150 船山曾以「笛」之材料與構造為譬喻，闡述吾人之氣質與萬物之間各有差異：「以物喻之：質如笛之有笛身、有笛孔相似，氣則所以成聲者，理則吹之而合於律者也。以氣吹笛，則其清濁高下，固自有律在。特笛身之非其材，而製之不中於度，又或吹之者不善，而使氣過於輕重，則乖戾而不中於譜。故必得良笛而吹之抑善，然後其音律不爽。……氣麗於質，則性以之殊，故不得必於一致，而但可云『相近』。乃均之為笛，則固與簫、管殊類，人之性所以異於犬羊之性，而其情其才皆可以為善，則是概乎善不善之異致，而其固然者未嘗不相近也。氣因於化，則性又以之差，亦不得必於一致，而但可云『相近』。乃均之為人之吹笛，則固非無吹之者，人之性所以異於草木之有生而無覺，而其情其才皆有所以為善者，則是概乎善不善之異致，而其能然者未嘗不相近也。」參見氏著，《讀四書大全說》，頁466-467。
151 參見氏著，《王船山哲學》，頁514。
152 參見清・王夫之撰，李一忻點校，《周易內傳》（北京：九州出版社，2010年1月），頁284。
153 參見清・王夫之，《張子正蒙注》（北京：中華書局，2011年12月），頁107。

臭味，順其道則與仁義禮智者不相悖害，合兩者而為體也。
（《張子正蒙注》頁 102）

又言：

> 蓋性者，生之理也。均是人也，則此與生俱有之理，未嘗或
> 異；故仁義禮智之理，下愚所不能滅，而聲色臭味之欲，上
> 智所不能廢，俱可謂之為性。而或受於形而上，或受於形而
> 下，在天以其至仁滋人之生，成人之善，初無二理。但形而
> 上者為形之所自生，則動以清而事近乎天；形而後有者資形
> 起用，則靜以濁而事近乎地。形而上者，互生死、通晝夜而
> 常伸，事近乎神；形而後有者，困於形而固將竭，事近乎鬼；
> 則一屈一伸之際，理與欲皆自然而非由人為。故告子謂食色
> 為性，亦不可謂為非性，而特不知有天命之良能爾。若夫才
> 之不齊，則均是人而差等萬殊，非合兩而為天下所大總之
> 性；性則統乎人而無異之謂。（《張子正蒙注》頁 108）

　　船山以為陰陽五行之氣和合而生化成吾人，天理流行於吾人
中而凝聚為性，吾人便具有聲色臭味之生理之義和仁義禮智之道
德之義，此二種性就船山而言，乃是歸為一致、互為體用、同行
相即。是以吾人之性乃兼具仁義禮智之理與聲色嗅味之欲，然兩
者仍有高低層次的差別。「形而上」之理為「形之所自生」，是
故「動以清」而與天地之性相貫通；「形而後有」之欲為「資形
起用」，即有了依託與限制，是故「靜以濁」。理與欲皆是在氣
之一屈一伸中自然生化，由「理」引導「欲」，由「欲」開顯「理」，
理欲皆性而非為對立。是以船山言：「耳目口體之攻取，仁義禮

智之存發，皆自然之理，天以厚人之生而立人之道者也。」（《張子正蒙注》頁117）

　　吾人之性命稟受於天，而有「仁義禮智」之生生之德以參贊天地化育之使命，是以吾人必須依據此流行於吾人生命中之天理，以人文化成天下之，船山即以「命日降，性日生日成」，開顯儒家義理中本具之「生生之性」之義：

> 夫性者生理也，日生則日成也。則夫天命者，豈但初生之頃命之哉？……夫天之生物，其化不息。初生之頃，非無所命也。何以知其有所命？無所命，則仁、義、禮、智無其根也。幼而少，少而壯，壯而老，亦非無所命也。何以知其有所命？不更有所命，則年逝而性亦日忘也。形化者化醇也，氣化者化生也。二氣之運，五行之實，始以為胎孕，後以為長養，取精用物，一受於天產地產之精英，無以異也。形以日養，氣日以滋，理日以成；方生而受之，一日生而一日受之。受之者有所自授，豈非天哉？故天日命於人，而人日受命於天。故曰性者生也，日生而日成之也。[154]

又言：

> 性者生之理，未死以前，皆生也，皆降命受性之日也。初生而受性之量，日生而受性之真。為胎元之說者，其人如

---

154 參見清・王夫之著，王孝魚點校，《尚書引義》（北京：中華書局，2011 年12 月），頁 55。

陶器乎！[155]

　　船山即言論人性為天所生化與凝成之理，而此動態之過程是
絲毫不曾間斷也。若吾人初生之當下就性必隨氣之流行而凝善成
性，即所謂「仁、義、禮、智之根」，而吾人之性必能隨著氣化
之流行進而體現生生不已。雖命固在天，然受命在人，吾人之性
非為初生時即完美而固定不變，人性始終處在不斷發展變化、日
新富有之動態生成過程之中，與健動不息，日新氣化之「天」相
呼應。命是自天而降之於人，性是自吾人而受之於天。天命不息，
日日降命於吾人，吾人亦日日受之為性。唐君毅先生即指出：「蓋
天以其氣受理于人為命，人以其氣受理于天為性。人之性不離其
所受于天之氣，而天之氣化流行，無時或息。人之氣質，故無時
不與其所接之天地萬物相感應，而在此感應關係中，即有人自動
自發之自化自新。此自化自新之不容已，極性之自日生而相續，
亦即人之無時不受天之氣所降之命，以成其性。故命日降，而性
亦日生也。」[156]戴景賢先生亦說道：「故命之者雖由天，成之者
亦在於人；『氣』依然為生氣，『理』依然為生理。『命』之與
『性』，兩者兼具有隨生氣之長養盛衰而日遷其故之變動性。」[157]
吾人之性雖為善，然正因為吾人之性乃為動態性，是故隨著年紀
增長，不免染上後天環境之習氣，而使吾人遺失本性之真，進而
喪失復歸於善之能力。是以，船山所言之「性日生日成」之人性

---

155 參見清・王夫之撰，《思問錄》，收入於明・黃宗羲，清・王夫之撰，《黃梨
　　州王船山書》（臺北：世界書局，2015年3月），頁14。
156 參見唐君毅，《中國哲學原論・原教篇》（臺北：臺灣學生書局，2004年10
　　月），頁558。
157 參見戴景賢，《王船山學術思想總綱與其道器論之發展（上編）》（香港：中
　　文大學出版社，2013年），頁15。

論，即肯定吾人並非一初生便定性，吾人身處在生活世界中，必須注重後天之修養，而吾人之性必可經由滋養而豐澤，船山即言：

> 形化者化醇也，氣化者化生也。二氣之運，五行之實，始以為胎孕，後以為長養，取精用物，一受於天產地產之精英，無以異也。形日以養，氣日以滋，理日以成；方生而受之，一日生而一日受之。受之者有所自授，豈非天哉？故天日命於人，而人日受命於天。故曰性者生也，日生而日成之也。（《尚書引義》頁 55）

又言：

> 天地之生，人為貴；惟得五行敦厚之化，故無速見之慧。物之始生也，形之發知皆疾於人，而其終也鈍。人則具體而儲其用，形之發知，視物而不疾也多矣，而其既也敏。孩提始知笑，旋知愛親；長始知言，旋知敬兄；命日新而性富有也。君子善養之，則耄期而受命。（《思問錄》頁 18）

船山以為吾人之性是由二氣之運，五行之時所化生，而當吾人初生之時，此性可以伴隨著生命之增長而與日俱增，氣命不斷地流行更新，性理亦逐漸豐足富有，是以船山言：「智者，非血氣之有形者也，年愈邁，閱歷愈深，情之順逆，勢之安危，尤輕車熟路之易為馳也。」[158]在吾人後天修養之過程中，必能使吾人之生命得以豐厚，船山主張吾人要在躬行實踐、積久力學中，使

---

[158] 參見清・王夫之著，舒士彥點校，《讀通鑑論》（北京：中華書局，2015 年 3 月），頁 520。

自我之性臻於圓滿，唐君毅先生即指出：「明末之王船山，……而亦兼取內在的反省與客觀的觀看之態度，以論天人心性與歷史文化之道。而其重命日降，性日生之義，則更為能極中國思想之重向前面看生命心性之意義者。……而其精神，則近承橫渠為生民立命之言，遙契於易傳之以繼言善之旨，而更重慧命之相續無間，以廣天地而立人極者。」[159]吾人之性可經由後天凝善以成性，透過道德實踐即可與天德相貫通而流行之，如此之人性論具有肯定吾人積極向善即為吾人天生本具之意義與使命，而具有恆常之價值。

貳、「惡」之來源：「物之來幾與吾之往幾之不相應」

上文筆者闡述船山以為人性之根源為至善，如此吾人必須進一步追問的是，既然人性是至善，那麼「惡」從何處來呢？細查船山文獻之脈絡，吾人可從其言見端倪：

> 孟子曰：「若夫為不善，非才之罪也。」不善非才罪，罪將安歸耶？《集註云》「乃物欲陷溺而然」，而物之可欲者，亦天地之產也。不責之當人，而以咎天地自然之產，是猶舍盜罪而以罪主人之多藏矣。毛嬙、西施，魚見之而深藏，鳥見之而高飛，如何陷溺魚鳥不得？牛甘細草，豕嗜糟糠，細草、糟糠如何陷溺人不得？然則才不任罪，性尤不任罪，物欲亦不任罪。其能使為不善者，罪不在情而何在哉！（《讀四書大全說》頁674）

---

159 參見氏著，《中國哲學原論·原性篇》，頁546。

　　船山順著孟子所言「若夫為不善，非才之罪也。」試圖在「才」之外，找尋「惡」之來源。船山接著引朱熹「乃欲陷溺而然」之注解，認為朱熹之體悟非為孟子之真義。[160]是以「惡」之來源不在「才」、不在「性」、不在「欲」[161]，而是歸之於「情」[162]。情固無善惡之分，必待於吾人修養工夫而使情依循吾人之性。是以船山言：「乃耳目之小，亦其定分，而誰令小人從之？故曰小不害大，罪在從之者也。」（《讀四書大全說》頁697）若吾人只依從其小體而不尊從自我之大體，則「情」失去了調節，如此天理與吾人之間即有了隔閡。

　　復次，見船山言：

　　　　若夫情，則特可以為善者爾。可以為善者，非即善也，若

---

160 朱熹在此之詮釋，其實是順著孟子之言注解孟子，在《孟子‧告子上》中孟子曾言：「富歲，子弟多賴；凶歲，子弟多暴，非天之降才爾殊也，其所以陷溺其心者然也。」參見氏著，《四書章句集註》，頁329。然朱熹在詮釋「若夫為不善，非才之罪也」時，將孟子原先所言「陷溺」，注解為「物欲陷溺」，船山以為如此之詮釋，與孟子之原義恐有差異。

161 「涸陰沍寒，刑殺萬物，而在地中者，水泉不改其流，草木之根不替其生，蟄蟲不傷其性，亦可驗地之不成乎殺矣。天心仁愛，陽德施生，則將必於此有重怫其性情者。乃遜於空霄之上，潛於重淵之下，舉其所以潤洽百昌者聽命於陰，而惟其所制，為霜為冰，以戕品彙，則陽反代陰而尸刑害之怨。使非假之冰以益其威，則開闔之艸木，雖至今存可也。治亂相尋，雖曰氣數之自然，亦孰非有以致之哉！故陰非有罪而陽則以愆，聖人所以專其責於陽也。⋯⋯夫坤之為美，利導之而已矣。利導之而不糅雜乎陽以自飾，至於履位已正，而遂成乎章也，則蚑者、蠕者、芽者、荂者，五味具，五色鮮，五音發，殊文辨採，陸離斑斕，以成萬物之美。」參見清‧王夫之撰，李一忻點校，《周易外傳》（北京：九州出版社，2010年1月），頁16-17。船山在這裡以「欲」譬喻為「坤」，故「欲」並不是「惡」，只是「天理」藉以體現之事物，若無這些事物，「天理」亦無法體現，是以吾人只要在「理」之導引下，一切外在功利之事物皆為天理流行之體現。

162 關於「才」與「情」，唐君毅先生曾指出：「顯此理于外，為情；思此理，行此理，以顯此理之能，為才。」參見氏著，《中國哲學原論‧原教篇》，頁564。

> 杞柳之可以為杯棬，非杞柳之即為栝棬也。性不可戕賊，
> 而情待裁削也。（前以湍水喻情，此以杞柳喻情。蓋告子
> 杞柳、湍水二喻，意元互見。）故以知惻隱、羞惡、恭敬、
> 是非之心，性也，而非情也。夫情，則喜、怒、哀、樂、
> 愛、惡、欲是已。（《讀四書大全說》頁673）

　　船山即以為情是可為善亦可為惡，然情就根源義而言，並非
是善；性才是船山所認定之善根。吾人情之所發必須透過吾人之
節制引導，以合乎中節。船山進一步破斥告子所譬之「杞柳、湍
水」之喻，其言之只是情，非為吾人之性。蔡家和先生即補充道：
「以杞柳喻性，其實只是談到情，而不到性，因為杞柳可以為栝
棬，亦可以不為栝捲，如同情可以為善，亦可以不為善，杞柳喻
情，故告子只是言情，而不是性。而湍水之喻也是談及情，不是
性，因為湍水可以決之東或決之西，如同情可以往善與不善處走。」
[163]是以船山即以「喜、怒、哀、樂、愛、惡、欲」詮釋為「情」，
進一步將孟子所言之「四端之情」與船山所言之「性」，加以會
通之：

> 或人誤以情為性，故曰「性可以為善，可以為不善」。今
> 以怵惕惻隱為情，則又誤以性為情，知發皆中節之「和」
> 而不知未發之「中」也。（言「中節」則有節而中之，非
> 一物事矣。性者節也，中之者情也，情中性也。）曰繇性
> 善故情善，此一本萬殊之理也，順也。若曰以情之善知性
> 之善，則情固有或不善者，亦將以知性之不善與？此孟子

163　參見蔡家和，《王船山《讀孟子大全說》研究》（臺北：臺灣學生書局，2013
　　年9月），頁190。

> 所以於惻隱、羞惡、辭讓、是非之見端於心者言性，而不
> 於喜、怒、哀、樂之中節者徵性也。有中節者，則有不中
> 節者。若惻隱之心，人皆有之，固全乎善而無有不善矣。
> （《讀四書大全說》頁 574）

　　船山即以為吾人之怵惕惻隱為性，不是情，「中」與「節」
即是以性調節、導引情，非為由「性」而生出「情」，陳來先生
即補充：「針對於此，船山提出，只能由性來決定情（這不是說
情全是善），而不能由情來證明性；因為情有善有不善，難道要
不善的情來證明性有不善嗎？所以孟子不用情（喜怒哀樂）來證
明性，而用惻隱等見端於心者來證明性。」[164]吾人必有喜怒哀樂
之情，是故船山亦非要吾人絕情，而是要以「性」導之、引之，
見船山言：

> 惟於其喜樂以仁禮為則，則雖喜樂而不淫；於其怒哀以義智
> 相裁，則雖怒哀而不傷。故知陰陽之撰，唯仁義禮智之德而
> 為性；變合之幾，成喜怒哀樂之發而為情。性一於善，而情
> 可以為善，可以為不善也。（《讀四書大全說》頁 677）

　　船山以為「情」並非必為惡，吾人所發之情若可依循著性，即
可為善之情；反之，若所發不依於性，則成「喜怒哀樂」，則此時之
情即不合於中節，是故為惡。陳祺助先生即指出：「情之成為不善之
所從來，最初是因性體與物往來感應之交，內外物我不當其位，鑠
成不善之情。繼之，不善之情未獲疏導，駐留性體，持續發用，形

---

164 參見陳來，《詮釋與重建：王船山的哲學精神》（北京：生活・讀書・新知三
聯書店，2010 年 12 月），頁 281。

成狂亂盲動的留情。終之，人心雖暫平息，留情仍未加以疏理化解，即使未與外物緣感，私意私情也仍無感而發，便薰染成情習，習與性成，遂若固有。」[165]吾人之氣與他人他物一來一往之間，若受阻隔則產生不善之情，不當之物。

船山在詮釋《孟子・告子上》時，進一步說道：

> 蓋吾心之動幾與物相取，物欲之足相引者與吾之動幾交而情以生。然則情不純在外，不純在內；或往或來，一往一來，吾之動幾與天地之動幾相合而成者也。釋氏之所謂心者，正指此也。唯其為然，則非吾之固有，而謂之鑠。金不自鑠，火亦不自鑠，金火相構而鑠生焉。鑠之善，則善矣！助性以成及物之幾，而可以為善者，其功矣！鑠之不善，則不善矣！率才以趨溺物之為，而為不善者，其罪矣！（《讀四書大全說》頁 675）

「鑠」字原義，《說文解字》釋其為「銷金也」。[166]引文中船山即以「鑠」之譬喻以闡述吾人所發之「情」之不善之過程，吾人天生本具之性並非外鑠而來，情與才則是經由外鑠（即物我相感應）所生，曾昭旭先生即補充道：「故情雖離其性之純全之德而成有限之私情私欲，而其自主性猶於昏昧中隱然作用也。而即此昏昧不明之自主性，使人之私情不擇而妄取，不復冥受天明之化裁，而自執著薰染以成虛無之習而害道也。」[167]即如金與火

---

165 參見陳祺助，《王船山「道德的形上學理論」之開展》（高雄：麗文文化，2012年6月），頁304。
166 參見東漢・許慎撰，清・段玉裁注：《說文解字注》（臺北：天工書局，1998年8月），頁703。
167 參見氏著，《王船山哲學》，頁493。

若只是單獨無相交則無法構成鑠；金與火相構方可成鑠。以火銷金，則可鑠成善矣。而吾人亦能透過鑠自我之情，來決定所發之情為善為惡。

復次，船山詳細地闡述「物之來幾與吾之往幾之不相應」為吾人惡之來源，見其言：

> 後天之性，亦何得有不善？「習與性成」之謂也。先天之性天成之，後天之性習成之也。乃習之所以能成乎不善者，物也。夫物亦何不善之有哉？（如人不淫，美色不能令之淫。）取物而後受其蔽，此程子之所以歸咎於氣稟也。雖然，氣稟亦何不善之有哉？（如公劉好貨，太王好色，亦是氣稟之偏。）然而不善之所從來，必有所自起，則在氣稟與物相授受之交也。氣稟能往，往非不善也；物能來，來非不善也。而一往一來之閒，有其地焉，有其時焉。化之相與往來者，不能恆當其時與地，於是而有不當之物。物不當，而往來者發不及收，則不善生矣。……先天之動，亦有得位，有不得位者，化之無心而莫齊也。然得位，則秀以靈而為人矣；不得位，則禽獸草木、有性無性之類蕃矣。既為人焉，固無不得位而善者也。後天之動，有得位，有不得位，亦化之無心而莫齊也。得位，則物不害習而習不害性。不得位，則物以移習於惡而習以成性於不善矣。此非吾形、吾色之咎也，咎在吾之形色與物之形色往來相遇之幾也。天地無不善之物，而物有不善之幾。（非相值之位則不善。）物亦非必有不善之幾，吾之動幾有不善於物之幾。吾之動幾亦非有不善之幾，物之來幾與吾之往幾不相應以正，而不善之幾以成。（《讀四書大全說》頁 570-572）

船山即言所謂先天之性、氣稟、外物皆無不善，惡之根源乃為「物之來幾與吾之往幾之不相應」。[168]唐君毅先生即指出：「惡乃為存在於一人之情才之表現，與其他人物之情才之表現之相交接，而或相於阻滯之『關係』上，亦即其所謂人之陰陽之氣之變合之差。」[169]又有言：「言人之不善，不可歸於氣稟、……而唯可歸之于緣物來觸、來取、而搖氣搖志之動，與由此而成之習。……故不善之緣，不在內之氣稟與情欲本身，亦不在外物本身；唯在外物與氣稟與情欲互相感應一往一來之際，所構成之關係之不當之中。」[170]惡之產生，即是吾人之氣稟與外物之幾相感應後所產生之情不當其時、不當其地，此情即是不善之幾，即產生惡。是故船山所著重的，乃為吾人之氣稟若與外物相感應得位與否，若位不合，則產生不善之習，此不善之習久而久之，便薰染成後天之性，遭薰染之後天之性，即使吾人未與外物相感應，亦會在吾人之性中生出惡。唐君毅先生即補充道：「情才原於性理之表現於氣，氣固或未能自開通而不表現理。然此『不表

---

168 「情之不能不任罪者，可以為罪之謂也。一部《周易》，都是此理。六陽六陰，才也。（言六者，括百九十二。）陽健、陰順，性也。當位、不當位之吉、凶、悔、吝，其上下來往者情也。（如泰、否俱三陰三陽，其才同也；以情異，故德異。）然在人則為功為罪，而不可疑天地之化何以有此，以滋悔吝之萌。天地直是廣大，險不害易，阻不害簡，到二五變合而為人，則吃緊有功在此。故曰『天地不與聖人同憂』。慕天地之大而以變合之無害也，視天地之化，同萬物以情者，天地之仁也；異人之性與才於物者，天地之義也。天地以義異人，而人恃天地之仁以同於物，則高語知化，而實自陷於禽獸。此異端之病根，以滅性瓍命而有餘惡也。」參見氏著，《讀四書大全說》，頁 680-681。船山憂吾人若任憑情欲橫流，則吾人與禽獸無異，進而喪失了天所賜予之使命與意義。
169 參見氏著，《中國哲學原論・原性篇》，頁 508。
170 參見氏著，《中國哲學原論・原教篇》，頁 577。

現』，只就其本身言，亦不是惡。唯此氣既表現理以成情才，情才之流行，有其方式，而此方式或特定化、機械化，以使氣成為習氣，而後來之情才之表現，更夾雜此已往之積習以俱流；氣乃不免於錮蔽而自塞，遂與天地間其他人物之氣之表現流行──即其他人物之情才之表現互相阻滯，乃有惡。」[171]又言：「自發者，皆順性而動，不能有不善。非自發者，我本非欲感某物，或本覺此時不當感某物，而正當感另一當感之物；乃于此地偏偏遇某物，而不能不感某物。……感之往者已發不及收，則更情留而成習，此則不善之情習所由成。」[172]是以若吾人之氣稟與外物相感應得位，則外物即不會產生不善之性。

　　必須強調的是，船山以為吾人或外物之形色並不會造成不得位，不得位之緣由即是來自於吾人與外物相感應之處，是以船山言：「故唯聖人為能知幾。知幾則審位，審位則內有以盡吾形、吾色之才，而外有以正物形、物色之命，因天地自然之化，無不可以得吾心順受之正。如是而後知天命之性無不善，吾形色之性無不善，即吾取夫物而相習以成後天之性者亦無不善矣，故曰『性善』也。」（《讀四書大全說》頁 572）若吾人皆能如同聖人能知幾、能審位，正確地與外物相感應，即使是後天遭習染之性，亦可恢復成善之性，所發之情皆為善情，所染之習皆為善習，即體現吾人天生本具之善性。

171　參見氏著，《中國哲學原論・原性篇》，頁 509-510。
172　參見氏著，《中國哲學原論・原教篇》，頁 579。

參、「惡」之根除：「心之思誠」

上文筆者論述了船山以為吾人「惡」之根源，來自於「物之來幾與吾之往幾之不相應」，如此是否吾人只要「摒情」，吾人之「惡」即去了呢？船山對此即批評道：

> 功罪一歸之情，則見性後亦須在情上用功。《大學》「誠意」章言好惡，正是此理。既存養以盡性，亦必省察以治情，使之為功而免於罪。《集註》云「性雖本善，而不可無省察矯揉之功」，此一語恰合。省察者，省察其情也，豈省察性而省察才也哉！若不會此，則情既可以為不善，何不去情以塞其不善之原，而異端之說緣此生矣。乃不知人苟無情，則不能為惡，亦且不能為善。便只管堆塌去，如何盡得才，更如何盡得性！（《讀四書大全說》頁 677-678）

船山即以為吾人若將「情」捨去，如此雖是去了「惡」，然「善」意無法體現之，是以船山在此肯定「情」之重要性與合理性，船山即言：「不善雖情之罪，而為善非情而不為功。」（《讀四書大全說》頁677）若吾人去了情，即非儒家義理也，而又如何盡吾人之性呢？是故船山以為情雖可善可惡，而吾人之工夫便是要使吾人之情流行充暢，使之免於流蕩而變質，進一步引導情，則自然可以為善。

復次，見船山言：

> 五性感而善惡分，（周子。）故天下之惡無不可善也，天下

> 之惡無不因乎善也。靜而不睹若睹其善，不聞若聞其善，動
> 而審其善之或流，則恆善矣。靜而不審善流于惡之微茫，舉
> 而委之無善無惡，善惡皆外而外無所與，介然返靜而遽信為
> 不染，身心為二而判然無主，末流之蕩為無忌憚之小人而不
> 辭，悲夫！（《思問錄》頁7）

　　船山即指出所謂之善惡，是「物之來幾與吾之往幾之相應」
後而有分別，吾人之性始終是善，而「惡」則是後起之，是以「惡」
並非是真實之實體，當吾人將性體中先天之至善之理貫注在物我
感應之幾上，「惡」即無存在之可能。陳祺助先生即補充道：「惡
的本質既是善的不足，惡的發生又是因為主體之間的『作用』，
即『做』得不好，而不當位所致。那麼，一來，人之有惡並不會
影響性體至善。因為，性體至善之人並不表示就不會做出惡事。
當兩個或兩個以上的主體互動時，即使都心存善意，力行善事，
結果仍然可能做出惡事；蓋以某一人之善意善行不當於另一人之
位（如父母決定子女婚姻）。二來，人必須為惡的行為負責。因
為，人使得本是虛無不存在的惡，在自己自主的行為上出現，人
就有責任使惡復歸於虛無。如果惡在兩間是實有的存在，人無力
去惡，那也就用不著內咎了。」[173]是以，吾人要進一步追問的是，
吾人要如何將「惡」根除呢？船山在此即說道吾人在靜而不睹不
聞之時，仍然要時刻持著「睹其善聞其善」之「心之思」；在動
而已發之當下，則要時刻「思」自我之善性是否流於惡，如此即
能使「理」流行之。

　　是以，船山即以立「思」作為去惡工夫之根本：

173　參見氏著，《王船山「道德的形上學理論」之開展》，頁294-295。

朱子曰：「梏於形氣之私，滯於聞見之小，是以有所蔽而
不盡。」此三語極廣大精微，不可以鹵莽看過。所謂「形
氣之私」、「聞見之小」者，即孟子所謂「小體」也；曰
「梏」、曰「滯」者，即孟子所謂「從小體」也。蓋性，
誠也；心，幾也。幾者誠之幾，而迫其為幾，誠固藏焉，
斯「心統性」之說也。然在誠則無不善，在幾則善惡歧出，
故周子曰「幾善惡」。是以心也者，不可加以有善無惡之
名。張子曰「合性與知覺」，則知惡、覺惡亦統此矣。乃
心統性而性未舍心，胡為乎其有惡之幾也？蓋心之官為
思，而其變動之幾，則以為耳目口體任知覺之用。故心守
其本位以盡其官，則唯以其思與性相應；若以其思為耳目
口體任知覺之用為務，則自曠其位，而逐物以著其能，於
是而惡以起矣。（《讀四書大全說》頁715）

　　船山即言心之本位與吾人之性乃為相應矣，道心乃為人心之
本，人心乃為道心之用。若吾人之「思」以「性」為省察之對象，
則善；反之，不思則不善。陳祺助先生即指出：「不善之情習雖
若固有，卻非性體有不善。惡並不存於內在性體，也不存在於外
在萬物，而是因為內外在往來之幾所發之情不當於物我之位而出
現。故惡的本質是善的不足，是虛妄不實，惡並非真實的存在。
人能知道物我之幾的性質，衡定當於物我之位的正情，知幾審位，
天理充周，不善自然消失。」[174]若吾人之心能「守其本位」，凝
天之善以成性，即是所謂之「道心」；反之，若吾人之心「以其

---

174 參見氏著，《王船山「道德的形上學理論」之開展》，頁304。

思為耳目口體任知覺之用為務，則自曠其位」，則與「性」離緣
物而動，順情之不善而成私情，而結為「情習」，「惡」即由此
而起。船山續論心之不思云：

> 蓋唯無情、無覺者，則效於不窮而不以為勞，性是也。（誠
> 無為。）心既靈明而有情覺矣，畏難辛易之情生矣。獨任
> 則難，而倚物則易。耳目之官挾其不思亦得、自然逸獲之
> 靈，心因樂往而與為功，以速獲其當前捷取之效，而不獨
> 任其「求則得，舍則失」之勞，是以往與之逐，「比匪傷」
> 而不恤也。迨其相匪深而相即之機熟，權已失而受制之勢
> 成，則心愈舍其可求可得者，以應乎彼。是故心之含性也，
> 非不善也，其官非不可以獨有所得而必待乎小體之相成
> 也；乃不以之思而以之視聽，舍其田以芸人之田，而己之
> 田蕪矣。夫舍其田以芸人田，病矣，而游惰之氓往往然者，
> 則以芸人之田易於見德，易於取償，力雖不盡，而不見咎
> 於人，無歉於己也。今使知吾心之才本吾性之所生以應吾
> 性之用，而思者其本業也，則竭盡無餘，以有者必備、為
> 者必成焉，又何暇乎就人田而芸也乎？故孟子曰「盡其
> 才」，曰「盡其心」。足以知天下之能為不善者，唯其不
> 能為善而然，而非果有不善之才為心所有之咎，以成乎幾
> 之即於惡也。（《讀四書大全說》頁715-716）

　　船山即言吾人之「性」乃為無情無覺且無為矣，而吾人之「心」
乃為靈明而有情覺，此心乃具有「仁義之德」[175]，然吾人易隨感

---

[175] 「心則只是心，仁者，心之德也。徑以心為仁，則未免守此知覺運動之靈明以
　　為性，此程、朱所以必於孟子之言為之分別也。然孟子言此，則固無病。……

官之刺激而「速獲其當前捷取之效」，產生「畏難幸易」之感，
而喪失了追求吾人之心本有之「性」之能力。吾人之情雖本於性，
然必因吾人之心感於物而發者，是故不純於內；又因其雖感於物
所生，是故亦不純於外，而是內之我外之物，一往一來，所交會
而成。是以吾人之心若含性而動，則當下其緣感於物時，挺立自
我，則可不被小體所蔽。依儒家義理而言，吾人若絕情，亦不可
能盡吾人之性。然若吾人之耳目不以心之思主宰，而使之流於情
習，捨性善而效視聽，即為「舍其田以芸人之田，而己之田蕪矣。」
船山稱此為「病矣」，阻礙吾人與天理之間之流行，曾昭旭先生
即補充道：「蓋心明可以自強不息，以盡其才盡其性也。換言之，
亦即心既即是天德之顯發，自然即具天之全體大用，而有其超越
性、無限性，故不可說昏惰是其固有，不可說畏難幸易是其固有
也。心所以可有昏惰，唯可說有一助緣之誘，此即以心不只具超
越性，亦必下貫於有限之情意外物而與之凝合為一，故即為此情
此物之有限性所誘，可忘其超越性而生畏難之情矣。然此只是一
外誘，而心不必即受其誘；且心若自強不息以發其思，則正可以
不受其誘也。」[176]是以船山言：「性裡面自有仁、義、禮、智、
信之五常，與天之元、亨、利、貞同體，不與惡作對。」（《讀
四書大全說》頁659）又言：「若『反身而誠』，則通動靜、合外
內之全德也。靜而戒懼於不睹不聞，使此理之森森然在吾心者，
誠也。動而慎於隱微，使此理隨發處一直充滿，無欠缺於意之初
終者，誠也。外而以好以惡，以言以行，乃至加於家國天下，使

直以仁為人心，而殊之於物之心，故下直言求心而不言仁。乃下直言心，而言
心即以言仁，其非僅以知覺運動之靈明為心者亦審矣。」參見氏著，《讀四書
大全說》，頁689-690。無仁之心有時雖會離性而動之，然此心並非即是「惡」，
而是「仁」。

176 參見氏著，《王船山哲學》，頁495。

此理洋溢周遍，無不足用於身者，誠也。」（《讀四書大全說》頁603-604），吾人若能落實以自覺而超越之「心之思」體現吾人之性，則即為盡心盡性而進一步與天理流行之。

　　復次，見船山分辨孟子所言之「反身而誠」與《大學》之「誠意」之差別，見其言：

> 「反身而誠」，與《大學》「誠意」「誠」字，實有不同處，不與分別，則了不知「思誠」之實際。「誠其意」，只在意上說，此外有正心、有修身。修身治外而誠意治內，正心治靜而誠意治動。在意發處說誠，只是「思誠」一節工夫。若「反身而誠」，合外內之全德也。靜而戒懼於不睹不聞，使此理之森森然在吾心者，誠也。動而甚於隱微，使此理隨發處一直充滿，無欠缺於意之初終者，誠也。外面以好以惡，以言以行，乃至加於家國天下，使此理洋溢周徧，無不足用於身者，誠也。三者一之弗至，則反身而不成也。（《讀四書大全說》頁 603-604）

　　船山即說道孟子所言之「反身而誠」實與《大學》之「誠」不同。《大學》之「誠」只是《大學》八條目中之一節修身工夫，亦只是船山所言之「思誠」之其中之一節工夫，其主在使吾人所發之意念復歸於善。然船山以為之反身而誠者，乃吾人存主於內之仁義禮能使古今中外一切事理具創生性[177]，篤實會通於心，發

---

177 關於「事理之創生性」，唐君毅先生即補充道：「事理之為具體之理，又與性理社會文理之為具體之理亦不同。其不同在：性理為普遍者，形而上者；而事理為特殊者，形而下者。……事理則可分別直就一人一事之所以成上說。……成新事之理，乃隨事之不斷發生，而亦不斷創出，此之謂事理之創生性。……中國由明末至清之思想家，最能了解事理之所以為事理者，莫如王船山。」參

之於外則能使內具之仁義禮流行於天下以建立人道，是以內外相合、存真去偽、動靜一貫皆真實而無妄，變化而不息也。船山所言之「思誠」即是擇善固執地貞定天地萬物之存在意義，而使天地萬物皆成為真實之存在。[178]

船山以為若吾人皆能存自我之誠並發用之，建立一真實無妄之人道，此即是儒家義理中「天道性命相貫通」之共義，續見其言：

> 天人同於一原，而物我合於一心者，其唯誠乎。實有是物，則實有處是物之事；實有此事，則實有成此事之理；實有此理，則實有明此理、行此理之心。知有所不至，則不誠；行有所不盡，則不誠，以私意參之，但致其偏，而失其全，則不誠；以私欲間之，雖得其迹，而非真，則不誠。凡此皆棄其性之所固有，人乃背天，而亦無以感通於物矣。[179]

船山即說道思誠之旨，乃是要落實於事理上而言，有應物之

見唐君毅，《中國哲學原論・導論篇》（臺北：臺灣學生書局，2004 年 10 月），頁 79-80。

178 見船山言：「故思誠者，擇善固執之功，以學、問、思、辨、篤行也。己百己千而弗措，要以肖天之行，盡人之才，流動充滿於萬殊，達於變化而不息，非但存真去偽、戒欺求慊之足以當之也。」參見氏著，《讀四書大全說》，頁605。曾昭旭先生即補充道：「思即是既能超越一切既成之型之範現，以知天之全體大用，然後又復能下貫於當前之物，以謂之育之者也。故思之用因仁義之體，仁義之彰顯因思之發用，體用交發，思誠相生。人既已秉仁義之性，而形色皆善，則但須思，便已是善，……此即道德實踐，身心修為關鍵一步。有此則一切行為功效，自闇然日章；無此則一切仁義禮智，都成僵化虛浮而顛倒。故思者，實能貫乎一切事物而貞定其道德方向者也。」參見曾昭旭，《王船山哲學》（臺北：里仁書局，2008 年 3 月），頁 444。

179 參見清・王夫之撰，《四書訓義》。收入於《船山全書》第七冊（長沙：岳麓書社，2011 年 1 月），頁 447。

事，則當有如何應物之理。天道生人而使吾人具有心思，此即為誠而明；人尊天而知仁義理之理而行，此即明而誠。兩端合為一致，誠明相資以成己成物。[180]是以若吾人不能思誠而「知有所不至、行有所不盡、以私意參之、以私欲間之」此皆為不誠之表現，心物本末即無法貫通。是以吾人安頓身心之道，即是致其知、盡其行，以達明誠合一之境。[181]

最後，見船山言：

> 夫誠所以充乎萬里，周乎萬事，通乎萬物者，何也？……夫人之有道，因其有性，則道在性之中；人之有性，因乎天之有命，則性又在天之內。人受此理謂之天，固有其道矣。誠者，天之道也，二氣之運行，健誠乎健，順誠乎順；五行之變化，生誠乎生，成誠乎成。終古而如一，誠而以為日新也；

180　見船山言：「『明』、『誠』，相資者也，而或至於相離。非『誠』之離『明』，而『明』之離『誠』也。『誠』者，心之獨用也。『明』者，心依耳目之靈而生者也。夫抑奚必廢聞見而孤恃其心乎？而要必慎於所從。立心以為體，而耳目從心，則聞見之知皆誠，理之著矣。……故人之欲誠者不能即誠，而欲明者則輒報之以『明』也。報以其實而實明生，報之以浮而浮明生。浮以求『明』而報以實者，未之有也。」參見氏著，王孝魚點校，《尚書引義》，頁4。又言：「以天道言，則唯有一誠，而明非其本原。以人道言，則必明善而後誠身，而明以為基，誠之者擇善而固執之。」參見氏著，《讀四書大全說》，頁136。又言：「『誠』者天之道，而聖人不思不勉而中道，則亦曰誠，是聖人與天而通理也。『誠之』者人之道，而擇善固執則誠乎其身，是賢人與聖而同德也。故分之則有異名，而合之則為一致」參見氏著，《四書訓義》，頁187。船山以為「誠」乃吾人之仁義禮之性，乃透過「明」而發用之。就天道言，誠為體；就人道言，明為「誠」之用，是以兩者各有效用而又相互依存。然若明離開誠則成為浮明。浮明即為虛妄，而非真實。

181　見船山言：「誠者，天之實理；明者，性之良能。性之良能出於天之實理，故交相致，而明誠合一。必於人倫庶物，研幾、精義、力行以推致其極，馴致於窮神，則天下之理得，而成位乎其中矣。」參見氏著，《張子正蒙注》，頁333。

萬有而不窮，誠而以為富有也。惟天以誠為道，故人得實有
其道之體。乃成為天之道，則道之用非天之所為功，而存乎
人。於是有誠之者焉。有是心，以載是德，故誠可存也；有
是才以備斯道，故誠可發也。誠之未著於未有是理之中，而
森然有理之可恃；誠之或虧於未盡善之中，而確然有善之不
易；則命之所凝也，性之所函也，以起人生之大用，而為事
理之所依也，人之道也。（《四書訓義》頁182）

　　船山即說道「誠」之所以能流行充周萬事萬物，皆是因為有
吾人生命實有之存在，進而思誠體現萬事萬物為真實無妄之存
在。[182]船山進一步指出「道」即是「誠」[183]，其以氣言天，而天
之氣化流行是以道大而善小，善大而人性小，天道之善貫注於吾
人之性上以建立吾人善之根源。吾人之性命稟受於天道，而有其
好生之德，是以船山言：「言道者必以天為宗也，必以人為其所
歸。」（《尚書引義》頁124）吾人盡心知性以「尊道」進而與
天地參與日新其德也。[184]
　　船山接著說道陰陽二氣之絪縕運行依循著天道之誠，乾之剛

182　見船山言：「天地之生，以人為始。……聖人者，亦人也；反本自立而體天地
　　之生，則全乎人矣。」又言：「且天地之生也，則以人為貴。」又言：「以我
　　為人而乃有物，則亦以我為人而乃有天地。」參見清・王夫之撰，李一忻點校，
　　《周易外傳》（北京：九州出版社，2010年1月），頁53、58、70。
183　見船山言：「誠與道，異名而同實者也。修道以存誠，而誠固天人之道也。」
　　參見氏著，王孝魚點校，《尚書引義》，頁113。
184　關於「命」，見船山言：「謂之曰『命』，則須有予奪。若無所予而亦未嘗奪，
　　則不得曰命。言吉言福，必有所予於天也；言凶言禍，必有所奪於天也。故富
　　貴，命也；貧賤，非命也。繇富貴而貧賤，命也；其未嘗富貴而貧賤，非命也。
　　死，命也；不死，非命也。夭者之命因其死而言，壽者之命亦要其終而言也。」
　　參見氏著，《讀四書大全說》，頁722。船山對於「命」之理解即在於有所「奪
　　予變化」，方之謂命。

健與坤之柔順之性質即獲得彰顯。而「健順」相涵之發用流行，皆是性之發用也。[185]如此看來，船山所言之健順之誠乃具動態性，是以天雖是天地萬物之根源，然船山以為唯有透過吾人繼天之善，在每個陷溺之當下做安身立命之抉擇，透過落實平時存心養性之工夫，知天道之誠，吾人落實思誠之，天道與吾人之性貫通合一，以建中和人道之極。[186]在參贊天地之中真實實踐「命日降，性日生」之旨。[187]積累不移地不斷繼善，療癒自我之生命，進而在生活世界中建立自我生命真實富厚之意義價值。

見船山續云：

> 特心之為幾，變動甚速，而又不能處於靜以待擇，故欲盡心者無能審其定職以致功。（審者心也。以其職審，故不能自審。）是故奉性以著其當盡之職，則非思而不與性相應；（知覺皆與情相應，不與性應。以思御知覺，而後與

---

185 見船山言：「秉太虛和氣健順相涵之實，而合五行之秀以成乎人之秉彝，此人之所以有性也。原於天而順乎道，凝於形氣，而五常百行之理無不可知，無不可能，於此言之則謂之性。人之有性，函於心而感物以通，……順而言之，則惟天有道，以道成性，性發知道；逆而推之，則以心盡性，以性合道，以道事天。惟其理本一原，故人心即天；而盡心知性……聖學所以天人合一。」又言：「健順，性也。」參見氏著，《張子正蒙注》，頁 17-18、328。

186 見船山言：「自天有命，則知誠以為命矣；命以為性，則性皆其誠矣；率性為道，則道本於誠矣。中為大本，誠之體也；和為達道，誠之用也。費者皆其誠，非增益於一真之外也；隱者為其誠，非托於虛無之表也。誠者天之道，而知仁勇之真體斯在；誠之者人之道，而智仁勇之大用以起。」參見氏著，《四書訓義》，頁 232。又見其言：「以人為依，則人極建而天地之位定也。」參見氏撰，李一忻點校，《周易外傳》，頁 31。

187 見船山言：「命日降，性日受。性者生之理，未死以前皆生也，皆降命受性之日也。……『成性存存』，存之又存，相仍不舍。故曰『維天之命，於穆不已』。命不已，性不息矣。」參見清·王夫之，《思問錄》。收入於明·黃宗羲，清·王夫之撰，《黃梨州王船山書》，頁 14。

性應。）窮理以復性於所知,則又非思而不與理相應;但
知覺則與欲相應,以思御知覺而後與理應。然後心之才一
盡於思,而心之思自足以盡無窮之理。故曰:「盡其心者,
知其性也。」然則不能盡其心者,亦唯知有情而誤以知覺
受役焉,乍喜其靈明者之有效,乃以曠其職而不恤焉爾。
故聖不觀無理之心,(此一語扼要。)斯以遠於小人而別
於異端。(《讀四書大全說》頁716-717)

　　引文中船山即言吾人之心無時而不處於動之狀態,於當下與
外物感應而有不當之幾時,吾人之性來不及制止之,即成惡。是
故吾人欲盡性,必須透過「心之思」貫於當前之物,是以船山言:
「故『思』之一字,是繼善、成性、存存三者一條貫通梢底大用,
括仁義而統性情,致知、格物、誠意、正心,都在者上面用工夫,
與《洪範》之以『睿作聖』一語斬截該盡天道、聖功者同。孟子
之功,不在禹下,此其一徵矣。」(《讀四書大全說》頁700-701)
船山接著說道吾人之知覺乃與「情」相應,不與性應,吾人之「思」
可以「御知覺而後與性應」,而後方能真正地盡其心、盡其才。
曾昭旭先生即補充道:「思即是既能超越一切既成之型之範限,
以知天之全體大用,然後又復能下貫於當前之物,以位之育之者
也。故思之用因仁義之體,仁義之彰顯因思之發用,體用交發,
思誠相生。人既已秉仁義之性,而形色皆善,則但須思,便已是
善,……此即道德實踐,身心修為關鍵一步。有此則一切行為功
效,自闇然日章;無此則一切仁義禮智,都成僵化虛浮而顛倒。
故思者,實能貫乎一切事物而貞定其道德方向者也。」[188]無怪船

---

188 參見氏著,《王船山哲學》,頁444。

山言：「孟子說此一『思』字，是千古未發之藏，與《周書》言『念』，《論語》言『識』，互明性體之大用。念與識則是聖之事，思則是智之事。范氏《心箴》偏遺下『思』字，只說得活動包含底，則雖有三軍而帥已奪矣。」（《讀四書大全說》頁699-700）是以船山主張透過心之思，以體現由天所賦予於吾人之至善性體，若能於此生活世界中確實地實踐「思」之工夫，即是臻於善而去除惡，而吾人即以此為根基，加以弘道[189]，開展道德實踐，體現儒家義理之價值，建立人文化成之世界。

肆、小　結

經由上文筆者之梳理，吾人可知船山所言之「人性」乃是至善之性體，是以吾人皆為性善，然因各人氣質有所差異而有不同也，總體而言，吾人天生之性是善也。而船山以為「惡」之來源，乃是歸於「物之來幾與吾之往幾之不相應」，吾人不順先天之性所緣物動，而造成吾人生命之氣之流行之阻滯與閉塞，是以「惡」就船山看來，不可歸於氣稟，亦不可歸於順性而動之情，相反地，船山特重「情才」在盡性繼善之道德實踐中，所展現善情善才之道德意義與價值，以求自我之氣充盈盛大。

至於吾人該怎麼去惡呢？船山提出去惡之工夫即在「心之思」，進而盡心盡性，以體現「至誠」之境界。船山即言：

---

189 見船山言：「心者，人之能弘道者也。若性之與道，在大儒眼底，從條理粲然中，看得血脈貫通，故不妨移近一層與人說。道體自流行於天下，而與吾性相附麗，唯人有性，故天下之道得與己而相親。此張子之所以言性也。『心能盡性』，性盡則道以弘矣。『性不知撿心』，故道無繇以弘人也。性涵道，則道在性中，乃性抑在道中，此不可煞說。而非性即道、道即性也。」參見氏著，《讀四書大全說》，頁439。

說到一箇「誠」字，是極頂字，更無一字可以代釋，更無一語可以反形，盡天下之善而皆有之謂也，通吾身、心、意、知而無不一於善之謂也。若但無偽，正未可以言誠。（但可名曰「有恆」。）故思誠者，擇善固執之功，以學、問、思、辨、篤行也。己百己千而弗措，要以肖天之行，盡人之才，流動充滿於萬殊，達於變化而不息，非但存真去偽、戒欺求慊之足以當之也。盡天地只是箇誠，盡聖賢學問只是箇思誠。即是「皇建其有極」，即是二殊五實合撰而為一。……格、致、誠、正、修、齊、治、平八大段事，只當得此「思誠」一「思」字，曰「命」、曰「性」、曰「道」、曰「教」，無不受統於此一「誠」字。（《讀四書大全說》頁 605）

「誠」之字釋為「誠摯」、「誠樸」[190]。而船山將其詮釋為「實有」之義。引文中船山即以為天地之間只是一「誠」，天道之誠下貫於吾人身上，則體現其誠，然吾人因心之變動甚速而有惡，是故吾人若欲為善去惡，其工夫即是「心之思誠」，是以船山言：「聖人之德自誠而明，而所以爾者，則天命之性『自誠明』也。賢人之學自明而誠，而其能然者，惟聖人之教『自明誠』也。」（《讀四書大全說》頁 148）曾昭旭先生即補充道：「既知一切不善之最終根源，只由心之不思，則去惡之道，自然亦以心之思誠為最根本工夫也。」[191]船山主張一切修養之工夫之根源，即是「思誠」。見船山總結言：

---

190 「故非誠賈，不得食于賈；非誠工，不得食于工。」參見姜濤，《管子新注》（山東：齊魯書社，2009 年 4 月），頁 40。

191 參見氏著，《王船山哲學》，頁 496。

> 乃誠身則抑有道矣，夫一於善、無不善之謂誠，……是故學
> 問思辨之事起而有功，亦要以誠吾身而已矣。由此觀之，君
> 子之全學歸於一誠之克盡，而天下理皆於一誠而各得，則即
> 是而可知其故矣。（《四書訓義》頁 448－449）

　　船山即說道「誠」乃為集天下之「善」於一身，而吾人所有
修養工夫之根柢，旨在於誠實面對生命中之虛妄並加以破除之，
對自我之生命進行深刻之涵養省察，是以若吾人能確實地思幾審
位，將天理充周流行於物我相應之現前之幾，即為體現至善而無
惡之境地。

第四章 論「工夫」義蘊之意義治療

第一節 論王陽明「格物」
義理中的意義治療

「意義治療」是由維也納大學的精神醫學暨神經學教授維克多‧傅朗克先生所開創之心理學派。1983 年 5 月，傅偉勳先生的一篇刊載於《中國時報》上之文章〈弗朗克爾的意義治療法——兼談健全的生死觀〉，正式地將意義治療介紹至臺灣[1]。林安梧先生在 1996 年發表其著作《中國宗教與意義治療》，首開以「意義治療」開展儒家所隱含之治療學思維。

須要特別說明的是，「意義治療」並非只是挪用西方哲學理論硬生生地拆解中國義理思想；相反的，筆者是希望透過理解與詮釋之方式，彰顯明代大儒王陽明良知學所蘊含之治療學意義。[2]林安梧先生即指出：「中國心性學的實踐傳統強調所謂『生命之

---

1 參見傅偉勳，《死亡的尊嚴與生命的尊嚴》（臺北：正中書局，2010 年 6 月），頁 205

2 關於理解與詮釋，張鼎國先生曾指出：「首先所有詮釋理解之活動，自我定位上都不是從零點出發，而必然包含著對既有傳統經典的尊重與傳承，以及期望令其持續發揮實效及影響的努力。權威除了經典本身的權威外，還有一個歷代註疏者隨著時代的要求而建立的權威……而哲學詮釋學主張詮釋理解不是向著過去的，而是針對當下並指向未來的開放發展。」參見張鼎國，《詮釋與實踐》，（臺北：政大出版社，2011 年 12 月），頁 136。

體驗』，『體驗』指的是『驗之以體』及「以體驗之」的兩個迴環，『驗之以體』指的是經由吾人自家生命的理解與詮釋，尋得了整個生命的座標，由存在的經驗而上遂於體的過程；『以體驗之』指的是以此返於體而尋得的座標，迴返於廣大的生活世界，去座標這個世界，這是由道體而下反於存在的經驗的過程。」[3]其亦補充說道：「我們說儒學的心性之學，現在應該要落在整個意義治療裡面加以展開。通過具體的經驗事物的理解，然後朝向一個理論性的考察，並且經由這個理論性的考察，往上成為一個立體建構性的追溯。這個追溯是上通於道、上通於存有之源，上通於宇宙造化之源，也就是我們所說的，你的信息之場通過這樣的過程梳理以後，才能夠接通那神聖的信息之場。」[4]筆者以為陽明之義理即是透過對於自我生命之理解與詮釋，進而追尋自我之生命意義。陽明之言論並非只是空泛之理論，而是實際地針對生活中所面臨之困境，即事言理。而陽明主張「人人皆可成聖」之依據，在於吾人天生本有之良知，透過實踐為善去惡，即可體現吾人蘊含於生命深處之良知本體。

曾昭旭先生曾說道：「當人的心靈愈能濾除雜染而接近純淨的時候，他對真理的理解或詮釋也就愈近似。但人的心靈是如何濾除雜染以恢復純淨的呢？這除了無為靜養的消極工夫之外，更重要的是正要通過對真理的理解詮釋來自我檢證、自我成長、自我實現來逼近真理以達成的。」[5]陽明相信唯有良知方為真知，只

---

3 參見林安梧，《中國宗教與意義治療》（臺北：明文書局，2011 年 7 月），頁10。

4 參見林安梧，《儒學轉向：從「新儒學」到「後新儒學」的過渡》（臺北：臺灣學生書局，2006 年 2 月），頁 436。

5 參見曾昭旭，《良心教與人文教：論儒學的宗教面相》（臺北：臺灣商務印書館，2003 年 8 月），頁 28-29。

有順著良知而發動工夫，吾人才可克制私欲，在生命之中實踐吾人之所學。是以本文之開展從「什麼是格物」開始論述；接著說明「陽明良知學與傅朗克意義治療之會通在於「吾人皆有向上提昇、追求生命意義之能力。」；最後闡述「如何體現格物」。希冀以陽明義理開展其意義治療之可能，並實踐於現代社會中，立己立人。

壹、「格物」之義蘊

「格」字依東漢許慎《說文解字》之解釋為：「木長兒。从木各聲。」[6]「物」字則為「萬物也。牛爲大物；天地之，起於牽牛，故从牛。勿聲。」[7]而「格物」一詞，則始出《大學》中：「致知在格物，物格而後知至。」[8]王陽明提出與朱熹截然不同的「格物」論，其對「格」、「物」之義蘊皆有別於朱熹之詮釋。據《年譜》記載，陽明在其二十一歲時曾有過格竹之行動，希望透過對於研究自然界之變化，以體悟「理」。然尚未格出道理反倒格出病來。[9]而陽明在晚年時向學生自述早年其格竹之故事：

> 先生曰，「眾人只說格物要依晦翁。何曾把他的說去用？我著實曾用來。初年與錢友同論做聖賢要格天下之物。如今安

---

6 參見東漢・許慎撰，清・段玉裁注，《說文解字注》（臺北：天工書局，87 年 8月），頁 251。

7 同上注，頁 53。

8 參見南宋・朱熹，《四書章句集註》（臺北：鵝湖月刊社，2014 年 10 月），頁 349。

9 先生始待龍山公於京師，遍求考亭遺書讀之。一日思先儒謂『眾物必有表裡精粗，一草一木，皆涵至理』，官署中多竹，即取竹格之；沉思其理不得，遂遇疾。」參見明・王守仁撰，吳光、錢明、董平、姚延福編校，《王陽明全集》〈上海：上海古籍出版社，2014 年 1 月〉，頁 1348-1349。

得這等大的力量？因指亭前竹子，令去格看。錢子早夜去窮
格竹子的道理。竭其心思。至於三日，便致勞神成疾。當初
說他這是精力不足。某因自去窮格。早夜不得其理。到七日，
亦以勞思致疾。遂相與歎聖賢是做不得的。無他大力量去格
物了。及在夷中三年，頗見得此意思，乃知天下之物，本無
可格者。其格物之功，只在身心上做。決然以聖人為人人可
到。便自有擔當了。這裏意思，卻要說與諸公知道。」[10]

陽明的格物義理在其三十七歲龍場悟得「聖人之道，吾性自
足」後有很大之轉變，陽明體悟向外求理是錯誤的，必須將格物
窮理之工夫經由外在導引向吾人自身，因此王陽明以「正」字詮
釋「格」，又以「事」，詮釋「物」。[11]值得注意的是，陽明的
格物說，強調在「在事上正心」，物有不正，則吾人之心即有不
安。此「事」字，須落實於生活中實踐之，即陽明所言之「事上
磨練」。[12]陽明接著說：

格物如孟子「大人格君心」之「格」。是去其心之不正，以
全其本體之正。但意念所在，即要去其不正，以全其正。即
無時無處不是存天理。即是窮理。天理即是明德。窮理即是

10 參見陳榮捷，《王陽明傳習錄詳注集評》（臺北：臺灣學生書局，2006 年 9 月），
　　頁 370。
11 「物者，事也，凡意之所發必有其事，意所在之事謂之物。格者，正也，
　　正其不正以歸於正之謂也。正其不正者，去惡之謂也。歸於正者，為善
　　之謂也。夫是之謂格。」參見氏著，《王陽明全集》，頁 1071。
12 陽明曾以斑駁之鏡子為喻，說明吾人之心須時刻維持澄明：「常人之心，
　　如斑垢駁雜之鏡，須痛加刮磨一番，盡去其駁蝕，然後纖塵即見，纔拂
　　便去，亦自不消費力。到此已是識得仁體矣。」參見氏著，《王陽明全
　　集》，頁 164。

明明德。(《傳習錄》頁 39)

又言：

> 大學工夫即是明明德。明明德只是箇誠意。誠意的工夫只是
> 格物致知。若以誠意為主，去用格物致知的工夫，即工夫始
> 有下落。即為善去惡，無非是誠意的事。(《傳習錄》頁 154)

　　陽明將《大學》中「格物」、「致知」、「誠意」、「正心」
之次序完全取消，並將其視為同一工夫。陽明以為《大學》之義
理工夫即在於「誠意」，「誠意」即為《大學》一書之核心義理。
而誠意即為正心，即為格物，即為致知。然陳來先生對此指出陽
明之說法有兩點困難之處：「一是把格物說成正念頭就和《大學》
本有的「正心」條目重複，二是把學問完全轉向內心，就把儒學
傳統「學」「問」的一面完全抹殺了。」[13]但蔡仁厚先生則提出
不同之見解：「格物、致知、誠意，甚至加上正心，都是工夫，
但卻不是四者本身各有一套獨特的工夫，而是步步逼緊集中於一
點而又互相關聯著來說，因此，只能是一個工夫。」[14]蔡仁厚先
生所言「集中於一點」，即為吾人之「良知」，陽明之義理工夫，
皆是以良知為核心，以良知為進路，進而實踐於吾人之生命中。
秦家懿先生也指出：「他（陽明）的（義理）起點與終點，是同
一箇『心』。換句話說，他由『心』的一個層次（『人心』）達
到另一層次『道心』。」[15]筆者在此認同蔡仁厚先生與秦家懿先

---

13 參見陳來，《宋明理學》（臺北：允晨文化，2010 年 2 月），頁 307。
14 參見蔡仁厚，《王陽明哲學》（臺北：三民書局，2009 年），頁 32。
15 參見秦家懿，《王陽明》（臺北：東大圖書公司，2013 年），頁 5。

生之說法，陽明之義理探究的是當吾人生命遇到困境之時，該如何去復求心物合一。是以，吾人唯有將自我之良知安頓，實踐了良知，亦實踐了學問。

　　陽明以「明明德」詮釋「誠意」，即是以誠意為主，去實踐格物致知之工夫，工夫才有實踐之可能。在〈大學古本序〉中，亦可看出陽明以為「誠意」之重要性：「《大學》之要，誠意而已矣。誠意之功，格物而已矣。誠意之極，止至善而已矣。」（《王陽明全集》頁 270）是以格物者，須要從吾人之內在良知下功夫，若能時時擴充此良知，自審不正而格其正，並於事上實踐，安了此心後，方可追求外在之自然知識，否則此心不安，當吾人在生活中面臨到困境時，無法使所學之知識發揮作用。那麼追求外在之理亦是枉然。而陽明亦點出向外格物窮理之侷限性：

> 吾教人致良知在格物上用功，卻是有根本的學問。日長進一日。愈久愈覺精明。世儒教人事事物物上去尋討，卻是無根本的學問。方其壯時，雖暫能外面修飾，不見有過。老則精神衰邁，終須放倒。譬如無根之樹，移栽水邊。雖暫時鮮好，終久要憔悴。（《傳習錄》頁 311）

　　陽明闡述若只依靠向外格物窮理，則當吾人年老力衰、再無精力可作格物之工夫時，那麼吾人是否就必須放棄成聖之道？是故唯有體悟吾心即理，並時刻自覺地在良知本心上做工夫，擴充此心體，若是將來生病或是衰老、受苦痛折磨，吾人仍不會向欲望屈服，此即為陽明格物之真義。

貳、「格物」與意義治療之交會

上文闡述了什麼是「格物」，筆者將於本節進一步說明格物與意義治療之交會之處在於「吾人皆有向上提昇、追求生命意義之能力。」

吾人之存有具有三個層次：即身體、心理與精神，其中以精神層次為最高。傅朗克指出：「人之所以為人在於不斷邁向自己以外的人或事物，去實現意義。在此，意義的實現在於或是會遇某人，或為某種價值而獻身，或去愛某個人。唯有當人活出存在自我的超越面向，他才成為本真的人，他才成為真正的自己。」[16] 傅朗克之意義治療旨趣在於其肯定吾人具有突破內外種種條件之限制決定，是因為吾人天生均有「自由意志」[17]，唐君毅先生亦說道：「人之異於其他自然萬物者，在其有自覺的心靈。」[18] 此即為人類不同於世上其他生物之處，無法控制之「命」可以奪走吾人之一切，然「命」無法奪去的，是當下吾人如何選擇應變困境之自由。是以吾人皆具有突破內外種種之命定限制，進而發揮出自由意志之力量。

吾人為什麼須要追求生命意義呢？原來在先秦時期孔子即提出所謂「義命對揚」之概念，「命」指涉的是吾人生命中種種非人力可決定之事，屬「客觀之限制」；「義」則為「自覺之能

16　參見傅朗克著，李雪媛、柯乃瑜、呂以榮合譯，《向生命說 yes!》（臺北：啟示出版，2009 年 6 月），頁 266。

17　關於「自由意志」，傅偉勳先生曾說道：「無論如何，任何強調宗教、道德等生命價值的人性論，基本上都必須堅持自由意志論的立場，否則所有個人實踐只會變成紙上談兵，無有意義可言。」參見氏著，《死亡的尊嚴與生命的尊嚴》，頁 213。

18　參見唐君毅，《人生之體驗續編》（臺北：學生書局，1996 年 3 月），頁 37。

力」。蔡仁厚先生對此說道：「人生的意義和價值，不能從成敗利害上作計較，而應在是非善惡處作判斷，以『是其是而非起非，好其善而惡其惡』。」[19]而傅朗克亦指出：「我之所以主張人類必須為生命負責，且必須實現生命的潛在意義，是想要強調，生命真正的意義要在這世上尋找，而非從個人或精神層面尋找，這不是個封閉系統。我稱這基本的特性為『人類存在的自我超越』。」[20]生命之意義價值，不在於其長短，而是在有限性中，創造無限性之意義價值。牟宗三先生說：「一般人常說基督教以神為本，儒家以人為本。這是不中肯的。儒家並不以現實有限的人為本，而隔絕了天。他是重如何通過人的覺悟而體現天道。人通過覺悟而體現天道，是盡人之性。因人以創造性本身作為本體，故盡性就可知天。此即孟子所說：『盡其心者，知其性也，知其性，則知天矣。』這盡性知天的前程是無止境的。它是一直向那超越的天道之最高峰而趨。而同時盡性知天的過程即是成德的過程，要成就一切價值，人文價值世界得以全部被肯定。」[21]身為明代大儒的陽明，即是通過實踐其良知，追尋其生命之意義，進而達到天人合德之境。

而從陽明與學生之問答，可看出陽明對於「性命」之態度：

問「志士仁人」章。

先生曰，「只為世上人都把生身命子看得來太重。不問當死

---

19 參見蔡仁厚，《中國哲學史》（臺北：學生書局，2009 年 7 月），頁 68。
20 參見氏著，李雪媛、柯乃瑜、呂以榮合譯，《向生命說 yes!》，頁 167-168。
21 參見牟宗三，《中國哲學的特質》（臺北：臺灣學生書局，2015 年 10 月），頁 96。

不當死。定要宛轉委曲保全。以此把天理卻丟去了。忍心害
理，何者不為？若違了天理，便與禽獸無異，便偷生在世上
百千年，也不過做了千百年的禽獸。學者要於此等處看得明
白。比干，龍逢，只為他看得分明，所以能成就得他的仁」。
（《傳習錄》頁 319）

　　陽明所欲闡述的，是吾人時常把生存看得過於執著，然陽明
以為若一昧地委屈求全，做些傷天害理之事以求生存，如此之人
生是無意義可言的。是以，「為善去惡」是吾人身處於世，正視
自我之有限性，而認真展開追求生命意義之工夫，時刻依著良知，
順著此良知本心並實踐，即為體現道（良知）。是以陽明曰：「心
即道。道即天。知心則知道知天」。（《傳習錄》頁 96）曾昭旭
先生即說道：「在這樣一種道德的覺知下，便自然興發一種對外
物（包括人事物）的悱惻之感。這便構成一種動力，要人去做及
物潤物的道德創造。所謂『仁者愛人』，推展之而為親親、愛民、
愛物，或者齊家、治國、平天下。但不管實際上這道德事業能開
展到哪一地步，而本質上無非是這一點發心之仁、悱惻之感，亦
即一心之遍閏。必如此不斷地順此心之悱惻去實踐，此心才能安，
生命才飽滿。」[22]陽明之格物即是由吾人之心靈根源（良知）而
發之純粹善念，落實於生活中，「正其不正，使歸於正」，如此
展開治療之用。
　　然所謂「為善」並非狹隘地專指做善事，而是指逆覺吾人良
知本心之澄明，若存著苟且偷生之念頭，竭盡所能地延長自我之
壽命，這樣地人生是無意義可言之。陽明亦說道：「當生則生，

---

22 參見氏著，《良心教與人文教：論儒學的宗教面相》，頁 131-132。

當死則死。斟酌調停，無非是致其良知，以求自慊而已。」（《傳習錄》頁242）傅朗克亦用自身之經驗，說明生命意義之重要性：

> 無論處在何種環境下，人的生命總是具有意義，這個無限的存在意義當然也包括了痛苦與臨終、困境與死亡。因此，我請求躺在漆黑營房裡專心傾聽的可憐同伴，正視我們當前的嚴峻處境，絕不可灰心氣餒，即使我們的奮鬥毫無希望，也無損其意義與尊嚴，時時保有勇氣……最後我說，我們的犧牲絕對有意義，其意義就在於犧牲的本質當中，雖然在這世界上（這看重外在成就的世界）犧牲似乎無法成就任何目標，但無論為了一個政治理想或為了他人而自我犧牲，確實有意義存在。[23]

　　不可否認的是，死亡或無常是吾人無法避免之最可怕之經驗事實，然吾人若能不因壽命長短而改變為善之心體，在生活中每個抉擇之當下無愧於自我之良知，則可達陽明所謂「心外無物」[24]之境，亦即實踐自我之生命意義。

---

23 參見氏著，李雪媛、柯乃瑜、呂以榮合譯：《向生命說 yes！》，頁141-142。
24 關於「心外無物」，曾昭旭先生曾指出：「人須得不斷在生活中，亦即在生命的存在情境中，釐清物我的分際，了知一切物事既在我之外（就現象或事實層而言），又在我之內（就本體或價值層而言），而物我交融，不一不異……亦即體證主體生命之存在，絕非孤懸之存在，而必然是即一切事物而存在、在日常生活中存在。所以及物潤物乃成為主體生命的分內事，物我一如才是一心存在的圓滿義也。陽明所謂心外無物，亦必須經過如此辯證的實踐歷程方得以證成。」參見曾昭旭，《存在感與歷史感：論儒學的實踐面相》（臺北：臺灣商務印書館，2003年8月），頁21。

參、「格物」之體現

上文筆者闡述了格物與意義治療之會通之處在於吾人皆有向上提昇、追求生命意義之能力。本節進一步論述「陽明格物之工夫該如何體現」。

在吾人之一生中，時常會受到私欲阻隔，而「格物」即是省察吾人生命之苦痛，以解決吾人生命之問題，進而追求生命之意義。而具體之實踐，則要落在「為善去惡」上言之。見《傳習錄》載：

> 爾那一點良知，是爾自家底準則。爾意念著處，他是便知是，非便知非。更瞞他一些不得。爾只不要欺他。實實落落依著他做去。善便存，惡便去。他這裡何等穩當快樂！此便是格物的真訣，致知的實功。（《傳習錄》頁 291）

陽明以為，吾人之良知本心是「至善」。是故，陽明之格物工夫之發動處在於誠良知本心所發之意念，唯有將為善之意念實踐於之行動方為「為善」；若有惡之意念產生時，則將此惡格去、正本清源，時刻持正良知，成為活潑潑當下呈現之一體，即為「克己」。陽明在其〈大學古本序〉中，有進一步之論述：

> 至善也者，心之本體也。動而後有不善，而本體之知，未嘗不知也。意者，其動也。物者，其事也。至其本體之知，而動無不善。然非即其事而格之，則亦無以致其知。故致知者，誠意之本也。格物者，致知之實也。物格則知致意誠，而有

以復其本體，是之謂止至善。（《王陽明全集》頁 271）

　　「至善」，乃吾人天生本具之良知本體。然因吾人在生活中常因私欲而則阻隔吾人之良知，是以此良知本體發動時，則有順從良知（善）以及不順從良知之別（惡），是以，吾人須好善惡惡，即為誠意。由好善惡惡，進而為善去惡，以正其意念之不正者，復歸於正，即為格物、即為致知。是以陽明云：「悟致知焉，盡矣。」（《王陽明全集》頁 271）

　　陽明「格物」之說法，包含了辯證與實踐，是「實踐之知」，而其在五十歲時，提出「致良知」之教，總攝其早年「格物致知誠意」等工夫[25]，陽明所謂之「知」，即為吾人天生本具之「良知」、亦為「心」、亦為「性」，見《傳習錄》載道：「良知者心之本體。」（《傳習錄》頁 214）、「性無不善，故知無不良。」（《傳習錄》頁 217）「良知」為吾人道德實踐之根源亦即動力之所在，是以格物致知與誠意工夫，皆以良知為主而言之。

　　　　陽明曾云：「聖人述六經，只是要正人心。只是要存天理、去人欲。」（《傳習錄》頁 45）乍看之下，陽明似乎否定了研究經典之重要性。陳來先生即指出：「在王守仁對格物的解釋下，朱子學中格物的認識功能與意義被完全取消，代之以簡易直接的方式把格物變為糾正克服非道德意識，否定了經典研究和對自然事物的考察，完全轉向了一種內向性的立場。」[26]鄧克銘先

---

25 致此良知，除卻輕傲，便是格物。得致知二字……此乃千古聖學之秘，從前儒者多不善悟到，故其說入於支離外道而不覺也。」參見氏著，《王陽明全集》，頁 1422。又見《傳習錄》記載：「故區區專說致良知。隨時就事上致其良知，便是格物。著實去致良知，便是誠意。著實致其良知，而無一毫意必固我，便是正心」。參見氏著，《傳習錄》，頁 268。

26 參見氏著，《宋明理學》，頁 307。

生亦說道：「『良知之天理』的內容，即是由良知所肯定、創設之規範。在此看法下，朱子學裏窮究事事物物之定理的『舊說』，完全被陽明之新說所否定。與陽明同時及以後之程朱學者，均一致質疑良知作為心之本體的意義，認為孟子之良知僅說名人之道德行為的能力，實際上仍須不斷地學習事物之理，才能完全實現道德之要求。若僅謂致良知即可成聖，並不可信。」[27]然陽明並非完全否定經書之重要性，其以為研究經書與吾人之生命是密不可分的，吾人必須透過實踐經書中之義理並落實於生命之中以完全了解其義；而非只是考究字音，犯支離之病。陽明即在《稽山書院尊經閣記》中，闡述了其對於經書教化人心之觀點：

> 《六經》者非他，吾心之常道也。故《易》也者，志吾心之陰陽消息者也；《書》也者，志吾心之紀綱政事者也；《詩》也者，志吾心之歌詠性情者也；《禮》也者，志吾心之條理節文者也；《樂》也者，志吾心之欣喜和平者也；《春秋》也者，志吾心之誠偽邪正者也。（《王陽明全集》頁284）

陽明對於六經教化人心之功用仍是抱持著肯定之態度，然陽明以為吾人道德判斷之準則並非來自於經書之權威（外在）；而是來自於吾人天生本有、知善知惡之良知（內具）。因此陽明才會說：「須於心體上用功。凡明不得，行不去，須反在自心上體當即可通。蓋四書五經，不過說這心體。這心體即所謂道心。體明即是道明。更無二。此是為學頭腦處」。（《傳習錄》頁69）在陽明之義理思想中，「尊德性」與「道問學」是密不可分的，

---

27 參見鄧克銘，《王陽明思想觀念研究》（臺北：臺大出版中心，2010年7月），頁94。

陽明曾說道：

> 且如今講習討論，下許多工夫。無非只是存此心不失其德性
> 而已。豈有尊德性，只空空去尊，更不去問學？問學只是空
> 空去問學，更與德性無關涉？如此，則不知今之所以講習討
> 論者，更學何事？（《傳習錄》，頁374）

又言：

> 今要尊我之德性，須是道問學。如要尊孝之德性，便須學問
> 箇孝。尊弟之德性，便須學問箇弟。學問箇孝，便是尊孝之
> 德性；學問箇弟，便是尊弟之德性。不是尊德性之外，別有
> 道問學之功，道問學之外，別有尊德性之事也。（《傳習錄》
> 頁392）

　　陽明再三地強調「道問學」與「尊德性」之關係是相輔相成，陽明相信任何學問都必須真正實踐於生命之中，知識與行為必須相即圓融，不能分殊。而格物之工夫亦須落實在生命中實踐，吾人所學之知識方為真知識，修養之德性亦為真德性。

肆、小　結

　　陽明的良知學，是「生命的學問」，對於安頓吾人之生命、並追求生命之意義具有其實質作用。陽明自己亦常言其良知學是「百死千難中得來」[28]，其良知學並非只是在書本裡之知識，而

28　「某於此良知之說，從百死千難中得來，不得已與人一口說盡。只恐學者得之

是必須落實於生命中而實踐，處理吾人生命中所面臨之難題。

　　不論是先秦時期之儒學，亦或是宋明時期之儒學，乃至於現代之新儒家，儒學的真實意義即在於「立己立人」，曾昭旭先生即指出：「原來所謂形上的真理，本來就不是可以用任何抽象概念來觸及的，而只能從實踐中去體悟。此實踐即稱為『工夫』或『用』。在實踐中體證形上真理，即稱為『即用見體』。而工夫一到，本體即呈現，所以也可以就呈顯處而說之為『即工夫即本體』。在此不抽象懸空地單說一個形上的普遍真理，而重在指點人從工夫實踐中去親證真理的，便是宋明儒學尤其是陽明學的勝場所在。」[29]陽明良知學之宗旨，即是使吾人之生命所受之異化能藉由為善去惡之工夫，接通道德創造之意義之源，以潤吾人之身心，進一步以此工夫追求吾人生命天生本具之意義，使吾人之身心獲得安頓。林安梧先生即說道：「陽明開發了人內在道德實踐的本體根源性動力，產生一種治療的作用；而這個治療，其實也就是以積極的建設，取代生命苦痛的疏離。對於生命苦痛的痕跡該怎麼去梳理？他是不去處理的，而是用積極的建設逐漸地取代跨越內心的痛苦……也就是從意義之源開啟而落人間裡頭，展開實踐。」[30]而陽明良知學之工夫亦非只是單純專指「道德實踐」，林安梧先生即指出：「儒家自古以來即以『道德實踐』作為首出，但所謂的『道德實踐』並不只是為日常規條所限的道德實踐，它

容易，把作一種光景玩弄，不實落用功，負此知耳。」參見氏著，《王陽明全集》，頁1412。又《傳習錄》有記載：「諸君只要常常懷箇『遯世無悶。不見是而無悶』之心。依此良知，忍耐做去。不管人非笑。不管人毀謗。不管人榮辱。任他功夫有進有退。我只是這致良知的主宰不息。久久自然有得力處。一切外事，亦自能不動。」參見氏著，《傳習錄》，頁314。

29　參見曾昭旭，《儒家傳統與現代生活：論儒學的文化面相》（臺北：臺灣商務印書館，2003年10月），頁13-14。

30　參見氏著，《儒學轉向：從「新儒學」到「後新儒學」的過渡》，頁450。

是要通及於宇宙萬物的，它終其極是要要求『與天地何其德，與日月合其明，與四時合其序，與鬼神合其吉凶的』，它是要達到『萬物皆備於我』境地的，要達到『上下與天地同流』理想的。」[31]陽明良知學若只單就文字上進行考究，是無法具有實質作用的。唯有透過文字使吾人逆覺體證內在之良知，並於生命中實踐為善去惡之工夫，這些文字才顯現其意義，而陽明良知學即能於任何時代中，展現其永恆真義。

第二節　論王陽明「知行合一」義理中的意義治療

　　筆者以為中國明代王陽明之良知學所教之「知行合一」，除了與傅朗克意義治療學有互通融會之處外，對於身處於現代社會之吾人所面臨之種種負面問題，亦有起生命自覺[32]療癒之用。然筆者在此必須特別指出的是，本文之開展不以傅朗克之意義治療學之理論逐一比附於陽明良知教之義理。而是直接以陽明良知教中「知行合一」觀，對於吾人生命之自覺為核心開展之。筆者關懷如何將亙古經典重新理解並詮釋為現代社會所用，此亦為身為當代儒者之義務與使命。[33]是以本文之開展，從「程朱理學『知

---

31 參見氏著，《中國宗教與意義治療》，頁 247。

32 關於「自覺」，唐君毅先生曾指出：「人生之目的，不外由自己了解自己，而實現真實的自己。所以人首應使自己心靈光輝，在自己生命之流本身映照，以求發現人生的真理。」參見唐君毅，《人生之體驗》（臺北：臺灣學生書局，2010 年 10 月），頁 41。

33 曾昭旭先生即指出：「故當代知識分子的責任，我認為應承繼歷史上的往聖先賢，為這時代的病痛，提出一個藥方。這個建議乍聽是大話，落實下來，則是一個分工合作的任務，各人在自己的崗位上，提出各自的反省。」參見曾昭旭，

先行後』之知行觀與陽明『知行合一』之知行觀之差別」開始論述；接著說明「陽明『知行合一』與傅朗克意義治療之會通在於吾人順著良知本心而去自覺吾人生命之意義。」；最後闡述「如何體現『知行合一』」。希冀吾人能透過陽明之義理為根據，對於修養工夫之方法與歷程之引導能建構出一套身心安頓之法。治療受虛妄與異化之苦痛之吾人，並進一步做到挺立自我、及物潤物，使吾人獲得「意義治療」。以下即依上述架構，逐步展開討論。

壹、程朱理學「知先行後」與王陽明「知行合一」之義蘊

陽明自三十七歲在龍場體悟「聖人之道，吾性自足」[34]後，隔年於貴陽書院講學時始揭「知行合一」之旨[35]，給予當時受程朱理學「知先行後」論影響之士人們巨大之衝擊。以下筆者將就程朱理學之「知先行後」與陽明良知學「知行合一」之知行觀分別論述之。

《存在感與歷史感：論儒學的實踐面向》(臺北：臺灣商務印書館，2003 年 8 月)，頁 171。

34 「三年戊辰，先生三十七歲，在貴陽。春，至龍場。……龍場在貴州西北萬山叢棘中，蛇虺魍魎，蠱毒瘴癘，與居夷人鴂舌難語，可通語者，皆中土亡命。舊無居，始教之范土架木以居。……自計得失榮辱皆能超脫，惟生死一念尚覺未化，乃為石墩自誓曰：『吾惟俟命而已！』日夜端居澄默，以求靜一；久之，胸中灑灑。而從者皆病，自析薪取水作糜飼之；又恐其懷抑鬱，則與歌詩；又不悅，復調越曲，雜以詼笑，始能忘其為疾病夷狄患難也。因念：『聖人處此，更有何道？』忽中夜大悟格物致知之旨，寤寐中若有人語之者，不覺呼躍，從者皆驚。始知聖人之道，吾性自足，向之求理於事物者誤也。」參見明·王守仁撰，吳光、錢明、董平、姚延福編校，《王陽明全集》〈上海：上海古籍出版社，2014 年 1 月〉，頁 1354。

35 「四年己巳，先生三十八歲，在貴陽。提學副使席書聘主貴陽書院。是年先生始論知行合一。」同上注，頁 1355。

一、程朱理學「知先行後」之知行觀

宋代以前，關於知行之論題尚未有系統性之討論。然因宋明理學之儒者為學之目的皆在於「成聖」，是以成聖之工夫必須涉及到知與行之間的問題。再者《四書》受到當時士人普遍之重視，是故《大學》之「格物致知」[36]、《中庸》之「尊德性而道問學」[37]與《周易》之「窮理盡性」[38]之道德規範與道德實踐之探討，逐漸演變為「知行」問題之討論。程朱二人之知行觀，皆是按《大學》八條目之順序而言：格物致知於前，誠正修齊治平於後。他們重視「知」（認知）之重要性，將知與行分割為兩套工夫，宋儒程頤首開知行之先後論題，其云：

> 故人力行，先須要知。非特行難，知亦難也。《書》曰：「知之非艱，行之惟艱。」此固是也，然知之亦自艱。譬如人欲往京師，必知是出那門，行那路，然後可往。如不知，難有欲往之心，其將何之？自古非無美才能力行者，然鮮能明道，以此見知之亦難也。[39]

程頤主張「知先行後」，其以為吾人只要能真確地知理，則未有不能行者，知識即為吾人行動之動力與保證。是以其曰：「知

---

36 「先致其知；致知在格物。物格而后知至。」參見南宋・朱熹，《四書章句集註》（臺北：鵝湖月刊社，1984 年 9 月），頁 3-4。

37 「故君子尊德性而道問學，致廣大而盡精微，極高明而道中庸。」同上注，頁 35。

38 「昔者聖人之作《易》也，幽贊神明而生蓍，觀變於陰陽，而立卦，發揮於剛柔而生爻，和順於道德而理於義，窮理盡性以至於命。」參見南宋・朱熹，《周易本義》（臺北：大安出版社，2014 年 2 月），頁 267。

39 參見北宋・程顥、程頤撰，《二程集》（臺北：漢京文化，1983 年 9 月），頁 187。

之深，則行之必至，無有知而不能行者。」（《二程集》頁 164）
而引文中程頤說：「知亦難也」，主要是辯駁《尚書》「知易行
難」之旨。其以為吾人之所以不能行，其因在於未知，卻又往往
誤以為自己知理，然其所知並非真理。

而程顥亦用「談虎色變」與鳥喙、水火做例子：

> 真知與常知異。常見一田夫，曾被虎傷，有人說虎傷人，
> 眾莫不驚，獨田夫色動異於眾。若虎能傷人，雖三尺童子
> 莫不知之，然未嘗真知。真知須如田夫乃是。故人之不善
> 而猶為不善,是亦未嘗真知。若真知,決不為矣。（《二程
> 集》頁 16）

又言：

> 饑而不食鳥喙，人不蹈水火，只是知。人為不善，只為不知。
> （《二程集》頁 164）

程顥分辨所謂「真知」與「常知」：田夫因曾被虎傷，是以
其真切地體悟虎之可怕之處；然其他鄉人只是具備虎會傷人之知
識，並未真切地有此經歷，是以若遇虎，仍有被虎所傷之可能。
而鳥喙為毒藥，水火亦可傷人，是以引文中「饑而不食鳥喙，人
不蹈水火」即為二程主張「知先行後」之體現。是故其曰：「須
是知了方行得。」（《二程集》頁 187），其以為知先行後之順
序是不可錯亂也。

朱熹之「知行觀」承襲二程而來，其亦主張「知先行後」，
不過朱熹更強調「實踐」之重要性：

> 為學就其偏處著工夫，亦是。其平正道理自在。若一向矯
> 枉過直，又成偏去。如人偏於柔，自可見。只就這裏用工，
> 須存平正底道理。雖要致知，然不可恃。書曰：「知之非
> 艱，行之惟艱。」工夫全在行上。[40]

　　朱熹以為行之重要性高於知，若只是知而不行，依朱熹來
看，亦為無用之學。是以朱熹主張知行必須兼顧，見其曰：

> 知行常相須，若目無足不行，足無目不見。論先後，知為先；
> 論輕重，行為重。（《朱子語類》頁148）

又言：

> 知與行，工夫須著並到。知之愈明，則行之愈篤；行之愈篤，
> 則知之益明。兩者皆不可偏廢。（《朱子語類》頁281）

　　第一段引文中所謂「相須」，即為「互相須要」之意。而朱
熹所言之「行為重」，並非其自相矛盾，而是唯有「行」才能實
踐最根源之「知」，是以仍是「知先行後」，而第二段引文中則
說明了知與行是有相輔相成之益。此處也可看出，朱熹之「知行
論」較程頤具有彈性，其較強調「行」之重要性，然其與程頤一
樣，主張唯有透過先致知窮理之階段，才能確保行之正確性，是
以行總在知之後，亦即「致知在格物者，言欲致吾之知，在即物

---

40 參見南宋・朱熹著，黎靖德編，王星賢點校，《朱子語類》（北京：中華書局，
　2007年10月），頁223。

而窮其理也。」[41]程朱二人提出之「知先行後」，主張首先必須認清萬物之理，接著才能去實踐，否則實踐會變得毫無根據。[42]朱熹重視「認知與實踐」，並強調實踐之重要性，而程朱學派之「知」乃為「心能知禮」，「行」乃為表現在外之活動。而「知先行後」說在當時即被視為常識，乃為絕對之真理。

二、陽明良知學「知行合一」之知行觀

在朱子學「知先行後」說盛行之時代，陽明卻提出「知行合一」說，顛覆了眾人之認知，可想而知，其門人亦難以理解陽明之意。陽明之高足徐愛因曾與同門師弟黃綰與顧應祥為體悟「知行合一」之旨而進行辯論，然卻未有果。最終向陽明請教：

> 愛曰：「如今人儘有知得父當孝，兄當弟者，卻不能孝，不能弟。便是知與行分明是兩件」。先生曰，「此已被私欲隔斷，不是知行的本體了。未有知而不行者。知而不行，只是未知。聖賢教人知行，正是要復那本體。不是著你只恁的便罷。故大學指箇真知行與人看，說『如好好色』，『如惡惡臭』。見好色屬知，好好色屬行。只見那好色時，已自好了。不是見了後，又立箇心去好。聞惡臭屬知，惡惡臭屬行。只聞那惡臭時，已自惡了。不是聞了後，別立箇心去惡。如鼻塞人雖見惡臭在前，鼻中不曾聞得，便亦

---

41 參見氏著，《四書章句集註》，頁 6。

42 牟宗三先生即補充道：「朱子學問思辨之窮理之屬于知者，很可以有助於道德實踐之行之得正果也。依此，朱子學問思辨之窮理只屬于知，亦只多是前言往行，以其有助于『心體之明』之意耳。此及內外兼修，而此屬于外者也。」參見牟宗三，《王陽明致良知教》（臺北：中央文物供應社，1980 年 4 月），頁 20。

> 不甚惡。亦只是不曾知臭。就如稱某人知孝，某人知弟。
> 必是其人已曾行孝行弟，方可稱他知孝知弟。不成只是曉
> 得說些孝弟的話。便可稱為知孝弟。……知行如何分得開？
> 此便是知行的本體，不曾有私意隔斷的。」[43]

　　陽明所謂「知行本體」，即是指知行之根源與本來意義，在根源處，知行皆為吾人良知本心之發動，是故為一體，不須區分內外。[44]陽明以為吾人能知孝卻不行孝即非「知行合一」，吾人不行孝即是因為良知本體受私欲阻隔，是故一個人行孝時才算知孝，亦即體現「知行合一」。

　　陽明所言之「知」即為良知，是以其曰：「良知者心之本體。」（《傳習錄》頁 214）而陽明所謂之「行」即是由內在良知本體之發動。陽明重視的是「吾人良知發動之根源處」，若依著此根源而實踐，自然會去追尋相關之外在知識。其與徐愛之間之問答，亦可看出陽明為何要提倡「知行合一」之知行觀：

> 愛曰，「聞先生如此說，愛已覺有省悟處。但舊說纏於胸中，
> 尚有未脫然者。如事父一事，其間溫凊定省之類，有許多節
> 目，不知亦須講求否」？先生曰，「如何不講求？只是有箇
> 頭腦。只是就此心去人欲存天理上講求。就如講求冬溫，也

---

43 參見陳榮捷，《王陽明傳習錄詳注集評》（臺北：臺灣學生書局，2006 年 9 月），頁 33。

44 陳來先生即補充道：「『知行本體』是王守仁用來代替真知的概念。『本體』這裡指本來意義，是說知與行就其本來意義而言，是互相聯繫、互相包含的，一切知行分裂的現象都背離了知行的本來意義。按知行的本來意義，知包含了必能行，這是知行本體。」參見陳來，《宋明理學》（臺北：允晨文化，2010年 2 月），頁 309。

只是要盡此心之孝，恐怕有一毫人欲間雜。講求夏清，也只
是要盡此心之孝，恐怕有一毫人欲間雜；只是講求得此心。
此心若無人欲，純是天理，……這都是那誠孝的心發出來的
條件。卻是須有這誠孝的心，然後有這條件發出來。」（《傳
習錄》頁 30）

　　徐愛所言之「舊說」，即為程朱學派「知先行後」之知行觀。
陽明「知行合一」異於程朱學派之關鍵在於，陽明以「真知」（良
知）即是行，而陽明義理最關懷之議題始終是「吾人道德實踐之
根源（頭腦）是否為善？」若為善，順著良知本心所發動，自然
會去實踐其所學之知識。是以陽明強調「存天理、去人欲」使自
我之良知本心，時刻保持純然之狀態，如此外在事物之理，因吾
人良知本心之體現而有意義價值。

　　陽明在與友人之間之書信，亦闡述其「知行合一」說之旨：

問：「自來先儒皆以學問思辯屬知，而以篤行屬行，分明
是兩截事。今先生獨謂知行合一，不能無疑。」曰：此事
吾已言之屢屢。凡謂之行者，只是著實去做這件事。若著
實做學問思辯的工夫，則學問思辯亦便是行矣。學是學做
這件事，問是問做這件事，思辯是思辯做這件事，則行亦
便是學問思辯矣。若謂學問思辯之，然後去行，卻如何懸
空先去學問思辯得？行時又如何去得做學問思辯的事？行
之明覺精察處，便是知；知之真切篤實處，便是行。若行
而不能精察明覺，便是冥行，便是「學而不思則罔」，所
以必須說個知；知而不能真切篤實，便是妄想，便是「思
而不學則殆」，所以必須說個行；元來只是一個工夫。（《王

陽明全集》頁 232）

陽明反對將《大學》中「學問思辨」與「篤行」割裂為「知」與「行」兩件事。是以陽明云：「蓋析其功而言，則有五，合其事而言，則一而已。」（《傳習錄》頁 173）在陽明之義理系統中，「行」具有絕對之優越性，唯有實踐才是真良知[45]，「知」與「行」原本只是一個工夫[46]，是道德根源與道德實踐之自然合一，一切道德價值，即在「知行合一」中而開顯。

貳、知行合一與意義治療之交會

上節筆者闡述了「程朱理學知先行後」與「陽明良知學知行合一」之知行觀，本節筆者將進一步論述「知行合一與意義治療會通之處在於吾人順著良知本心進而自覺吾人生命之意義。」

筆者在此所謂之「交會」，並非泛指陽明良知學與傅朗克之意義治療學之義理與思維為相同也，而是陽明良知學與傅朗克意義治療學在「如何使吾人生命向度獲得提昇」這一命題上，有交融之可能。那麼吾人生命之向度為什麼須要向上提昇呢？原來現代人與過去相比，已愈來愈少因為衣食不周、生活困苦而自殺；其自殺原因多半是自我生命感情之失衡——即無人生意義、身心無法獲得安頓而產生負面之影響。傅朗克稱其為「存在的空虛」

---

45 見陽明言：「真知即所以為行，不行不足謂之知。」參見氏著，《傳習錄》，頁 166。

46 蔡仁厚先生即指出：「陽明所講的致良知的知行合一，實是將窮理解為『在行中窮盡良知之天理』，而並不是窮究外在事物之理。良知之知，是指導而且決定吾人行為之是非善惡的當然之理；因此當良知『知而決定』之時，『行』即隨而含在其中，所以不可分開說。」參見蔡仁厚，《王陽明哲學》（臺北：三民書局，2009 年 8 月），頁 45。

⁴⁷。在現代社會中，吾人容易經驗到生命無意義感。⁴⁸是故，傅朗克欲藉由意義治療學治療有著存在空虛感之吾人，使吾人能藉由反省進而體悟自我需要什麼、自我想要什麼以及自我覺得必須擁有什麼。⁴⁹傅朗克之意義治療學與陽明之良知學皆具有強烈之實踐精神，透過體會兩位哲人之義理，吾人即可使自我之生命，能更具有意義。

吾人為什麼須要自覺自我生命之意義呢？原來在先秦時期孟子即提出：

> 人之所以異於禽獸者，幾希，庶民去之，君子存之。（《四書章句集註》頁 293）

孟子界定吾人與禽獸之差異在於，吾人具有追求意義、價

---

47 「存在的空虛是二十世紀普遍的現象，原因很可能是人類演化後經歷的雙重損失。人類歷史開始發展時，人失去了某些基本的動物本能，而動物行為潛藏其中也賴此感到安全可靠。這種安全感就像天堂一般，永遠禁止人類進入；人必須自己做抉擇。不過，除此之外，人也承受著另一種損失，過去支持其行為的傳統已迅速消失。沒有本能告訴他要做什麼，也沒有傳統告訴他該做什麼；有時候他甚至不知道自己想要做什麼。」參見傅朗克著，李雪媛、柯乃瑜、呂以榮合譯，《向生命說 yes！》（臺北：啟示出版，2009 年 6 月），頁 164。

48 傅朗克指出：「我們必須學習並教導喪失信心的人認清一個觀念，真正重要的絕非我們對生命有何期待，而是生命對我們有何期待！若以專業的哲學術與來表達，其重點在於『哥白尼的轉變』，也就是說，我們不再追問生命的意義為何，而是將自己轉換成被追問的對象，時時刻刻接受生命的追問——這些問題並不是單憑冥想或說話就可以回答，而是必須透過一個行動、一個正確的態度才能找到答案。生命的終極意義不外乎：為了人生問題的正確答案，為了完成個人生命的任務，為了實現關鍵時刻的挑戰而承擔責任。」同上注，頁 135-136。

49 傅朗克指出，吾人真正須要的，是有「追尋意義的意志」：「人對意義的探索是生命最原始的動力，不是因為本能驅策力才『繼而產生的合理化作用』。這般意義是如此獨特與明確，非當事人本身才能圓滿，也唯有如此，獲得的意義才能滿足他自己追尋的意志。」同上注，頁 158。

值、尊嚴之需求，當吾人在追求之過程中受挫，即會有「意義價值的匱乏感」[50]。而正是因為有此負面之存在感，迫使吾人之生命向度必須獲得向上提昇，使吾人去面對人存在之問題，並追尋解決問題之方法。而若吾人真切解決了此問題，即會獲得意義、價值之滿足，進而獲得正面之存在感。[51]傅朗克主張「吾人皆具有生命自覺之能力」之觀點，實與陽明有契合之處。陽明即主張，將「知」（生命）落實於生活中實踐（自覺），換言之，即是由知而貫注到行，正視吾人之負面存在感，並進而求其超越轉化。見陽明言：

> 性一而已。仁義禮知，性之性也。聰明睿知，性之質也。
> 喜怒哀樂，性之情也。私欲、客氣，性之蔽也。質有清濁，

---

50 關於「意義價值的匱乏感」，曾昭旭先生指出：「這人存的初步感知，就是空虛、無聊、煩悶乃至憂慮、恐懼、困惑（子曰：仁者不憂、勇者不懼、智者不惑。）、煩惱、痛苦，總稱為『負面的存在感』，而實即是『不存在感』或『意義價值的匱乏感』，也就是一種在意義價值上的殘缺感、不圓滿感。」參見曾昭旭，《儒家傳統與現代生活：論儒學的文化面相》（臺北：臺灣商務印書館，2003 年 10 月），頁 3。

51 傅朗克即說道：「我之所以主張人類必須為生命負責，且必須實現生命的潛在意義，是想要強調，生命真正的意義要在這世上尋找，而非從個人或精神層面尋找，這不是個封閉系統。我稱這基本的特性為『人類存在的自我超越』。」參見氏著，《向生命說 yes！》，頁 168。唐君毅先生即指出：「此內在覺悟之啟發，究從何處開始？我們可以說，此當自人之超越感知提起開始，人之超越感提不起，人之公的志願總是不能生長，總是為所佔有之事物所拖下，而陷溺沉淪的。」參見唐君毅，《人生之體驗續編》（臺北：臺灣學生書局，1996 年 3 月），頁 82。傅偉勳先生亦補充道：「傅朗克肯定了單獨實存所具探索種種真善美價值的人生意義的自由意志。他所倡導的『意義（探索的）意志』，是要實存地探索人生的種種積極正面的意義或價值，同時藉以找出人之所以能有又應有快樂幸福的根本道理。換言之，人生意義的探索與人生樂趣的道理在前，實際的快樂幸福的獲得在後；並不是先要實際的快樂幸福（或世俗權益），然後才去發現人生的意義與道理。」參見氏著，《死亡的尊嚴與生命的尊嚴》，頁 213。

故情有過不及，而蔽有淺深也。私欲客氣，一病兩痛，非二物也。……夫良知即是道。良知之在人心，不但聖賢，雖常人亦無不如此，若無有物欲牽蔽，但循著良知發用流行將去，即無不是道。但在常人多為物欲牽蔽，不能循得良知。……學者學循此良知而已。謂之知學，只是知得專在學循良知。……後儒嘗以數子者尚皆是氣質用事，未免於行不著、習不察；此亦未為過論。但後儒之所謂著察者，亦是狃於聞見之狹，蔽於沿習之非，而依擬倣像於影響形迹之間，尚非聖門之所謂著察者也。則亦安得以己之昏昏，而求人之昭昭也乎？所謂生知安行，「知行」二字，亦是就用功上說。若是知行本體，即是良知良能。雖在困勉之人，亦皆可謂之生知安行矣。「知行」二字，更宜精察。（《傳習錄》頁233-234）

　　「生知安行」為「生而之知」[52]與「安而知行」[53]之省語。引文中陽明即說道指出私欲與客氣是一種存在於吾人生命中之病痛，而不論是古代聖賢或是常人，皆天生本具良知本體（夫良知即是道，良知之在人心），只是吾人常受私欲阻隔，而不能遵循良知之發用，而有聖賢有所區別。然吾人皆有良知，是以吾人擁有生命意義自覺之能力。陽明在文中亦批評後代士人所言之「著」與「察」，已被狹隘之見聞與舊時之陋習所阻隔，並無法真切體會經典中所謂之「著察」。陽明在文中最後強調其所謂「知學」，只是將工夫專用遵循良知上，而「知行本體」亦即吾人皆本有之「良知良能」。若時刻「知行合一」，如此即是實踐吾人之生命

---

52 「孔子曰：『生而知之者，上也。』」參見氏著，《四書章句集註》，頁172。
53 或安而行之，或利而行之，或勉強而行之，及其成功一也。」同上注，頁29。

意義。

復次，陽明為什麼主張「知行合一」可有助吾人自覺自我生命之意義呢？見其言：

> 某嘗說知是行的主意。行是知的功夫。知是行之始。行是知之成。若會得時，只說一箇知，已自有行在。只說一箇行，已自有知在。古人所以既說一箇知，又說一箇行者，只為世間有一種人，懵懵懂懂的任意去做，全不解思維省察。也只是箇冥行妄作。所以必說箇知，方纔行得是。又有一種人，茫茫蕩蕩，懸空去思索。全不肯著實躬行，也只是箇揣摸影響。所以必說一箇行，方纔知得真。此是古人不得已，補偏救弊的說話。若見得這箇意時，即一言而足。今人卻就將知行分作兩件去做。以為必先知了，然後能行。我如今且去講習討論做知的工夫。待知得真了，方去做行的工夫。故遂終身不行，亦遂終身不知。此不是小病痛，其來已非一日矣。某今說箇知行合一，正是對病的藥。又不是某鑿空杜撰。知行本體，原是如此。（《傳習錄》頁 33-34）

陽明提倡「知行合一」是因為其觀察到這世間中存在兩種人：一種人是完全不會認真思考，只是懵懵懂懂地做事，因此必須教導他們「知」之道理；另一種人則是不切實際，漫天空想，卻又完全不願意有所行動，只是憑著主觀臆測，因此必須教導他們「行」之道理。陽明亦補充古代聖賢之所以將「知」與「行」分開講，是為了補偏救弊、不得已才將知行分開言說，若要等到知曉道理後才去實踐，最後終身無法實踐，亦終身一無所知。而

「知行合一」，即是對上述兩種人生命中之病痛，所下之藥方。
是以陽明曰：「知者行之始。行者知之成。聖學只一箇功夫。知
行不可分作兩事。」（《傳習錄》頁65）陽明提出「知行合一」
說即是為拯救世人脫離偏弊，亦是為拯救誤解程朱理學「知先行
後」之士人。[54]然陽明「知行合一」並非只是刻意為矯正世人弊
病所創之學說，而是知行本體本是如此。陽明以為最重要的，仍
是在生活中時刻去實踐吾人之良知，是故其曰：「今若知得宗旨
時，即說兩箇亦不妨。」而若不清楚其立言宗旨，亦無濟於事。

而陽明在答其學生黃直問「知行合一」時亦說道：

> 此須識我立言宗旨。今人學問，只因知行分作兩件，故有一
> 念發動，雖是不善，然卻未曾行，便不去禁止。我今說箇知
> 行合一，正要人曉得一念發動處，便即是行了。發動處有不
> 善，就將這不善的念克倒了，須要徹根徹底，不使那一念不
> 善潛伏在胸中。（《傳習錄》頁302-303）

陽明所強調之「立言宗旨」，即是不可將「知」與「行」割
裂而論；而「不善的念」即是吾人負面之存在感，是以陽明才要
吾人盡力克除之。[55]由此可見陽明之「知行合一」即是正本清源、

---

54 後世不知作聖之本是純乎天理，卻專去知識、才能上求聖人，以為聖人無所不
　知，無所不能，我須是將聖人許多知識才能，逐一理會始得。故不務去天理上
　著工夫。徒弊精竭力。從冊子上鑽研，名物上考索，形迹上比擬。知識愈廣而
　人欲愈滋，才力愈多而天理愈蔽。」陽明在此批評士人以為窮理必須不斷追求
　外在知識，或將博學作為目的，而專在書本上下工夫，卻忘了反躬自省。參見
　氏著，《傳習錄》，頁119。

55 陳來先生即指出：「從『為善』和『去惡』兩方面看，王守仁認為，一念發動
　不善便是行惡了，而一念發動為善還不就是行善了。所以，只有善的意念或對
　善的瞭解還不是知善、行善，只有把善的意念落實為為善的行動，才是真正的

時刻保持吾人良知本體之澄明之工夫。是故，不用擔心吾人無知，只因此「知」乃為吾人天生本有之良知，吾人之所以「不知」只是「不肯知」，是以，若時刻做好之行合一之工夫，如此即能知天理、實踐天理，並安頓自我之生命。

參、知行合一之體現

上節筆者闡述「知行合一與意義治療會通之處在於吾人順著良知本心而去自覺吾人生命之意義。」本節筆者將進一步分為兩個小節，論述「陽明『知行合一』之知行觀該如何體現？」

一、立　誠

陽明「知行合一」所欲強調的，即是「以吾人之良知實踐為根源，知行才會合一」，是以陽明曾在與友人黃綰道別時，贈與〈別黃宗賢歸天台序〉。在其文章中提出「明鏡」論，並闡述「立誠」之重要性：

> 君子之學以明其心。其心本無昧也，而欲為之蔽，習為之害。故去蔽與害而明復，匪自外得也。心猶水也，污人之而流濁，猶鑒也，垢積之而光昧。孔子告顏淵「克己復禮為仁」，孟軻氏謂「萬物皆備於我」、「反身而誠」。夫己克，而誠固無待乎其外也。世儒既叛孔、孟之說，昧於《大學》「格致」之訓，而徒務博乎其外，以求益乎其內，皆入污以求清，積垢以求明者也，弗可得已。（《王陽明

知善、行善。而人並不是一定有明顯的惡劣行為才是行惡，只要有惡的意念就是行惡了。從為善方面來說，有行才有知；從去惡方面來說，有不善之念便是行了。」參見氏著，《宋明理學》，頁312。

全集》頁 260）

　　陽明反對從心外之物來實踐天理，因為此即如自濁水中求清流，自污鏡中求光明一樣不切實際。是以陽明主張「立誠」，其以為唯有「誠」才為吾人實踐良知之關鍵。即如《中庸》中所言之「誠者，天之道也，誠之者，人之道也。」（《四書章句集註》頁 31）而吾人亦可在〈與黃宗賢（五）〉中，可看到陽明有「立誠」之相關論述：

> 僕近時與朋友論學，惟說「立誠」二字。……吾人為學當從心髓入微處用力，自然篤實光輝。雖私慾之萌，真是洪爐點雪，天下之大本立矣。若就標末妝綴比擬，凡平日所謂學問思辯者，適足以為長傲遂非之資，自以為進於高明光大，而不知陷於狠戾險嫉，亦誠可哀也已！（《王陽明全集》頁 171）

　　陽明提到，雖然吾人有時易被私欲影響，然透過「立誠」並誠吾人之意，則可體現良知，陽明在引文末段批評到某些平日只知「學問思辯」之士儒，卻忘卻了修養自我之身心，而忽略了儒學經典之根本。

二、誠　意

　　而「立誠」後，陽明進一步提出「誠意」。陽明即在〈大學古本序〉中，以「誠意」詮釋《大學》之旨：

> 《大學》之要，誠意而已矣。誠意之功，格物而已矣。誠意之極，止至善而已矣。（《王陽明全集》頁 270）

　　吾人在〈修道說〉中，亦可看到陽明將「誠意」作為《中庸》之宗旨：

> 率性之謂道，誠者也；修道之謂教，誠之者也。故曰：「自誠明，謂之性；自明誠，謂之教。」《中庸》為誠之者而作，修道之事也。道也者，性也，不可須臾離也。而過焉，不及焉，離也。是故君子有修道之功。戒慎乎其所不睹，恐懼乎其所不聞，微之顯，誠之不可掩也。修道之功若是其無間，誠之也夫！然後喜怒哀樂之未發謂之中，發而皆中節謂之和，道修而性復矣。致中和，則大本立而達道行，知天地之化育矣。非至誠盡性，其孰能與於此哉！是修道之極功也。（《王陽明全集》頁 295-296）

　　陽明以為「誠意」之關鍵，即在於「去吾人之私欲，以存天理於吾心」。換言之，陽明所言之「誠意」，即是「格物」[56]。所謂「格物」，陽明以「正」字詮釋「格」，又以「事」，詮釋「物」。[57]陽明即說道：

> 格物如孟子「大人格君心」之「格」。是去其心之不正，以全其本體之正。但意念所在，即要去其不正，以全其正。即無時無處不是存天理。即是窮理。天理即是明德。窮理即是明明德。（《傳習錄》頁 39）

56　「《中庸》言『不誠無物』，《大學》『明明德』之功，只是個誠意。誠意之功只是箇格物。」參見氏著，《傳習錄》，頁 37。
57　物者，事也，凡意之所發必有其事，意所在之事謂之物。格者，正也，正其不正以歸於正之謂也。正其不正者，去惡之謂也。歸於正者，為善之謂也。夫是之謂格。」參見氏著，《王陽明全集》，頁 1071。

　　陽明以良知本體為根本，以實踐良知為發用，將《大學》中「格物」、「致知」、「誠意」、「正心」等修身工夫歸為同一種工夫。此即為先秦時期孔子「一貫之道」[58]之體現。陽明接著說道其「知行合一」亦是孔子所言之「一貫之道」之體現：

> 夫子嘗曰，「蓋有不知而作之者，我無是也」。是猶孟子「是非之心。人皆有之」之義也。此言正所以明德性之良知非由於聞見耳。若曰「多聞擇其善者而從之，多見而識之」，則是專求諸見聞之末。而已落在第二義矣。故曰，「知之次也」。夫以見聞之知為次，則所謂知之上者果安所指乎？是可以窺聖門致知用力之地矣。夫子謂子貢曰：「賜也，汝以予為多學而識之者歟？非也。予一以貫之。」使誠在於多學而識，則夫子胡乃謬為是說以欺子貢者邪？一以貫之，非致其良知而何？易曰，「君子多識前言往行，以畜其德」。夫以畜其德為心，則凡多識前言往行者，孰非畜德之事？此正知行合一之功矣。（《傳習錄》頁187）

　　「陽明強調其認為「知行合一」的「知」，並非是所謂「見聞之知」，而是吾人之「良知本體」，乃為「真知」。而此「真知」是「非由於見聞」然「不離於見聞」，這其實亦為陽明強調「事上磨練說」之緣由。[59]陽明以「良知」為其「一以貫之」之

58　「子曰：『參乎！吾道一以貫之。』曾子曰：『唯。』子出。門人問曰：『何謂也？』曾子曰：『夫子之道，忠恕而已矣。』」同上注，頁72。

59　「人須在事上磨練做功夫乃有益。若只好靜，遇事便亂，終無長進。」由此可見陽明義理所欲強調的，並非只是在書本中專研學問，而是必須將所學之義理，落實於生活中，如此若真面對困境時，才能臨危不亂。而這亦是「知行合一」

教之根源，而所行之工夫，無非只是為修養吾人之良知本心。是以孟子曰：「學問之道無他，求其放心而已矣。」（《四書章句集註》頁 334）[60]是以，若吾人追求學問只是為追逐名利，那所知之智識即無法在面對困境時發揮其作用也。

然仍有人會對陽明「知行合一」感到疑惑，若吾人「知之未至，行之不力」之時，該怎麼辦呢？陽明在與朱守諧之書信即回應道：

> 予曰：「是非之心，知也，人皆有之。子無患其無知，惟患不肯知耳；無患其知之未至，惟患不致其知耳。故曰：『知之非艱行之惟艱。』今執途之人而告之以凡為仁義之事，彼皆能知其為善也；告之以凡為不仁不義之事，彼皆能知其為不善也。途之人皆能知之，而子有弗知乎？如知其為善也，致其知為善之知而必為之，則知至矣；如知其為不善也，致其知為不善之知而必不為之，則知至矣。知猶水也，人心之無不知，猶水之無不就下也；決而行之，無有不就下者。決而行之者，致知之謂也。此吾所謂知行合一者也。吾子疑吾言乎？夫道一而已矣。」（《王陽明全集》頁 307-308）

朱守諧以為必須要先知而後能行。對此，陽明即引《孟子》中所言「是非之心，知也，人皆有之。」回應其之疑問。此「是非之心」即為能「知善知惡」，吾人皆天生本有之「良知本心」。

之體現。參見氏著，《傳習錄》，頁 288。

60 蔡仁厚先生即指出：「陽明講『知行合一』，雖為救弊所發，卻不是只在效驗上說；而是知行之體本來如此，知行功夫本不可離。一切道德價值，皆在知行合一中而成就。知善知惡之『知』，與好善惡惡、為惡去惡之『行』，也是同時並起，一以貫之的。」參見氏著，《王陽明哲學》，頁 48。

是以，陽明以為其承襲先秦儒學之良知學之要，旨在於無須患於無知，只患吾人不有之；無須患其知而不到，只患吾人不致知。陽明亦以水譬喻良知，水之特性為向下，是以水決而行之，即如同良知決而行之。陽明在文末再次強調，其「知行合一」之教，即如先秦孟子所言一般，是宇宙天地之間之唯一真理。

復次，吾人亦可在〈答顧東橋書〉中見其言：

> 來書云：所喻知行並進，不宜分別前後。即中庸尊德性而道問學之功，交養互發，內外本末，一以貫之之道。然工夫次第，不能無先後之差。……又云工夫次第，不能不無先後之差。無乃自相矛盾已乎？……若如吾子之喻，是乃所謂不見是物，而先有是事者矣。吾子又謂此亦毫釐倏忽之間，非謂截然有等今日知之，而明日乃行也。是亦察之尚有未精。然就如吾子之說，則知行之為合一並進，亦自斷無可疑矣。（《傳習錄》頁 165-166）

引文中所謂之「近聞」，即為程朱學派之「知先行後」之知行觀。陽明在此所謂「知行並進」之工夫，乃無內外、本末、先後之分；而是交養互發，一以貫之之道。其所舉之「知食乃食，知湯乃飲，知衣乃服，知路乃行」，只是因不知「夫道一而已矣」。是以陽明言之「夫人必有欲食之心，然後知食；食味之美惡，必待入口而後知；必有欲行之心，然後知路；路岐之險夷，必待身親履歷而後知」，旨在於此「知」已是「行之始」。是以陽明即曰：「要曉得一念發動處，便是知，亦便是行。」（《傳習錄》頁 400）陽明接著說道：

心一而已。以其全體惻怛而言，謂之仁。以其得宜而言，謂之義。以其條理而言，謂之理。不可外心以求仁。不可外心以求義。獨可外心以求理乎？外心以求理，此知行之所以二也。求理於吾心，此聖門知行合一之教。（《傳習錄》頁 167）

陽明即說道吾人之良知，即對吾人皆有之「惻隱」而言，即為「仁」；就其之合理性而言，即為「義」；就其條理清晰而言，即為「理」。是以吾人不能向外求仁、向外尋義、向外求理。一切皆是源於吾人良知本心而發起，以生命之體悟為出發，並落實於生命中實踐，「知行並進」。如此之「知行合一」之教方為以生命為學問之宗旨之儒學之真諦。

肆、小　結

「知行工夫，本不可離。」（《傳習錄》頁 166）乃陽明「知行合一」之宗旨，陽明以為「知」與「行」是不可割裂為二者用功的，「知」與「行」必須合一並進。若只是知而不行；或者是行而不知，皆不是「真知行」。[61]陽明欲以「知行合一」之教法告訴吾人的是，即便是最富有知識之人，吾人並不能完全肯定其最具有道德良知之代表，因為即使窮盡天下之知識，仍舊可能不

61　英冠球先生即說道：「知而不行，只會懸空思索，不肯著實躬行，所知不是真知，只是『揣摸影響』；行而不知，只是任意去做，不去思維省察，亦只是『冥行妄作』。『揣摸影響』和『冥行妄作』都不是真正的道德實踐，因為知行在實踐上互相要求、相輔相成，缺一不可；所以陽明說：『知是行的主意，行是知的工夫；知是行之始，行是知之成』，兩者本應再實踐上為一體，合則相美，離則兩傷。」參見英冠球，〈王陽明倫理學思想的哲學重構〉收入於劉國英、張燦輝編，《求索之跡：香港中文大學哲學系六十周年系慶論文集‧校友卷》（香港：香港中文大學出版社，2009 年 5 月），頁 369。

知道真實之道德自我；吾人亦不能完全否定毫無知識之人就是最不具有道德良知，因為即使吾人毫無任何知識，也依舊可透過「知行合一」之教法，自覺生命之意義，立己而後立人，一切端看吾人在困境之當下如何選擇，傅朗克即對此指出：「人類忽視自己其實有能力選擇如何面對各種情況。人類並非全然受到制約或限制，而是能決定自己要屈服或面對不同的狀態。換句話說，人類最終還是能自我決定。人類不僅僅是存在著，更能決定他該如何存在，決定下一刻的面貌。」[62]而這亦是陽明肯定「吾人皆可成聖之可能」之根據。是以陽明曰：「聖人氣象，何由認得？自己良知，原與聖人一般。若體認得自己良知明白，即聖人氣象不在聖人，而在我矣。」（《傳習錄》頁 205）

　　而陽明所提出「知行合一」之知行觀，其意義價值有二：一是即在於為矯正將「知」與「行」分為兩件事而不曾實踐之士儒，二是將「立誠」、「誠意」融入其「知行合一」之教中。唐君毅先生即對此補充道：「由陽明將朱子之致知之事攝誠意之事，而有其知行合一之致良知之說，一方將朱陸所分為知與行者，打併歸一；一方亦即將朱子所謂存天理、去人欲之事，攝在致良知之事中。蓋所謂存天理，即存其所知之理，以為是非好惡之準則；並就其意念或事為，合乎此理者，而好之是之，以正面的積極的存天理之謂。所謂去人欲，則就其意念或事為，悖乎此理者，而惡之非之，使更無違此理之意念或事為之存在，以反面的消極的存此天理之謂。此中有正反兩面之相輔為用，方合為人之自致其良知之事。」[63]陽明「知行合一」強調若吾人能時刻秉持良知本

62　參見氏著，《向生命說 yes!》，頁 185-186。

63　參見唐君毅，《中國哲學原論・原教篇》（臺北：臺灣學生書局 2004 年 10 月），頁 306。林維杰先生亦指出：「按陽明的知行合一說，不僅力求克服知、行割

心，如此即能即知即行，而所行之事自然能合乎天理，無所偏差。是以陽明曰：

> 聖人無所不知，只是知箇天理。無所不能，只是能箇天理。聖人本體明白。故事事知箇天理所在，便去盡箇天理。不是本體明後，卻於天下事物，都便知得，便做得來也。天下事物，如名物、度數、草木、鳥獸之類，不勝其煩，聖人須是本體明了。亦何緣能盡知得？但不必知的，聖人自不消求知，其所當知的，聖人自能問人。（《傳習錄》頁303）

　　陽明即說道，古代聖賢們即如同吾人一樣，並非是天下任何事情皆能明白，然由於其良知本體清澈明白，與天理同，是故任何事情只是依著自我之良知本體去實踐罷了。陽明引文後接著說天底下有各式各樣之事物，不計其數。而古代聖賢們對於那些不必知道的事物，其自然不會去理解；而那些應當知道的，古代聖賢自然會去問人。由此即可看出陽明「知行合一」所要求的，即是將吾人之良知本心與所實踐之事內外合一、並進而與天理合一，吾人只要透過反求諸己，不須知曉天底下所有事物，亦可安頓自我之生命，體現儒學之本質。陽明良知學之宗旨，即是以為吾人所追求之一切學問皆是為了生命本身，並實踐生命之所以為生命之本質。[64]所謂生命之本質，依儒家義理而言，即是與天同

裂的先知後行，而且以為只有在兩者合一的形態下，先後的認知與實踐獲得意義。」參見林維杰，〈王陽明論知行：一個詮釋倫理學的解讀〉《臺灣東亞文明研究學刊》，第8卷第2期（2011年12月），頁230。

64 曾昭旭先生即指出：「人的良心與天心都是同一個創造性或無限性之在其自己，所以人心天心是一。」參見氏著，《良心教與人文教：論儒學的宗教面相》，頁29。

德之善性，而陽明欲透過「知行合一」之教，使吾人之「知」與「行」並進，進而使吾人能治療「存在之空虛感」，並使自我之生命有自覺、超越之可能，進而臻於「天德流行境」。

面對現代化社會中種種之隔閡與衝突，陽明之義理有助於貞定吾人以自我之良知本心為出發點，實踐於吾人身處之生活世界中，並在每一個困境之當下，能體現「知行合一」之工夫，進而使吾人獲得療癒生命、安頓生命之可能。此即為陽明良知教中意義治療之開展也。

第三節　論王陽明「致良知」義理中的意義治療

在中國宋明六百餘年間，當時儒學士人們之論學旨趣，皆以道德為根源、追尋、並肯定道德之最高依據為何。是故，宋明儒者論學之重心，相對於本體論（良知、氣、太極、理、心、性、神、道、中和），他們更著重於如何體現「道」、並實踐於日常生活中。簡言之，宋明儒者著重「如何實踐聖人之道」之工夫論，而這論學旨趣亦是當代習儒之人必須關懷之問題，使吾人之學問與自身生命連結，並向外擴充，幫助他人。

按《大學》三綱領（明明德、親民、止於至善）與八條目（格物、致知、誠意、正心、修身、齊家、治國、平天下）所提及之儒家義理工夫論可分為以體證為主（內聖）以及以達用為主（外王），儒家義理亦有提及若吾人想成聖，須先內聖後外王。而曾昭旭先生則提出不同於「先內聖後外王」之看法：「區分為內聖外王兩階只是理論上的方便與學術發展上的不同重心，實際上內聖外王從來就是

道德生活此一整體的內外兩面。」[65]儒學義理之根本在於工夫之實踐——並且須是於日常生活中實踐。即除了平時研究閱讀原典累積學問與培養思維能力，更須在日常生活中，落實原典之價值意義；在生活中遇到難題時，吾人不只要求安定自我之良知，亦要能使問題能有獲得解決之方法。是以，唯有德性與知識兼備，通貫兩端，方可成為能安頓自我生命之儒者，實踐自我之生命、推己及人、並幫助他人追尋其自我之生命意義。

在明代中葉出生的王陽明，為中國歷史上集哲學家、軍事家、教育家於一身，為儒學史上首位立功、立言、立德之不朽之人物也。其義理思想直承先秦孔、孟，並開創「良知學」，其義理思想對於吾人自我心性修養之啟發，以及對自我生命面臨困境之突破，有極大之意義價值，其以「良知」為生命意義之根本，並教導吾人時刻「致良知」，即可使吾人在生命中遇到困境時，亦能昂首挺立於天地間。此即為王陽明「良知學」之核心意義價值。王陽明所處之時代，其實與現今社會相差無幾；人們的心充斥著迷惘與無助，並汲汲營營地追求權力、地位、金錢……人們的生活看似富裕，然而心靈卻是空洞的。[66]是以，吾人之內在面臨著極大之困苦，卻苦無解決自我問題之方法。而現今社會因西方文化衝擊，以及吾人價值觀扭曲，儒家義理正逐漸式微，然而儒家義理仍可為這社會開創出「真」與「善」之生命意義與價值。王陽明的「致良知」可使現代人重新思

---

65 參見曾昭旭，《在說與不說之間——中國義理學之思維與實踐》（臺北：漢光文化，1992 年 2 月），頁 100。

66 傅朗克稱此為「心靈性精神官能症」一詞，用以區別傳統精神官能症的概念，亦即心因性精神官能症。心靈性精神官能症的起因不是心理的，而是人類存在的心靈性源自希臘文的心靈層面……用於指稱與具體人類範疇相關的一切。參見傅朗克著，李雪媛、柯乃瑜、呂以榮合譯，《向生命說 yes!》（臺北：啟示出版，2009 年 6 月），頁 159。

考，並追尋自我生命之意義，以及在其生活中落實並實踐。

　　王陽明從小便立誓做「天下第一等人」。其第一等人，並非是指功成名就，而是閱讀經典以學聖賢之事[67]。王陽明用其一生親自體悟造成此世風日下之原因，乃出自於吾人之欲望遮蔽了自己的「良知」。故若欲使吾人的生命重新獲得其應有之意義，則必須「致良知」。

　　然而，吾人要問的是：為何王陽明會以「良知」為其核心義理價值？王陽明的「致良知」要如何實踐？王陽明之「致良知」與「意義治療」有何會通之處？

　　「意義治療」一詞始出於奧地利心理治療學家及哲學家維克多・傅朗克以其切身之經驗針對此類議題開創「意義治療理論」，其「意義治療理論」與王陽明之「良知學」，一為西方維也納三大心理學派之一；一為中國明代心學之代表人物，兩者雖在時空背景上有所差異，然而就兩位哲人在其生命歷程中所面臨艱厄之死亡考驗，皆透過其對於「生命之使命」的意志而存活下來，並經由自身之生命歷練，進而開展出影響後世之學說。其義理思想對於心靈失落之現代人而言，能有一個追尋其自我之生命意義之契機。

　　宋明儒學是因應佛、道思想而發展，並透過佛道兩者之義理以突顯儒學工夫之價值意義。是以，現代研究儒家義理之學者不能以傳統之姿而故步自封，必須與時代之演進相契，並融會貫通中國義理與西方哲學，以建立自我義理之主體性。不論時代如何變動，如何去應對進退，學習儒家義理的可貴之處，即在於在有限之生命中，去創造實踐出無限之意義價值。是以，儒家工夫義理唯有落實於日常生活之中，真正處理人生中所面臨的困惑與難題，如此聖賢之學才可彰顯其意義價值。王陽明的「致良知」可超越時空之隔閡，並

---

67 參見明・王守仁撰，吳光、錢明、董平、姚延福編校，《王陽明全集》〈上海：上海古籍出版社，2014 年 1 月〉，頁 1346-1347。

融通西方之意義治療法，得以使現代人心靈能起療癒之效，進而使吾人之生命得以臻於圓滿。

　　本文研究核心是以王陽明之「良知學」作為主體，試圖將王陽明「致良知」之義蘊與傅朗克之意義治療作參照，希冀吾人能從兩位哲人之義理思想中有所體悟，並開始追求自我之生命意義。「意義治療」一詞始於西方心理學，然而「意義治療」之詞已不再侷限於西方心理界，且「意義治療」一詞具有相當自由之詮釋空間。所謂「詮釋」即是用現在之語言，設法貼近原典之語言，傅偉勳先生在其書《從創造的詮釋學到大乘佛學》中曾指出：「真實的詮釋學探討（必須）永遠帶有辯證開放（dialectical open-endedness)的學術性格，也（必須）不斷地吸納適時可行的新觀點、新進路、形成永不枯竭的學術活泉。」[68]傅朗克之意義治療雖有別於王陽明之良知學，然而其主要義理亦有不謀而合之處。兩位哲人在肯定吾人本有良心及實踐工夫上，實有互通之處。是故筆者欲透過詮釋之方式，以「什麼是致良知？」、「為何要致良知？」、「如何致良知？」並與傅朗克的意義治療互相會通，希冀能使王陽明的「致良知」在現代社會亦能彰顯其意義。

壹、「致良知」之義蘊

　　首先，吾人要了解的是，什麼是「良知」呢？「良知」一詞始出於《孟子・盡心上》：

> 人之所不學而能者，其良能也。所不慮而知者，其良知也。
> 孩提之童，無不知愛其親者；及其長也，無不知敬其兄也。

68　參見傅偉勳，《從創造的詮釋學到大乘佛學》（臺北：東大圖書，1999 年 5 月），頁 3。

> 親親，仁也；敬長，義也。無他，達之天下也。[69]

孟子以愛親敬長之心詮釋良知，親親是「仁」，敬長是「義」；由人之道德良知自發地體現，不須由外而得之仁義者，即為吾人本具之「良知」。而王陽明亦根據此義，以「良知」詮釋了四端之心。王陽明云：

> 是非之心，不慮而知，不學而能。所謂良知也。良知之在人心，無間於聖愚。天下古今之所同也。世之君子，惟務其良知。則自能公是非，同好惡，視人猶己，視國猶家，而以天地萬物為一體。天下無治，不可得矣。[70]

又言：

> 蓋良知只是一箇天理自然明覺發見處。只是一箇真誠惻怛，便是他本體。故致此良知之真誠惻怛以事親便是孝。致此良知之真誠惻怛以從兄便是弟。致此良知之真誠惻怛以事君便是忠。只是一箇良知，一箇真誠惻怛。（《傳習錄》頁270）

王陽明所言之「是非之心」，即為不學不慮之「良知」，此「良知」即為「吾人心之本體」。是吾人經由道德本心，不假外求所體悟也，故此心體必為至善之本心。鄔昆如先生就以西方倫

---

69 參見南宋・朱熹，《四書章句集註》（新北：鵝湖月刊社，2014 年 10 月），353 頁。

70 參見明・王守仁，《傳習錄》。陳榮捷，《王陽明傳習錄詳注集評》（臺北：臺灣學生書局，2006 年），頁 258。

理學詮釋所謂之「至善良知」為吾人皆有之，「無間於聖愚」、「天下古今皆同」，吾人將此良知擴充，而希冀能「止為至善」。王陽明把「真誠」詮釋為「恭敬之心」，即「禮」也；把「惻怛」詮釋為「惻隱之心」，即「仁」也。「是非之心」則詮釋道德上的「是非」，即「智」與「義」也。王陽明把仁、義、禮、智四端之心，總括以良知詮釋之，在道德存有下，發於萬事萬物之中，故王陽明才會說「良知即天理」也。（《傳習錄》頁 341）

此良知是內具於心體，故王陽明說「此心體必為至善之本心。」（《傳習錄》頁 194），而此良知亦為心體之體現。以此心體落實於生活中，必夾雜人世間對於善惡之意念。故吾人須以心體之體現——以良知之「知善知惡」進而能「為善去惡」。以本體論而言，良知乃為吾人之心體，是先天本具，亦為至善根源之存在；以工夫論而言，良知亦為工夫。此即為「無善無惡是心之體，有善有惡是意之動，知善知惡是良知，為善去惡是格物。」（《傳習錄》頁 359），若於每個抉擇之當下都能體現知善知惡、知是知非之良知，此即為良知本體，乃真良知也。唐君毅先生針對此亦說道：「陽明之言良知之昭明靈覺，即重在此良知之對其所知而表現之運用。此良知之所知，在陽明非單純之外物，而為吾人對物之事或吾人對物之意念。良知乃知此意念之善惡，同時而有對此善惡意念好惡，緣此好善惡惡，以有為善去惡之行。由此而致良知之工夫，即為一純道德性的，精切而篤實的，即知即行之工夫。」[71]正因為「即知即行」，「良知」即為本體亦為實踐之工夫；也正因為吾人皆有良知，故吾人皆可安頓其生命，並活得快樂。如王陽明晚年寫的《詠良知四首示諸生中》中所提及

---

71 參見唐君毅，《中國哲學原論・原性篇》（臺北：臺灣學生書局，2006 年 11 月），頁 450。

的：

> 個個人心有仲尼，自將聞見苦遮迷。而今指與真頭面，只
> 是良知更莫疑。
> 問君何事日憧憧？煩惱場中錯用功。莫道聖門無口訣，良
> 知兩字是參同。
> 人人自有定盤針，萬化根源總在心。卻笑從前顛倒見，枝
> 枝葉葉外頭尋。
> 無聲無臭獨知時，此是乾坤萬有基。拋卻自家無盡藏，沿
> 門持缽效貧兒。（《王陽明全集》頁 870）

「個個人心有仲尼」說明了「人人皆可成聖」之真實意義。
而非只有士人才可成聖。聖人並非無過失，只是求其放心。見王
陽明云：

> 若堯舜之心而自以為無過，即非所以為聖人矣。其相授受之
> 言曰：「人心惟危，道心惟微，惟精惟一，允執厥中。」彼
> 其自以為人心之惟危也，則其心亦與人同耳。危即過也，惟
> 其兢兢業業，嘗加「精一」之功，是以能「允執厥中」而免
> 於過。古之聖賢時時自見己過而改之，是以能無過，非其心
> 與果與人異也。（《王陽明全集》頁 193）

凡人與聖賢其實就根源而論，並無分別。堯舜之所以為聖，
只因他們時刻做「求天理，去人欲」之工夫。而依王陽明所云之
「滿街為聖人」，亦不是指現成之聖人，而是指「街上人人皆有
成聖所應具備之良知」。是以，良知雖是人人皆有之，卻有體現

與不體現之別。是故，聖人在王陽明心中，是有境界之高低，王陽明進以精金之譬喻，肯定「成聖」是可以後天學而至的：

> 人到純乎天理方是聖。金到足色方是精。然聖人之才力，亦有大小不同。猶金之分兩有輕重。堯舜猶萬鎰。文王孔子猶九千鎰。禹湯武王猶七八千鎰。伯夷伊尹猶四五千鎰。才力不同，而純乎天理則同。皆可謂之聖人。猶分兩雖不同，而足色則同。……故雖凡人。而肯為學，使此心純乎天理，則亦可為聖人。猶一兩之金，此之萬鎰，分兩雖懸絕，而其到足色處，可以無愧。故曰「人皆可以為堯舜」者以此。學者學聖人，不過是去人欲而存天理耳。（《傳習錄》頁119）

王陽明肯定人人有良知，甚至連盜賊都有良知[72]。是故聖賢之別，只在於吾人之良知是否被欲望所阻隔，即良知被阻隔之程度深淺，而與知識之追求並無關係：

> 後世不知作聖之本是純乎天理。卻專去知識才能上求聖人。以為聖人無所不知，無所不能。我須是將聖人許多知識、才能逐一理會始得。故不務去天理上著工夫。徒弊精竭力。從冊子上鑽研、名物上考索、形迹上比擬。知識愈廣而人欲愈滋。才力愈多而天理愈蔽。正如見人有萬鎰精金，不務鍛鍊

---

72 「人胸中各有箇聖人，只自信不及，都自埋倒了。」因顧于中曰：『爾胸中原是聖人。』于中起不敢當。先生曰：『此是爾自家有的，如何要推？』于中又曰：『不敢。』先生曰：『眾人皆有之，況在于中，何何故謙起來？謙亦不得。』于中乃笑受。又論『良知在人，隨你如何不能泯滅，雖盜賊亦自知不當為盜，喚他做賊，他還忸怩。』」參見氏著，《傳習錄》，頁292-293。

成色，求無愧於彼之精純。而乃妄希分兩，務同彼之萬鎰。
錫鉛銅鐵，雜然而投。分兩愈增，而成色愈下。既其梢末，
無復有金矣。（《傳習錄》頁 119-120）

王陽明以為大多數人之所以難以成聖，主要之原因在於吾人
只關心追求知識、以及追求才能，以為聖人是無所不知、無所不
能的。自己只需把聖人之知識以及才能全部學會即可。但若不從
良知（內在）下工夫，而是費盡心力的追求知識（外在），則知
識越淵博之人其私欲愈是滋長；才能越高，良知愈是被遮蔽。是
故，擁有「知識」並非表示擁有「智慧」。而若沒有擁有智慧，
則難以成聖。因此吾人須透過良知將知識與才能實踐於生活中，
知識與才能即可轉變成智慧，解決生活中所面臨之困境。擁有良
好的知識與才能固然重要，但知識與才能若無透過生命具體實踐
之，是無法轉化在生活中成為有效之力量。思考與實踐是人生十
分重要之兩件事，大至生老病死，小至生活瑣事，都需要透過思
考與實踐去解決問題，兩者缺一不可：

世人分心與理為二。故便有許多病痛。……都是一箇私心。
便不當理。人卻說他做得當理。只心有未純。往往悅慕其所
為。要來外面做得好看。卻與心全不相干。分心與理為
二。……故我說箇心即理。要使知心理是一箇。便來心上做
工夫。不去襲義於外。……此我立言宗旨。（《傳習錄》頁
372）

綜上所述，王陽明以為「良知」乃人人具有之至善心體，而
又因儒家義理乃「成德之學」，其真實之意義價值在於「在一個

人有限之生命中去創造、追求並實踐其無限而圓融之意義」，吾人唯有具有「良知」之前提下，「知識」方可彰顯其意義，此即蔡仁厚先生所云：「科學本身，依於其上一層次之良知之決定要他有而有，則科學之知自亦不能攝盡一切之知，而必以良知為之主。而中國傳統思想中之重德性之知及良知之知在原則上絕不可動搖」。[73]陽明以「良知」二字為其義理思想之根源義，見陽明云：

> 吾良知二字，自龍場以後，便已不出此意。只是點此二字不出。于學者言，費卻多少辭說。今幸見出此意。一語之下，洞見全體。真是痛快。不覺手舞足蹈。（《傳習錄》頁 396）

其強調萬理皆在吾性中求之，並認為「良知」為一切行為之主宰。是故，吾人須時時在生活中體現良知（致良知），便可使自我之生命獲得安頓，進而臻於圓滿。

貳、「致良知」與「意義治療」之交會

上文說明了人人本具「良知」，那麼吾人接著要問的是：什麼是「意義治療」呢？

維克多・傅朗克，是維也納大學神經暨精神病學教授，曾獲世界重要高等學府頒予二十七項榮譽博士學位，亦曾講學美國，擔任哈佛大學及達拉斯等地之大學教授，並於加州國際大學開設意義治療講座。後返回故鄉奧地利擔任科學院榮譽會員，更榮獲

---

73 參見蔡仁厚，《王陽明哲學》，（臺北：三民書局，2009 年 8 月），頁 68-69。

奧地利最高學術成就獎。[74]其意義治療理論得以完成，在於其自我特殊之生命歷練，意義治療學以精神分析理論及存在主義哲學為思考之進路，其立論雖萌芽於第二次世界大戰前夕，然而在集中營各種苦難之體驗，乃確立了意義治療理論之完整性。是以，所謂意義治療，是指協助患者從生活中體悟自我生命之意義，藉以改變其人生觀，進而面對生活中之困境，積極樂觀地活下去，努力追尋生命的意義。而生命的意義究竟是什麼？傅朗克說：「生命的意義因人而異，每天、每小時的意義也都不同。因此，重要的不是廣泛的生命意義，而是人生當下的具體意義。……人不該追求抽象的生命意義。每個人都有自己明確的天職或人生使命，各自得要執行、實現的具體任務。那時的他不可取代，他的人生也沒有人能重複。因此，每個人的任務，都像執行任務的特定機會那般獨一無二。」[75]吾人皆有其生命使命，故吾人之生命都是獨一無二之存在，透過追尋生命使命之過程也讓其感受到他的存有以及生命之價值。當吾人被問到其自身生命之意義究竟是什麼時，傅朗克以存在的本質、自由與責任、生命的使命三項作為回答。

一、存在的本質

　　一個人求意義之意志受到挫折，在意義治療學中即稱為「存在的挫折」[76]。現代人因工作繁忙，壓力過大，吾人之生活因心

74　參見傅朗克著，鄭納無譯，《意義的呼喚》（臺北：心靈工坊，2010 年 7 月），頁 208。
75　參見傅朗克著，李雪媛、柯乃瑜、呂以榮合譯，《向生命說 yes!》（臺北：啟示出版，2009 年 6 月），頁 166。
76　同上注，頁 159。

靈空虛而藉由酒精、毒品、性愛來麻醉自己，試圖在刺激與享樂中尋求存在的感覺；這樣的人所呈現之狀態，傅朗克稱其為「存在的空虛感」[77]，他們體驗到生命無任何意義之感。是以，傅朗克欲透過意義治療學治療有著「存在空虛感」之病患，使吾人能透過反省去瞭解自己需要什麼、自己想要什麼以及自己覺得必須擁有什麼。傅偉勳先生即補充道：「對於傅朗克而言，實存的自由意志，乃是不斷探索人生意義的意志。他所說的「意義」，可以分為兩層：世俗世間層次的人生意義與高度精神性或形而上層次的終極意義。世俗世間層次的人生意義，指謂人世間生命歷程當中，足以構成精神支柱的種種真善美價值取向與內涵，小如夫妻情愛或藝術欣賞，大如社會改造或國際合作等是。」[78]吾人存在的特徵是自我超越、追尋生命意義，並非滿足自我之欲望。生命的真諦，必須在現實外在世界中找尋，而非限制在人身上的心理層次[79]，在人的一生中，吾人會不斷地面臨到艱困之挑戰，而唯有自己「能夠負責」，那麼吾人才能真正獲得快樂。

二、自由與使命

　　傅朗克肯定吾人有超越突破心理層面之「自由意志」，此自由意志能夠使吾人在人生中之緊要關頭，如生死交關的極限境況下顯現出來；隨著自由意志的顯現，亦即伴隨著人的責任，自由與責任乃是一體兩面，不能分開。[80]

---

77 同上注，頁 164。
78 參見傅偉勳，《死亡的尊嚴與生命的尊嚴》（臺北：正中書局，2010 年 6 月），頁 213。
79 同上注，頁 168。
80 同上注，頁 212。

在自由的前提之下，必須要有責任，否則並非真正的自由。而所謂的責任指的就是吾人心中都有的良知，傅朗克強調他並非傳道亦不是教訓，只是他對於「終極意義」之體悟使他相信，人人皆為善良的，故與其說為社會負責，不如說是為自我之良知負責。傅朗克即說道：「意義治療法的絕對命令（categorical imperative）也反映了其強調的負責態度，此命令為：『假設生命已重來，而你又即將重蹈之前的覆轍！』我覺得，這是最能激發負責態度的限度，讓他先想像當下已成過去，接著再想像還能改變、彌補過去，這樣的格言顛覆了他原先的認知，不再認為生命是有限的，而是可以改變人生、自己創造的結局。」[81] 因為吾人原本即有之良知，故無論做了任何抉擇心中都不會後悔，這亦是為自我選擇所負之責任。肩負責任感之吾人，以傅朗克立場觀之，為一種具有自我超越之存在，在自我奉獻的歷程中，吾人因忘卻自我而獲致超越自我與實現自我之可能。是以，若一味關注自我完成與自我優越之存在，將因過度之執著而失去生命之意義。生命之意義以傅朗克立場觀之，即在於吾人得以全然理解自身之責任，並視他人之自由為自我責無旁貸之使命[82]，吾人面對生命之質問與挑戰，應秉責任予以回應，而此責任永遠指向於他者。上述即為傅朗克對於自由與責任之解釋。

三、生命的使命

傅朗克認為吾人生來便有屬於他自己之獨特使命，唯有透過意義的追尋，吾人才能找到並實踐屬於他自己的獨特使命。雖然

---

81 參見氏著，李雪媛、柯乃瑜、呂以榮合譯，《向生命說 yes!》，頁 166-167。
82 參見氏著，《死亡的尊嚴與生命的尊嚴》，頁 30。

生命是有限的，吾人透過生命使命之實踐，使自己的人生臻於圓滿。而正因吾人生命之有限，因此當吾人追尋其使命時，便有時間之急迫性與限制性，這種急迫性與限制性會督促我們要儘快去完成。傅朗克即指出：「所有心理治療或心理健康促進，都要秉持一個信念，將這個信念以尼采的一句話來說明最為貼切：『一個人若有活下去的理由，幾乎任痛苦皆能忍受。』……一旦失去了生活目標，沒有了生命內涵，個人的存在意義消失，內在的支撐力量也因而消失，因為這樣而喪失所有支撐力量的人，不消多久便會沉淪。」[83]是以當吾人真正體悟到自己「為何而活」時，吾人將更有勇氣得以面對生活中之困境，每個人生命之意義皆不同，而正因為每個人的生命都是獨一無二的，命運無時無刻給予我們抉擇的契機，而每次契機亦是使命之提示，追尋自我之生命使命，即能獲得其生命之意義。而傅朗克即說道：「我之所以主張人類必須為生命負責，且必須實現生命的潛在意義，是想要強調，生命真正的意義要在這世上尋找，而非從個人或精神層面尋找，這不是個封閉系統。我稱這基本的特性為『人類存在的自我超越』。強調一個人的生命意義，意味著奉獻自己，成就自我之外的人或事，不管是待圓滿的意義，或遇見他人。人愈是忘記自己，為理想或愛她人而奉獻自己，便愈加有人性，也愈能實踐自我。」[84]綜上所述，即為傅朗克對於生命意義之闡述。而王陽明的「致良知」在追求生命之意義上，其進路與其頗為相似。吾人有了生命意義，以「良知」作為根源，達致「至善」，即為實踐吾人之自我、實踐「生命之意義」。

---

83 參見氏著，李雪媛、柯乃瑜、呂以榮合譯，《向生命說 yes!》，頁 135。
84 同上注，頁 168。

四、吾人為何須「致良知」

若吾人皆具備「良知」，那麼人為何還需要「致良知」呢？

原來，人人雖然皆具有此「良知」，但人人的良知，卻有境界之別：

> 聖人之知，如青天之日。賢人如浮雲天日。愚人如陰霾天日。雖有昏明不同，其能辨黑白則一。雖昏黑夜裏，亦影影見得黑白。就是日之餘光未盡處。因學功夫，亦只從這點明處精察去耳。（《傳習錄》頁341-342）

依境界而言，聖愚雖各有分別；然就其工夫而言，愚人亦可藉由「致良知」而得以成聖。其關鍵即在於體現其自我之良知。王陽明某次與學生之間的問答亦談到聖愚良知是否同一之問題：

> 黃以方問，「先生格致之說，隨時格物以致其知，則知是一節之知，非全體之知也。何以到得『溥博如天，淵泉如淵』地位」？先生曰，「人心是天淵。心之本體，無所不該。原是一箇天。只為私欲障礙，則天之本體失了。心之理無窮盡，原是一箇淵，只為私欲窒塞，則淵之本體失了。如今念念致良知，將此障礙窒塞，一齊去盡。則本體已復，便是天淵了。」乃指天以示之曰，「比如面前見天，是昭昭之天。四外見天，也只是昭昭之天。只為許多房子牆壁遮蔽，便不見天之全體。若撤去房子牆壁，總是一箇天矣。不可道跟前天是昭昭之天，外面又不是昭昭之天也。於此便見一節之知，即全體之知。全體之知，即一節之知。總

是一箇本體。」（《傳習錄》頁 300）

聖愚之別只在於，愚人「失其心之本體」，但其「良知」尚未喪失。換言之，即愚人之「良知」被私欲所遮蔽而不顯、隱而不彰。故愚人之「良知」看似「一節之知」卻「良知無不具足」，其「良知」並未減損，只是受私欲蒙蔽也。

良知為吾人皆有之，然吾人常因情欲阻隔，故良知無法體現，良知雖無法體現，但潛在之良知本心依舊存在。是以，「致良知」便是要復其潛在之良知體現於生活中，以面對吾人之生命之困境。「便見一節之知即全體之知，全體之知即一節之知，總是一箇本體。」（《傳習錄》，頁 300）王陽明以此良知學教導世人藉由實踐其良知，從這樣追尋生命意義之過程中，則吾人身上之私欲、習氣、偏見自會消弭於無形，吾人之心即能回歸到最純善之本質，亦能得到真實之快樂。此即為孟子所云「萬物皆備於我矣。反身而誠，樂莫大焉。」（《四書章句集註》頁 651》）。

參、「致良知」之體現

筆者於上文闡述了「什麼是良知？」以及「人為何要致良知？」，接下來具體說明，究竟「吾人該如何致良知呢？」

「致良知」是王陽明於五十歲時所提出的宗旨：

> 先生五十歲，在江西。正月，居南昌。是年先生始揭致良知之教。（《王陽明全集》頁 1411）

　　自經宸濠、忠、泰之變，益信良知真足以忘患難，出生死，所謂考三王，建天地，質鬼神，俟後聖，無弗同者。乃遺書守益曰：「近來信得致信得致良知三字，真聖門正法眼藏。往年尚疑未盡，今自多事以來，只此良知無不具足。譬之操舟得舵，平瀾淺瀨，無不如意，雖遇顛風逆浪，舵柄在手，可免沒溺之患矣。」（《王陽明全集》頁 1411-1412）

　　而王陽明是如此詮釋「致知」之意：

> 「致知」云者，非若後儒所謂充廣其知識之謂也，致吾心之良知焉耳。良知者，孟子所謂「是非之心，人皆有之」者也。是非之心，不待慮而知，不待學而能，是故謂之「良知」。（《王陽明全集》頁 1070）

　　王陽明以「良知」作為其是非判斷之唯一標準，以「致良知」作為其唯一成聖之工夫與道路。其自言「某於『良知』之說，從百死千難中得來，非是容易見得到此。」（《王陽明全集》頁 1747》）蔡仁厚先生針對「致良知」亦說：「『致良知』不是一句言談，亦不是一種論說，而是真切的道德實踐工夫」。[85]王陽明提出的「致良知」具有強烈之實踐精神，其義理實為落實於生命中實踐之學問。而王陽明亦以「致良知」詮釋孔子之「仁」以及孟子之「義」：

> 平生講學，只是「致良知」三字。仁，人心也；良知之誠

85　參見氏著，《王陽明哲學》，頁91。

愛惻怛處，便是仁，無誠愛惻怛之心，亦無良知可致矣。
（《王陽明全集》頁 1091）

又說：

孟子言「必有事焉」。則君子之學，終身只是集義一事。義
者宜也。心得其宜之謂義。能致良知，則心得其宜矣。故集
義亦只是致良知。（《傳習錄》頁 242）

是以王陽明詮釋「致良知」為「仁」與「義」，王陽明以為
唯有隨時體現內心之良知以好善惡惡，方可應萬事萬變，無畏無
懼。

「致良知」是以良知辨別是非，並由「致」之工夫，將良知
體現於事物上：

夫學問思辨篤行之功，雖其困勉至於人一己百，而擴充之
極，至於盡性知天，亦不過致吾心之良知而已。良知之外，
豈復有加於毫末乎？（《傳習錄》頁 174）

王陽明之「致良知」為本體亦是工夫，因時制宜，應萬事
萬變而能在日常生活中時刻體現之。即良知能對應萬事萬
物，而聖人對於外在萬事萬物之變，也只是致此良知而已
矣。故王陽明云：

是知聖人遇此時，方有此事。只怕鏡不明。不怕物來不能
照。講求事變，亦是照時事，然學者卻須先有簡明的工夫。

> 學者惟患此心之未能明，不患事變之不能盡。（《傳習錄》
> 頁 60）

王陽明以為只有良知才是真實的自我，亦即為自我生命之主宰。唯有依著良知之發用，吾人方能克服私欲，真正做自己。是以陽明言：「人須有為己之心，方能克己。能克己，方能成己。」（《傳習錄，頁 145）「為己」即是實踐真實之我，一切的知識學問只有落實在生命與吾人之存在產生連結，並完成其自我，這樣之學問才是為己之學，吾人即能找回真實之自我。

歷來學者常以為王陽明之「致良知」只有「尊德性」，而忽略了「道問學」之工夫，然而王陽明只是辨別立志於「道德」與立志於「功名」之別：

> 志於道德者，功名不足累其心；志於功名者，富貴不足以
> 累其心。但近世所謂道德，功名而已；所謂功名，富貴而
> 已。（《王陽明全集》頁 181）

王陽明本身並不反對建功立業，其所反對的，是吾人為追逐名利之心，忘了仁義：

> 聖賢非無功業氣節。但其循著這天理，則便是道。不可以事
> 功氣節名矣。（《傳習錄》頁 301）

王陽明進以《論語・述而》中「築宅」為例詮釋之：

> 只志道一句，便含下面數句功夫，自住不得。譬如做此屋。

> 志於道，是念念要去擇地鳩材，經營成箇區宅。據德，卻是經畫已成，有可據矣。依仁，卻是常常住在區宅內，更不離去。游藝，卻是加些畫采，美此區宅。藝者義也，理之所宜者也。如誦詩、讀書、彈琴、習射之類，皆所以調習此心，使之熟於道也。苟不志道而游藝，卻如無狀小子，不先去置造區宅，只管要去買畫掛做門面。不知將掛在何處？（《傳習錄》頁311）

王陽明以為聖人著經，「只是要正人心。只是要存天理，去人欲。」（《傳習錄》頁45）其反對以訓詁解經，強調經書之意義，貴在生命中實踐之。而在其義理思想中，「道問學」仍為其所強調之工夫：

> 道問學，即所以尊德性也。晦翁言「子靜以尊德性誨人，某教人豈不是道問學處多了些子。是分尊德性道問學作兩件。且如今講習討論，下許多工夫，無非只是存此心不失其德性而已。豈有尊德性，只空空去尊，更不去問學？問學只是空空去問學，更與德性無關涉？如此，則不知今之所以講習討論者，更學何事？（《傳習錄》頁374）

而當學者請教王陽明讀經不明該如何應對，王陽明是這麼說的：

> 此只是在文義上穿求，故不明。如此，又不如為舊時學問。他到看得多，解得去。只是他為學雖極解得明曉，亦終身無得。須於心體上用功。凡明不得，行不去，須反在自心

上體當，即可通。蓋四書五經，不過說這心體。這心體即所謂道心。體明即是道明。更無二。此是為學頭腦處。(《傳習錄》頁 69)

王陽明以為經書對於吾人成聖與否並無絕對性之作用。然經書之價值意義仍有其相對性之作用。是故王陽明並不反對知識之追求，其所反對的是過份追求知識，而忘卻良知：

故致良知是學問大頭腦，是聖人教人第一義。今云專求之見聞之末，則是失卻頭腦，而已落在第二義矣。(《傳習錄》頁 239)

換言之，王陽明以為「道問學」與「尊德性」是相輔相成也，若只是「尊德性」而不去問學，則良知亦無法致之。吾人生命意義亦無法實踐。王陽明常以「簡易」二字詮釋「致良知」。「簡易」一詞來自於《易傳·繫辭上傳》：「乾以易知，坤以簡能。易則易知，簡則易從。易知則有親，易從則有功。有親則可久，有功則可大。可久則賢人之德，可大則賢人之業。易簡而天下之理得矣」[86]，但「致良知」之工夫何來「簡易」呢？王陽明如此詮釋：

聖賢論學，無不可用之功，只是致良知三字，尤簡易明白，有實下手處，更無走失。近時同志亦已無不知有致良知之說，然能於此實用功者絕少，皆緣見得良知未真，又將致字

86　參見南宋·朱熹，《周易本義》(臺北：大安出版社，2014 年 2 月)，頁 233。

看太易了，是以多未有得力處。雖比往時支離之說稍有頭緒，然亦只是五十步百步之間耳。（《王陽明全集》頁247）

「支離」之說源自於陸九淵與朱熹於「鵝湖之會」時，反對朱熹過於傳注，有犯支離之嫌。

王陽明肯定「良知」是人人皆備，吾人皆可明白之。另一方面，「簡易」是王陽明針對士人往往「失之於易」，使「良知」作為一種「光景」（心境），卻未落實於生活中實踐之。（《傳習錄》頁396》）「致良知」雖易於明白，然而吾人卻常因私慾阻隔，而難以在生活中實踐也。是以，若欲「復其本體」，仍須時時體現吾人之良知：

> 良知發用之思，自然明白簡易。良知亦自能知得。若是私意安排之思，自是紛紜勞擾。良知亦自會分別得。蓋思之是非邪正，良知無有不自知者。所以認賊作子，正為致知之學不明，不知在良知上體認之耳。（《傳習錄》頁241）

而「致良知」是「簡易而精細」的：

> 天理即是良知。千思萬慮，只是要致良知。良知愈思愈精明，若不精思，漫然隨事應去，良知便粗了。（《傳習錄》頁337）

又言：

> 盡精微即所以致廣大也。道中庸即所以極高明也。蓋心之本體，自是廣大底。人不能盡精微，則便為私欲所蔽。有不勝其小者矣。故能細微曲折，無所不盡，則私意不足以蔽之，

自無許多障礙遮隔處。如何廣大不致？（《傳習錄》頁
374-375）

「致良知」為王陽明良知學之精粹。而「致良知」最簡單之實
踐方法，即是從眼前的事情開始做起：

> 我輩致知，只是各隨分限所及。今日良知見在如此，只隨今
> 日所知擴充到底，明日良知又有開悟，便從明日所知擴充到
> 底。如此，方是精一功夫。（《傳習錄》頁 302）

王陽明以為，吾人實踐自己之良知，只是依據各自之能力盡力
而為。今日實踐到如此之程度；明日則又有新的體悟，如此又從明
日之體悟實踐到底。是故，專注於一個目標，追尋自我之生命意義、
並建立自我之生命價值。

若在生活中能時時刻刻不忘「致良知」，則「虛靈不昧，眾理
具而萬事出。心外無理，心外無事」。（《傳習錄》頁 70）讓吾人之
良心不被私欲阻隔，各種道理存在於吾人之心中，萬事萬物自然就
會體現，邪思枉念亦自會消融。

吾人良知之自覺能否與天地萬物感通，即為「治療」之關鍵
處。[87]吾人可從陽明與其門人黃以方之問答，見其闡述「萬物一
體」之旨：

---

87 見陽明言：「諸君要識得我立言宗旨。我如今說箇心即理是如何？只為世人分
心與理為二。故便有許多病痛。……故我說箇心即理。要使知心理是一箇。便
來心上做工夫。不去襲義於外。便是王道之真。此我立言宗旨。……如曰，『夫
道一而已矣』。又曰『其為物不二，則其生物不測』。天地聖人皆是一箇，如
何二得？」參見氏著，《傳習錄》，頁 372。

問：「人心與物同體，如吾身原是血氣流通的，所以謂之
同體。若於人便異體了，禽獸草木益遠矣。而何謂之同體」？
先生曰：你只在感應之幾上看。豈但禽獸草木，雖天地也
與我同體的。鬼神也與我同體的」。請問。先生曰：「爾
看這箇天地中間，甚麼是天地的心」？對曰：「嘗聞人是
天地的心」。曰，「人又甚麼教做心」？對曰，「只是一
箇靈明」。曰，「可知充天塞地中間，只有這箇靈明。人
只為形體自間隔了。我的靈明，便是天地鬼神的主宰。天
沒有我的靈明，誰去仰他高？地沒有我的靈明，誰去俯他
深？鬼神沒有我的靈明，誰去辨他吉凶災祥？天地鬼神萬
物離卻我的靈明，便沒有天地鬼神萬物了。我的靈明離卻
天地鬼神萬物，亦沒有我的靈明。如此便是一氣流通的，
如何與他間隔得」？（《傳習錄》頁 380-381）

　　陽明之門人即提出吾人皆有之疑問，即吾人與天地萬物之
間，究竟是怎樣之一體感呢？原來門人之提問，即為侷限於物我
異體間之常識，而無法泯除物我異體間之差異。是以陽明即說道
所謂之一體感，即是由吾人良知靈明所呈現之「一氣流通」[88]，

---

[88] 見陽明言：「向晦宴息，此亦造化常理。夜來天地混沌，形色俱泯。人亦耳目
無所睹聞，眾竅俱翕。此即良知收斂凝一時。天地既開，庶物露生。人亦耳目
有所睹聞，眾竅俱闢。此即良知妙用發生時。可見人心與天地一體。故『上下
與天地同流』。」參見氏著，《傳習錄》，頁 326-327。陳立勝先生即補充道：
「一體不是人的精神的產物，甚至也不是神秘的體驗的結果，而是一個存有論
的問題，人的地位在這裏與天地萬物是連續的，而不是斷裂的。我們本身就嵌
在大化流行的一氣之中，是其中的一個有機環節。然而這個一體畢竟是在人這
裏達到了『自覺』，在人這裏得到了『體驗』。」參見氏著，《王陽明「萬物
一體」論——從「身一體」的立場看》，頁 57。陽明之意即是吾人良知呈現能
感能悟之時，即是與天道同流行。

而天地萬物本具之意義，皆透過吾人之一點良知靈明而獲得彰顯，吾人之心進而方可超越與天地萬物之限制，將天地之高深、鬼神之吉凶災祥、萬物之存在之朗現與吾人之良知連結合一，真實實踐全體之大用。[89]是以陽明言：「天地萬物俱在我良知的發用流行中，何嘗又有一物超於良知之外，能作得障礙？」（《傳習錄》頁 328）誠然，陽明在此並非否定外在客觀事物之存在，其以為吾人與天地萬物以吾人之良知感通之重要性，藉由吾人對於自我內在良知之肯定，並以吾身實踐之，進而通向吾人所處之生活世界，在此仁心感通之無限過程中，吾人之良知即為宇宙天地之中心，而宇宙天地即獲得生生之機。[90]是以陽明言：「某說無心外之理，無心外之物。」（《傳習錄》頁 37）吾人與天地萬物感通所產生之一體和諧感，療癒了吾人生命與天地萬物之間之疏離與異化，使吾人據此萬物一體感，參贊天地化育之流行，進

---

89 牟宗三即補充道：「陽明從良知（明覺）之感應說萬物一體，……從明覺感應說物，這個『物』同時是道德實踐的，同時也是存有論的，……從明覺感應說萬物一體，仁心無外，我們不能原則上說仁心之感通或明覺之感應到何處為止，我們不能從原則上給它畫一個界限，其極必是以天地萬物為一體。這個『一體』同時是道德實踐的，同時也是存有論的──圓教下的存有論的。」參見氏著，《從陸象山到劉蕺山》，頁 225。

90 見《傳習錄》記載道：「人的良知，就是草木瓦石的良知；若草木瓦石無人的良知，不可以為草木瓦石矣。豈惟草木瓦石為然？天地無人的良知，亦不可為天地矣。蓋天地萬物，與人原是一體，其發竅之最精處，是人心一點靈明，風雨露雷，日月星辰，禽獸草木，山川土石，與人原只一體。故五穀禽獸之類皆可以養人，藥石之類皆可以療疾，只為同此一氣，故能相通耳。」又可見其記載道：「先生曰：『你未看此花時，此花與汝心同歸於寂。你來看此花時，則此花顏色一時明白起來。便知此花不在你的心外。』」參見氏著，《傳習錄》，頁 330-331。楊祖漢先生即補充道：「通過人本心良知的實踐，而逐步彰顯天道生化一切的意義。無人的實踐感通之活動，天道之意義意不能彰明昭著也。……從感通之歷程上看，是一無限的歷程，但在感通之內容、意義上看，則可有頓時與萬物為一之境界。」參見楊祖漢，《儒家的心學傳統》（臺北：文津出版社，1992 年 6 月），頁 259-260。

而及物潤物並實踐自我安身立命之道。

復次，陽明亦主張吾人良知感通之萬物一體觀，乃具有責任，是以吾人必須實踐之，見其言：

> 夫人者，天地之心，天地萬物本吾一體者也。生民之困苦荼毒，孰非疾痛之切於吾身者乎？不知吾身之疾痛，無是非之心者也。是非之心，不慮而知，不學而能，所謂良知也。良知之在人心，無間於聖愚，天下古今之所同也，世之君子，惟務致其良知。則自能公是非，同好惡，視人猶己，視國猶家，而以天地萬物為一體。……視民之飢溺，猶己之飢溺，而一夫不獲，若己推而納諸溝中者，非故為是而以蘄天下之信己也，務致其良知，求自慊而已矣。……僕誠賴天之靈，偶有見於良知之學，以為必由此而後天下可得而治。是以每念斯民之陷溺，則為之戚然痛心。忘其身之不肖，而思以此救之，亦不自知其量者。天下之人見其若是，遂相與非笑而詆斥之。以為是病狂喪心之人耳。嗚呼！是奚足恤哉？吾方疾痛之切體，而暇計人之非笑乎？……天下之人心，皆吾之心也。天下之人，猶有病狂者矣。吾安得而非病狂乎？猶有喪心者矣。吾安得而非喪心乎？（《傳習錄》頁 258-260）

陽明即言道不論天下古今，吾人為聖愚與否，其皆有良知也。而只要吾人立志要求擴盡自我之良知並發用於吾人平時之日用人倫、灑掃應對進退中，不論是否為童子、賣柴者、士人以致

於天子[91]，皆是順乎良知發用之自然之條理，則自覺能事父便是孝、事君便是忠、與朋友教便是信、治民便是仁。[92]是以陽明之「萬物一體」並非只是單純之概念討論，而是其欲建立「天地萬物為一體」之理想境界。吾人能自覺地以內在之良之感通擴充於外，致乎其極，則自然能視人猶己、視國猶家、視民之飢溺，猶己之飢溺，將他人之苦痛視為自我之苦痛，體認吾人有此責任感，立己立人，超越人我之分。[93]陽明即便被世人稱為「狂者」[94]，亦具有「雖千萬人，吾往矣」之胸襟，當仁不讓。是以陽明言：「『仁者以天地萬物為一體』。使有一物失所，便是吾仁有未盡處。」（《傳習錄》頁 112）吾人良知之體現，人我、物我之間即能相感通，不只在良知呈現之當下即是，且良知潤澤之所在皆是。

---

91 見陽明言：「灑掃應對，就是一件物。童子良知只到此。便教去灑掃應對，就是致他這一點良知了。……我這裏言格物，自童子以至聖人皆是此等工夫。但聖人格物，便更熟得些子。不消費力。如此格物，雖賣柴人亦是做得。雖公卿大夫以至天子，皆是如此做。」參見氏著，《傳習錄》，頁 371。

92 見陽明言：「心即理也。此心無私欲之蔽，即是天理。不須外面添一分。以此純乎天理之心，發之事父便是孝。發之事君便是忠。發之交友治民便是信與仁。只在此心去人欲存天理上用功便是。」又言：「大學所謂厚薄，是良知上自然的條理，不可踰越，此便謂之義；順這箇條理，便謂之禮；知此條理，便謂之智；終始是這箇條理，便謂之信。」同上注，頁 30、332-333。

93 唐君毅先生對即即補充道：「即使我們由感到天地、生民、眾生、聖賢、佛、上帝之超越於我們自己，而自知我們原先狹小的自我之限制；同時即在我們自知自己之限制處，啟現一無限之世界與理想，在我們之前，並要我們去擔負對此無限之世界與理想之責任。此責任感，又立刻把我們之狹小的現實自我，自內部撐開，而擴展我們自己之精神的空間。參見唐君毅，《青年與學問》（臺北：三民書局股份有限公司，2014 年 4 月），頁 43。

94 關於「狂者」，見《傳習錄》記載道：「先生曰：『我在南都以前，尚有些子鄉願的意思在。我今信得這良知真是真非，信手行去，更不著些覆藏。我今才做得個狂者的胸次，使天下之人都說我行不掩言也罷。』」又言：「狂者志存古人，一切聲利紛華之染，無所累其衷。」參見氏著，《傳習錄》，頁 355、411。

王陽明一生嚴格實踐其所提出的「把良知實踐於萬事萬物中」（致良知），而吾人只要把持自我之良知，且將自己之良知體現於萬事萬物上，誠實、真切地「面對自己」，方可使吾人成為快樂之人：

> 人若真實切己用功不已，則於此心天理之精微，日見一日。私欲之細微，亦日見一日。若不用克己工夫，終日只是說話而已。天理終不自見，私欲亦終不自見。如人走路一般。走得一段，方認得一段。走到歧路處，有疑便問。問了又走。方漸能到得欲到之處。今人於已知之天理不肯存。已知之人欲不肯去。且只管愁不能盡知。只管閒講。何益之有？且待克得自己無私可克，方愁不能盡知，亦未遲在。（《傳習錄》頁 95-96）

綜上所述，王陽明以「致良知」為其義理之集大成也，以「良知」為其義理之本體，透過「致」之工夫充分實踐於萬物萬物，進而達成本體、工夫合而為一之境界。

王陽明在其生命的最後一年，作了一首〈長生〉詩：

> 長生徒有慕，苦乏大藥資。名山遍深歷，悠悠鬢生絲。微軀一系念，去道日遠而。中歲忽有覺，九還乃在茲。非爐亦非鼎，何坎復何離？本無終始究，寧有死生期？彼哉游方士，詭辭反增疑。紛然諸老翁，自傳困多歧。乾坤由我在，安用他求為？千聖皆過影，良知乃吾師。（《王陽明全集》頁 876）

吾人得以安頓其生命之終極意義，即在於吾人天生即具有之良知，不必憑借權威，亦不必向外窮理，只須時時實踐其良知，

體現於生活中，則可達到孔子所說的「智者不惑，仁者不憂，勇者不懼」。「致良知」並非恆常、不變之是非準則，而是須落實於吾人之生活中，透過萬事萬物之變，逐漸致吾人之良知，即曾昭旭先生所說的：「所謂致良知，所謂事上磨鍊也。亦即體證主體生命之存在，絕非孤懸之存在，而必然是即一切事物而存在、在日常生活中存在。所以及物潤物乃成為主體命的分內事，物我一如才是一心存在的圓滿義也。」[95]

肆、小　結

　　吾人在日常生活中充斥著迷惘與無助感，人們無法解決自己生命所面臨之困頓──有的人更因此困頓而走上自我毀滅一途。是以，唯有透過正視自己生命所面臨之困境，並相信自己能時時刻刻把持良知實踐之，方可安頓吾人之生命，進而確立自我之生命意義。「致良知」為王陽明義理思想之集義，其所體悟之「成聖之根源義」，旨趣在於吾人本有之「良知」，吾人只須時刻「實踐良知」，即可成聖也。王陽明三十七歲時在龍場如此艱困之環境中，從「聖人處此，更有何道？」終而體悟「聖人之道，吾性自足」[96]，自此確立了王陽明良知學的根源義。而「良知」是吾人生而本有，乃「先驗性」，而「良知」並非遙不可及，無法追求；只要吾人「時時用致良知的功夫，方才活潑潑地，方才與他川水一般；若須臾間斷，便與天地不相似。此是學問極至處，聖人也只如此。」(《傳習錄》頁319)，吾人若能堅定自我之良知，不執著於一切聲色利益，進而能不執著於榮辱死生，時刻秉持良知，時刻擴充實踐之，則「若於

---

95 參見曾昭旭，《存在感與歷史感：論儒學的實踐面向》(臺北：臺灣商務印書館，2009年)，頁21。

96 參見氏著，李雪媛、柯乃瑜、呂以榮合譯，《向生命說yes！》，頁6。

此處見得破，透得過，此心全體方是流行無礙，方是盡性知命之學。」(《傳習錄》頁334)

王陽明在五十四歲時與友人魏師孟的書信中有談到：

> 心之良知是謂聖。聖人之學，惟是致此良知而已。自然而致之者，聖人也；勉然而致之者，賢人也；自蔽自昧而不肯致之者，愚不肖者也。愚不肖者，雖其蔽昧之極，良知又未嘗不存也。苟能致之，即與聖人無異矣。此良知所以為聖愚之同具，而人皆可以為堯舜者，以此也。是故致良知之外無學矣。(《王陽明全集》頁312)

上文已有論述聖人與愚人之分別，在於愚人良知雖本有，然而其良知被欲望所遮蔽，故須透過「致良知」之工夫，使吾人找回「良知」，並進而達到堯舜之境界。吾人不只是求自我能成堯舜，更能推己及人，使身邊之人皆可成堯舜。是以，本有良知之吾人，須要在生活中實踐，並在當下設身處地體會他人之感受、體會他人之處境，將心比心，此即為「致良知」之價值。

追尋生命之意義，是每個人潛存在體內的天性。而傅朗克的意義治療，即是幫助人追尋屬於他個人之意義。傅朗克曾在集中營中，輔導了兩名有著自殺傾向的患者，讓他們體悟「生命意義」的案例：「患者為兩名男子，他們在談話當中都透露出自殺意圖，也都表達了『對生命不再有任何期待』的典型論調。我們對這兩人應該採取的措施，是讓他們領悟到生命對他們還有所期待，在他們未來的生命中還有些事物在等待他們。事實也果真如此，其中一人深深疼愛的孩子正在國外『期盼著』與父親團聚；等待著另一位的並不是一個人，而是一件事；他的著作！此人曾是一位學者，並已針對某個

主題出版了一系列專書，整個計畫尚未結束，正等待他來完成。著作的完成是別人無法取代的；正如前述那位父親，他在孩子心目中的地位也是無可取代。這種唯一性與獨有性，使每個人都各具特色，也賦予每個人存在的意義，它可以是一部著作，或任何具有創造性的成就，也可以是屬於個人的愛。這種個人的不可替代性正好清楚表示（存在於我們意識中）其生命以及延續生存所必須承擔的責任。無論面對的是一部著作或是等待他的摯愛親人，一個人如果清楚意識到他的責任，便不可能會棄生命而不顧，因為他知道他『為何』而存在，因此也有忍受『任何』事物的能力。」[97]「意義」（mean）一詞即指吾人在一生的生命歷程中，所經歷之種種真善美的內在價值。生命的意義因人而異，每天、每小時的意義亦不盡相同。故吾人所該重視的，不是廣泛的「生命意義」，而是當下之「具體意義」。

吾人所處的世界是瞬息萬變的，人唯有依著自我之良知，方能因應外在之變化而做出變化，方可不被欲望所遮蔽。王陽明在其一生所追尋之生命意義，即是如何在這喧擾不安、機詐爭鬥之世道中，能夠不被外物所箝制，並貞於自我良心。人的欲望是無窮無盡的，唯有認清欲望之本質並超越，體悟欲望並非為吾人之本質，吾人才有堅定之自信與勇氣擺脫欲望之枷鎖。王陽明的致良知使吾人明白，唯有回歸到自我良知，反觀自省，方可體悟生命之意義。若能透過追尋生命意義，並與自身生命相連結，使吾人能自我超越之，以復聖人之境。吾人之生命乃有限性也，且吾人無法決定自己如何死、何時會死；然而吾人可以在生命中的每一個當下，做出不愧於自我良知之抉擇。如孔子所言：「為仁由己」。（《四書章句集註》頁228》）良知早已存在於吾人心中（為己），只要吾人真正自我省察，

---

97 同上注，頁138-139。

時刻把持良知（克己），且進一步實踐良知（成己），則吾人之生命，即可獲得安頓也：

> 這心之本體，原只是箇天理。原無非禮。這箇便是汝之真己。
> 這箇真己，是軀殼的主宰。若無真己，便無軀殼。真是有之
> 即生，無之即死。汝若真為那箇軀殼的己，必須用著這箇真
> 己。便須常常保守著這箇真己的本體。戒慎不覩，恐懼不聞。
> 惟恐虧損了他一些。才有一毫非禮萌動，便如刀割，如針刺。
> 忍耐不過。必須去了刀，拔了針。這才是有為己之心，方能
> 克己。（《傳習錄》頁 146）

「為己」即為實現真實之「自我」，故孔子云「古之學者為己，今之學者為人。」（《四書章句集註》頁 268）一切學問唯有落實於吾人生命之歷程中，如此之學問方為「為己之學」，而吾人亦能在實踐學問之過程中，安頓自我之生命外，推己及人，使他人之生命亦可獲得安頓之契機。

生命之意義價值不在於生命之長短，而是在其有限性中，實踐吾人之無限意義價值。而王陽明的「致良知」即是教導吾人如何安頓自我之生命，進而使自我之生命甄於圓滿。現代人因各種壓力，使得自己充斥著無助與迷惘，是故若欲解決現代人所面臨之難題，唯有正視自我之良知，並時刻把持著、實踐之，如此吾人自身即能立於時代的洪流中，並幫助他人發現其生命之意義：

> 夫仁者，己欲立而立人，己欲達而達人。僕之意以為，己有
> 分寸之知，即欲同此分寸之知於人；己有分寸之覺，即欲同
> 此分寸之覺於人。人之小知小覺者益眾，則其相與為知覺也

益易且明，如是而後大知大覺可期也。（《王陽明全集》頁
895）

　　吾人在其有限生命之歷程中，若能做到己立、立人、己達、
達人。即是實踐自我之生命意義。是以，無論吾人處於如何艱困
之環境中，能時時刻刻做到「致良知」之工夫，如此吾人便能有
自信地說聲「此心光明，亦復何言」。（《王陽明全集》頁 1463）

第四節　論王船山「思」義理中的意義治療

　　「意義治療」是由西方之傅朗克所開創之心理學派，而林安
梧先生首開以「意義治療」開展儒家所隱含之治療思維。彭國翔
先生亦指出儒家義理中蘊含著「治療意義」[98]。誠然，此處所言
之「意義治療」，並非只是將西方理論直接套入東方來；而是在
中國義理中，確實有著一套療癒自我與他人之工夫。身處明代鼎
革之際的王船山以為「思」之工夫乃為立人道之極之起點，吾人

98　關於儒家義理所蘊含之治療意義，彭國翔先生即指出：「儒家的修身
　　（self-cultivation）傳統不只是一種單純精神性的修養，而是一種身心交關的
　　（psychosomatic）功夫實踐。這種身心修煉在積極的意義上充分肯定身體的向
　　度；其次，儒家的身心修煉不是一種『隔離』世事的智慧和實踐，不但不以平
　　淡繁瑣的日常生活為障礙，反而注重將日常生活中的每時每刻都視為身心修煉
　　的契機。這種身心修煉在終極的意義上肯定日常世界的真實性與價值，身心修
　　煉的終極境界和目標並不在平常的人倫日用之外，而恰恰就在其中。」參見彭
　　國翔，〈儒家傳統的身心修煉及其治療意義─以古希臘羅馬哲學傳統為參照〉
　　收入於楊儒賓、祝平次編，《儒學的氣論與工夫論》（臺北：國立臺灣大學出
　　版中心，2012 年 5 月），頁 3。

要進一步追問的是，其為何如此重視「思」呢？又「思」之工夫要如何療癒自我與化育他人呢？是以本文之開展，從「什麼是儒家學者們所論之『思』」開始論述；接著說明「船山義理與傅朗克意義治療之會通在於吾人之心具有自主性，與肯定吾人天生本具之道德性。」；最後闡述如何「體現『思』」。以下即依上述架構，逐步展開討論。

壹、「思」之義蘊

「思」字在先秦儒家之孔子時即多有提及，如《論語‧為政》中言：

> 子曰：「詩三百，一言以蔽之，曰『思無邪』。」[99]

> 子曰：「學而不思則罔，思而不學則殆。」（《四書章句集註》頁 57）

又見〈衛靈公〉記載：

> 子曰：「吾嘗終日不食，終夜不寢，以思，無益，不如學也。」（《四書章句集註》頁 167）

第一則引文中之「思」只是句首助詞，乃為無義。而孔子卻借用來概括整部《詩經》之精神，此時「思」便變成有意義了，

99　參見南宋‧朱熹，《四書章句集註》（新北：鵝湖月刊社，1984 年 9 月），頁 53。

即是指作詩者之感情。是以「思無邪」即是指感情真誠，亦就是「善」或「道德的」之意，即所謂「道德感情」，能思誠思善之「思」[100]；後兩則引文之「思」則與學習相關。而戰國時期之孟子亦對此德性意義之「思」，加以詮釋，見《孟子·告子上》言：

> 曰：「耳目之官不思，而蔽於物，物交物，則引之而已矣。心之官則思，思則得之，不思則不得也。此天之所與我者，先立乎其大者，則其小者弗能奪也。此為大人而已矣。」（《四書章句集註》頁335）

孟子以為吾人之耳目之官乃為見聞感性之小體，不具有是非善惡價值判斷之能力，又因耳目乃以感觸為性，是以吾人之耳目易被外在所感觸之物牽引，向外奔馳而無法自止。則此時吾人之心思，即完全被耳目之欲所遮蔽，心之官所本具德性意義即無法彰顯，是以孟子主張必須透過「思」之工夫，使生命價值之意義能得以體現，此時吾人之生命能從其大體，不讓自我之私欲主宰生命，進一步確立自我之大體，活出吾人之所以為人之生命意義。

---

100 朱熹即引程頤之語詮釋道：「程子曰：『思無邪』者，誠也。」參見氏著，《四書章句集註》，頁54。而船山亦詮釋言：「程子言思，在善一邊說，方得聖人之旨。那胡思亂想，卻叫不得思。〈洪範〉言『思作睿』，孟子言『思則得之』。」參見清·王夫之，《讀四書大全說》（北京：中華書局，2011年12月），頁266。曾昭旭先生即補充道：「就人生實踐而言，思考的意義在澄清問題，消解困境，以幫助我們去選擇合理的行為。所以思考是一定不能離開真實的情境以騁其游思玄想的。……可是性好思想的人卻不然，他們順著氣質上的慣性，很容易想了又想，以至於左思右想、憑空設想，終於變成一種無關實踐的幻想、玄想，簡單直截的人生實踐也就從此被蒙上重重理障，而變得複雜不堪了。可見思想雖是件利器，但若沒有一個自主的心靈去節制，以使其當想時想，適可使止的話，也是會引生無窮弊端的。」參見王邦雄、曾昭旭、楊祖漢著，《論語義理疏解》（新北：鵝湖出版社，2013年3月），頁210。

　　身處明末清初鼎革之際的王船山，即盛讚孟子對於「思」之主張，並言：「孟子說此一『思』字，是千古未發之藏。」（《讀四書大全說》頁 699），船山即據於孟子對於「思」之看法，在詮釋《孟子・告子上》關於「心之官則思」一段，加以開展，見其言：

> 　　足知言「不思」者，謂不思而亦得也。　不思而亦得，……耳目不思而亦得，則其得色得聲也，逸而不勞，此小人之所以樂從。心之官不思則不得，逸無所得，勞而後得焉，此小人之所以憚從。……故不待思而得者，耳目之利也；不思而不得者，心之義也；義謂有制而不妄悅人。「而蔽於物」者，耳目之害也；「思則得」者，心之道也。故耳目者利害之府，心者道義之門也。不思而得，不勞而可有功；而蔽於物，則雖勞而亦無益。聲色之麗耳目，一見聞之而然，雖進求之而亦但然。為物所蔽而蔽盡於物。豈如心之愈思而愈得，物所已有者無不表裏之具悉，耳目但得其表。物所未有者可使之形著而明動哉！　小人喜用其逸，而又樂其所得之有量，易於得止而屬厭；大人重用其勞，而抑樂其所得之無窮，可以極深研幾而建天地、質鬼神、考前王、俟後聖；故各以其所樂者為從，而善不善分矣。乃耳目之小，亦其定分，而誰令小人從之？故曰小不害大，罪在從之者也。（《讀四書大全說》頁 696-697）

　　船山即對於吾人之心「思則得」與吾人之耳目「不思而亦得」，加以展開詮釋，為什麼吾人之心會怠惰而從其小體呢？原來身體之生理需求之追逐是不需要透過「思」即可得，即為不勞

而獲之現成之誘惑。是故吾人之心樂於其逸，即逐漸捨棄了「思」之工夫。曾昭旭先生即補充道：「所謂『得』，即果行其與外物相交之意也。耳目之官，不思亦得也，即所謂自然；禽獸以但具此小體，故自然與大化感應，所謂『有天明而無己明』也。人之心則必思而後得，即所謂人道，而自主性即在焉。故人之有思，乃所以異於禽獸也。」[101]吾人之一念之陷溺，即在於吾人心之不思，而實踐自我生命意義之依據，只在吾人之心能思也。

復次，見船山言：

> 今竟說此「思」字便是仁義之心，則固不能。然仁義自是性，天事也；思則是心官，人事也。天與人以仁義之心，只在心裡面。唯其有仁義之心，是以心有其思之能，不然，則但解知覺運動而已。（犬牛有此四心，但不能思。）此仁義為本而生乎思也。（《讀四書大全說》頁700）

可見船山以為「思」有兩層意思，第一是吾人體悟天道之性[102]所賦予吾人之仁義禮智之理，乃為「先天之道德之理」，而非如耳目之官具有一定之形構。第二層「思」並非純粹只是思辨認知外在事物之能力，而是有著可以體現天道之成德工夫。然船山

---

101 參見曾昭旭，《王船山哲學》（臺北：里仁書局，2008年3月），頁436。
102 關於「性」，唐君毅先生即補充道：「蓋船山既言天以其理授氣于人為命，人以其氣理于天為性，性為理，性為氣之理，而人之氣原于天之分其和順之氣以生。人分有此氣，乃有此理；故人受于天之理為善，而所受于天之氣者亦善。」參見唐君毅，《中國哲學原論・原教篇》（臺北：臺灣學生書局，2004年10月），頁557。蔡家和先生亦補充道：「性是理氣合，仁義禮智與聲色臭味乃所謂的天地之性與氣質之性……在船山而言，性之善，無論是氣質之性與本然之性都是善。」參見蔡家和，《王船山《讀孟子大全說》研究》（臺北：臺灣學生書局，2013年9月），頁393。

以為吾人之「思」雖可體現天道，「思」卻並不直接等同於「天道」，天道乃是要透過吾人心之發用，思此天道之理，並進一步結合身體之感官功能面對當下所接觸之外在事物[103]，使其本末貫通，則天道即具體落實於生活世界中，而具有意義價值。是以吾人之道德實踐，必藉由吾人心之自主性地「思」，進而體現之。

貳、「思」與意義治療之交會

　　上文筆者闡述了什麼是先秦儒者與船山對於「思」之詮釋，吾人之「心之思」具有自主性與道德性。而筆者將於本節進一步闡述「思」與意義治療之交會之處即在於「吾人之心具有自主性——即傅朗克所言之『自由意志』（freedom of the will）[104]，與肯定吾人天生本具之道德性[105]。傅朗克即說道：「雖然集中營

---

103 「蓋貌、言、視、聽，分以成官，而思為君，會通乎四事以行其典禮。非別有獨露之靈光，迥脫根塵，泯形聲、離言動，而為恍惚杳冥之精也。」參見清・王夫之著，王孝魚點校，《尚書引義》（北京：中華書局，2011 年 12 月），頁 102。

104 關於「自由意志」（freedom of the will）」傅偉勳先生即指出：「社會環境等外在條件對於我們的身心狀態，也常構成不可忽視的決定因素。但在人性的高層次，傅朗克肯定人有超越突破心理層面的實存意義的精神自由，能在人生的緊要關頭（如生死交觀的極限境況、道德行為的抉擇等）顯現出來。」參見傅偉勳，《死亡的尊嚴與生命的尊嚴》（臺北：正中書局，2010 年 6 月），頁212。賴賢宗先生亦補充道：「意義治療學所論的『意志自由』是一種不斷探尋『意義』及其實現的超越的自由能力，這裡的『意義』一詞是指人間的生命歷程當中，種種真善美聖的精神價值取向與內涵。」參見賴賢宗，〈生命意義的追求〉。收入於傅朗克著，李雪媛、柯乃瑜、呂以榮合譯，《向生命說 yes!》（臺北：啟示出版，2009 年 6 月），頁 40。

105 傅朗克於二戰期間被關入集中營，數度瀕臨死亡邊緣，在如此極限之環境下，其仍堅信人性本善。以上記事請參見氏著，李雪媛、柯乃瑜、呂以榮合譯，《向生命說 yes!》、傅朗克著，鄭納無譯，《意義的呼喚》（臺北：心靈工坊，2010年 7 月）。傅佩榮先生即補充道：「人生就是一幕幕的情景。……情景不斷再變換，每一個情景都具有獨特的意義，要靠良心來發現。由此可知，良心必須是一種高度的自覺：我清楚知道，是『我』在思考、『我』在體驗，……。憑

的環境能將他『塑造』成某種特定人格，然而人的內在發展結果
仍舊由自己決定。......即使只剩最後一口氣，人的精神自由仍不
可剝奪，他們也能找到充實自我生命意義的機會。」[106]唐君毅先
生亦說道：「人之異於其他自然萬物者，在其有自覺的心靈。」[107]
不論身處之環境如何，吾人仍能透過吾心之思，而有充實自我生
命意義之契機，進而體現與天道同流行之境。然吾人要進一步追
問的是，吾人思食思色之「思」與思仁義義理之「思」該如何分
辨呢？見船山言：

> 乃只思義理便是思，便是心之官；思食思色等，直非心之
> 官，則亦不可謂之思也。孟子曰「先立乎其大者」，元只
> 在心上守定著用功，不許寄在小體上用。以耳目有不思而
> 得之長技，一寄其思於彼，則未有不被其奪者。今試體驗
> 之：使其為思仁思義，則不因色起，不因聲起；不假於視，
> 不假於聽，此心亭亭特特，顯出他全體大用來。若思食色
> 等，則雖未嘗見未嘗聞，卻目中若現其色，耳中若聞其聲，
> 此雖不蔽於現前之物，而亦蔽於所欲得之物，不與現前之
> 物交，而亦與天下之物交也。此卻是耳目效用，心為之役。
> 心替其功能以效於耳目之聰明，則亦耳目之官誘心從彼，
> 而尚得謂之思哉？......蓋形而上之道，無可見，無可聞，
> 則唯思為獨效。形而下之有色有聲者，本耳目之所司，心

著良心真誠地生活，並且觀察生活，注意生活中的每一個場景，這即是佛朗克
的前提。」參見傅佩榮，《人生，一個哲學習題：認識自我、開發潛能、修養
靈性的追求》（臺北：遠見天下文化出版股份有限公司，2016 年 7 月），頁
92。

106 參見氏著，李雪媛、柯乃瑜、呂以榮合譯，《向生命說 yes！》，頁 123-124。
107 參見唐君毅，《人生之體驗續編》（臺北：學生書局，1996 年 3 月），頁 37。

即闌入而終非其本職，思亦徒勞而不為功。故可見可聞者
謂之物，而仁義不可謂之物，以其自微至著，乃至功效已
成，而終無成形。若夫食、色等，則皆物也。是故唯思仁
義者為思，而思食色等非思也。（《讀四書大全說》頁
701-702）

　　船山即將思食思色之「思」與思仁義義理之「思」做分辨，
所謂之「思」，是以德性意義為主體，而所謂思食思色等，皆不
可謂之「思」。船山在此並非否定了吾人之生理需求，而是其以
為德性意義之外之事物，即使不思，亦可自然而然地成為吾人追
逐之對象。唯獨「仁義義理」之實踐，必由心之思而起用，而通
於至善之境。船山並以自身之體驗論述吾人若專注於小體之
「思」，雖未實際與外物接觸，然吾人之感官以被「耳目效用，
心為之役」。是故吾人將心之思專注於道德實踐之上，即體現孟
子所言之「先立乎其大者」之義。曾昭旭先生即補充道：「本必
貫於末，心與腦之作用非可截然離異，唯當心發其思而大體立，
於是大腦自可順行其職分，盡其分析綜合既有材料之功，而不妄
作道德判斷。」[108]是以船山之思仁義，是「不因色起，不因聲起；
不假於視，不假於聽，此心亭亭特特，顯出他全體大用來。」此
當下之思方為真思。
　　誠然，船山並非要吾人只立大體，而廢小體，見其言：

　　蓋性者，生之理也。均是人也，則此與生俱有之理，未嘗
　　或異；故仁義禮知之理，下愚所不能滅，而聲色臭味之欲，

---

108 參見氏著，《王船山哲學》，頁446。

> 上智所不能廢，俱可謂之為性。而或受于形而上，或受于
> 形而下，在天以其至仁滋人之生，成人之善，初無二理。
> 但形而上者為形之所自生。[109]

　　船山即言不論是仁義禮智之理，亦或是聲色臭味之欲，皆為
吾人天生之性，吾人之身與心為不二也。[110]是以船山言：「性在
則謂之『道心』，性離則謂之『人心』。性在而非遺其知覺運動
之靈，故養大則必不失小；性離則唯知覺運動之持權，故養小而
失大。」（《讀四書大全說》頁 695）[111]吾人之心與身皆是由天
道下貫所凝成之，是以並無區隔，其只是因功能而有不同之職分
也。是以，吾人若欲實踐自我之生命意義，其關鍵即在於先立其
大者，體現心官大體之思用，直貫耳目聞見之小體，身心一如、

---

109 參見清・王夫之，《張子正蒙注》（北京：中華書局，2011 年 12 月），頁 108。

110 林安梧先生即指出：「『生』的觀念在船山學中有無比重要的地位，生則包括
『理、欲』兩端，這兩端『互為體』。所謂『互為體』是『理以欲為體』、『欲
以理為體』。『理以欲為體』，則理為用，理通過欲而表現其自己，此時，欲
之為體是『端體之體』，而理之用則是『大用之用』。『欲以理為體』，則欲
為用，欲須得理體之規範而使其用毫不爽失，此時理之為體就是『主宰之理』，
具有規範作用而說的體，欲之用則是依循主宰之理的規範而行之無違的用。」
參見林安梧，《王船山人性史哲學之研究》（臺北：東大圖書，1987 年 9 月），
頁 107。

111 關於「道心」與「人心」，曾昭旭先生即指出：「此陰陽合運，凝為一體，足
以起道德創闢之用，以縮節內外之動幾，即特稱為道心，以其即仁心之動幾而
有全幅天道之貫注也。……然當其不自強，即神用不顯而只餘氣機自然之感，
此即與一般之物幾無異矣，此時即特稱為人心。……故道心人心，本是一體，
合則成性而效能，離則勢分而兩傷；合則功侔於天地，離則罪浮於禽獸。」參
見氏著，《王船山哲學》，頁 419。林安梧先生亦補充道：「道心足以作為人
心發用的根源，而人心則是道心發用的現實起點。人心之通徹的發用即是道心
之發用，道心之發用必得通過人心通徹的發用。……它們雖相屬而又相離，雖
相離而又相屬。……『道心』、『人心』的發用亦是可以獨立的，這顯示了其
『自主性』。會而言之，道心、人心二者雖並列而相互統屬，最後則又以『道
心』為核心，為統宗。」參見氏著，《王船山人性史哲學之研究》，頁 114。

交與為體、由內而外開顯道德意義，進而建立人文化成之世界。

參、「思」之體現

上文筆者闡述了「思」與意義治療之會通之處即在於吾人之「心之思」具有自主性與道德性，吾人可經由自我心之思，而有實踐自我生命意義之可能，本節筆者將進一步論述「船山所言之『思』要如何達成」。見船山言：

> 蓋仁義者，在陰陽為其必效之良能，在變合為其至善之條理，原有紋理機芽在（紋理是條理，機芽是良能。），故即此而發生乎思，如甲必柝，若勾必萌，非塊然一氣，混雜椎鈍，不能有所開牖也。故曰天之所與我。與我以仁義，即便與我以思也，此從乎生初而言也。乃心唯有其思，則仁義於此而得，而所得亦必仁義。蓋人飢思食，渴思飲，少思色，壯思鬥，老思得，未嘗不可謂之思，而思之不必得，乃不思而亦未嘗不得。（得之有命。）其得不得之一因乎思者，唯仁義耳。此思為本而發生乎仁義，亦但生仁義而不生其他也。……蓋思因仁義之心而有，則必親其始而不與他為應，故思則已遠乎非道而即仁義之門矣。是天之與我以思，即與我以仁義也。此從乎成性而言也。（《讀四書大全說》頁 700）

船山即說道「思」是吾人體悟天道之性所賦予吾人之仁義禮之軀[112]，而非如耳目之官具有一定之形構。換言之，即「思」乃

---

112 見船山言：「『誠』為仁義禮之樞，『誠之』為知仁勇之樞。」又言：「仁義禮是善，善者一誠之顯道也，天之道也。……知仁勇，所以至於善而誠其身也。

生於仁義，為仁義之機芽良能。是以仁義之心乃為吾人之體，由仁義之心所發之思乃為吾人之用。唯有思仁義之思，方為真思，吾人思其他對象（飢思食，渴思飲，少思色，壯思鬥，老思得）與思之間即不具備如此必然之關係，「思」乃為吾人所本具之良能，具有能超越一切而不蔽於物，以覺知天道之全體大用，而下貫於當前之物，使吾人與天道同流行之。[113]是以船山言：「盡天地只是箇誠，盡聖賢學問只是箇思誠。」（《讀四書大全說》頁605）在船山之理解中，「思」並非純粹只是思辨認知外在事物之能力，而是有著可以體現天道以成性之成德工夫。

　　復次，見船山言：

> 君子之學，唯知吾性之所有，雖無其事而理不閒。……乃君子之於此，則固非無其事矣。夫其所有得於天理者，不因事之未即現前而遽忘也。只恁精精采采，不昏不惰，打迸著精神，無使幾之相悖，而觀其會通，以立乎其道之可生。不有所專注流倚，以得偏而失其大中，自然天理之皆備者，撲實在腔子裏，耿然不昧，而條理咸彰。……使其能然，則所睹聞在此，而在彼之未嘗睹、未嘗聞者，雖萬事萬物，皆無所荒遺。而不動之靜，不言之信，……要以不睹不聞之地，事物本自森然，盡天下之大，而皆須臾

（『誠乎身』）之誠，是天人合一之功效。）」參見氏著，《讀四書大全說》，頁128、140。

113　陳祺助先生即指出：「天道『理氣』誠體即主宰即流行變化而凝於形質，健順之理繼善於人以成仁義之性；仁義之性自生仁義之心，乃有必發之良能與至善之條理，而仁義即此而發生，是即心之『思』。人生而性成，性自心而有思之能，仁義乃即此而得，天理亦因此而昭著。從天道繼善順著說，是因仁義而發生思；由成性存存逆著說，則是因思而昭明仁義。」參見陳祺助，《王船山「道德的形上學理論」之開展》（高雄：麗文文化，2012年6月），頁366。

> 不離於己，故不可倚於所睹所聞者，以致相悖害。（《讀
> 四書大全說》頁 72-73）

　　船山即以體用論[114]，詮釋儒家所謂聖賢之道，道不可須臾離，雖是不聞不見之道，然作為可經由致思存理，進而體現為「應事接物」之道，是故與事物有著絕對之相應關係。吾人事君父之道，並非是等到見父或聞君命之際，方始感而遂通，然在吾人與事物相幾或不相幾之處，吾人仍須致思存理。[115]是以，若無事相幾之時，吾人並非無其事，而是應時刻致思存理。而當吾人與事物相幾之時，此體才能發用進一步灑掃應對進退之中、安頓自我之身心。船山以為儒學工夫之終極目的，即為萬事皆宜，致思存理、進一步與天理同流行。

　　而船山在詮釋《孟子‧公孫丑上》「孺子入井」時，對於「思」之工夫，有深刻之見解，見其言：

> 乃或疑乍見孺子將入於井而有惻隱之心，仁義亦因耳目之

---

114 關於船山之「體用論」，曾昭旭先生即指出：「個體非是形上本體所作用之對象（若然則體用分為兩截矣），而直是本體之一端而可直通於全體者，於是個體乃真亦有其超越無限之尊嚴，……於是個體亦可直稱為體。」其又言：「又由於本體之現端為一一定體，乃是通過天之生化作用而成者（即所謂『一陰一陽之為道』之『一之、一之』之作用），而一一定體（特別就人而言）又全具本體之創造性而亦起用者，非一一僵死之物也。於是兩體皆有其用（而實亦一貫），就天之本體而言，一一定體即是其發用之現端，亦即天化所成之大業；就一一定體而言，天之元亨利貞之德即是其所表現之用，而其用又自鍾歸注藏於此宇宙全體之中也。……總之是兩體迴環相抱。」參見氏著，《王船山人性史哲學之研究》，頁 345、347。

115 陳祺助先生即補充道：「即此一物、就此一事，察識擴充，教其篤實光輝，自能通徹而不蔽於物。耳目所不睹不聞之際，也仍有雖無其事而當先學問講論其理，以求力盡其道之事，此正得用思，始能存得理。」參見氏著，《王船山「道德的形上學理論」之開展》，頁 367。

交物而生於心。則又不然。彼所言者，謂盡人而皆有，……偶一見端。彼唯心失其官以從役於耳目，則天良雖動，亦必借彼以為功，非有根也。若大人先立其大，則不忍人之心充實在中，而當其乍見孺子入井之時，亦必不與行道之人怵然一驚、惕然一懼者同矣。發得猛時，便是無本。故齊宣王易牛之心反求而不得，則唯其乍見觳觫之時，目交物而心從目，非思所得，以不思故終不得也。……且當乍見孺子入井之時，則惻隱之心，因目而動。若其當未見孺子入井之時，君子之思以存夫仁者，……物引不動，經緯自全，方謂之思。……唯思，故誠通焉。若使因耳目以起思之用而成其能，則不特已睹之睹，已聞之聞，即睹其所未睹，聞其所未聞，亦只蔽盡於一物，如何得萬物皆備來？……思乃心官之特用，當其未睹未聞，不假立色立聲以致其思；而迫其發用，則思抑行乎所睹所聞而以盡耳目之用。唯本乎思以役耳目，則或有所交，自其所當交；即有所蔽，亦不害乎其通。……故乍見孺子入井之心，雖非心之全體大用，而亦可資之以為擴充也。（擴充則全用思。）（《讀四書大全說》頁702-703）

　　船山即言吾人之惻隱之心，在乍見孺子入井時，此時吾人心中之仁義即油然而生。然吾人在此必須進一步追問的是，此時生起之仁義心，是否是因為耳目見聞而生呢？又此仁義之心只是「偶露」亦或是「全體呈現」呢？船山在此指出仁義之心乃本具於吾人，透過耳目之官以發顯，是以吾人雖不思仁義，但不可言無人性中無仁義之存在也。是故即如齊宣王已有所發，以羊易牛，然若未經由「思」之工夫自覺地體現，其只是「偶發地」體現仁義，

而非天道直貫於吾人也。「自覺」與「偶發」就本質上並無不同，其關鍵旨在吾人修養工夫上「思」與「不思」之差別。船山在此亦非否認吾人具有「悟」（偶發）之能力，其以為悟只是仁義之偶露，非為存養已熟之善性。船山繼續言道若吾人能徹底地致思存理，即可流行於「誠」之境界。即便吾人只是仁義之偶發，然吾人可藉此偶發，作為一起點，一念自反，實踐「思」之工夫，由是擴而充之，自能通徹而不蔽於物，進而求盡此仁義之心之全體大用，而吾人之生命，即可臻於圓滿。

肆、小　結

　　經由上文筆者之梳理，吾人可知船山所言之「思」之工夫具有自主性與道德性，乃是一切道德實踐工夫之本[116]，是以船山言：「乃益知孟子之言思，為古今未發之藏，而曰『思誠者人之道』，特以補明子思所言『誠之者』之實。思為人道，即為道心，乃天之寶命而性之良能。人之所以異於禽獸者，唯斯而已。故曰『繇仁義行，非行仁義』，言以思繇之也。」（《讀四書大全說》頁705）吾人心若不思，則天道無法流行於吾人之身、是以吾人之耳目見聞交於外物之時，處處皆有不相應之可能，是以吾人必須實踐「思」之工夫，以療癒自我生命中所遭受之窒鬱，暢通吾人身心與天道之流行，進一步積極地實踐自我之生命意義，體現「誠」，盡吾心全體之大用，立人道之極也。

---

116 見其自言：「『誠其意』，只在意上說，此外有正心、有修身。修身治外而誠意治內，正心治靜而誠意治動。在意發處說誠，只是『思誠』一節工夫。」又言：「故『思』之一字，是繼善、成性、存存三者一條貫通梢底大用，括仁義而統性情，致知、格物、誠意、正心，都在者上面用工夫，與洪範之以『睿作聖』一語斬截該盡天道、聖功者同。孟子之功，不在禹下，此其一徵矣。」參見氏著，《讀四書大全說》，頁603、700-701。

第五節　論王船山「正心誠意」
義理中的意義治療

　　現今社會因西方文化衝擊，以及吾人價值觀扭曲，吾人之內在面臨著極大之困苦，卻苦無解決自我問題之方法。身為儒者之王船山所倡導之「正心誠意」可使現代人療癒自我，並追尋自我生命之意義，在其生活中落實並實踐，為這社會開創出「真」與「善」之生命意義與價值。

　　「正心誠意」乃儒家道德實踐之工夫，是儒家成聖成賢之踐德過程中與能否與天德流行之關鍵。林安梧先生即補充道：「儒家的心性之學強調『實踐之行』與『覺悟之知』相依互進，認定外在的一切道德實踐必得根於吾人之心性，而此心性即可以達天德、天理、天心而與天地合德，與天地參，所謂『天人合一』亦在此心性之學的規模之下才能講。」[117] 宋明儒者對於《四書》所言皆多有所詮釋。[118] 是以船山亦不例外，其對於《四書》亦抱持著同等重視之態度，然船山是年四十七歲時，適逢明清鼎革之際，是故其對於宋明儒之義理，多抱持著反省之態度。陳來先生即補充道：「明清之際的時代巨變是他這一代思想家思考的根本動力。另一方面，他和他同時代人所經歷的危難和困苦是前代思想家所

---

117 參見林安梧，《牟宗三前後：當代新儒家哲學思想史論》（臺北：臺灣學生書局，2011 年 9 月），頁 21。

118 如宋儒朱熹在詮釋〈大學〉時即有言：「心者，身之所主也。誠，實也。意者，心之所發也。」參見氏著，《四書章句集註》，頁 3。而明儒王陽明亦言道：「大抵中庸工夫只是誠身。誠身之　極便是至誠。大學工夫只是誠意。誠意之極便是至善。工夫總是一般。」參見明・王陽明，《傳習錄》。陳榮捷，《王陽明傳習錄詳注集評》（臺北：臺灣學生書局，2006 年 9 月），頁 154-155。

沒有經歷過的，這使他由以從事著述的心境，也就與宋代以來的程朱陸王都大不相同。」又言：「清初這個時代的主導方向是指向於對明代理學衍變（陸王派和程朱派）的反思和超越，轉向篤實的道德實踐，以重建儒學的正統；而船山學術思想的這種反思活動，以『文化的反省』和『正統的重建』為主要特徵，可以視為這一反思和轉向時代的開端的代表。」[119]是以船山對於儒家孔孟之心性學、對於儒學之經典，抱持著尊重之態度，並有所批判。[120]底下筆者即分兩小節闡述船山如何重新詮釋與重建〈大學〉中「正心誠意」之義蘊。而本文之開展，即以「什麼是宋明儒者們所論之『正心誠意』」開始論述；接著說明「船山義理與傅朗克意義治療之會通在於吾人生命能向上之提昇，並追尋自我之生命意義」；最後闡述「如何體現『正心誠意』」。以下即依上述架構，逐步展開討論。

壹、「正心誠意」之義蘊

一、「正心」之義蘊

宋儒朱熹將「心」釋為：「心者，身之所主也。」而朱熹在疏解《孟子・盡心上》時即說道：

---

119 參見陳來，《詮釋與重建：王船山的哲學精神》（北京：生活・讀書・新知三聯書店，2010 年 12 月），頁 1、21。

120 關於「批判」，陳來先生即指出：「對於《四書大全》而言，船山的讀書札記可稱是『批判的閱讀』，但是這裡的『批判』並不意味著整體的反對或顛覆，而是指分析的、不盲從的獨立態度和精神。事實上，通過《讀四書大全說》可見，船山與同時其他著名思想家相近，也是以承認《四書》的經典性、程朱的權威性、儒學的正當性、道學概念的意義性為前提的。」同上注，頁 53。

> 心者，人之神明，所以具眾理而應萬事者也。性則心之所具
> 之理，而天又理之所從以出者也。人有是心，莫非全體，然
> 不窮理，則有所蔽而無以盡乎此心之量。故能極其心之全體
> 而無不盡者，必其能窮夫理而無不知者也。既知其理，則其
> 所從出。亦不外是矣。以大學之序言之，知性則物格之謂，
> 盡心則知至之謂也。（《四書章句集註》頁 349）

朱熹即言吾人可以吾心之知覺透過認知活動將吾心固有之
眾理，表現在其所相應的事事物物之中，是以吾人之心可透過不
斷地「格物致知」之工夫，終將與「理」合而為一。船山則承繼
朱熹的疏解而言道：

> 朱子於正心之心，但云「心者身之所主也」，小註亦未有
> 委悉及之者，將使身與意中閒一重本領，不得分明。非曰
> 「心者身之所主也」其說不當，但止在過關上著語，而本
> 等分位不顯，將使卑者以意為心，而高者以統性情者言之，
> 則正心之功，亦因以無實。[121]

引文中船山即以為朱熹在疏解「正心」時，未能詳細地闡述
心之功能，而會導致後人「以意為心」，將心本具之意義降低，
是以船山言：「朱子於此『心』字，尚未的尋落處。」（《讀四
書大全說》頁 30）船山即認為朱熹如此之疏解將會使吾人無法將
「正心」之工夫落實。

是以，吾人要進一步追問的是，船山所言之「正心」之「心」，

---

121 參見清・王夫之，《讀四書大全說》（北京：中華書局，2011 年 12 月），頁
8。

究竟具有怎樣的義蘊呢？見船山言：

> 夫曰正其心，則正其所不正也，有不正者而正始為功。統性
> 情之心，虛靈不昧，何有不正，而初不受正。抑或以以視、
> 以聽、以言、以動者為心，則業發此心而與物相為感通矣，
> 是意也，誠之所有事，而非正之能為功者也。（《讀四書大
> 全說》頁 8）

　　船山即言道所謂之「正心」，是要針對可能「不正之心」，
將其復歸於「正」。是以本是「心統性情」、「虛靈不昧」之心，
因為已是純善無惡，無有不正，如此一來似乎就沒有「正心」之
必要。船山接著說道，「心」雖然是統攝視聽言動之一切之行為，
然與外在事物有所感通的是吾人之「意」，而非「心」。是以吾
人面對外在事物時，必須透過「誠意」之工夫，而非「正心」。
　　復次，見船山繼續言道：

> 蓋曰「心統性情」者，自其所含之原而言之也。乃性之凝
> 也，其形見則身也，其密藏則心也。是心雖統性，而其自
> 為體也，則性之所生，與五官百骸並生而為之君主，常在
> 人胸臆之中，而有為者則據之以為誌。故欲知此所正之
> 心，則孟子所謂志者近之矣。（《讀四書大全說》頁 8）

　　船山即以為吾人之「心」與孟子所言之「志」之義蘊為相近
也。船山以為吾人之形成，就其本質說，乃一性、形、心之渾合
體。人稟天命以為性，即天受命而成之凝聚體。然此凝聚於吾人
所處之生活世界中，必有形體為之承負，是以吾人之心為性密藏

之所。是故所謂心之為體，乃是為性之所生，由性來決定；而心與吾人之感官並生，主宰感官，這種常在吾人胸中之主宰，即是所謂「志」。

最後，見船山總結道：

> 夫此心之原，固統乎性而為性之所凝，乃此心所取正之則。而此心既立，則一觸即知，效用無窮，百為千意而不迷其所持。故《大學》之道，必於此授之以正，既防閑之使不向於邪，又輔相之使必於正，而無或倚靡，無托於無正無不正之交。當其發為意而恆為之主，則以其正者為誠之則。（《中庸》所謂「無惡於志」。）當其意之未發，則不必有不誠之好惡用吾慎焉，亦不必有可好可惡之現前驗吾從焉；而恆存恆持，使好善惡惡之理，隱然立不可犯之壁壘，帥吾氣以待物之方來，則不睹不聞之中，而修齊治平之理皆具足矣。此則身意之交，心之本體也；此則修誠之際，正之實功也。故曰「心者身之所主」，主乎視聽言動者也，則惟志而已矣。（《讀四書大全說》頁9）

引文中船山即言吾人之性於心中體現之時，則面對到外在事物相幾之時，將其使必於正、貞定為志。唐君毅先生即補充道：「心之官則思，而志即規定心之思，使常定向乎道者。則不僅規定當下一時之心思，且規定今後之心思。故船山言志，不如一般之以心有所之、心之有所向而動，言之；而已志為心所常存，而主乎視聽言動者。……志既為心所存而能主者，則志為內在，且

能主宰、規定今後之心思，使定向于道者。」[122]是以船山所言之
「心之本體」，即是孟子所言之「持志」。是以船山言：「惟夫
志，則有所感而意發，其志固在，無所感而意不發，其志亦未嘗
不在，而隱然有一欲為可為之體，於不睹不聞之中。」又言：「志
是大綱趣向底主宰。」（《讀四書大全說》頁 8-9、534）船山以
為《大學》所言之根本工夫，即是吾人於未發之時恆存恆持此志
心，涵養好善惡惡之理；於已發之時帥氣而正此志心，此即為性
之全體大用。

二、「誠意」之義蘊

上小節筆者論述了船山對於「正心」之義蘊，本節筆者將論
述船山對於「誠意」之義蘊。首先，見朱熹注解「誠意」時言：

> 誠，實也。意者，心之所發也。實其心之所發，欲其一於
> 善而無自欺也。（《四書章句集註》頁 3-4）

而在詮釋「誠其意」時亦言：

> 誠其意者，自脩之首也。……言欲自脩者知為善以去其惡，
> 則當實用其力，而禁止其自欺。使其惡惡則如惡惡臭，好
> 善則如好好色，皆務決去，而求必得之，以自快足於己。
> （《四書章句集註》頁 7）

兩則引文中可見朱熹對於「誠意」之解釋，著重在「毋
自欺」，即是吾人之心發用時，要真心懇切地「誠意」省

122　參見氏著，《中國哲學原論・原教篇》，頁 598。

察心之所發，若吾人無法時刻涵養誠意，則無法時刻達致純善無惡之境，是以「毋自欺」即是「誠意」之本。

然船山不贊同朱熹將「誠意」釋為「毋自欺」而言：「朱子自欺欺人之說，其亦疏矣。」（《讀四書大全說》頁25）見其言：

> 「自欺」、「自謙」一「自」字，《章句》、《或問》未與分明拈出。《或問》云「苟焉自欺，而意之所發有不誠者」，將在意上一層說，亦微有分別。此自字元不與人相對。……其於自謙也，亦可立一謙人之名以相形乎？……苟以意為自，則欺不欺，慊不慊，既一意矣，毋自欺而自謙，又別立一意以治之，是其為兩意也明甚。若云以後意治前意，終是亡羊補牢之下策。過後知悔，特良心之發見，而可云誠意而意誠哉？況其所發之意而善也，則已早無所欺矣；如其所發而不善也，此豈可使之謙焉快足者乎？今以一言斷之曰：意無恆體。無恆體者，不可執之為自，不受欺，而亦無可謙也。乃既破自非意，則必有所謂自者。……所謂自者，心也，欲修其身者所正之心也。蓋心之正者，志之持也，是以知其恆存乎中，善而非惡也。心之所存，善而非惡。意之已動，或有惡焉，以陵奪其素正之心，則自欺矣。〈意欺心。〉唯誠其意者，充此心之善，以灌註乎所動之意而皆實，則吾所存之心周流滿愜而無有餒也，此之謂自謙也。〈意謙心。〉（《讀四書大全說》頁22-23）

船山即言朱熹所謂「自」字在其著作中皆無明確地論述其意，而船山所謂之「意」，即是吾人與外物相幾之時方有所發。是以若將「自」解釋為「意」，「自欺」與「自謙」即是吾人自

我之「意」欺騙或快足於自我之「意」，如此即是「兩意」而非為「一意」。船山繼續言，吾人所發之意念為當幾剎那且有善有惡，是以「意」非為一永恆之定體。如此吾人無法將「意」解釋為「欺騙」、「快足」。[123]是以，「意」要如何解釋呢？船山即將「自」釋其為「心」，此心即是上節所言之「志心」，在意念未發之時，志心恆存於吾人之體內，純善而無惡；然意念已發之後，有善有惡，若為惡念，則會使此志心陷溺，此即為船山所謂之「自欺」，即惡念使吾人之心一念之陷溺也。是以船山所言之「自謙」，即是「以誠灌意」、「以意謙心」，誠吾人有善有惡之意念，復歸於至善之境。

貳、「正心誠意」與意義治療之交會

筆者於上節論述了船山「正心誠意」之義蘊。然吾人要進一步追問的是，船山之「正心誠意」與意義治療之會通處為何呢？原來船山之「正心誠意」與意義治療之交會之處即在於「吾人生命能向上之提昇，並追尋自我之生命意義」。

首先筆者在此所謂之「交會」，並非泛指船山義理與傅朗克之意義治療學之義理與思維為相同也，而是船山義理與傅朗克意義治療學在「如何使吾人生命向度獲得提昇」這一命題上，有交會之可能。[124]傅偉勳先生即指出：「他所採取的溫和的自由論並

---

123 見船山自言：「總以此一段傳文，特明心之權操於意，而終不與上『自欺』、『自謙』相對。況 乎欺之為義，謂因其弱而陵奪之，非掩蓋和哄之謂。……厭然掩不著，正小人之不敢欺君子處。藉不掩不著，則其欺陵君子不更甚乎？小人既非欺人，而其志於為惡者，求快求足，則尤非自欺。」參見氏著，《讀四書大全說》，頁25。

124 林安梧先生即指出：「弗蘭克有猶太教的背景，但是他的意義治療基本上所強調的是向前看。這就是說，當我思考我生命的意義的時候，我是懷抱著希望，而且相信有一個力量指引著希望向前走，在這種情況之下，我去正視我存在的

不排除決定論對於負面心性現象的說明或解釋，但在心性的高層次仍能維持實存主體的意義意志，其基本立場與佛教、儒教等等的東方心性論極其接近，不容我們忽視。」[125]又言道：「意義治療學雖是西方文化的產物，它與東方（尤其中國）的人生觀察、人性論、哲學智慧等很有銜接融通之處。」[126]然吾人要進一步追問的是，為什麼吾人須要追尋生命之「意義」，並使自我之生命獲得向上提昇呢？原來吾人皆有兩種「需求」，一種為生存之需求，一種為價值之需求。而若吾人之意義價值需求能得到滿足之時，則可將自我生命臻於圓滿；然若吾人之意義價值需求無法得到滿足之時，則吾人會感受到無聊而趨向痛苦。特別是在現代化之社會中，由於大多數人衣食無虞，而多數人會感受到「存在的空虛感」，進而使自我之生命陷溺，失去意義。

是以，吾人如何在存活之基礎上，落實並追尋自我之生命意義，此即為身為儒者之船山與傅朗克之意義治療所關懷之命題。傅朗克即指出：「意義治療認為人最在乎的是圓滿生命的意義，不僅只是想滿足慾望及本能而感到滿足與喜悅，不僅想調解本我、自我與超我需求的衝突，也不僅是對社會、環境的適應調整。」[127]而船山亦言道：

困境而往前進。這一點其實在某一個意義下與儒學有某種接近，並不花很多工夫往回溯地去處理哪些病痛的問題，其問題的重點在於我們必須向前開拓。這個向前開拓其實有兩個向度：一個是在具體經驗的歷程裡頭，如何向前瞻視；另外一個則是往上超越的契接，對神聖之場信息的契接。在儒學中，兩者都是很重要的。」參見氏著，《儒學轉向：從「新儒學」到「後新儒學」的過渡》，頁 438。

125 參見傅偉勳，《從西方哲學到禪佛教》（臺北：三民書局，1991 年 2 月），頁 371。

126 參見傅偉勳，《死亡的尊嚴與生命的尊嚴》（臺北：正中書局，2010 年 6 月），頁 217。

127 同上注，頁 161。

> 蓋性者，生之理也。均是人也，則此與生俱有之理，未嘗或
> 異；故仁義禮智之理，下愚所不能滅，而聲色臭味之欲，上
> 智所不能廢，俱可謂之為性。而或受於形而上，或受於形而
> 下，在天以其至仁滋人之生，成人之善，初無二理。但形而
> 上者為形之所自生，則動以清而事近乎天；形而後有者資形
> 起用，則靜以濁而事近乎地。形而上者，互生死、通畫夜而
> 常伸，事近乎神；形而後有者，困於形而固將竭，事近乎鬼；
> 則一屈一伸之際，理與欲皆自然而非由人為。故告子謂食色
> 為性，亦不可謂為非性，而特不知有天命之良能爾。若夫才
> 之不齊，則均是人而差等萬殊，非合兩而為天下所大總之
> 性；性則統乎人而無異之謂。[128]

　　引文中船山即言所謂吾人之「性」，即是包含了生理之「欲」
（聲色臭味）與意義之「理」（仁義禮智），乃皆由「天」所賦
予於吾人，是自然而然之本質，是以「理」與「欲」皆屬於吾人
之一部分，生理之欲乃為吾人生存需求之根基，若喪失了此根基，
則吾人之生存需求亦將受到挑戰，而又如何進一步談道德實踐
呢？林安梧先生即補充道：「『生』的觀念在船山學中有無比重
要的地位，生則包括『理、欲』兩端，這兩端『互為體』。所謂
『互為體』是『理以欲為體』、『欲以理為體』。『理以欲為體』，
則理為用，理通過欲而表現其自己，此時，欲之為體是『端體之
體』，而理之用則是『大用之用』。『欲以理為體』，則欲為用，
欲須得理體之規範而使其用毫不爽失，此時理之為體就是『主宰
之理』，具有規範作用而說的體，欲之用則是依循主宰之理的規

---

128 參見清・王夫之，《張子正蒙注》（北京：中華書局，2011 年 12 月），頁 108。

範而行之無違的用。」[129]是以船山言：「耳目口體之攻取，仁義禮智之存發，皆自然之理，天以厚人之生而立人之道者也。」（《張子正蒙注》頁 117）船山雖主張「理」與「欲」並重，然其仍優先肯定「理」之意義價值，而吾人之道德實踐，仍須透過情感欲望與他人感通，進而與天理同流行。

　　復次，見船山言：

　　　天理、人欲，只爭公私誠偽。如兵農禮樂，亦可天理，亦可人欲。春風沂水，亦可天理，亦可人欲。纔落機處即偽。夫人何樂乎為偽，則亦為己私計而已矣。（《讀四書大全說》頁 372）

又言：

　　　有公理，無公欲。私欲淨盡，天理流行，則公矣。天下之理得，則可以給天下之欲矣。以其欲而公諸人，未有能公者也。[130]

　　船山即將欲望可分為私欲[131]與公欲，若吾人為保有為己之私欲，而遏天下之公欲，此即有違於天理公義。天理人欲之區別，不在於對象，在於吾人心態上之公私誠偽之分，人欲應合於天理，

129　參見林安梧，《王船山人性史哲學之研究》（臺北：東大圖書，1987 年 9 月），頁 107。
130　參見清・王夫之撰，《思問錄》，收入於明・黃宗羲，清・王夫之撰，《黃梨州王船山書》（臺北：世界書局，2015 年 3 月），頁 6。
131　見船山言：「謂私欲曰『己』，須是自己心意上發出不好底來。」參見氏著，《讀四書大全說》，頁 379。

背於天理之人欲，即轉為陷溺之私欲。是故「天理」與「人欲」並不相衝突，有所衝突乃為「公理」與「私欲」。當吾人之心有所偏私而不善之時，此時「人欲」即陷溺而成私欲。

船山接著說道：

> 天下之公欲，即理也；人人之獨得，即公也。道本可達，故無所不可，達之於天下。（《張子正蒙注》頁 165）

船山即言所謂「天下之公欲」，即為「天理」，亦即人性之生存需求乃為「公欲」，此為天理流行，天下所同知「欲」。不論吾人富貴貧賤，皆無法將此欲佔為一己之私；吾人亦不會失去此欲。反之，若只是出自於一己之「私欲」，此即是船山認為應克盡之欲望。

復次，見船山言：

> 不肖者以縱其血氣以用物，非能縱也，過之而已矣。縱其目於一色、而天下之羣色隱，況其未有色者乎？縱其耳於一聲、而天下之羣聲闃，況其未有聲者乎？縱其心於一求、而天下之羣求塞，況其不可求求者乎？……故天下莫大於人之躬，任大而不慌，舉小而不遺，前知而不疑，疾合於天而不愸，無過之者，無所不達矣。[132]

船山即言所謂之「縱欲」，實則為「過欲」，過者，阻過也，若吾人時常縱欲，以縱欲為欲望之滿足，即未進一步分辨欲望。

---

132 參見清・王夫之著，《詩廣傳》（北京：中華書局，2011 年 3 月），頁 112-113。

船山接著說道若吾人之目縱情於色，迷於一色而不見他色；吾人之耳縱情於聲，迷於一聲而不見他聲，則吾人之感官能力受到限制，而原本可與萬物感通之心官作用，亦受到限制。林安梧先生即補充道：「所謂的『縱欲』，本質上是『過欲』的，他認為欲不可縱，縱之所以過之也，欲亦不可過，故宜暢其欲，達其情，而上通於道。」[133]是以船山主張「暢欲存理」，而非言「去欲存理」。

船山甚至進一步主張，古代之聖賢亦有「人欲」，而其只是能分辨人欲之「公」與「私」，進而實踐自我之生命意義，見其言：

> 現前天下所當為之事，不得夷然不屑，且只圖自家方寸教清淨無求便休也。孔子曰「吾其為東周乎」，抑豈不有大欲存焉？為天下須他作君師，則欲即是志。人所必不可有者私欲爾。（如為肥甘等。）若志欲如此，則從此做去以底於成功，聖賢亦不廢也。（《讀四書大全說》頁508）

又言：

> 故顏子雖未入化，而作聖之功，莫有過焉。蓋己私已淨，但不墮教空去，則天理之發見，自不容已。如磨古鏡，去一分垢，則顯一分光，自有不能遏抑者矣。迨其垢盡光生，而不但作鏡中之影，渾然於天理一致之中，則無階可升，而為道義之門。（《讀四書大全說》頁323-324）

133　見氏著，《王船山人性史哲學之研究》，頁116-117。

　　船山即認為如孔子、顏子般之聖人，亦具有人欲。孔子有著以「仁」治天下之大欲，此時之「欲」，即是志欲，非為一己利害之「私欲」；而顏子亦只是不貳過，將成聖之工夫，落實在自我之私欲澄淨而已，如同磨鏡一樣，蓋吾人之私欲除盡，即與天理同流行之。

　　綜上所述，吾人在這衣食無虞之現代社會中，為避免使自我之生命意義陷溺，是以須辨明人性中「生存需求」與「價值需求」之兩種需求，船山所主張之「理欲合一」之旨趣，即在此。吾人生命意義之圓滿，並非是透過去人欲，而是在「理欲」之中，實踐自我之生命意義。至於究竟該如何實踐呢？筆者將於下節論述之。

參、「正心誠意」之體現

　　前一節筆者闡述了船山「正心誠意」與意義治療之會通之處在於吾人生命之向上提昇，進一步追尋自我之生命意義，本節筆者將進一步論述「船山正心誠意該如何體貼於吾人之生活世界中」。

　　船山在《讀四書大全說》中論述「正心誠意」之順序先後即有言：

> 存養、省察之先後，史伯璿之論，可謂能見其大者矣。其云「有則俱有」，誠有以察夫聖功之不息；其云「動靜無端」，則又以見夫理事之自然。而「立言之序，互有先後」，所以「無不可」者，則抑有說。《中庸》之言存養者，即《大學》之正心也；其言省察者，即《大學》之誠意也。《大學》云：「欲正其心者先誠其意。」是學者明明德之功，以正心為主，

而誠意為正心加慎之事。則必欲正其心，而後以誠意為務；
若心之未正，則更不足與言誠意。此存養之功，所以得居省
察之先。蓋不正其心，則人所不知之處，己亦無以自辨其孰
為善而孰為惡；……故《大學》以正心次修身，而誠意之學
則為正心者設。《中庸》以道不可離，蓋著君子之靜存為須
臾不離之功，而以慎獨為加謹之事。此存養先而省察後，其
序固不紊也。（《讀四書大全說》頁189）

　　船山即說道《大學》所言之「正心」與「誠意」即為《中庸》
所言之「存養」與「省察」，以工夫之根本而言，吾人之意乃根
源於吾人之心，是以吾人必須先能正其心，方能誠意；唯能存養
者，乃能省察。是以船山將《大學》「欲正其心者， 必先誠其
意」之原文，詮釋為「欲正其心，先於欲誠其意」。[134] 是以船山
以為儒家修身之工夫次序，即先「正其心」，而後「誠其意」。
船山繼續論述道：

　　《大學》云：「意誠而后心正。」要其學之所得，則當其靜
存，事未兆而念未起，且有自見為正而非必正者矣。動而之
於意焉，所以誠乎善者不欺其心之正也，則靜者可以動而不
爽其靜，夫乃以成其心之正矣。然非用意於獨之時一責乎
意，而於其存養之無閒斷者為遂疏焉。……知動之足以累
靜，而本靜之所得以治動。乃動有息機，而靜無閒隙；動有

---

134 曾昭旭先生即指出：「船山以其義理之根本方向是由本貫末，故必肯定存養正
　　心之工夫在原則上必先於省察誠意。以是其解大學首章『欲正其心者必先誠其
　　意』諸句，乃不得不予曲解，而釋之為「人之『欲正其心』此一段工夫，必先
　　於『誠其意』之工夫」也。參見曾昭旭，《王船山哲學》（臺北：里仁書局，
　　2008年3月），頁456。

> 靜，而靜無動；動不能該靜，而靜可以該動；則論其德之成
> 也，必以靜之無閒為純一之效。蓋省察不恆，而隨事報功；
> 存養無期，而與身終始。故心正必在意誠之后，而不言之信、
> 不動之敬，較無惡之志而益密也。此省察先而存養後，其序
> 亦不紊也。（《讀四書大全說》頁190）

看似與上則引文互相矛盾，然船山在此之論述，乃是從「末」復歸於「本」，若吾人所發之「意」皆合於天理而無不善，則意誠；意誠而無不善，則心自正。曾昭旭先生即補充道：「據船山本必貫末而本末交與為體之義，本乃是必在貫徹於萬末之後，本始真是本者，不然則只是虛玄孤致之道，而非天地之誠矣。故心之存養，必通過中間無數之省察工夫，而後漸得其存在上之貞定。……由是此常存之仁義心始足隨時應幾以誠其意焉，而此仁義心之念念常持常存即所謂靜中工夫，故靜存之工夫必無間斷而與身終始也。而動察之工夫則反而只是隨時應幾而作（所謂『隨事報功也』），以加慎此心而使其存養之功益密者。」[135]依船山之義理義蘊而言，所謂「本」與「末」，實則是兩端歸為一致、互為體用。是以當吾人處於靜時，自當隨處存養此仁義之心，以隨時在與外物相幾之時能誠自我之意。是以若從「本」而言，是固正吾人之心；從「末」而言，亦是使吾人之心終無不正，而本與末之間，即是以誠意之功，一以貫之。唐君毅先生亦補充道：「誠意與正心之不同，在正心唯是持其善志，而誠意則是本其所存者之善，以實其所發之意，使之無不善。正心與誠意，以工夫言，二者固交相為用，而互為根據。持其志則其樞紐，而貫乎正

---

135 同上注，頁457。

心誠意者也。」[136]此即為船山修身工夫之根本義蘊。

底下筆者即分為兩小節，分別論述船山由末（誠意）復歸於本（正心）之工夫義蘊。

一、誠　意

筆者在前文已論述，船山所謂為之「意」，即是吾人與外物相幾之時方有所發，如此吾人如何誠自我之意呢？見船山言：

> 誠意者，實其意也，實體之之謂也。意虛則受邪，忽然與物感通，物投于未始有之中，斯受之矣。誠其意者，意實則邪無所容也。意受誠于心知，意皆心知之素而無孤行之意，故曰無意。慎獨者，君子加謹之功，善後以保其誠爾。後之學者，于心知無功，……始專恃慎獨為至要，過之而不勝過，危矣。即過之已密，但還其虛，虛又受邪之壑，前者撲而後者熹矣。（《思問錄》頁13）

船山即說道吾人之所發之意，乃是無內容、無定向，與外物在一動一靜之相幾後而有所生，故意之體謂之「虛」。是以不將意復歸於正，則必受遮蔽而陷溺也。此處之正，即是以正本清源之工夫，以吾心之誠貫注於意，充實自我之意體，則無陷溺之可能，此即謂之「實體之」。是以船山言：「蓋所謂誠意者，一誠於善，則惟奉其存養之心以察乎意，而析善於微，因而慎之，裨意之動無不如其心之正。」[137]船山所言之誠意之工夫，實即為吾

---

136 參見氏著，《中國哲學原論：原教篇》，頁601。
137 參見清・王夫之著，《禮記章句》，收入於《船山全書》第四冊（湖南：岳麓書社，1998年11月），頁18。

心之誠如何貫於意上，心貫乎意，則吾人即可體現天理，進而達至聖人之境。[138]

　　然吾人要進一步追問的是，吾人之善要如何貫於吾人所發之意呢？見船山言：

> 　　要此誠意之功，則是將所知之理，遇著意發時撞將去，教他喫個滿懷；及將吾固正之心，喫緊通透到吾所將應底事物上，符合穿徹，教吾意便從者上面發將出來，似竹筒般始終是者個則樣。如此撲滿條達，一直誠將去，更不教他中閒招致自欺，便謂之毋自欺也。傳者只為「誠其意」上更無可下之語，（只說誠意已足。）故通梢說個「毋自欺」。《章句》云「毋者禁止之辭」，……不然，虛內事外，只管把者意揀擇分派，此為非自欺而聽其發，此為自欺而遏絕之，勿論意發於倉卒，勢不及禁，而中心交戰，意為之亂，抑不能滋長善萌。況乎內無取正之則、篤實之理為克敵制勝之具，豈非張空拳而入白刃乎？經傳皆云「誠其意」，不云「擇其意」、「嚴其意」，後人蓋未之思耳。但當未有意時，其將來之善幾惡幾，不可預為擬制，而務於從容涵養，不可急迫迫地逼教好意出來。及其意已發而可知之後，不可強為補飾，以涉於小人之掩著。故待己所及知，抑僅己所獨知之時而加之慎。實則以誠灌注乎意，徹表徹裏，徹始徹終，強固精明，非但於獨知而防之也。慎字不可作防字解，乃縝密詳謹之意。惡惡臭，好好色，

---

138 船山曰：「聖人純乎志以成德而無意。」參見氏著，《張子正蒙注》，頁225。

豈有所防哉？無不好，無不惡，即是慎。……若誠其意者，須是金粟充滿，而用之如流水，一無咎齬，則更不使有支撐之意耳。此則慎獨為誠意扣緊之功，而非誠意之全恃乎此，及人所共知之後，遂無所用其力也。（《讀四書大全說》頁 18-20）

　　船山即詳細而懇切地闡明誠意之工夫，當吾人在尚未與物相幾之時，此時即可以將靜時吾心之所存之「天理」（篤實之理），覆蓋吾人之意；而當吾人與物相幾之動時，使常在吾人胸膛中主宰吾人之「志心」（固正之心）來應事接物，如此與物相幾之時所發出之意，皆為吾人之主宰下所流出，是以船山言：「意之動無不如其心之正，而始終一實，無有閒斷。」（《禮記章句》頁 18）此即為誠意工夫之根本。

　　船山接著明辨「誠意」與「擇意」之別，如前文所述，意在與物相幾之剎那間而有所生，若吾人靜時存養不足，則意之所發必有陷溺；換言之，若吾人在意念萌發之時方得此時省察此意，匆忙間擇之、遏之、正之，則即如船山所言之「非扣緊著好惡之末流以力用其誠也。」[139] 是以所謂之「擇意」，必是在意念之發動處下工夫，誠自我之意為真實無妄、全體大用之意體。曾昭旭先生即補充道：「誠意者，根本就是當幾剎那間之工夫，亦即所謂『存在的決斷』也。……故存在的決斷，唯在當幾，不可妄執。當幾未來、意未發之時，不可預擬，預擬則其好意只是私心強逼，早為一端所蔽而非全體之代用。於是當幾來時，已不能活應，……此即是違天地萬物之誠幾，而欺其心之固正也。」[140] 由此可知船

139　參見氏著，《讀四書大全說》，頁 21。
140　參見氏著，《王船山哲學》，頁 461。

山所言之誠意，乃是以全體大用之志心，撞向吾人當下之一幾一意，「喫個滿懷」、「喫個通透」以「符合穿徹」，而無絲毫之私意陷溺，此即為徹表徹裏、徹始徹終之工夫。雖此不能保證往後所起之意皆為善念，然若吾人時刻秉持志心，一有不誠，加以落實省察，由此進一步知是知非、自省自改，此即是體現「誠之境界」。

　　船山接著說道，由於吾人不明誠意之工夫必須經由持志正心加以落實，只知在意念所發之處急迫省察，是故即將「慎獨」誤解為「誠意」。然船山認為，「慎」不可解作「防」，否則即非儒家立人道之義理。船山以為「慎」有「縝密詳謹」之意，而防乃為吾人未徹始徹終秉持志心，在意在與物相幾之時急著防此念陷溺，然因平日涵養不足，且防不勝防，終是事倍功半。是以省察之工夫，乃不只是要察識於意之幾之時，而是時時刻刻以全心嚴密詳謹、實貫於所面對之幾，無絲毫放過，意誠而後心正，省察其意而無惡於志心，則可體現吾人天生本具之理，進而立人道之極。

二、正心

　　筆者於前文已論述，誠意乃為動中之工夫，正心乃為吾人處於靜時之工夫，持志正心實為誠意最具體落實之工夫，是以見船山言：

> 「欲修其身者先正其心」，聖學提綱之要也。「勿求于心」，告子迷惑之本也。不求之心，但求之意，後世學者之通病。……此本一廢，則無君無父，皆所不忌。嗚呼！舍心不講，以誠意而為玉鑰匙，危矣哉！（《思問錄》頁13）

　　船山即說道持志正心乃為儒門聖學提綱之要，吾人唯有透過持志正心，並進一步以誠貫意，欲物相幾方可使意自然好善惡惡。如此，究竟吾人要如何實踐「正心」之工夫呢？見船山言：

> 存者，存其理也，存學、問、思、志所得之理也。若空立心體，泛言存之，既已偏遺仁之大用，而於鳶飛魚躍、活潑潑地見得仁理昭著者，一概刪抹，徒孤守其洞洞惺惺、覺了能知之主，……若能於此四者用功，不即與事物俱流，而實以與萬事萬物成極深研幾之體，則心之所存，皆仁之所在，必不使一念之馳於仁外矣。……云「所存」者，即存仁也，存仁之顯諸事理者也，存夫所學所志所問所思之擇乎仁而有得者也。蓋心原以應事，而事必有其理。其事其理，則皆散見於文而可學也。博學而切問，則事之有其理者可得而見矣。篤志以必為，而又近思之以求體驗之有得，則以理應心，而理之得皆心之得矣。以此為功而不舍，則於仁之即吾身而具、即事理而顯者，無不見焉。亦如此以為功，則所以體仁者皆得其實，固即此學、問、志、思之中有以得夫仁而體之也，故曰「仁在其中」。（《讀四書大全說》頁 490-491）

　　船山即說道存養志心由學問思辨所涵養之理，即為「存理」，並非存個虛空之心，亦非泛泛地存心，而是須存「仁義之心」[141]，

---

141 見船山言：「目言『仁義之心』，則以『存之』為工夫，孔子曰『操則存』，孟子曰：『存其心』者是也。」又言：「孔子曰『操則存』，言操此仁義之心而仁義存也；『舍則亡』，言舍此仁義之心而仁義亡也；『出入無時』，言仁義之心雖吾性之固有，而不能必其恆在也；『莫知其鄉』，言仁義之心不倚於事，不可執一定體以為之方所也；『其心之謂與』，即言此仁義之心也。」參

使其不會陷溺。唐君毅先生即補充道：「一切道德心理之本質，都是超越現實的自己，那麼你便要知道，我們直截了當的說當下不陷溺於本能……等，固然所以保持我們當下的自由，而加強各種道德心理，亦即所以保持我們當下之自由。所以我們不從保持我們當下之道德自由著眼，而從道德心理本身之加強著眼，亦所以繼續保持我們之自由。……你在當下要發心去體驗各種道德心理，即所以保持你當下之道德自由到將來，同時亦使你從『當下所認為應具備或努力具備之道德心理，』逐漸擴張到『未來你所能具備之道德心理』之過程。……你要體驗各種道德心理，你必須使你自己處於各種可以發生道德心理之情境，並欣賞他人之道德生活，了解他人之道德行為。……體驗道德心理本身，是你應有的道德生活。」[142]「存心」即為「存仁」，船山特別指出吾人必須透過正確之為學工夫（博學切問），以得事物之理（篤志近思）。是以船山言：「求放心者，求仁耳。……只欲仁便是求放心也。……乃昏而放失其仁，固也；然一不昏而即可謂之仁乎？既不昏，亦須有所存。先儒謂『隨處體認天理』，故亦必學問以為之津涘。」（《讀四書大全說》頁690）吾人存心，即是存理、存仁，即求盡其吾人心中本具之理，而吾人亦可在每一當下，依己心本具之天理以好善惡惡，盡全體大用。

　　復次，見船山言：

見氏著，《讀四書大全說》，頁 635、686。陳祺助先生即指出：「本心一經人當下體認、操存，挺立自己，自做主宰，便能擴充其固有的仁義之理，而滋護長養性體的生物成物之能，至於其極，則能與天地參。故存養本心本性之工夫，既易簡，又久大。唯人之心卻可能離性而動，乃放失其固有的仁義之性，而徒有知覺之靈明。當人之心放失仁義，就是其本心或仁心放失──所放失的本心、仁心曰『放心』。」參見陳祺助，《王船山「道德的形上學理論」之開展》（高雄：麗文文化，2012 年 6 月），頁 377-378。

142 參見氏著，《道德自我之建立》，頁 74-75。

存其心即以養其性，而非以養性為存，則心亦莫有適存焉。
存心為養性之資，養性則存心之實。故過欲、存理，偏廢則
兩皆非據。欲不過而欲存理，則其於理也，雖得復失。非存
理而以過欲，或強禁之，……但云「存其心以養其性」，則
存心為作用，而養性為實績，亦可見矣。（《讀四書大全說》
頁 717-718）

　　船山以其兩端一致論，闡述過欲與存理之工夫兩者實為相輔
相成，不可偏廢。陳祺助先生即補充道：「存心，不是只存個能
知、能識、以了、以別的靈明之心，存的乃是本性仁義之心；養
性，也不是只養得知覺作用之性，養的乃是生生之理發不容已之
性。存養本心，是在求得心之仁性，求仁乃得仁，不求則不得；
並非只存個知覺之心，便能得仁。」[143]存心之目的即在於養性，
是以存心與養性實為兩端而為同一工夫，以吾人之性為主宰心，
如此吾人之心方可體現其作用以養性。
　　以上所論，即為船山存養省察之功。然吾人要進一步追問的
是，存養省察之功要如何落實於生活世界而不間斷呢？船山即以
孟子所言之「集義」，作為吾人「正心誠意」之工夫落實於生活
世界中，能永恆而不間斷之要旨，見其言：

義，日生者也。日生，則一事之義，止了一事之用；必須積
集，而後所行之無非義。氣亦日生者也，一段氣止擔當得一
事，無以繼之則又餒。集義以養之，則義日充，而氣因以無
衰王之間隙，然後成其浩然者以無往而不浩然也。（《讀四

---

143 參見氏著，《王船山「道德的形上學理論」之開展》，頁379。

書大全說》頁538）

　　船山即言道所謂之「義」，即為吾人自我內在之仁義之心，體現於外在萬事萬物之上。[144]是以船山言：「心常存，常存於正也。正者仁義而已矣。常存者，不違仁而集義也。」（《禮記章句》頁11）又言：「乃以當大任而無恐懼者，其功只在集義；集義之事，亹亹日新。」（《讀四書大全說》頁541）曾昭旭先生即補充道：「故所謂義，所謂誠意或曰存在決斷者，即人心之思秉其全體大用而行之創造也。在此創造中，新的全體大用即呈顯。……故正心誠意，相承互發，而存心之工夫，乃必賴永遠之集義工夫以成就矣。」[145]吾人平時若能常存養吾人之心，以所存之「義」體貼平時所面對到之萬事萬物，在變動不居之生活世界中，以永恆之正心誠意之工夫，安頓自我之生命意念，方能挺立自我，追尋自我之生命。

肆、小　結

　　經由上文筆者之梳理，吾人可知船山所言之「正心誠意」之工夫可使吾人生命向上提昇，並進而追尋自我之生命意義。「正心誠意」之工夫本一，而在實踐上實仍為存養省察之交修，兩者交相成，以開顯人道。最後，見船山總結言道：

---

144 見船山言：「積自強之道而不餒者，唯禮而已，孟子謂之集義。禮者，義之顯於事物者也。道義充而節文具，浩然之氣自塞乎兩間。」參見清・王夫之撰，李一忻點校，《周易內傳》（北京：九州出版社，2010年1月），頁152。其又言：「天下固有之理謂之道，吾心所以宰制乎天下者謂之義。道自在天地之間，人且合將去，義則正所以合者也。均自人而言之，則現成之理，因事物而著於心者道也；事之至前，其道隱而不可見，乃以吾心之制，裁度以求道之中者義也。」參見氏著，《讀四書大全說》，頁537。
145 參見氏著，《王船山哲學》，頁469。

> 蓋靜而存養之功已密，則天理流行，而大中至正之則，炯
> 然不昧，故一念甫動，毫釐有差，即與素志相違而疾喻其
> 非，隱而莫見，微而莫顯，省察之功易而速矣。故愚嘗謂
> 庸人後念明於前念，君子初幾決於後幾。後念之明，悔之
> 所自生也。初幾則無事於悔矣。不睹不聞之中，萬理森然，
> 而痛癢自覺，故拔一髮而心為之動，此仁之體也；於靜存
> 之，於動著之也。[146]

引文中船山即言道吾人平時所存之仁義之理若扎實而渾厚，則隨處皆可體現天理流行。而吾人在深切自反、省察自我所發之念是否有違於自我之志心，吾人存養省察之工夫之要旨，不僅要用於平時靜存正心之時，更施於動發之際之誠意省察之事上。正心誠意之工夫乃為吾人修身主宰之學[147]，並進而體現吾人之所以為人之意義價值之本，是以吾人能透過正心誠意之工夫，療癒自我之「存在的空虛感」，疏通自我阻塞之生命，以助自我調適而上遂，並進一步據以此意義價值安身立命、愛人潤物，實踐儒學義理蘊含之天德流行境。

---

146 參見氏著，《周易內傳》，頁 324。
147 見船山言：「欲脩其身者，為吾身之言行動立主宰之學。」參見氏著，《讀四書大全說》，頁 30。

第六節　論王船山「格物致知」義理中的意義治療

　　「格物致知」乃為儒家中一重要工夫論之義理，在宋明時期之儒者對於「格物致知」皆有其闡發。處於明清鼎革之際之儒者王船山對於宋明儒之義理，多抱持著追本溯源、反省批判並加以創新之態度。[148] 然筆者在此必須特別指出的是，本文之開展不以傅朗克之意義治療學之理論逐一比附於船山之義理。而是直接以船山義理中「格物致知」之義蘊，對於吾人生命之療癒為核心開展之。如此吾人要進一步追問的是，船山對於「誠」之意義治療之義蘊，是如何開展呢？是以本文之開展，從「什麼是船山以前儒者們之『格物致知論』」開始論述；接著說明「船山之格物致知與傅朗克意義治療之會通，在於『吾人有其使命使自我之生命意義臻於圓滿』」；最後闡述船山義理中，「如何體現『格物致知』」。希冀將雋永之船山義理體貼於吾人所處之生活世界中，並踐履當代儒學之使命，吾人能透過船山之義理為據，對於修養工夫之方法與歷程之引導能建構出一套身心安頓之法。治療受虛妄與異化之苦痛之吾人，並進一步做到挺立自我、及物潤物，使

---

148 陳來先生即補充道：「明清之際的時代巨變是他這一代思想家思考的根本動力。另一方面，他和他同時代人所經歷的危難和困苦是前代思想家所沒有經歷過的，這使他由以從事著述的心境，也就與宋代以來的程朱陸王都大不相同。」又言：「清初這個時代的主導方向是指向於對明代理學衍變（陸王派和程朱派）的反思和超越，轉向篤實的道德實踐，以重建儒學的正統；而船山學術思想的這種反思活動，以『文化的反省』和『正統的重建』為主要特徵，可以視為這一反思和轉向時代的開端的代表。」參見陳來，《詮釋與重建：王船山的哲學精神》（北京：生活・讀書・新知三聯書店，2010 年 12 月），頁 1、21。

吾人獲得「意義治療」，恢復真實無妄之人生。以下即依上述架構，逐步展開討論。

壹、「格物致知」之義蘊

宋儒朱熹在詮釋《大學》中「格物致知」之義蘊時即言：

> 致，推極也。知，猶識也。推極吾之知識，欲其所知無不盡也。格，至也。物，猶事也。窮至事物之理，欲其極處無不到也。……所謂致知在格物者，言欲致吾之知，在即物而窮其理也。蓋人心之靈，莫不有知，天下之物，莫不有理，惟於理有未窮，故其知有不盡也。是以大學始教，必使學者即凡天下之物，莫不因其已知之理而益窮之，以求至乎其極。至於用力之久，而一旦豁然貫通焉，則眾物之表裏精粗無不到，而吾心之全體大用無不明矣。此謂物格，此謂知之至也。[149]

朱熹即主張所謂「格物致知」即為吾人以耳聞目見之感官認識接觸天下所有之具體事物以窮索其理進而將其推至極致。[150]如此吾人在通曉事物之理之過程中無過與不及之偏差，皆合於天理之流行之中，吾人之心即與天理合一，而道德修養之境界亦日趨圓融。是以朱熹言：「積累工夫，日久自然見這道理分曉。」（《朱

---

149 參見南宋・朱熹，《四書章句集註》（新北：鵝湖月刊社，2014年10月），頁4。

150 見朱熹言：「蓋天下之事皆謂之物，而物之所在，莫不有理。且如草木禽獸，雖是至微至賤，亦皆有理。」又言：「耳之所聞，目之所見，無非物也。」參見南宋・黎靖德編；王星賢點校，《朱子語類》（北京：中華書局，2016年5月），頁295、400。

子語類》頁 412）然吾人要在此進一步追問的是，朱熹所言之「格物致知」何以體現呢？原來朱熹之「格物致知」在此並非只是格一物以求得天下所有之理。蓋理為同源[151]，是以為吾人可透過長期致力反覆積累格物窮理之過程中，針對其所指之個別對象之理，使吾心之知充分發揮，進而豁然貫通體現天地萬物普遍之理。是以就朱熹之義理而言，「格物致知」並非兩事，乃為互有關聯也；吾人具體之道德實踐乃是須透過充廣自我之知識為輔，天理雖超越於天地萬物之外，卻又內在於天地萬物之中，是以朱熹以為吾人唯有透過格物窮理之工夫方可把握天理。

　　明儒王陽明詮釋《大學》「格物致知」之進路與朱熹不同。其以「正」字詮釋「格」，又以「事」詮釋「物」。而實以「致良知」收攝「格物致知」之說將其打併歸一，見其言：

> 所謂致知格物者，致吾心之良知於事事物物也。……致吾心良知之天理於事事物物，則事事物物皆得其理矣。致吾心之良知者，致知也。事事物物皆得其理者，格物也。是合心與理而為一者也。[152]

　　陽明即主張良知本心即為吾人心之本體，亦為天理。此為本體論；「致」即為充分推致與恢復心之本體，此為工夫論。是以「致良知」乃為本體亦為工夫。當吾人之良知呈現之時，其要求實踐之範圍即為無限也，而天地萬物皆在吾人之良知感通之下，因仁心而及物潤物，進而與天地萬物為一體。是以陽明言：「爾

---

151 見朱熹言：「理只是這一個，道理則同，其分不同。」同上注，頁 99。
152 參見陳榮捷，《王陽明傳習錄詳注集評》（臺北：臺灣學生書局，2006 年 9月），頁 172。

那一點良知，是爾自家底準則。……爾只不要欺他。實實落落依著他做去。善便存，惡便去。他這裡何等穩當快樂！此便是格物的真訣，致知的實功。」（《傳習錄》頁 291）吾人須致自我之良知於萬事萬物之中，以求一切事物皆得其正，在當下每一感通之上之事物之善惡，完全繫於吾人良之所發意念之邪正，而吾人一念之發，良知當下乃無不知其是非，進而追求自我良知之心安。是以道德實踐之根本工夫在致良知，使吾人良知之發用無一毫私意私欲，則意之所在的事物自無不善，此為推致擴充良知之義。在推致之過程中，亦即是恢復吾人之自我之良知本心，推致與恢復，其義一也。[153]

　　依船山之義理而言，道德實踐之工夫不僅僅是一個過程，亦要要求其實踐之目的，以見實際之成果，此為儒家義理之基礎。誠然船山在此所強調的是吾人立有純然為善之動機，如此在面臨日用人倫之事時，方可使天理與吾人同流行之。[154]是以其對於朱

153　見陽明言：「故區區專說致良知。隨時就事上致其良知，便是格物；著實去致良知，便是誠意。著實致其良知，而無一毫意必固我，便是正心。著實致良知，則自無忘之病。無一毫意必固我，則自無助之病。故說格致誠正。」，同上注，頁 268。曾昭旭先生即補充道：「在這樣一種道德的覺知下，便自然興發一種對外物（包括人事物）的悱惻之感。這便構成一種動力，要人去做及物潤物的道德創造。所謂『仁者愛人』，推展之而為親親、愛民、愛物，或者齊家、治國、平天下。但不管實際上這道德事業能開展到哪一地步，而本質上無非是這一點發心之仁、悱惻之感，亦即一心之遍閏。必如此不斷地順此心之悱惻去實踐，此心才能安，生命才飽滿。」參見氏著，《良心教與人文教：論儒學的宗教面相》，頁 131-132。

154　見船山言：「先儒之言『元』曰：『天下之物，原其所自，未有不善。成而後有敗，敗非先成者也；……抑据成敗得失以征其後先，則是形名器數之說，非以言德矣。……推善之所自生，而贊其德曰『元』。成性以還，凝命在躬，元德紹而仁之名乃立。天理日流，初終無閒，亦且日生於人之心。……執成敗、据得失以為本，法家『名實』之論也。……夫功於天下，利於民物者，亦仁者之所有事。而以為資始之大用即此在焉。則『享其利者為有德』，亦且不知君子正誼明道之志，未嘗擯失與敗而以為非道之存。」參見清・王夫之撰，李一

熹所論之「格物致知」之義蘊[155]與陽明所論之「格物致知」之義蘊[156]多有所詞斥。如此吾人要進一步追問的是，船山所言之「格物致知」為何意呢？見其言：

> 夫知之方有二，二者相濟也，而抑各有所從。博取之象數，遠證之古今，以求盡乎理，所謂格物也。虛以生其明，思以

忻點校，《周易外傳》（北京：九州出版社，2010 年 1 月），頁 9-10。陳祺助先生即補充道：「儒者或謂成敗得失，乃為功之事以後所造成的結果，若人事之本源的仁心，則與天之『善之所自生』的元德同一，故敗失的結果，絕無損於仁心之善，此當亦非仁人之所安，因人性之仁，必期於一一之人物，皆求有以成其生、遂其性，故為天下謀功求利，亦仁者所有事。在替天下為功謀利的一連串行為過程中，天之善仍繼之不已而『日生於人之心』，仁性生理亦日流行『而與心遇』。由此可知：個人為天下某功計利的行為，不論成敗得失，皆人性天理流行所必有之事，皆有道德價值。」參見陳祺助，《王船山「道德的形上學理論」之開展》（高雄：麗文文化，2012 年 6 月），頁 438。

155 見船山言：「蓋循物窮理，待一旦之豁然，賢者之學，得失不能自保，而以天德為志，所學皆要歸焉，則一學一習皆上達之資，則作聖之功當其始而已異。此張、朱學誨之不同。」參見清・王夫之著，《張子正蒙注》（北京：中華書局，2011 年 12 月），頁 203。又言：「乃朱子抑有『忽然上達』之語，則愚所未安。……朱子於〈大學補傳〉亦云：『一旦豁然貫通焉。』『一旦』二字亦下得驟。……豁然貫通，固不可為期也。曰『一旦』，則自知其期矣。自知為貫之『一旦』，恐此『一旦』者，未即合轍。」參見清・王夫之，《讀四書大全說》（北京：中華書局，2011 年 12 月），頁 419。曾昭旭先生即補充道：「朱子的格物，……向內推，可以有拓開體證良知之途的輔助作用。向外推，亦與觀察外物。建立科學知識的活動有性質上的類同。但剋就其本質言，既不能是體證良知的本質工夫；就方法言，也上為能自覺地釐析出合格的科學途徑來。」參見曾昭旭，《道德與道德實踐》（臺北：漢光文化，1989 年 8 月），頁 119。船山以為朱熹格物窮理之漸學漸積工夫，能窮得物理與能否致知之間，使吾人邁向成聖之道，似乎並無必然之關係。

156 見船山言：「累者，累之使禦於見聞之小爾，非欲空之而後無累也。內者，心之神，外者，物之法象。法象非神不立，神非法象不顯。多聞而擇，多見而識，乃以啟發其心思而會歸於一，又非徒恃存神而置格物窮理之學也。」參見氏著，《張子正蒙注》，頁 125。船山以為陽明格物致知之工夫過於強調自我心體之體證，而忽略了知識積累之價值，如此易使後學之人流於空談心性之學，而忘卻道德實踐之功。

窮其隱，所謂致知也。非致知，則物無所裁而玩物以喪志。
非格物，則知非所而蕩智以入邪。二者相濟，而不容不各致
焉。今闢異學之非，但奉格物以為宗，則中材以下必溺焉，
以喪志為異學所非，而不能不為之詘。若奉致知以為入德之
門，乃所以致其知者，非力行而自喻其惟艱，以求研幾而精
義，則憑虛以所惝怳之覺悟；雖求異於異學，而逮乎行之齟
齬，不相應以適用，則亦與異學均矣。[157]

　　船山即詞斥朱熹與陽明之「格物致知」之義蘊皆各執一端，
是以無法真實實踐儒家義理之義蘊。朱熹所言之道問學之「格物」
著重在對於知識之擴充，充分地體現外在事物之客觀把握。然船
山以為許多儒者皆在語言文字符號上講究，若吾人自身之良知無
所呈現，則外在之事物無所可裁。如此吾人因缺乏自我之決斷力，
易被外在事物所牽引，進而有玩物喪志之可能；陽明所言之尊德
性之「致知」著重於吾人良知之主觀地稱體起用。然若吾人若只
是空談心性，而忘卻道德實踐於日用人倫、事事物物之上，則吾
人易流於一念陷溺之可能。是以船山主張唯有將「格物」[158]與「致
知」兩端合於一致而不可偏廢，如此儒家義理中成聖之工夫方可
落實體現而止於至善進而與天理流行之。[159]

---

157 參見清・王夫之著，王孝魚點校，《尚書引義》（北京：中華書局，2011 年
　　12 月），頁 66、67。
158 見船山言：「天之風霆雨露亦物也，地之山陵原隰亦物也；則其為陰陽、為柔
　　剛者皆物也。物之飛潛動植亦物也，民之厚生利用亦物也；則其為得失、為善
　　惡者皆物也。凡民之父子兄弟亦物也，往聖之嘉言懿行亦物也；則其為仁義禮
　　樂者皆物也。……心無非物也，物無非心也。」參見氏著，《尚書引義》，頁
　　5。船山以為吾人所處之生活世界中之一切萬物，包涵人文化成中之倫理制度
　　皆為「物」。
159 見船山言：「於天下之物，無不知明而處當，是之謂至善。故知止為始，而格

貳、「格物致知」與意義治療之交會

　　上文筆者闡述了朱熹、陽明與船山對於「格物致知」之義蘊之討論。本節筆者將進一步論述船山之「格物致知」與傅朗克之意義治療會通處為何。「意義治療」是由西方心理學家傅朗克所開創之心理學派。然此處所言之「意義治療」並非直接將西方理論直接硬生生地套入儒家義理中，歷來許多學者曾指出儒家義理中蘊含著「治療意義」。如是，吾人要進一步追問的是，船山之「格物致知」與傅朗克之意義治療會通之處為何呢？原來船山之義理與意義治療會通之處在於「吾人有其使命使自我之生命意義落實於此生活世界中，並臻於圓滿」。首先即見船山舉例言道：

> 即此一事求之，便知吾心之知，有不從格物而得者。而非即格物即致知審矣。且如知善知惡是知，而善惡有在物者，……此固於物格之而知可至也。至如吾心一念之非幾，……此若於物格之，終不能知，而唯求諸己之自喻，則固分明不昧者也。是故孝者不學而知，不慮而能，……意不因知而知不因物，固矣。唯夫事親之道，有在經為宜，在變為權者，其或私意自用，……乃藉格物以推致其理，使無纖毫之疑似，而後可用其誠。此則格致相因，而致知在格物者，但謂此也。（《讀四書大全說》頁 10-11）

　　船山即說道格物之知與致知之知之差別。「致知之知」乃為吾人天生所具備之先驗性良知良能，是以吾人對於父自然會孝。

物為始教。」參見清・王夫之，《禮記章句》。收入於《船山全書》第四冊（長沙：岳麓書社，2011 年 1 月），頁 1482。

是以若吾人不是由外在格物所獲得之知識，依船山而言，皆由反求諸己而體現。[160]然在船山看來此只為「立道德之體」之工夫，是以吾人若欲進一步做到「道德實踐」，則仍須與「惡人不可與交」、「砒毒殺人便不可食」等等之經驗性「格物之知」相連結，是以「致知」者，「求盡夫吾心之全體大用」，乃盡吾人心之知能全體，務求推致其極而無不盡之意。「格物」者，觀察客觀之事物，以輔自我之用[161]，進而使兩端合為一致。[162]船山接著說道吾人可能由於「私欲」[163]而導致自我生命有一念陷溺之可能。是以所謂「以經為宜」，即是吾人透過以自我良知良能之根本一念之誠體貼於吾人生活世界中之萬事萬物[164]，進而一念自反與天理同流行。然船山在此特別強調，吾人對於道德實踐時所接觸之對

160 見船山言：「知字只說是昭昭靈靈的，又何以致之？且此昭昭靈靈者，心意之所共有，不盡屬知。聖賢之學，其於知也，止以知是知非為大用，……致知者，析理之是非，無毫髮之差也。故必格物以陰是半理，而後是非昭著：是非昭著，則意之方動，其為善去惡，無不審而之所慎也。」參見清・王夫之，《四書箋解》。收入於《船山全書》第六冊（長沙：岳麓書社，2011 年 1 月），頁 110。船山所言之「知」，乃為知是知非之「知」，而「致知」即為將其擴充至極。
161 見船山言：「其所以察乎事物以應其用者，亦可謂格矣。」參見氏著，《讀四書大全說》，頁 228。
162 陳來先生即補充道：「格物以經驗知識為主，心智的思考辨析為輔。致知以心的審思明辨為主，但也借著學習審問。總之，格物與致之互相為因，學問與思辨互相為輔，它們都是不能割裂或偏廢的。」參見氏著，《詮釋與重建：王船山的哲學精神》，頁 80-81。
163 見船山言：「謂私欲曰『己』，須是自己心意上發出不好底來。……中之有主，則己私固不自根本上有原有委的生發將來；然此耳目口體之或與非禮相取者，亦終非其心之所欲，則以私欲離乎心君而因緣於形氣者，雖無根而猶為浮動。夫苟為形氣之所類附，則亦不可不謂之『己』矣。非禮而視，則禮不流行於視；非禮而聽言動，則禮不流行於聽言動。聖賢純全天德，豈云內之以禮制心者，其事緣己，外之因應交物者，其事不緣己乎？」參見氏著，《讀四書大全說》，頁 379。船山即說道「欲」原為可善可不善，若吾人之心與外物相幾時當下有所偏私而不善，則此時「欲」即陷溺為私欲。
164 見船山言：「事物者，身之所必應，天下之所待制於我，必知明而後處當者。理之極處，所謂天則，復禮者，復此也。」參見氏著，《禮記章句》，頁 1472。

象須有如實之理解，並權衡當下之情境而有不同之應對進退。若吾人只憑借一己之誠心，而主動地忽略現實中如何實踐之可能，如此即有無法當下格物以推致其理，而知有未致之可能。是以即便吾人天生擁有誠心，然在當下發用臨事應物之時，亦成為「偽誠」之妄也。是故船山強調若吾人致知之工夫實踐得愈盡極至，則格物窮理之時，即愈能審思明辨接觸對象之理之曲折細微之處，亦愈使吾人在臨時之當下能盡權宜之事；若吾人格物之工夫實踐得愈至其極，愈能思考辨析接觸對象之隱微錯雜之處，如此「誠」始真可呈現，使吾人之身心一如。

　　復次，見船山續言：

> 天下之物無涯，吾之格之也有涯。……必待格盡天下之物而後盡知萬事之理，既必不可得之數。是以《補傳》云「至於用力之久，而一旦豁然貫通焉」，初不云積其所格，而吾之知已無不至也。知至者，「吾心之全體大用無不明」也。則致知者，亦以求盡夫吾心之全體大用，而豈但於物求之哉？孟子曰：「梓匠輪輿，能與人規矩，不能使人巧。」規矩者物也，可格者也；巧者非物也，知也，不可格者也。巧固在規矩之中，故曰「致知在格物」；規矩之中無巧，則格物、致知亦自為二，而不可偏廢矣。（《讀四書大全說》頁 11）

　　船山即說道天底下之萬物乃為無限多種類；然吾人耳目見聞之有限，是以天下之物吾人在其一生中難以盡格；吾人之耳目見聞有限，然吾人之心卻有著可明全體之大用之功能，是以吾人不必盡格天下之物，只須格盡人文化成之理，以盡道德之實踐與德

業之日積，並非遇一物便格一物，如此只會墮入逐物之妄而使自我之生命陷溺。[165]是以船山言：「學之始事必於格物也，詳略大小精粗得失，無不曲盡，故足以為身心意知之益，而通乎天下國家之理。」[166]船山主張盡吾心之全體大用，以直貫於當下接觸之物，並做出正確之決斷。然船山亦強調若吾人缺乏學問思辨、格物窮理之功者，則在當下接觸外物之時，不知窮究事理或雖窮之而未能至其理之極處，則知亦有未致，吾人之意亦將受惑於當下之物，此時吾人之心亦墮於無實而不得誠。是以船山強調格物致知二路之工夫不可偏廢之旨趣即在此。

參、「格物致知」之體現

前一節筆者闡述了船山「格物致知」與意義治療之會通之處在於吾人生命之向上提昇，進一步追尋自我之生命意義，本節筆者將進一步論述「船山格物致知該如何體貼於吾人之生活世界中」。首先即見船山言：

> 《大學》之格物，亦與權謀術數之所格者，初無異事。權謀術數之所知，亦未嘗與《大學》所致之知，是非得失背道而馳。……但在欲脩、欲正、欲誠之學者，則即此而見天德、王道之條理；其非欲脩、欲正、欲誠者，則徒以資

---

165 見船山言：「只此灑掃應對進退、禮樂射御書數，約略旁通，已括盡脩齊治平之事。自此以外，天下之物，固莫不有理，而要非學者之所必格。若遇一物而必窮之，則或如張華、段成式之以成其記誦詞章之俗儒，或且就翠竹黃花、燈籠露柱索覓神通，為寂滅無實之異端矣。」參見氏著，《讀四書大全說》，頁16。

166 參見清・王夫之撰，《四書訓義》。收入於《船山全書》第七冊（長沙：岳麓書社，2011年1月），頁48。

其假仁義、（致知。）致富疆之術而已。以格物為始教者，為異端之虛無寂滅、高過於《大學》而無實者言也。彼未嘗不有求於心意，而以理不窮、知不致之故，則心之所存，益託於邪，意之所察，益析於妄。此則過在擇執之未精，物累心而知蕩意也。以知止為始者，為權謀術數、苟且以就功名者言也。彼未嘗不格物以充其用，致知以審夫幾，乃以不知明德、新民、至善之功，在存養以正、省察以誠之故，知益流於權謀之巧變，物但供其術數之億度。此則差在至學之末端，心役物而意詭知也。（《讀四書大全說》頁 229-230）

　　船山即說道格物之本即在於「欲脩、欲正、欲誠」之工夫在挺立自我生命中進而體現，身處於生活世界中之吾人，不可停駐於種種外在知識經驗之獲取，而是仍要以道德實踐之知識（天德、王道之條理）為優先之選擇。更不可將道德實踐之目的加以扭曲，以追求名利。是以船山主張「修養工夫」仍需要在心上用功，並落實充擴於臨事應物之時[167]，即內聖即外王，進而體現《大學》中「格物」說之真實義蘊。[168]吾人之心雖為正，然在臨事應物之

---

167 見船山言：「知者，知擴而知充也。『強恕而行』，知擴者也；『反身而誠』，知充者也。擴充之中，便有全部不忍人之政在內。大用無非全體，須一一揀別，令與此四端相應相成。《大學》之所謂『致知』，正此是也。」參見氏著，《讀四書大全說》，頁 556。

168 陳祺助先生即補充道：「道德主體在當下之幾『知道怎樣』做好一件善事，不是先思考做這件事所遵循的行為準則是什麼，然後再依照準則來活動；不是先作一件理論工作，再做一件實踐工作。他只做了一件事，邊實踐邊應用準則、邊應用準則於實踐中、又邊思考所用的準則正不正確，邊做邊學，即做即學，在實踐中學會了怎樣做好一件事的方法，這便是致知格物的過程。」參見氏著，《王船山「道德的形上學理論」之開展》，頁 461。

時，心隨物而蕩其意，如此即無法真實地體現心中本具之誠，道德實踐之工夫亦不算確實完成。是以船山言：「見學之已明，守之已至，到臨幾應物上，一失其幾，則雖期許無慼，而俯仰天人，已不能自免於恥。」（《讀四書大全說》頁 328）格物窮理並非只是泛泛地窮天下之物，而是需要由吾人之心自強貫其誠於意，以達其用於物，由本貫末，兩端合於一致。如此以自我之修養為基礎於擴充於國家天下，立人道之極。[169]

如此吾人要進一步追問的是，吾人要如何具體實踐呢？船山即提出「豫」與「誠」之工夫：

> 「豫」之為義，自與「一」不同。一者，誠也；誠者，約天下之理而不盡，貫萬事之中而無不通也。豫則凡事有凡事之豫，而不啻一矣；素定一而以臨事，將無為異端之執

---

[169] 見船山言：「大學之教，理一分殊。本理之一，則眾善同原於明德，故曰『明德為本』。因分之殊，則身自有其身事，家自有其家範，國自有其國政，天下自有其天下之經。本統乎末，而緣本向末，莖條枝葉之不容夷也。……夫明德為新民之本，而非可早計其效於民新，故身脩之後，必三累而至乎天下平。則新民者固原本於已明之君德，而必加之以齊治平之功。豈豫之既明，而天下即無不〔明〕〔平〕乎？故格致誠正，其報成在身脩、而脩齊治之底績在天下平。是以明德、新民，理雖一貫，而顯立兩綱，如日月之並行而不相悖。今此以言治平之理，則有德有人，以是功，取是效，捷如影響，必其為新民之德審矣。」參見氏著，《讀四書大全說》，頁 48-49。又言：「自天有命，則知誠以為命矣；命以為性，則性皆其誠矣；率性為道，則道本於誠矣。中為大本，誠之體也；和為達道，誠之用也。費者皆其誠，非增益於一真之外也；隱者為其誠，非托於虛無之表也。誠者天之道，而知仁勇之真體斯在；誠之者人之道，而智仁勇之大用以起。」參見氏著，《四書訓義》，頁 232。又言：「以人為依，則人極建而天地之位定也。」參見氏撰，李一忻點校，《周易外傳》，頁 31。曾昭旭先生即補充道：「格物工夫畢竟仍為致良知於事事物物的道德活動中應有的一環，而知識在人生中的份位也由此得到明白的確立。這也就是船山格物義之承繼前賢學說，更進一步開展的成績所在。」參見氏著，《道德與道德實踐》，頁 125。

　　一耶？一者，徹乎始終而莫不一。豫者，脩乎始而後遂利
　　用之也。（《讀四書大全說》頁 134）

　　　船山即說道「豫」與「誠」之差別即在於「誠」乃是以吾心
一以貫全體，起人生之大用而為本[170]；「豫」則為吾人在認識天
地萬物之所預先理解以臨事應用之形而下之抽象之多理也，吾人
經由豫知之工夫所理解之抽象之理多而雜，是以自與一貫之「誠」
之形而上之理有所分別。船山在此強調吾人不可將追求外在知識
視為為學之目的，如此便有逐物之弊，是以格物致知之最終目的，
乃是吾人對於修身工夫以求真實無妄之人生。[171]
　　　復次，見船山續言：

　　唯學問思辨之功，則未有此事而理自可以預擇。擇之既素，
　　則繇此而執之，可使所明者之必踐，而善以至。故曰「凡

---

[170] 見船山言：「夫誠所以充乎萬里，周乎萬事，通乎萬物者，何也？……夫人之
　　有道，因其有性，則道在性之中；人之有性，因乎天之有命，則性又在天之內。
　　人受此理謂之天，固有其道矣。誠者，天之道也，二氣之運行，健誠乎健，順
　　誠乎順；五行之變化，生誠乎生，成誠乎成。終古而如一，誠而以為日新也；
　　萬有而不窮，誠而以為富有也。惟天以誠為道，故人得實有其道之體。乃成為
　　天之道，則道之用非天之所為功，而存乎人。於是有誠之者焉。有是心，以載
　　是德，故誠可存也；有是才以備斯道，故誠可發也。誠之未著於未有是理之中，
　　而森然有理之可恃；誠之或虧於未盡善之中，而確然有善之不易；則命之所凝
　　也，性之所函也，以起人生之大用，而為事理之所依也，人之道也。」參見氏
　　著，《四書訓義》，頁 182。
[171] 見船山言：「賢人之學以格物致知為始而以修其身，格致皆以修也。蓋格物致
　　知者至善之極則，聖人以此為德之至盛，而學者之始事必自此始焉，所謂知止
　　為始也。下學上達，其致合一，無繩墨之可改，彀率之可變也。」參見氏著，
　　《禮記章句》，頁 1291。曾昭旭先生即補充道：「人一刻不念識此全體一實
　　之理，以隨時求盡此仁義之道，生命即立成虛脫妄幻，故曰『立一誠而不足以
　　其他物之感』而必須『致曲而無所不盡』也。儒者向來之學，實皆以此為重心。」
　　參見曾昭旭，《王船山哲學》（臺北：里仁書局，2008 年 3 月），頁 479。

事豫則立」。事之立者誠也，豫者明也。明則誠，誠則立
也。一乎誠，則盡人道以合天德，而察至乎其極。豫乎明，
則儲天德以敏人道，而已大明於其始。雖誠之為理不待物
有，誠之之功不於靜廢；而徹有者不殊其徹乎未有，存養
於其靜者尤省察於其動。安得如明善之功，事未至而可早
盡其理，事至則取諸素定者以順應之而不勞哉？（《讀四
書大全說》頁 135-136）

　　船山即說道「豫者」乃為吾人在未臨事應物前能預儲而待擇
其理，並素定於自我心中，使吾人在臨事應物之時，得以發揮心
知之智性能力，以助自我窮盡此事物之實然之理（如定省溫清之
事），並設法獲致在此事此物上確實有效之功。開展人道之行矣。
[172]進而言之，吾人乃為一有限性之存在，是以吾人若能在每次臨
事應物前，預先儲備眾理以待事至之善擇，此必有助於吾人貞定
自我，使自我與天理同流行，是以船山言：「如意纔起處，其為
善為惡之分界有顯然易別者，夙昔所致之知可見其效，而無待於
更審矣。」（《讀四書大全說》頁17）吾人若能在當下之幾，透
過道德實踐吾心中所具之理並時刻推致貫通至生活世界中所接觸
之人物之上，此時吾人真能止於至善之境，進而使自我之生命獲
得療癒之效。[173]

---

172 見船山言：「蓋天下之事，固因豫立，而亦無先知完了方纔去行之理。使爾，
　　無論事到身上，繇你從容去致知不得；便儘有暇日，揣摩得十餘年，及至用時，
　　不相應者多矣。如為子而必誠於孝，觸目警心，自有許多痛癢相關處，隨在宜
　　加細查，亦硬靠著平日知道的定省溫清樣子做不得。是故致知之功，非抹下行
　　之之功於不試，而姑儲其知以為誠正之用。是知中亦有行也。」參見氏著，《讀
　　四書大全說》，頁 17。
173 見船山言：「事物者，身之所必應，天下之所待制於我，必知明而後處當者。
　　理之極處，所謂天則。」又說：「於天下之物，無不知明而處當，是之謂至善。

最後，見船山總結而言：

> 蓋格物者知性之功，而非即能知其性；物格者則於既格之
> 後，性無不知也。……「一以貫之」，物之既格也，而非
> 多學而識之即能統於一以貫也。窮理格物只是功夫，理窮
> 物格亦格物窮理之效，乃至於表裡精粗無不豁然貫通之
> 日，則豈特於物見理哉！吾心之皆備夫萬物者固現前矣。
> 到此方識得喜怒哀樂未發之中。蓋吾之性本天地之理也，
> 而天下之物理亦同此理也。天下之理無不窮，則吾心之理
> 無不現矣。吾心之理無不現，則雖喜怒哀樂之未發而中自
> 立焉。萬物之皆備於我者，誠有之而無妄也。此非格物未
> 至者所可知之境界。故難一一為眾人道耳。物理雖未嘗不
> 在物，而於吾心實自實；吾心之神明雖己所固有，而本變
> 動不居。若不窮理以知性，則變動不居者不能極其神明之
> 用也固矣。心原是不恆底，有恆性而後有恆心。有恆性以
> 恆其心，而後吾之神明皆致之於所知之性，乃以極夫全體
> 大用，具眾理而應萬事之才無不致矣。故曰「盡心則知至
> 之謂也」，言於吾心之知無所吝留而盡其才也。此聖賢之
> 學所以盡人道之極，而非異端之所得與也。嗚呼！嚴矣！
> （《讀四書大全說》頁 714-715）

故知止為始，而格物為始教。」參見氏著，《禮記章句》，頁 1472、1482。
陳祺助先生即補充道：「心意不正，能使人之心知未能推致其盡、物理未能窮
至其極，這是一方面的義理；反之亦然。從另一方面說，臨幾應事之際，不知
窮究物理或雖窮之而未能至其理之極處，則知亦有未致，意亦將惑於所從出而
不得誠。」參見氏著，《王船山「道德的形上學理論」之開展》，頁 458-459。

　　船山即說道吾人格物窮理之最終目的即在於「知性」[174]，格物非即能知性，而知性必待於物既格之後。但格物與知性並非為割裂之兩端，而是必須要以「一以貫之」之工夫，以自我之良知為基點，將格物窮理之過程中所認知之具體而雜多之事理收攝為統一之性理。船山在此特別強調吾人非多學而識即能達到一以貫之一切事理。「喜怒哀樂未發之中」即為吾人性體之全具，而此性體之體現，即在於格物窮理後切實體貼於自我之身心之中，而後真積力久，如此才真能豁然貫通，使古今中外一切事理具創生性之意義價值[175]，篤實會通於心，發之於外則能使內具之四端之性流行於天下以建立人道。是以船山言：「君子之學，未常有不資於聞見也，未嘗不求之於心也。乃其於天下之理，一無敢忽，一無敢忘，研其機，窮其理，盡其變。」（《四書訓義》頁503）吾人之存在乃為有限，且吾人之心乃為變動不居、無一時一息不流行。是以若吾人之心之不發揮，則天給予人之靈明將枯涸僵滯，而吾人本有之生命意義與價值將消逝殆盡。然此盡心知性之工

---

174 見船山言：「知量之大小、偏全、深淺、遲速，因乎生質。生而知之者，未嘗不資乎文以牖之，而舉其端即見其委，觸其末即達其本，而知量全矣。學而知之者，雖所聞在是，可因義類以有所推廣，而究不足以盡所知之理，然苟能自知其不足，則力學以求通，亦可與生知者同功。此聖人所以惓惓於學知之人，而欲其探本原以會通乎眾理也。」參見氏著，《四書訓義》，頁406。依船山義理而言，「知」至少具有兩種義蘊，即「理性」之知和「內省」之知。理性之知即為吾人認知生活世界中之天地萬物；內省之知即為知吾人內在本具之天德；理性之知在知外在具體事理；「內省」之知在體道、盡性以知天。船山以為吾人對於知識探求之終極目的，即在於「探本原以會通乎眾理」，此亦可看出船山重視吾人後天之修養工夫。

175 見船山言：「君子之學以身為要，以心為主，由一心以推及於天下，無二致也。蓋其約也，而名物不遺，事理必徹，無（可）〔或〕遺也，則又博而且詳。……蓋天下之理，一本而萬殊，知萬殊之皆原於一本者，知萬殊之皆原於一本者，非極萬殊之情理，則無以會其通。故綜究於天地萬物之生成變化者，將以說吾心之仁有此全體也……將以說吾心之義具此大用也。」同上注，頁504。

夫，有賴於吾人不間斷地格物窮理以廣知獲致，在日用人倫之中果能盡吾心之大用格物窮理以廣知，如遇到之事幾乃為較為熟悉之事，則在此一事上，當下便可致知。如此吾人透過吾性之體現，吾人在不斷地致知格物之過程所認知之一切見聞學知之活動同時即是道德實踐之過程，見聞之知與道德實踐實兩端復歸於一致。而吾人之之生命當下亦隨著追尋知識而獲得療癒。

肆、小　結

經由上文筆者之梳理，吾人可知船山所言之「格物致知」之義蘊，依據「豫」與「誠」之工夫並落實於生活世界中之事理上，進而恢復吾人與天道真實無妄、不息不已之貫通感，並盡性立命，使自我之身心一如。最後，見船山言：

> 故《或問》曰：「物格知至，有以通天下之志；意誠心正，有以勝一己之私。」又曰：「人之為心，必當窮理以正之，使其所以愛己治人者皆出於正，然後可以即是而推之人。」（民不能然，故須上為潔之。）蓋物格知至，則所好所惡者曲盡其變，不致恃其私意，而失之於偏；意誠心正，則所好所惡者一准於道，不致推私欲以利物，而導民於淫。（《讀四書大全說》頁46）

船山即贊同《大學或問》中所言之義理，吾人若無時刻把持自我心中本具之天德仁心，流於一念之陷溺而不自強，此時則賴於客觀事理以引導吾人，有助於吾人易於遵循客觀事理而易見其功效。是以吾人得以藉由在當下境況中致知以格物，格物窮其理之過程，推致心性本知之理於萬事萬物之中，發揮及物潤物之功，

並於最終通於「天德流行境」，療癒自我之身心，進而彰顯自我之生命意義。

第五章　論「達用」義蘊之意義治療

第一節　論王陽明「樂」之
義理中的意義治療

在以儒家義理為核心之中國文化中，「樂」是歷代儒者們所共同追求的一種境界。然此「樂」並非只是滿足吾人感官之刺激，而是為滿足吾人更高層次（精神）之須求，曾昭旭先生即指出：「快樂是一種價值判斷，而不是指一種情緒與行為。因此快樂的本質必只能屬於形而上層面而非現象世界。……換言之，所謂快樂，其最扼要懇切的定義，根本就是指一種自我實現，了無阻滯的生命舒暢感；與人我相通，了無隔閡的宇宙和諧感。」[1]儒家義理特別強調要落實於吾人所處知生活世界中，在體悟吾人有限生命之短暫之時，努力實踐其儒家理想，並貞定生命，進一步追求自我之生命意義。中國明代之王陽明承繼先秦聖儒之義理，並將傳統儒家義理對於「樂」之詮釋，加以改造，稱「樂是心之本體」[2]。其以為吾人若能貞定自我之良知，即是使吾人獲得快樂，進一

---

[1] 參見曾昭旭，《在說與不說之間──中國義理學之思維與實踐》（臺北：漢光文化，1992 年 2 月），頁 170。

[2] 參見明・王陽明，《傳習錄》。陳榮捷，《王陽明傳習錄詳注集評》（臺北：臺灣學生書局，2006 年 9 月），頁 236。

步獲得生命意義之途徑。

　　而中國文化中強調實踐生命意義之儒家義理，與來自於西方之傅朗克及其所開創之意義治療學有著可會通之處。林安梧先生即據以此試圖開創「儒家型意義治療學」[3]。陳佳銘先生亦指出：「吾人以儒家的背景來建構意義治療學是合理的。因為，意義治療學不能排除信仰或超越的層面，故以著華人文化圈共同的信仰，即儒家思想為背景是可行的。更且，孔、孟提出的道德本心、道德本性是人皆有之，不論你有無信仰，或甚至不同宗教的信徒亦不能否認此良知、本心。」[4]良知乃為吾人所天生本具之，吾人只須據於此良知並發用，使此心安，則「樂」不必向外追求，只須致自我之良知。是以本文之開展，從「什麼是儒家學者們所論之『樂』」開始論述；接著說明「陽明良知學與傅朗克意義治療之會通在於吾人在面對苦難時，吾人之心仍可秉持良知並發用之，進而經驗『至樂』。」；最後闡述如何「體現『樂』」。希冀陽明良知學能落實於現代，使現代人體驗心中本具之「真樂本體」，並進一步推己及人、及物潤物。

壹、本體之「樂」之義蘊

　　「樂」一詞通常表示作為心理經驗之快樂情緒，而自先秦時期儒家之孔子以降乃至宋明儒者，關於「樂」之討論多集中於「孔顏樂處」——即「安貧樂道」之儒者理想境界之展現。然「樂」

3　關於「儒家型意義治療學」，可參見林安梧，《中國宗教與意義治療》（臺北：明文書局，2011　年7月），頁21-138。又可參見氏著，《儒學轉向：從「新儒學」到「後新儒學」的過渡》，頁405-452。
4　參見陳佳銘，〈從孔、孟的命論談儒家意義治療學之建構〉《生死學研究》第九期（2009年1　月），頁78。

就傳統儒家義理而言，是歸類於「情」之下[5]，孟子即言：

> 乃若其情，則可以為善矣，乃所謂善也。若夫為不善，非才
> 之罪也。惻隱之心，人皆有之；羞惡之心，人皆有之；恭敬
> 之心，人皆有之；是非之心，人皆有之。惻隱之心，仁也；
> 羞惡之心，義也；恭敬之心，禮也；是非之心，智也。仁義
> 禮智，非由外鑠我也，我固有之也，弗思耳矣。故曰：「求
> 則得之，舍則失之。」或相倍蓰而無算者，不能盡其才者也。
> [6]

　　孟子所言之「四端」可就兩個方面言之，一方面為情，即惻
隱、羞惡、辭讓、是非；一方面為理，即仁、義、禮、智。朱熹
即注曰：「所謂『四端』者，皆情也。仁是性，惻隱是情。惻隱
是人發出來底端芽，如一個穀種相似，穀之生是性，發為萌芽是
情。所謂性，只是那仁義禮知四者而已。」[7]析言之仁義禮智即為
性，而「四端」乃為體現仁義禮智之工夫，是情非性。是以「四
端」即是結合情與理兩方面而言之，而陽明承繼了自孟子以降以
「本心」為情理兼具這個普遍之觀點，然其更進一步將「樂」拉
出「情」之範疇，將「樂」提昇至「本體」之層次上，而有「樂
是心之本體」之著名語錄。是以，陽明是如何詮釋「樂」呢？以

---

5 如《荀子・正名》即言：「性之好、惡、喜、怒、哀、樂謂之情。」又曰：「性
　者、天之就也；情者、性之質也」參見清・王先謙撰，沈嘯寰、王星賢整理，《荀
　子集解》（北京：中華書局，2012 年 3 月），頁 399、415。
6 參見南宋・朱熹，《四書章句集註》（臺北：鵝湖月刊社，2014 年 10 月），頁
　328。本文引用《四書章句集註》，皆根據此書，以下凡引該書只隨文標註書名
　與頁碼，不另作其他相關註解。
7 參見南宋・朱熹著，黎靖德編，王星賢點校，《朱子語類》，第 4 冊，第 59 卷（北
　京：中華書局，2004 年），頁 1380。

下筆者將分兩小節加以闡述。

一、孔顏樂處

中國義理學最早發軔「樂」之說首見於《論語・學而》：

> 子曰：「學而時習之，不亦說乎？有朋自遠方來，不亦樂乎？
> 人不知而不慍，不亦君子乎？」（《四書章句集註》頁47）

又可見《論語・述而》：

> 子曰：「飯疏食飲水，曲肱而枕之，樂亦在其中矣。不義而
> 富且貴，於我如浮雲。」（《四書章句集註》頁97）

　　孔子以為之樂是不會因為吾人所擁有之錢財多寡或是社經地位而有所改變。陳來先生即指出：「儒家思想一向認為，在人生中有比個體生命更為重要的價值，要求人應當有一種為道德價值和理想信念而超越物質欲求的思想境界。」[8]復次，吾人又可由孔子讚揚顏回之言談中，窺探孔子心目中之樂是什麼樣子：

> 子曰：「賢哉回也！一簞食，一瓢飲，在陋巷。人不堪其
> 憂，回也不改其樂。賢哉回也！」（《四書章句集註》頁
> 87）

　　「賢」有傑出之意，由引文中可知顏回在一般人難以忍受之貧苦環境下，卻仍可以不改其學習求道之快樂，這是凡人難以達

8　參見陳來，《宋明理學》（臺北：允晨文化，2010年2月），頁58。

成之境界。程頤即詮釋道：「顏子之樂，非樂簞瓢陋巷也，不以貧窮累其心而改其所樂也，故夫子稱其賢。」[9]，程頤所言之「心體無累」即詮釋顏回對於「樂與貧」抱持著超然之態度，而此即成為歷來儒家學者所追求之理想人格之體現。

到了宋代，宋明儒學之開山祖周敦頤[10]即對於《論語》中顏回簞食瓢飲而不改其樂展開詮釋：

> 顏子「一簞食，一瓢飲，在陋巷，人不堪其憂，而不改其樂」。夫富貴，人所愛者也，顏子不愛不求，而樂乎貧者，獨何心哉？天地間有至貴至愛可求而異乎彼者，見其大而忘其小焉爾。見其大則心泰，心泰則無不足。無不足，則富貴貧賤處之一也。處之一，則能化而齊。故顏子亞聖。[11]

所謂之「大」，即是吾人應有之道德理念，「見其大」，即是體現「道」；所謂之「小」，即是金錢地位。周敦頤以為顏回在物質欲望與道德理想之抉擇中，選擇過簡單樸質之生活，據此體現出其寬泰之儒家人格。陳來先生即補充道：「照周敦頤的這個說法，顏回之樂根本不是因為貧賤本身有什麼可『樂』，而是指顏回已經達到了一種超乎富貴的人生境界。有了這種境界的人，即使是人所不堪的貧賤也不會影響、改變他的『樂』。這種

---

9 參見北宋・程顥、程頤撰，《二程集》（臺北：漢京文化，1983年9月），頁1141。

10 楊祖漢先生曾指出：「周濂溪是第一位能對儒學的形上智慧、聖人境界及入聖的工夫的要義有深刻的契會，又以恰當的文字重新表達出來的宋儒。」參見王邦雄、岑溢成、楊祖漢、高柏園著，《中國哲學史》（臺北：里仁書局，2013年3月），頁453。

11 參見北宋・周敦頤，《周敦頤集》（北京：中華書局，1990年5月），頁31。

樂是他的精神境界所帶給他的，不是由某種感性對象引起的感性愉悅，而是一種高級的精神享受，是超越了人生利害而達到的內在幸福和愉快。」[12]而在青年時期的二程曾問學於周敦頤，其教以立志追求「顏子、仲尼樂處，所樂何事」[13]，此事對二程思想之關鍵處，啟發甚大。[14]特別是程顥，其終身不忘實踐孔顏之樂，亦常教學生「尋孔顏之樂」。林永勝先生即補充道：「在瞭解天理的流行後，還要將此種狀態施之以道德行為上，一方面能成己成物，使自我、萬物與世界的獨立價值都能夠被實踐，一方面在完成一件道德行為的同時，體內會湧現出源源不絕的道德動能，個體的精神會飽滿完足，觀看萬物時也覺得充滿生機，同時感到自我與萬物之間充滿了無窮的關聯性與啟示，然後又能懷抱著這種意義感、神聖感，進一步投入下一個道德行為，而這種持續性、具道德義蘊的樂，才是理學家要追求的。」[15]而明代之陽明即順著此思想，把「樂」作為身為儒者須具備之終極關懷並加以開展。

　　陽明在與其門人陸原靜於書信中談論到「孔顏之樂」時，其是如此展開詮釋：

> 來書云：昔周茂叔每令伯淳尋仲尼顏子樂處。敢問是樂也，與七情之樂同乎否乎？若同，則常人之一遂所欲，皆能樂矣。何必聖賢？若別有真樂，則聖賢之遇大憂大怒大驚大

12 參見氏著，《宋明理學》，頁 58-59。
13 「昔受學於周茂叔，每令尋顏子、仲尼樂處，所樂何事。」參見北宋・氏撰，《二程集》，頁 16。
14 程頤曾撰有〈顏子所好何學論〉一文，參見北宋・氏撰，《二程集》，頁 577。
15 參見林永勝，〈作為樂道者的孔子：論理學家對孔子形象的建構及其思想史意義〉收入於黃俊傑編，《東亞視域中孔子的形象與思想》（臺北：臺大出版中心，2015 年 10 月），頁 116-117。

懼之事，此樂亦在否乎？且君子之心，常存戒懼。是蓋終身之憂也。惡得樂？澄平生多悶，未嘗見真樂之趣，今切願尋之。樂是心之本體。雖不同於七情之樂，而亦不外於七情之樂。雖則聖賢別有真樂，而亦常人之所同有。但常人有之而不自知。反自求許多憂苦，自加迷棄。雖在憂苦迷棄之中，而此樂又未嘗不存，但一念開明，反身而誠，則即此而在矣。每與原靜論，無非此意。而原靜尚有何道可得之問，是猶未免於騎驢覓驢之蔽也。（《傳習錄》頁235-236）

可看出門人對「孔顏樂處」之「真樂」與「七情六欲之樂」之異同提出疑問，陽明即說道：「樂是心之本體」，此處陽明所言之「本體」，即是「良知本體」之別稱[16]，是無法聞見、變動不居之至善本體[17]。此本體即是「樂」本身，而此「樂之本體」為吾人所天生本有，無論是聖或凡，然凡人不知此樂之存在，反而自求憂苦，若實踐自我之良知，則「樂之心體」當下即可體現。

是以陽明所謂之「真樂」，即是本體層位之樂，是不會受到憂愁苦悶所影響之「樂」，是以與七情之樂並非屬於同一層位。復次，陽明又說：「蓋良知雖不滯於喜怒憂懼，而喜怒憂懼亦不外於良知也。」（《傳習錄》頁223）所謂「不滯於」、「不外於」皆可看出陽

---

16 牟宗三先生對此曾指出：「陽明不但說『知是心之本體』，亦說『定者心之本體，天理也』，亦說『樂是心之本體』，『雖哭，此安處即是樂也，本體未曾有動』。凡此皆是就超越的道德本心展轉引申，實皆是分析的詞語。凡言『本體』皆是當自己之實性之義，每一實性皆滲透於其　它實性而徹盡一切實性。」參見牟宗三，《從陸象山到劉蕺山》（臺北：臺灣學生書局，2011年7月），頁222。

17 牟宗三先生對此曾指出：「良知超越而絕對之至善，是一切是非善惡之標準，而其自身則非如意念之動之有善相與有惡相也。」參見牟宗三，《心體與性體》第二冊（新北：正中書局，2010年12月（2012年5月）），頁200。

明所謂「樂（良知）之本體」雖與七情之樂是不同層面，但兩者並非截然二分，而是以良知作為其義理之根源（體），將所有事物之詮釋以良知加以會通（用）。換言之，即為牟宗三先生所言之「即活動即存有」[18]，之一元「真樂本體」。是以本體之樂為「真樂」；七情之樂為感性之樂，然「真樂」雖不同於七情之樂，卻又在七情中體現，七情之樂雖不是「真樂」，卻又為「真樂」之流行表現。陽明以為「良知」實為吾人心體之「樂」之依據，而「真樂本體」即為吾人所天生本具之良知，陽明曰：「謹獨即是致良知。良知即是樂之本體。」[19]即是陽明指出若吾人能實踐自我之良知，則可體悟真樂之本體，進而達到聖人之境界。

二、七情之樂

傳統儒家所言之「情」，就荀子（B.C.313-238）所言：

---

18 關於「即活動即存有」，牟宗三先生曾說道：「從『理』說存有性；從『心』說活動性。理是　靜態的，心的活動是動態的。這個『活動』是 activity，不是 motion，motion 是物理的。『道體』是一個本體，當然是一個存有。但同時它意是一個活動性。它既是存有，亦是活動，兩者合在一起說。」參見牟宗三，《宋明儒學的問題與發展》（臺北：聯經出版，2003 年 6 月），頁 164。而楊祖漢先生對此亦補充：「所謂『即活動即存有』是表示道德之理不只是理或原則，同時又是可以當下呈現於人生命中的活動，如孔子從『不安』、『不忍』來說仁，仁固然是理，但又不只是理，而亦是當下可呈現的真生命，是吾人真正的自己，或真正的主體。」參見楊祖漢，〈牟三先生對宋明理學的詮釋〉，收錄於鮑紹霖、黃兆強、區志堅主編，《北學南移：港台文史哲溯源》（學人卷 I）（台北：秀威資訊，2015 年 4 月），頁 139。

19 參見明・王守仁撰，吳光、錢明、董平、姚延福編校，《王陽明全集》〈上海：上海古籍出版社，2014 年 1 月），頁 216。「謹獨」出自《大學》：「所謂誠其意者：毋自欺也，如惡惡臭，如好好色，此之謂自謙，故君子必慎其獨也！」亦可參見《中庸》：「是故君子戒慎乎其所不睹，恐懼乎其所不聞。莫見乎隱，莫顯乎微，故君子慎其獨也。」參見氏著，《四書章句集註》，頁 7、17。而關於「謹獨」，唐君毅先生即指出：「在吾之孤獨中，吾固可時有一超越普遍之悲憫之情，以念及人類、眾生與世界。然此悲憫之情，乃自上而下，以覆蓋於吾所思之人類、眾生及世界之上，則又未嘗離乎吾之孤獨之心之外也。」參見唐君毅，《病裏乾坤》（臺北：鵝湖出版社，1980 年 9 月），頁 12。

性之好、惡、喜、怒、哀、樂謂之情。（《荀子集解》頁 399）

析言之，即是吾人遇到外來之刺激，所產生之主觀的情緒反應。而陽明自己則是將情分為「喜怒哀懼愛惡欲」[20]，陽明所說之「七情之樂」，並非指七情中之一種，而是指七情之中，任何一情都能體現「真樂」。為什麼陽明會如此認為呢？原來陽明以為七情，乃為吾人之心所原有的，情從未被排除於心之外，而是具於心內。見陽明在〈達汪石潭內翰〉中說道：

喜怒哀樂之未發，則是指其本體而言，性也。……喜怒哀樂之與思與知覺，皆心之所發。心統性情。性，心體也；情，心用也。（《王陽明全集》頁 165）

陽明以為吾人之心在體，指涉性；在用，則指涉情。情為吾人之心所本有，就根源處而言，性與情乃為一致的；就作用而言，情為性之發用，皆收攝於心之下。自許為儒者之陽明，其特別重視「情」，認為情感乃是吾人之本性，亦即為吾人之所以為人之本質。見其言：

除了人情事變，則無事矣。喜怒哀樂，非人情乎？自視聽言動以至富貴貧賤患難死生，皆事變也。事變亦只在人情裏。其要只在致中和，致中和只在謹獨。（《傳習錄》頁73）

---

20 「喜怒哀懼愛惡欲，謂之七情，七者俱是人心合有的，但要認得良知明白。」參見氏著，《傳習錄》，頁 342。

「人情」即為吾人之情感；「事變」即為吾人生命中許多非人力所能決定之內容。陽明以為人生中所遇之事變化難測，然事變只在人情中體現。而事變為什麼會對吾人產生意義價值呢？原來事變即為自然之現象與事實，而在吾人心中有了對應事變之情，此人情中之事變是伴隨喜怒哀樂之情，人情亦是透過事變體現之。是以陽明曰：「天下事雖萬變，吾所以應之，不出乎喜怒哀樂四者。」（《王陽明全集》頁 174）又曰：「聖人之行，初不遠於人情。」（《王陽明全集》頁 219）陽明以為情為吾人所具之本質，吾人必須順應此天理流行之合乎中節之「情」以盡仁盡義，如此即可與聖人同。

依陽明之理解，情雖是吾人心之本具，然有著「中節」與「不中節」之分。所謂之不中節，在其門人黃省曾與其之問答中，可見陽明對於「情」之發用，有嚴格之定義：

> 問，「知譬日。欲譬雲。雲雖能蔽日，亦是天之一氣合有的。欲亦莫非人心合有否」？先生曰，「喜怒哀懼愛惡欲，謂之七情。七者俱是人心合有的。但要認得良知明白。比如日光，亦不可指著方所，一隙通明，皆是日光所在。雖雲霧四塞，太虛中色象可辨，亦是日光不滅處。不可以雲能蔽日，教天不要生雲。七情順其自然之流行，皆是良知之用。不可分別善惡。但不可有所著。七情有著，俱謂之欲，俱為良知之蔽。然纔有著時，良知亦自會覺。覺即蔽去，復其體矣。此處能勘得破，方是簡易透徹功夫」。（《傳習錄》頁 342）

陽明以雲能蔽日為喻，肯定吾人之情為順其自然之流行，皆

為良知本體之發用，順其自然之發用而為無善惡之區別。然吾人之情會受私意影響，而成「欲」，此時便不是順著自然之流行，而是欲之展現[21]，欲現時則吾人之良知即被遮蔽，故成惡。陽明以為滿足「欲」並非為人生之目的，因為若只是為滿足欲望，則吾人只是順著生命之流盲目地執著於生命中某部份，則此時人生是無意義，無價值可言。是故唯有明白認得吾人之良知，順著良知而發用，此即為真樂。明儒劉宗周即說道：「人生一時離不開七情，七情即良知之魄。若謂良知在七情之外，則七情又從何處來？」[22]良知並非於情之外，而情亦離不開吾人之生命。蒙培元先生即補充道：「『真樂』與七情之樂的關係，就如同『真己』與形體之我（所謂『軀殼』）的關係一樣，『真己』就是心性，就是天理，也就是良知，而形體我則是感性的，具體存在的。」[23]陽明曾有詩云：「吾心自有光明月，千古團圓永無缺。」（《王陽明全集》頁 873）此「光明月」即是吾人「真樂本體」，此「真樂本體」之具體發用只能透過「情」體現，兩者體用不離，即如陽明言：「即體而言用在體。即用而言體在用。是謂『體用一源』。」（《傳習錄》頁 130）唯有發情於合乎中節，則此時之樂，方為真樂。

---

21 陽明曾在〈為善最樂文〉中闡述「樂」與「欲」之別：君子樂得其道，小人樂得其欲。然小人之得其欲也，吾亦但見其苦而已耳。「五色令人目盲，五聲令人耳聾，五味令人口爽，馳騁田獵令人心發狂。」營營戚戚，憂患終身，心勞而日拙，欲縱惡積，以亡其生，烏在其為樂也乎？若夫君子之為善，則仰不愧，俯不怍；明無人非，幽無鬼責；優優蕩蕩，心逸日休；宗族稱其孝，鄉黨稱其弟；言而人莫不信，行而人莫不悅。所謂無入而不自得也，亦何樂如之！參見氏撰，吳光、錢明、董平、姚延福編校，《王陽明全集》，頁 1019。

22 參見明・黃宗羲撰，《明儒學案》（臺北：世界書局，2014 年 6 月），頁 90。

23 參見蒙培元，《情感與理性》（北京：中國人民大學出版社，2009 年 12 月），頁 280。

貳、「樂」與意義治療之交會

上文筆者闡述了什麼是歷來儒者以及王陽明對於「樂」之討論。陽明將「樂」與吾人之天生本具良知規範為同一指涉，是以其言「良知即是樂之本體」（《王陽明全集》頁 217）。而若就陽明所言之，只要吾人能致自我之良知，並使其合乎中節，如此即可達到與聖人同之「真樂」境地，然吾人要進一步追問的是，當吾人在面對到千死百難極限情境之當下，是否亦能體驗到「樂」呢？且陽明之「樂」與傅朗克之意義治療會通處為何呢？原來陽明之義理與意義治療會通之處在於「吾人在面對苦難時，吾人之心仍可秉持良知並發用之，進而經驗『至樂』。」

傅朗克以自身在納粹集中營中所遭遇之苦難經歷為見證，強調苦難和不幸是激發生命意義和個人成長之良機。[24]其肯定吾人擁有「自由意志」（freedom of the will）且擁有追求意義的意志（will to meaning）。傅偉勳先生即指出：

> 傅氏的意義意志類似孟子在人性的高層次肯定超越自然本能的本然善性，而他「人生乃是一種任務」的實存意義觀，亦會通著孔孟以來儒家所體認的正命或天命，亦即「人生是天賦善性所不得不弘顯的道德使命」。[25]

---

24 傅朗克於二戰期間被關入集中營，數度瀕臨死亡邊緣。以上記事請參見傅朗克著，鄭納無譯，《意義的呼喚》（臺北：心靈工坊，2010 年 7 月）。傅朗克著，李雪媛、柯乃瑜、呂以榮合譯，《向生命說 yes！》（臺北：啟示出版，2009 年 6 月）。

25 參見傅偉勳，《批判的繼承與創造的發展》（臺北：東大圖書股份有限公司，1986 年 6 月），頁 175。

　　傅朗克據以此作為吾人本性之核心內涵，其以為人性之根本需求在於追尋並體悟自我生命之存在價值感。當找到此一目標或使命，吾人之心靈方能獲致充實與滿足，進而體會真樂。傅偉勳先生即補充道：「他所提倡的『意義（探索的）意志』，是要實存地探索人生的種種積極正面的意義或價值，同時藉以找出人之所以能有又應有快樂幸福的根本道理。」[26]傅朗克以為若能在苦難和不幸中發掘生命最深刻的意義，吾人此時所能創造之意義為無限的，而在其中亦包含著痛苦和死亡之意義。其曾言：「倘若一個人坦然接受無可扭轉的命運，以及連帶必須承認的一切苦難，那麼即使在最艱難的困境中，即便到了人生的最後一刻，仍有足夠的機會創造人生的意義。端視他是否勇敢堅強，尊嚴無私。或者為了自我的生存利益而不顧一切，到最後卻忘了原有的人性本質，變得與禽獸無異，讓我們不由得回想起集中營囚犯的心理，端賴他個人是否能在苦痛的處境和艱難的命運中，把握這些價值並將其實現，或者永遠錯失，並決定是否『配得上痛苦』。」[27]必須特別說明的是，傅朗克並非以為吾人一定要受苦難才可體驗到人生之意義，其只是強調吾人即便身處於苦難之環境下，亦能追尋生命之意義。當然前提是這苦痛無法避免。若可避免，還是免除苦痛之肇因相較為有意義可言，受不必要的苦，是毫無意義可言之。

　　人生不如意之事甚多，陽明亦曾經歷千死百難[28]，然其身處於逆境時，仍不忘秉持良知，其曾言：

---

26 參見氏著，《死亡的尊嚴與生命的尊嚴》，頁 213。
27 參見氏著，李雪媛、柯乃瑜、呂以榮合譯，《向生命說 yes!》，頁 125。
28 陽明為同僚上書，遭廷杖數十，貶謫龍場，途中又受刺客追殺，而後又經歷「宸濠之亂」與「忠泰之變」，以上記事請參見《王陽明全集》。

> 舜不遇瞽瞍，則處瞽瞍之物無由格。不遇象，則處象之物無
> 由格。周公不遇流言憂懼，則流言憂懼之物無由格。故凡動
> 心忍性，增益其所不能者，正吾聖門致知格物之學。正不宜
> 輕易放過，失此好光陰也。知此則夷狄患難，將無入不自得
> 矣。（《傳習錄》頁 393）

　　陽明以為逆境是磨練自我的「好光陰」，因此更要加以把握自我之良知，以求增進自我以達聖人之境。林安梧先生即指出：「人心既能承載艱難，既能克服艱難。再說人生本來是哀樂相生的，若能真懂哀樂相生之智慧，便可在一剎那間，超越一切人生之哀樂，而這時本身即是人生之大樂。」[29]陳來先生亦補充道：「致良知的一個重要意義就在於能使人在『動氣』時斷然地控制感情、情緒的平衡，使人在任何時候任何環境下都能保持『平常心』，這種控制感情情緒以保障最佳心理素質與心理狀態的能力，不是靠平平常常的方式可以獲得的，實現這種境界的難度大大超越一般的勇氣甚至面對死亡的勇敢。」[30]是以陽明言：「凡今天下之論議我者，苟能取以為善，皆是砥礪切磋我也。則在我無非警惕修省進德之地矣。」（《傳習錄》頁 209）又言：「人若著實用功，隨人毀謗，隨人欺慢，處處得益，處處是進德之資。」（《傳習錄》頁 314）不論吾人身處於順境、逆境，面臨到是何人、何事，永遠都要秉持良知，安頓自我之心體。

　　復次，在陽明與其門人之問答中，吾人亦可看出陽明對於面對到「苦難」之時，仍是教導學生「識得心體」、「常快活」面

---

29 參見氏著，《中國宗教與意義治療》，頁 124-125。
30 參見陳來，《有無之境：王陽明哲學的精神》（北京：生活・讀書・新知三聯書店，2014 年 2 月），頁 283。

對之：

> 澄在鴻臚寺倉居。忽家信至，言兒病危。澄心甚憂悶不能堪。
> 先生曰，「此時正宜用功。若此時放過，閒時講學何用？人
> 正要在此等時磨鍊。父之愛子，自是至情。然天理亦自有箇
> 中和處。過即是私意。人於此處多認做天理當憂，則一向憂
> 苦，不知已，是『有所憂患，不得其正』。大抵七情所感，
> 多只是過，少不及者。才過便非心之本體。必須調停適中始
> 得。就如父母之喪，人子豈不欲一哭便死，方快於心？然卻
> 曰「毀不滅性」。非聖人強制之也。天理本體，自有分限。
> 不可過也。人但要識得心體，自然增減分毫不得」。（《傳
> 習錄》頁 82）

又言：

> 九川臥病虔州。先生云，「病物亦難格。覺得如何？」對
> 曰，「功夫甚難」。先生曰，「常快活，便是功夫」。（《傳
> 習錄》頁 296）

以上兩則引文中皆可看出學生們有其「苦難」之處（兒病危、
己臥病），而陽明平日所教導之工夫。即是在此種關鍵時刻體證，
是以陽明雖強調在「心上用功」，然其所重乃是在人情事變中磨
鍊，而此陽明所言之即為「事上磨鍊說」[31]。陳立勝先生即指出：
「苦難就是苦難，無論他人的苦難亦或是自己的苦難，儒家決不

---

[31] 在《傳習錄拾遺》中，其門人亦有記載道：「先生用功，到人情事變極難處時，
見其愈覺精　神。」參見氏著，《傳習錄》，頁 399。由此可見陽明義理是要
落實於吾人生活中之困境上進一步實踐之生命之學。

會通過一種幻化的方式將苦難消解掉。……對於王陽明來說，受苦就是受苦，不是幻覺、不是虛假。但受苦本身不是目的，問題的關鍵在於如何對待受苦，克服苦難。在苦難面前，儒家不取逃避與幻化的態度，而是將苦難視為『用功之地』，視為提昇自己人格、修養自己心性的『用功之時』，換言之，『受苦的意義』在於聖賢人格的培育與錘煉。苦難遂具有心靈塑造的價值。」[32]「病物」是在心上病，「常快活」亦是在心上快活，而真正的快活（樂），是要在心上用功。明儒施邦曜即指出：「樂不是快活之謂，是胸中有一段自得處。常人與聖賢不能同樂者，蓋聖賢有得，常人無德也。得則事變不能遷。無得則便逐境為憂喜。故有大憂、大怒、大驚、大懼之事。聖賢未嘗不加敬惕。然則自得于已者，事變之歘會，無不了當於胸中。只是臨事敬慎耳。」（《傳習錄》頁236）因此陽明言：「方知天下之物本無可格者；其格物之功，只在身心上做。決然以聖人為人人可到，便自有擔當了。」（《傳習錄》頁370）

　　由以上討論吾人可知陽明所言之「樂」與「不樂」，皆是與其致良知之教息息相關。不論身處在順境、亦或是逆境，只要透過道德實踐，即能安頓吾人之心，當下即體現樂也。唐君毅先生即指出：「故一切人及眾生，其所不能去除之痛苦，必當有此一開拓之價值意義。此一價值意義，乃直接屬於感受到苦痛之生命之自身，此生命之所以須開拓，由於其有限性。此有限性可說為生命之原始罪惡。則痛苦亦可說為生命之罪惡之懲罰，而其價值意義，似只為消極的。然由受苦痛而生命逐漸破除其有限性，以歸於開拓，逐在其未來，有其更廣濶之生命世界，更充實之生命

---

32 參見陳立勝，《王陽明「萬物一體」論──從「身─體」的立場看》（臺北：臺大出版中心， 2005年5月），頁177。

內容，則此價值意義亦為積極的。」[33]林安梧先生亦補充道：「儒家心性學的重要意義就是經由一種修養的活動，而使得我們對於自己內在的心靈意是做更深刻的體會，而這樣的體會能夠讓我們的身心獲得安寧；當我們的身心獲得一種安樂，便會導致一種社會實踐的效果，也就是家庭安樂、社會也安樂。」[34]陽明即是教導吾人不論是處於順境或逆境，透過安頓吾人「良知」（樂）之過程，以求吾人能澄明此心，並進一步使吾人由內在本具之純善良知之自我實踐，而獲得真正之幸福與快樂。

參、「樂」之體現

前一節筆者闡述了樂與意義治療之會通之處皆為吾人在面對苦難時，吾人之心仍可秉持良知並發用。本節筆者將進一步論述「王陽明樂之境界要如何達成」。

如上節所言之，陽明義理是其與其門人就生活中之所面臨之種種實際問題之問答，是以吾人亦可就文獻中找尋幾則關於陽明與門人之討論「如何樂」，茲先以引其論：

> 庚辰往虔州再見先生，問近來功夫雖若稍知頭腦。然難尋箇穩當快樂處。先生曰，「爾卻去心上尋箇天理。此正所謂理障。此間有箇訣竅」。曰。「請問如何」？曰，「只是致知」。曰，「如何致知」？曰，「爾那一點良知，是爾自家底準則。爾意念著處，他是便知是，非便知非。更瞞他一些不得。爾只不要欺他。實實落落依著他做去。善便存，惡便去。他這

---

33 參見氏著，《病裏乾坤》，頁62。
34 參見氏著，《儒學轉向：從「新儒學」到「後新儒學」的過渡》，頁411。

裡何等穩當快樂！此便是格物的真訣，致知的實功。若不靠著這些真機，如何去格物？我亦近年體貼出來如此分明。初猶疑只依他恐有不足。精細看無些小欠闕」。（《傳習錄》頁291）

門人陳九川問陽明究竟如何才可尋得一個「穩當快樂處」，陽明便教導其不要欺瞞自我之良知，切切實實地依著良知之發用，存善去惡，此即是「穩當快樂」之處。梁啟超先生即在此補充道：「不欺良知一語，王學之精蘊盡于是矣。」（《傳習錄》頁292）由此可見只要吾人能安頓得了自我之良知，則吾人之心自然會感到安穩快樂。

吾人可從另一個例子見陽明教導學生對於「忿懥、恐懼、好樂、憂患」之情，該如何應對：

問「有所忿懥」一條。先生曰，「忿懥幾件，人心怎能無得？只是不可有耳。凡人忿懥，著了一分意思，便怒得過當。非廓然大公之體了。故有所忿懥，便不得其正也。如今於凡忿懥等件，只是箇物來順應。不要著一分意思。便心體廓然大公，得其本體之正了。且如出外見人相鬪。其不是的，我心亦怒。然雖怒，卻此心廓然不曾動些子氣。如今怒人亦得如此，方纔是正。」（《傳習錄》頁308-309）

陽明以為「忿懥、恐懼、好樂、憂患」之七情乃為吾人天生之本有，是以情之存在並非不合理，然差別只在於「著意」[35]。

---

35 陽明曾言：「喜怒哀樂，本體自是中和的。纔自家著些意思，便過不及，便是私。」參見氏著，《傳習錄》。頁92。私意、著意都是吾人之良知沾染了私欲，

「大公」即是相對於吾人之心所發之「私意」而言；「順應」則是吾人將良知推至於萬事萬物中，所對應於外在之「理」。即如程顥所言之「聖人之常，以其情順萬物而無情。」（《二程集》頁 460）而「本體之正」亦即為「未發之中」。是以陽明主張只要吾人能「物來順應，不要著一分意思」，順著良知發用於萬事萬物上，如此自然而然可達「至樂」之超越自我之境界。

　　陽明認為即便在逆境中，吾人更須在良知上用功，進一步把握此「樂之本體」，使其成為「廓然大公之體」：

> 譬之金之在冶，經烈焰，受鉗錘，當此之時，為金者甚苦；然自他人視之，方喜金之益精煉，而惟恐火力錘段之不至。既其出冶，金亦自喜其挫折段煉之有成矣。某平日亦每有傲視行輩、輕忽世故之心，後雖稍知懲創，亦惟支持抵塞於外而已。及謫貴州三年，百難備嘗，然後能有所見，始信孟氏「生於憂患」之言非欺我也。嘗以為「君子素其位而行，不願乎其外。素富貴，行乎富貴；素貧賤，行乎貧賤；素患難，行乎患難；故無人而不自得。」後之君子，亦當素其位而學，不願乎其外。素富貴，學處乎富貴；素貧賤患難，學處乎貧賤患難；則亦可以無入而不自得。（《王陽明全集》頁 173）

　　陽明即以冶煉金子為喻，並說明其年輕時亦容易有私意，直到後來被貶謫到貴州三年，經歷了各種磨難，而後才體現聖人所言「格物致知」之旨[36]。篤行孟子所言之「生於憂患」之義理，

所形成之負面情感。

36 「先生始悟格物致知。龍場在貴州西北萬山叢棘中，蛇虺魍魎，蠱毒瘴癘，與

體悟其並非為欺人之言。若吾人能在逆境之當下，能做到陽明所
言之「平時憤怒者到此能不憤怒，憂惶失措者到此能不憂惶失措，
始是能有得力處，亦便是用力處。」（《王陽明全集》頁 174）
將所有面對到之困境作為「得力處、用力處」，確實地把握自我
之良知並實踐之，如此即是有著與聖人同「無入而不自得」之心
境，是故陽明言：「人間更復有何樂！」（《王陽明全集》頁 174）

　　陽明再三強調，「工夫」之義蘊是在人情事變中體現，而「樂」
之境界亦然。吾人心之本體即是「樂」，是故自盡其心、自快其
心即是使吾人能得其本體之正：

> 君子之學，求盡吾心焉爾。故其事親也，求盡吾心之孝，
> 而非以為孝也；事君也，求盡吾心之忠，而非以為忠也。
> 是故夙興夜寐，非以為勤也；翦繁理劇，非以為能也；嫉
> 邪祛蠹，非以為剛也；規切諫諍，非以為直也；臨難死義，
> 非以為節也。吾心有不盡焉，是謂自欺其心；心盡而後，
> 吾之心始自以為快也。惟夫求以自快吾心，故凡富貴貧賤、
> 憂戚患難之來，莫非吾所以致知求快之地。苟富貴貧賤、
> 憂戚患難而莫非吾致知求快之地，則亦寧有所謂富貴貧
> 賤、憂戚患難者足以動其中哉？世之人徒知君子之於富貴
> 貧賤、憂戚患難無人而不自得也，而皆以為獨能人之所不

居夷人鴃舌難語，可通語者，皆中土亡命。舊無居，始教之范土架木以居。時
瑾憾未已，自計得失榮辱皆能超脫，惟生死一念尚覺未化，乃為石墩自誓曰：
『吾惟俟命而已！』日夜端居澄默，以求靜一；久之，胸中灑灑。而從者皆病，
自析薪取水作糜飼之；又恐其懷抑鬱，則與歌詩；又不悅，復調越曲，雜以詼
笑，始能忘其為疾病夷狄患難也。因念：『聖人處此，更有何道？』忽中夜大
悟格物致知之旨，寤寐中若有人語之者，不覺呼躍，從者皆驚。始知聖人之道，
吾性自足，向之求理於事物者誤也。」參見氏撰，吳光、錢明、董平、姚延福
編校，《王陽明全集》，頁 1354-1355。

可及，不知君子之求以自快其心而已矣。(《王陽明全集》頁1018)

　　陽明指出所謂之「自快其心」即是發自於吾人良知本體，自然真實地朗現流露於萬事萬物上。陽明以為任何事情一旦被當做標準提出來，便已落入第二義，失卻其本真。是故當吾人被外在因素要求去孝悌、盡忠，此即非為發自其內心本然之需要。陽明強調吾人之行為應當出自於良知本體，只是為了體現吾人內在良知本體之完整，這是發自良知本能之需求，而並非只是為符合社會之規準。是以陽明言：「『從心所欲，不踰矩』，只是志到熟處。」(《傳習錄》頁89)吾人只求在良知本體上下工夫，且與外在之禮儀法制有所契合，是故吾人之良知不為任何外在之評價去自然地發用，只求「盡其心」，此時吾人之心則自然會產生一種愉悅感與滿足感，而此時吾人之之心即為快活也、即為「樂」也。

　　復次，見《傳習錄》載道：

　　　問，「『樂是心之本體』。不知遇大故，於哀哭時，此樂還在否」？先生曰，「須是大哭一番了方樂。不哭便不樂矣。雖哭，此心安處是樂也，本體未嘗有動」。(《傳習錄》頁343)

　　問者即以為「樂是心之本體」，若遇到悲痛哀哭之事變，那麼「樂」是否依舊存於吾人之心呢？陽明即闡述即便是在遇事變而哀哭之當下，此乃為「哀之情之所發」，此哀情之發亦是出自於吾人天生本具之良知，為「自然有發而中節之和」。(《傳習

錄》頁97）痛哭並非是使吾人心安的原因，而是自然流露之情，吾人之良知本體並不會因為痛哭而有所影響。然若是強忍不哭，而鬱悶於吾心，此時即為不樂也。劉錦賢先生即指出：「蓋道德心和樂之本質不變，但人隨所感之異，而有不同情感之發。良知能安是真樂，此樂從心之安和處說，而不從情感之波動說。情感之波動，不論歌哭，若心中不能安和，皆是苦，而非樂也。」[37]陽明特別強調安心得理只須實踐良知，是以當吾人實踐良知，即是樂，心安理得即為樂，此即為人生之至樂所在。

陽明深信其經千死百難而後體悟之致良知教，是可以經由吾人之良知而致天理與吾人之性命相貫通，見其曰：

> 樂是心之本體。仁人之心，以天地萬物為一體，訢合和暢，厚無間隔。來書謂「人之生理，本自和暢，本無不樂，但為客氣物慾攪此和暢之氣，始有間斷不樂」是也。時習者，求復此心之本體也。悅則本體漸復矣。朋來則本體之欣合和暢，充周無間。本體之欣合和暢，本來如是，初未嘗有所增也。就使無朋來而天下莫我知焉，亦未嘗有所減也。來書云「無間斷」意思亦是。聖人亦只是至誠無息而已，其工夫只是時習。時習之要，只是謹獨。謹獨即是致良知。良知即是樂之本體。（《王陽明全集》頁216-217）

陽明以為天地萬物與吾人之心原是和暢一體，而聖人能與天地萬物為一體，是故聖人為「樂」也。聖人之所以能有此樂，乃在聖人之良知與天地萬物之間毫無遮蔽，活潑無滯，而凡人則易

---

37 參見劉錦賢，〈儒家圓成之德教論述──興於詩，立於禮，成於樂〉《興大中文學報》第十九期（2006年6月），頁26。

被私欲所蔽，此時樂之本體與天地萬物之間便有了阻隔。是故吾人要有復自我樂之本體之工夫，進一步更要使此本體自然流行。故須在心上下工夫，反身而誠，時習謹獨復此真樂本體，陽明將此工夫歸結為「致良知」，並言「良知即是樂之本體」。即如唐君毅先生所言之的「把世界放在我以內看」[38]，林安梧先生即補充道：「透過倫常日用的實踐，無限之事物自然展現於吾人眼前，吾人關切之參贊之，以印證吾人與天地萬物實為一體，更由此印證而說此心此性同時即通於天，於是人能盡心知性則知天，人之存心養性亦即所以事天。」[39]陽明秉持著至樂之根源即在於吾人之良知可通於他人以及天地萬物，並進而推己及人、及物潤物，吾人之生命獲得了意義而體悟到本體之至樂，復歸於道，進一步使吾人之生命獲得所謂之療癒。

肆、小　結

綜上所述，吾人可從先秦時期儒者們討論之「樂」乃是歸於「情」之下，到了宋代儒者們將「孔顏之樂」視為一種儒家義理之最高境

---

38 關於「把世界放在我以內看」，唐君毅先生曾說道：「能成就一公的志願的『把世界放在我之內看』或『我與世界之合一』，不是一現成的事實，不是先在的真理，亦不是一儼來之境界，而是一在道德的實踐歷程中逐漸成就，而人生在世，又永無完滿成就之一日的。在此實踐歷程中，人不是把世界向我這裏拉，亦不是以我去擁抱世界；而是我之放開我自己，去迎接世界，或離開我之原來的自己，去承擔世界。一切合一，皆是在此迎接與承擔處之合一。此所謂迎接承擔，乃把除我自己之外，而為我所接觸的其他人物本身之獨立的生長成就之歷程或其嚮往願欲要求，迎接下來，承擔起來。此即一成己而成物之志。己與物在歷程中；成己與成物之志願與事業，亦永在一歷程中。此中有一真正的自強不息之精神在貫注，在此精神中，方有一真正的世界在我之內，或我與世界合一之實感。」參見唐君毅，《人生之體驗續編》（臺北：臺灣學生書局，1996年3月），頁91。

39 參見林安梧，《牟宗三前後：當代新儒家哲學思想史論》（臺北：臺灣學生書局，2011年9月），頁21。

界，而到了明代之陽明，其將「樂」視為一種吾人生命中必須努力追求、實踐之之生命意義，並進一步視將「樂」與「良知本體」結合，把樂拉出情之範疇，提昇至本體，陽明以為既然樂為心之本體，是以無論不論吾人為聖凡賢愚，其皆有樂之體驗或能力，然只有出於良知之自然流行即對本體有自覺者，此時之樂方為歷代儒者們所共同追求之「至樂」。是故「致良知」即是獲得「至樂」之源泉，且為致樂之工夫。是以陽明即言：「信得致良知三字，真聖門正法眼藏。」（《王陽明全集》頁 1411）並進一步言：

> 良知是造化的精靈，這些精靈，生天生地，成鬼成帝，皆從此出。真是與物無對。人若復得他，完完全全，無少虧欠，自不覺手舞足蹈。不知天地間更有何樂可代？（《傳習錄》頁 323）

引文中陽明所言之「生天生地」，即是強調「良知本體」之自然流行，而「無對」即是指出此良知本體即是在這流行發用之過程中，能達到與天地萬物合一。牟宗三先生即指出：「良知靈明是實現原理，……一切存在皆在靈明中存在。離卻我的靈明（不但是我的，亦是你的，他的，總之，乃是整個的，這只是依個超越而普遍的靈明），一切皆歸於無。」[40]良知乃為吾人生命意義之所依，亦為實踐生命意義之功夫，吾人唯有努力在所處之生活世界中實踐良知，實踐「道」，使吾人之良知本體安之，使吾人之生命得以飽滿，這即是陽明致良知教之精要。

陽明曾在〈別三子序〉中寫道：

---

[40] 參見氏著，《從陸象山到劉蕺山》，頁 227。

予有歸隱之圖，方將與三子就雲霞，依泉石，追濂、洛之遺
風，求孔、顏之真趣，灑然而樂，超然而游，忽焉而忘吾之
老也。……曾點志於詠歌浴沂，而夫子喟然與之，斯予與三
子之冥然而契，不言而得之者歟？三子行矣，遂使舉進士，
任職就列，吾知其能也，然而非所欲也。使遂不進而歸，詠
歌優遊有日，吾知其樂也，然而未可必也。天將降大任於是
人，必先違其所樂而投之於其所不欲，所以衡心拂慮而增其
所不能。（《王陽明全集》頁 253）

　　陽明亦有懷抱著對於「隱逸」之樂之想法，然其依舊堅持著
儒家義理之立場，以為儒家義理才是一生立命之根基，唯有儒家
義理方能使吾人真正體悟真正的「樂」，蕭裕民先生即指出：「蓋
真正的樂必須以心安為前提，在心安之下，才能有真正的情之樂，
否則即使一時有因於肉體或心理的七情之樂，隨著時間的發展所
產生的反而是更大的不安或空虛。以『天將降大任於是人』的態
度挑起應該擔負的重任才是心安，而此也是儒家思想一貫的傾
向。」[41]陽明以為成為聖人之道無外只是在吾人之生活世界承擔
起應盡之責任，俯仰無愧，成就此世界。
　　陽明亦曾透過詩展現其對於生命至樂之體悟，見其〈別友獄
中〉云：

　　居常念朋舊，簿領成闊絕，嗟我二三友，胡然此簪盍！景景
　　圄圄間，講誦未能輟。桎梏敢忘罪？至道良足悅。所恨精誠

---

41 參見蕭裕民，〈王陽明思想中一個應被重視的部份──「樂」〉，《興大中文學報》第十七期（2005 年 6 月）頁 602。

> 眇，尚口徒自蹶。天王本明聖，旋已但中熱。行藏未可期，
> 明當與君別。願言無詭隨，努力從前哲！（《王陽明全集》
> 頁 748）

　　此詩為陽明三十五歲時於正德丙寅十二月因上疏而忤逆劉瑾，下錦衣獄時所作。從詩中吾人可以感受到陽明在獄中已經忘卻了其當時因抗疏拯救忠臣而得罪劉瑾之所遭受之身心之苦痛，並且開始專心致力於追求儒家聖賢之道，此時陽明之心中是充滿愉悅之情。陽明接著又寫道：「願言無詭隨，努力從前哲。」這裡陽明表達了其依循儒家義理之正道，不迎合世俗之眼光，努力追隨儒家聖賢之心願。陽明深信儒家義理可以使眾人之生命得以臻於圓滿，獲得至樂，而吾人獲得至樂之方法，即是反身而成，即是致良知。錢穆先生曾言：「平常人亦有生命，在其生命之平常處亦有可樂。而今人則在非生命處求樂，並為求樂而損害及其生命之本身，而又誤謂人生之進步，則誠可惋惜矣。」、「樂處在人生之本身，本身無可指說，人人反己即得。」[42]只要吾人能實踐自我之良知去做每一件事情，此即是至善至真至樂，樂之本體即在吾人之生命中體現之，隨處皆樂，則吾人之生命即獲得意義也。

---

42 參見錢穆，《晚學盲言》下冊（北京：生活・讀書・新知三聯書店，2014 年 1月），頁 449。

第二節　論王船山「理與欲」
義理中的意義治療

　　宋明儒者們所最重之「理」，乃為「性理」。[43]他們所關注之核心議題，即是吾人如何透過道德實踐之工夫，以體現吾人與天地萬物相貫通為一體，進而活出自我生命之學問。[44]而「存天理、去人欲」一詞乃宋明儒者論學之重點之一，然後世之學者多半對此抱持著批判之態度[45]。「意義治療」是由西方心理學家傅

---

43 唐君毅先生即指出：「宋明理學之言理，主要者是言性理，由此以及於天理。宋明儒之言天理，非只視為外在之物質之天地構造之理。如只視為外在之物質之天地構造之理，便只是物理而非天理。真正之天理，當是由心性之理通上去，而後發現之貫通內外之人我及心理之理。故性理是宋明理學家之所最重之理。」參見唐君毅，《中國哲學原論・導論篇》（臺北：臺灣學生書局，2004 年 10 月），頁 69-70。

44 牟宗三先生曾說道：「宋明儒之將《論》《孟》《中庸》《易傳》通而一之，其主要目的是在豁醒先秦儒家之『成德之教』，是要說明吾人之自覺的道德實踐所以可能之超越的根據。此超越根據直接地是吾人之性體，同時即通『於穆不已』之實體而為一，由此以開道德行為之純亦不已，以洞澈宇宙之生化不息。性體無外，宇宙秩序即是道德秩序，道德秩序即是宇宙秩序，故成德之極必是『與天地合其德，與日月合其明，與四時合其序，與鬼神合其吉凶，先天而天弗違，後天而奉天時』，而以聖者仁心之『天地氣象』以證實之，此是絕對圓滿之教，此是宋明儒之主要課題。」參見牟宗三，《心體與性體》第一冊（新北：正中書局，2010 年 12 月（2012 年 5 月）），頁 37。

45 明儒羅欽順即言：「《樂記》『人生而靜，天之性也。感於物而動，性之欲也』一段，義理精粹，要非聖人不能言。陸象山乃從而疑之，過矣。彼蓋專以欲為惡也。夫人之有欲，固出於天，蓋有必然而不容已，且有當然而不可易者。於其所不容已者而皆合乎當然之則，夫安往而非善乎？惟其恣情縱欲而不知反，斯為惡爾。先儒多以『去人欲』『遏人欲』為言，蓋所以防其流者，不得不嚴，但語意似乎偏重。」參見明・羅欽順，《困知記》（北京：中華書局，1990 年 8 月），頁 28。清儒戴震亦言：「辨乎理欲之分，謂『不出於理則出於欲，不出於欲則出於理』，雖視人之饑寒號呼，男女哀怨，以至垂死冀生，無非人欲，空指一絕情欲之感者 為天理之本然，存之於心。」參見清・戴震，《孟子字義疏證》（北京：中華書局，2011 年 3 月），頁 53。張莉紅先生即補充道：「『存天理，滅人慾』的倫理道德觀念的出現，很快成為壓制人性的精神枷鎖，起著為封建專制統治服務的惡劣作用。因此，清初著名學者戴震（東原）一針見血地揭露了理學在倫理道德方面所起的作用是『以理殺人』。」參見張莉紅、羅波，《天理人欲》（新竹：花神出版社，2004 年 7 月），頁 279。陳來先生亦

朗克所開創之心理學派。誠然，此處所言之「意義治療」並非直接將西方理論直接硬生生地套入儒家義理中。歷來許多學者曾指出儒家義理中蘊含著「治療意義」。身處明清鼎革之際之王船山亦提出其見解，以為「天理」與「人欲」之間並非為決裂也，然要如何分辨吾人之欲，並藉由「理」與「欲」合之義理[46]，體現活生生，有情感、有血肉之吾人，並進而療癒自我、挺立自我。底下筆者即分兩小節闡述船山如何重新詮釋與重建「理與欲」之義蘊；接著說明「船山義理與傅朗克（Viktor E. Frankl）意義治療之會通在於肯定吾人具有飲食男女之欲和聲色貨利之欲，進而使自我體現身心一如之境，並追尋自我之生命意義」；最後闡述如何「體現『理與欲』」。希冀吾人能透過船山之義理為據，對於修養工夫之方法與歷程之引導能建構出一套身心安頓之法。以下即依上述架構，逐步展開討論。

壹、「理與欲」之義蘊

一、「理」之義蘊

見船山詳細地論述道：

補充道：「儒家或理學面臨的矛盾在於，它自身最多只能包持倫理學原理的一般純粹性，而無法判定『義』所代表的準則體系中哪些規範應當改變以適應社會發展，因而可能會把規範僵化。另一方面，儒家倫理必須褒揚那些不食嗟來之食的義士或自願守節的烈女，但這種崇褒中隱含著一種危險，那就是有可能導致在不斷地褒揚中把道德的最高標準當成了道德的最低標準，給一般人造成較大的道德心理負擔。這種崇褒中不僅會有喪失理性的平衡的危險，還有可能在相對承擔義務的準則體系中使統治的一方利用這種現象把原本正常的道德規範變成一種片面強調對方義務的壓迫手段。」參見陳來，《宋明理學》（臺北：允晨文化，2010 年 2 月），頁 18-19。

46 陳贇先生即補充道：「因為在人道的意義上，真實的存在是感性與理性存在的統一，感性與理性同樣構成了人之為人的本體論的規定。」參見陳贇，《回歸真實的存在：王船山哲學的闡釋》（上海：復旦大學出版社，2007 年 3 月）頁 350。

理雖無所不有，而當其為此理，有一定之例，不能推移而上下往來也。程子言「天，理也」，既以理言天，則是亦以天為理矣。以天為理，而天固非離乎氣而得名者也，則理即氣之理，而後天為理之義始成。浸其不然，而舍氣言理，則不得以天為理矣。何也？天者，固積氣者也。乃以理言天，亦推理之本而言之，故曰「天者理之所自出」。凡理皆天，固信然矣。而曰「天一理也」，則語猶有病。凡言理者，必有非理者為之對待，而後理之名以立。猶言道者必有非道者為之對待，而後道之名以定。（道，路也。大地不盡皆路，其可行者則為路。）是動而固有其正之謂也，既有當然而抑有所以然之謂也。是唯氣之已化，為剛為柔，為中為正，為仁為義，則謂之理而別於非理。若夫天之為天，雖未嘗有俄頃之閒、微塵之地、蝸子之物或息其化，而化之者天也，非天即化也。化者，天之化也；而所化之實，則天也。天為化之所自出，唯化現理，而抑必有所以為化者，非虛挾一理以居也。所以為化者，剛柔、健順、中正、仁義，賅而存焉，靜而未嘗動焉。賅存，則萬理統於一理，一理含夫萬理，相統相含，而經緯錯綜之所以然者不顯；靜而未嘗動，則性情功傚未起，而必繇此、不可繇彼之當然者無跡。若是者，固不可以理名矣。無有不正，不於動而見正；為事物之所自立，而未著於當然；故可云「天者理之自出」，而不可云「天一理也」。[47]

---

47 參見清・王夫之，《讀四書大全說》（北京：中華書局，2011 年 12 月），頁718-719。

　　船山即言道就「理」之範疇而言，即「有一定之侀」者，即指是有一定之客觀之秩序義、規範義、形式義也。是以宇宙萬物之每一事物皆足以有令人分辨進而得以理解，故理與理之間不可交往互換（不能推移而上下往來也）。船山接著論述程子「天、理也」之說，程子此處之意，即是「天皆以理為本。」然依船山之見，若「理」離了「氣」而言之，即無法體現其真義[48]，氣必有理，理氣兩端必合於一致。，是以船山言：「天者，理而已矣，得理則得天矣。」[49]「理」之所存仍須以「天」為本，是以理為後起，「氣之天」才為根源義。

　　船山接著論述道所謂「天者理之所出」，此天是經由積氣以成[50]，所謂之「唯化現理」，即為氣之「推移變化」，是以船山言：「唯本有此一實之體，自然成理，以元以亨，以利以貞，故一推一挽，『動而愈出』者皆妙。實則未嘗動時，理固在氣之中，停凝渾合得住那一重合理之氣，便是『萬物資始，各正性命，保合太和』底物事。」（《讀四書大全說》頁 663-664）是以此真實無妄之天之本體理氣合一，即體即用、即氣即化，一切氣之推移變化以及推移變化所形成之條理（健順、剛柔、中正、仁義），皆是由此本體所開顯之大化之流行。是以天下既有萬殊之化理，

48　船山言：「盈天地閒，人身以內人身以外，無非氣者，故意無非理者。理，行乎氣之中，而與氣為主持分劑者也。」又言：「天地之閒，皆理之所至也。理之所至，其氣無不可至。言乎其體而無理不可勝者，言乎其用而無事不可任矣。」參見氏著，《讀四書大全說》，頁 465、537。

49　參見清・王夫之撰，李一忻點校，《周易內傳》（北京：九州出版社，2010 年 1 月），頁 279。蔡家和先生即補充道：「船山認為以天為理（程子的天理之說）亦無不可，然此天理，不可離於氣。⋯⋯然若言天時，不是以氣來理解天，則這時便不可說天同等於理，因為天本於氣。」參見蔡家和，《王船山《讀孟子大全說》研究》（臺北：臺灣學生書局，2013 年 9 月），頁 155。

50　見船山言：「《大易》六十四卦，百九十二陰，百九十二陽，實則六陰六陽之推移，乘乎三十有二之化而已矣。六陰六陽者，氣之實也。唯氣乃有象，有象則有數，於是乎生吉凶而定大業。使其非氣，則《易》所謂上進、下行、剛來、柔往者，果何物耶？」參見氏著，《讀四書大全說》，頁 718。

本體則仍渾然一體，純然一理，是謂「萬理統於一理，一理含夫萬理」。[51]

復次，船山將程子所言之「天一理也」，詮釋為「天者理之自出」，並進一步論述道：

> 太極最初一○，渾淪齊一，固不得名之為理。殆其繼之者善，為二儀，為四象，為八卦，同異彰而條理現，而後理之名以起焉。氣之化而人生焉，人生而性成焉。縣氣化而後理之實著，則道之名亦因以立。是理唯可以言性，而不可加諸天也，審矣。就氣化之流行於天壤，各有其當然者，曰道。就氣化之成於人身，實有其當然者，則曰性。性與道，本於天者合，合之以理也；其既有內外之別者分，分則各成其理也。故以氣之理即於化而為化之理者，正之以性之名，而不即以氣為性，此君子之所反求而自得者也。（《讀四書大全說》頁 720）

引文中船山即言道當氣只是渾然一氣、無任何分別，即「太極」之狀態之時，「理」是無法建立也。換言之，即陰陽之未分與渾淪。太極在船山而言，是陰陽之相加而為太極，故太極亦是氣。然氣與氣化不同，陰陽太極為氣，一陰一陽則為氣化。在氣化流行後，而有所謂「道」（氣之流行之方式）與「理」（氣之流行之條理）、內與外之別，此「道」落實吾人人身上，即為吾

---

51 曾昭旭先生即補充道：「依船山之系統而言，所謂變，只是此氣體之自變（體自具有其主宰性、主動性），當其變，則舊形式（理）隱沒，新形式顯現。新形式乃是在氣變之後始有者，非已有一定之虛廓以待氣之充也。」參見曾昭旭，《王船山哲學》（臺北：里仁書局，2008 年 3 月），頁 350。

人之天生所具之「性」[52]。是以船山即以「氣」為其根源義，「理」作為其「第二義」，並由此肯定吾人之性乃必為善性[53]。

最後，船山以氣化流行之詮釋，加以《中庸》「以誠言天」，作為此段之總結：

> 若夫天，則《中庸》固曰「誠者，天之道也」。誠者，合內外，包五德，渾然陰陽之實撰，固不自其一陰一陽、一之一之之化言矣。誠則能化，化理而誠天。天固為理之自出，不可正名之為理矣，故《中庸》之言誠也曰一，合同以啟變化，而無條理之可循矣。是程子之竟言「天一理也」，且令學者不審而成陵節之病，自不如張子之義精矣。（《讀四書大全說》頁 720）

船山即言道所謂之「誠」，即為陰陽之實，要先有氣，始有流行變化，是故船山以為「理」不是由「天」出，此本體在尚未氣化流行時只可曰「天」或「太極」；具體流行於吾人之生活世界中，則可曰「氣」或「誠」。而天理亦必經由氣之流行，而後起理之名，「誠天化理」，誠為氣、為天，氣之流行變化而有吾人之生，氣之化而有吾人，有吾人而有善性。由此可見船山將「天」、「氣」、「誠」三名實為一，並以宋儒張載之義理為其

---

[52] 曾昭旭先生即補充道：「凡氣化皆有理，不問其善不善中正不中正也。至其氣化流行而善而中正者……，即特名之曰道，道者理之善也。唯道仍是一泛指，當此氣化之善者實凝為人，即善理……善道實落在人……，則特明之曰性。」同上註，頁 337-338。

[53] 見船山言：「人之性只是理之善，是以氣之善；天之道惟其氣之善，是以理之善。……，在天之氣無不善。天以二氣成五行，人以二殊成五性。溫氣為仁，肅氣為義，昌氣為禮，晶氣為智，人之氣亦無不善矣。」參見氏著，《讀四書大全說》，頁 660。

義理之所歸。

二、「欲」之義蘊

身處明末清初的船山對於「欲」是抱持著怎樣之態度呢？首先即見船山詳細地論述所謂之「欲」為何：

> 蓋凡聲色、貨利、權勢、事功之可欲而我欲之者，皆謂之欲。乃以三子反證，則彼之「有勇」「知方」「足民」「相禮」者，豈聲色貨利之先繫其心哉？只緣他預立一願欲要得如此，得如此而為之，則其欲遂，不得如此而為之，則長似懷挾著一腔子悒怏欿羨在，即此便是人欲。而天理之或當如此，或且不當如此，或雖如此而不盡如此者，則先為願欲所窒礙而不能通。……天理既該夫萬事萬物，而又只一以貫之，不是且令教民有勇知方，且令足民，且令相禮，攬載著千伶百俐，與他焜耀。故朱子發明根本枝葉之論，而曰「一」、曰「忠」、曰「大本」。凡若此者，豈可先擬而偏據之乎？故三子作「願」說，作「撰」說，便是人欲，便不是天理。欲者，己之所欲為，非必理之所必為也。夫子老安、友信、少懷之志，只是道理如此，人人可為，人人做不徹底，亦且不曾扣定如何去安老者、信朋友、懷少者。聖人只說末後規模，而即以末後之規模為當前之志願；一切下手煞著，即是枝葉，亦即不能盡己以忠，亦即是不能一以貫之；……徒立一志以必欲如此，即此是人欲未淨而天理不能流行。……人欲淨盡，則天理可以流行矣。（《讀四書大全說》頁369-370）

　　船山即說道所謂之「天理與人欲」，並不可將此二者視為對立也。天理本應下貫並流行於萬事萬物之中，而不能流行之原因，即是吾人所發之念與外物相幾之時有所陷溺。船山即以孔子與其門人子路、冉有）、公西華之言行為例證，論述若心中已有一己之成見，則此時之「欲」，即為「人欲」。[54]而船山在此亦替朱熹辯解，所謂「根本」，即是吾人要確立自我純淨之「志心」（大本）並於當幾發用處一以貫之（枝葉），如此即可謂「人欲淨盡，天理流行」。

　　復次，見船山繼續論述「理」與「欲」之間的關係：

> 凡諸聲色臭味，皆理之所顯。非理，則何以知其或公或私，或得或失？故夫子曰「為國以禮」。禮者，天理之節文也。識得此禮，則兵農禮樂無非天理流行處。故曰：「子路若達，卻便是者氣象。」倘須淨盡人欲，而後天理流行，則但帶兵農禮樂一切功利事，便於天理窒礙，叩其實際，豈非「空諸所有」之邪說乎？（《讀四書大全說》頁371）

又言：

> 天理充周，原不與人欲相為對壘。理至處，則欲無非理。欲盡處，理尚不得流行，如鑿池而無水，其不足以畜魚者與無池同；病已療而食不給，則不死於病而死於餒。（《讀

54　曾昭旭先生即指出：「心中念念不忘一最高的道德理想（如老安、友信、少懷，這純是理，不是事），而即以此最高理想為標準，來指導現前所作的種種事，使現前的事，不論是左是右，是黑是白，⋯⋯都曲曲折折，復指向理想，這樣的存心態度便是合理的，亦即稱為天理。⋯⋯心中無至高的道德理想為標準，乃只能將志願定在一件事上，強求其必實現，而排斥其他事的理想性與可能性。⋯⋯此執著切求之心，便是虛妄的，亦即稱為人欲。」參見曾昭旭，《性情與文化》（臺北：時報文化，1988年6月），頁215。

四書大全說》頁 407）

　　船山即說道「聲色臭味」乃為吾人之欲所對應之對象，亦為天理借以體現之事物。舉凡「聲色臭味」到「兵農禮樂」，天地之間一切功利事業皆為天理之流行展現。而船山進一步言道，所謂「理」與「欲」之分別即在公私誠偽之上[55]，而分辨之標準即為「禮」[56]。凡符合禮之聲色臭味和兵農禮樂等人欲皆可視其為天理。[57]是以船山以為倘若吾人認為必須將欲完全克盡而後有天理，而無明辨公欲與私欲之別，如此諸如兵事、農業、典制等，一切帶有功利事業皆被當作有礙天理流行，如此並非儒家義理之義蘊。所謂「理至處」，即為「天理能充分地體現」；「欲盡處」，即私欲之澄淨。若天理能充分地發揮進而主宰引導欲，如此理欲即合一，天理亦能得以流行。

貳、「理與欲」與意義治療之交會

　　筆者於上節論述了船山「理欲」之義蘊。然吾人要進一步追問的是，船山之「理欲」與意義治療之會通處為何呢？原來船山義理之「理欲」觀與意義治療之交會之處即在於「肯定吾人具有

55　見船山言：「天理、人欲，只爭公私誠偽。如兵農禮樂，亦可天理，亦可人欲。春風沂水，亦可天理，亦可人欲。纔落機處即偽。夫人何樂乎為偽，則亦為己私計而已矣。」參見氏著，《讀四書大全說》，頁 372。

56　見船山言：「是禮雖純為天理之節文，而必寓於人欲以見；（飲食，貨。男女，色。）雖居靜而為感通之則，然因乎變合以章其用。（飲食變之用，男女合之用。）唯然，故終不離人而別有天，（禮，天道也，故《中庸》曰『不可以不知天』。）終不離欲而別有理也。」參見氏著，《讀四書大全說》，頁 519。

57　陳來先生即補充道：「如果理能充分徹底地發揮對欲望功利的主導作用，在這種情況下，欲望功利都是符合理的了，也成為理的流行得以體現的載體。但如果欲望淨盡而功利事項全無，則理也就無法流行，因為失去了載體。」參見陳來，《詮釋與重建：王船山的哲學精神》（北京：生活・讀書・新知三聯書店，2010 年 12 月），頁 189-190。

飲食男女之欲和聲色貨利之欲，進而使自我身心一如，並追尋自我之生命意義」。吾人生存於此生活世界中，不可避免地一定會有「欲」之需求，然吾人異於禽獸之處，即在於身而為人，不僅僅只有生存需求，而是有著須要體現「意義」之雙重需求。船山即體認到生存需求之正當性[58]，進一步體悟生存需求所展現之生命能量，並落實於每個當下之現實層面，正視「欲」本所具之生命意義，見船山言：

> 離欲而別為理，其唯釋氏為然。蓋厭棄物則，而廢人之大倫矣。今云「然後力求所以循天理」，則是離欲別有所循之理也，非釋氏之詖辭哉！……使不於人欲之與天理同行者，即是以察夫天理，則雖若有理可據(老之重玄，釋之見性。)而總於吾視聽言動之感通而有其貞者，不相交涉。乃斷棄人之大用，芟薙無餘，日中一食而後不與貨為緣，樹下一宿而後不與色相取，絕天地之大德，蔑聖人之大寶，毀裂典禮，虧替節文，己私熾然，而人道以滅，正如雷龍之火，愈克而愈無已也。（《讀四書大全說》頁 519-520）

船山即說道天理是要在欲中體現之，是以離欲亦無天理之展現，身為儒者的船山在此亦批評佛老的禁欲主義，將天理與人欲完全割裂開，去人欲的結果即是人道無法彰顯。[59]若吾人將自我之欲

---

58 見船山言：「飲食男女之欲，人之大共也。」參見清・王夫之著，《詩廣傳》(北京：中華書局，2011 年 3 月)，頁 61。

59 鄔昆如先生即補充道：「倫理道德的效用，也就在這裡可以發生作用，那就是對欲望的適度節制。當然，像道家的完全去除欲望，……因為『欲望刺激發展』，原亦是社會進步的因素；完全沒有欲望，那豈不是要回復到原始社會中，自食其力，……儒家的『國大民眾』在肯定人際關係，同時亦積極地規範人際關係，

望全然克盡而後存理，此非為先秦儒家孔子之義蘊[60]，亦無法立人道之極也。

吾人道德之實踐，乃須透過「欲」進而展現之，欲本身並非為惡。然吾人必須分辨欲之「公誠私偽」，即所謂「私欲」與「公欲」。是以吾人要進一步追問的是，要如何辨明「欲」之公與私呢？原來船山所謂之「私欲」，見其言道：

> 謂私欲曰「己」，須是自己心意上發出不好底來。……中之有主，則己私固不自根本上有原有委的生發將來；然此耳目口體之或與非禮相取者，亦終非其心之所不欲，則以私欲離乎心君而因緣於形氣者，雖無根而猶為浮動。夫苟為形氣之所類附，則亦不可不謂之「己」矣。非禮而視，則禮不流行於視；非禮而聽言動，則禮不流行於聽言動。聖賢純全天德，豈云內之以禮制心者，其事緣己，外之因應交物者，其事不緣己乎？（《讀四書大全說》頁379）

船山即說道「欲」原為可善可不善，若吾人之心與外物相幾時當下有所偏私而不善，則此時「欲」即陷溺為私欲。是以船山言：「意之所發，或善或惡，因一時之感動而成乎私」[61]船山進

也許才是導目前的偏差的正途。因為，適度的節制與適度的欲望，互相配合，才是中庸之道。」參見鄔昆如，《倫理學》（臺北：五南圖書出版股份有限公司，2011年4月），頁460。

60 見船山言：「孔顏之學，見於《六經》、《四書》者，大要在存天理。何曾只把這人欲做蛇蠍來治，必要與他一刀兩段，千死千休？且如其餘之『日月至』者，豈當其未至之時，念念從人欲發，事事從人欲做去耶？此不但孔門諸賢，即如今尋常非有積惡之人，亦何嘗念念不停，唯欲之為汲汲哉？既飽則不欲食矣，睡足則不欲寢矣。」參見氏著，《讀四書大全說》，頁282。

61 參見清・王夫之著，《張子正蒙注》（北京：中華書局，2011年12月），頁

一步指出吾人之私欲非根源於吾人之心，乃是起於吾人之形[62]與氣，而又由形氣獲得彰顯，是以私欲之所發乃出自吾人之私心私意，是故吾人不可將私欲視作外在之物而卸責為非關己之事。

　　吾人之心若長期蔽於私意私欲，限制了自我先天本具之善性之體現，則久而久之養成後天不善之習氣，見船山言：

> 天下善人恆少，不善人恆多；誠而淫，邪而遁，私欲私意，不出于頑而迭為日新。喜其新而驚為非常之美，驚喜移情，而遂據為己之畛域，故曰「習與性成」。苟能求其好惡之實而不為物遷，雖不即復于禮，不遠矣。故曰「為仁由己」。[63]

　　船山即說道吾人長期流於習氣之薰染之中，即容易形成不善之習性，當不善之習氣逐漸沾染吾人之性，則吾人不信自我本具有善性，即如同不曾見日之人，不信有日也。[64]是以船山言：「惟習氣移人為不可復施斤削。」[65]又言：「徇人欲，則其違禽獸不遠矣。」（《張子正蒙注》頁101）吾人之善與惡，皆必須對自我

163。陳來先生即補充道：「在私欲支配下，一切行為即使成功，也只是增加了惡，在這裡，船山所持的是動機論的觀點，即只要動機（所欲）是私欲，其行事（所為）便不足取。」參見氏著，《詮釋與重建：王船山的哲學精神》，頁192。

62　見船山言：「有形斯以謂之身，形無有不善，身無有不善。」參見氏著，王孝魚點校，《尚書引義》，頁100。

63　參見清・王夫之撰，《思問錄》，收入於明・黃宗羲，清・王夫之撰，《黃梨州王船山書》（臺北：世界書局，2015年3月），頁20。

64　見船山言：「非絕農人之子於天性之外也，雖欲引之於善，而瞖霾久蔽，不信上之有日，且必以白晝秉燭為取明之具，聖人亦無如此習焉何也。」參見清・王夫之著，舒士彥點校，《讀通鑑論》上冊（北京：中華書局，2015年3月），頁272。

65　參見清・王夫之撰，《俟解》，收入於氏撰，《黃梨州王船山書》，頁18。

負責之。

與人欲之私所相對，即是所謂之「公欲」。見船山言道：

> 即此好貨、好色之心，而天之以陰騭萬物，人之以載天地
> 之大德者，皆其以是為所藏之用；故《易》曰：「天地之
> 大德曰生，聖人之大寶曰位。何以守位曰仁，何以聚人曰
> 財。」於此聲色臭味，廓然見萬物之公欲，而即為萬物之
> 公理；大公廓然，物來順應，則視之聽之，以言以動，率
> 循斯而無待外求。（《讀四書大全說》頁 520）

船山即說道「公理」必體現於吾人聲色臭味之「欲」中，「理」
與「欲」乃為一也。吾人處於此生活世界中，必一定具有好貨、
好色等欲求，船山即引《周易》論述吾人之欲求是須要「導之」，
並非「絕之」，聖人亦有「欲求」，其欲求乃為實踐仁德、符合
「天理」之公欲[66]，使吾人之欲求皆能獲得滿足，[67]是以船山言：
「天下之公欲，即理也；人人之獨得，即公也。道本可達，故無
所不可，達之於天下。」（《張子正蒙注》頁 165）

然船山亦指出，吾人對於「公欲」與「私欲」之分辨時常有
混淆之情況，見其言：

> 所欲與聚，所惡勿施，然匹夫匹婦，欲速見小，習氣之所流，
> 類于公好公惡而非其實，正于君子而裁成之。……是故有公

---

66 見船山言：「聖人有欲，其欲即天之理。天無欲，其理即人之欲。學者有理有
欲，理盡則合人之欲，欲推即合天之理。於此可見：人欲之各得，即天理之大
同；天理之大同，無人欲之或異。」參見氏著，《讀四書大全說》，頁248。
67 蔡家和先生即補充道：「義利之辨而言，船山也不是去利而孤存義。而是要以
義導利，故同樣面對貨、色亦不是棄絕之，而是能有同理心，推己及人，與民
同樂。」參見氏著，《王船山《讀孟子大全說》研究》，頁288。

> 理，無公欲，公欲者習氣之妄也。（《思問錄》頁30）

　　船山即說道所謂之「公欲」，乃為「大公無私之欲」，非吾人之所好即所有人之公好，亦非吾人之所惡即所有人之公惡，此乃為受習氣沾染、迫人同己之「人欲之私」。[68]若無經由吾人天生本具之理一以貫之吾人之欲，實則為「習氣之妄」。唯有使自我之「理欲合一」，進而使自我達至「身心一如」之境，如此吾人即能立於生存之需求之上，進而安頓自我之生命，實踐自我生命之意義。

參、「理與欲」之體現

　　前一節筆者闡述了船山「理欲」與意義治療之會通之處在於肯定吾人具有飲食男女之欲和權力之欲之層面，進而追尋自我之生命意義，本節筆者將進一步論述「船山所言之理欲觀該如何體貼於吾人之生活世界中」。一言以蔽之，即為「存天理遏人欲」。首先，即見船山言道：

> 此二語是君子警昏策惰以盡耳目之才，乃復性語也，存理語也，而非遏欲語也。遏欲之功在辨，存理之功在思。（《讀四書大全說》頁461）

　　船山即論述遏欲與存理兩種工夫之不同，而引《中庸》作為

---

68 唐君毅先生即補充道：「君子不能無欲，以欲非不善也。君子有欲，乃能知人之有欲，而求遂人之欲，則所以行當然之理于人欲，而仁德歸。則有欲正所以行仁，而使人之善成為可能者也。若非此欲，則無遂人之欲之仁；而欲雖盡去，亦不得為善也。」參見氏著，《中國哲學原論・原教篇》，頁574。

其工夫之依據[69]，並認為此二種工夫皆為吾人安頓自我之身心重要之工夫，「遏欲」即吾人所發之意念與外物相幾之時，能有所明辨；而「存理」即在於吾人平時意念未發之時，靜存之「思」[70]。

　　然吾人要進一步追問的是，究竟存理遏欲之工夫，是要先「存理」後「遏欲」，還是先「遏欲」後「存理」呢？見船山繼續言道：

> 夫人之從事於學，各因其所近以為從入之功。有先遏欲以存理者，則不為惡色姦言所蔽，乃可進而思明與聰。其先存理以遏欲者，則唯思明而明，思聰而聰，而後惡色姦言不得而欺蔽之。……故思明思聰，不在去蔽，而但在主一。去蔽者，遏欲者也，辨之明也。主一者，存理者也，思之慎也。（慎謂詳謹而不忽略。）（《讀四書大全說》頁 461-462）

　　船山即說道吾人之感官之所以會受惡色姦言所蔽，乃是在於吾人不思。「思」乃為船山成德工夫立論之根本[71]，船山進一步說道吾人必須根據自我生命所面對之不同情境，進而時常調整存

---

69 「誠之者，擇善而固執之者也。博學之，審問之，慎思之，明辨之，篤行之。」參見南宋・朱熹，《四書章句集註》（新北：鵝湖月刊社，2014 年 10 月），頁 31。

70 關於「思」，見船山言：「今竟說此『思』字便是仁義之心，則固不能。然仁義自是性，天事也；思則是心官，人事也。天與人以仁義之心，只在心裡面。唯其有仁義之心，是以心有其思之能，不然，則但解知覺運動而已。（犬牛有此四心，但不能思。）此仁義為本而生乎思也。」參見氏著，《讀四書大全說》，頁 700。船山以為「思」是吾人體悟天道之德所賦予吾人之仁義禮智之理，乃為「先天之道德之理」，而非如耳目之官具有一定之形構。在船山之理解中，「思」並非純粹只是思辨認知外在事物之能力，而是有著可以體現自我生命意義之成德工夫。

71 見船山言：「故『思』之一字，是繼善、成性、存存三者一條貫通梢底大用，括仁義而統性情，致知、格物、誠意、正心，都在者上面用工夫，與洪範之以『睿作聖』一語斬截該盡天道、聖功者同。孟子之功，不在禹下，此其一徵矣。」參見氏著，《讀四書大全說》，頁 700-701。

理遏欲之工夫，不論是先「存理」後「遏欲」，還是先「遏欲」後「存理」，按船山兩端一致之義蘊，此二種工夫並無先後對錯之別[72]，然誠如上文所言，船山工夫義理之根源，在於吾人靜存時之「思」，是以船山乃主張以「存理」為先，見其言：

> 遏欲有兩層，都未到存理分上：其一，事境當前，卻立著個取捨之分，一力壓住，則雖有欲富貴、惡貧賤之心，也按捺不發。其於取舍之分，也是大綱曉得，硬地執認，此釋氏所謂「折服現行煩惱」也。其一，則一向欲惡上情染得輕，又向那高明透脫上走，使此心得以恆虛，而於富貴之樂、貧賤之苦未交心目之時，空空洞洞著，則雖富貴有可得之機，貧賤有可去之勢，他也總不起念。繇他打點得者心體清閒，故能爾爾。則釋氏所謂「自性煩惱永斷無餘」

---

72 施盈佑先生即指出船山重「先遏欲後存理」，見其言：「吾人皆屬『欲重者』，是要『遏欲』或『先勝人欲而後能存理』。……由此觀之，陳來先生於《詮釋與重建：王船山的哲學精神》所言『存理遏欲』，必須稍作調整成『遏欲存理』，如此方能揭櫫王船山理欲觀與『存理滅欲』的差異性，方能切中船山理欲觀的真實義蘊。」參見施盈佑，〈王船山重「氣」道德論對重「理」道德論的反思〉，《興大中文學報》第三十三期（2013 年 6 月），頁 176。施盈佑先生之論述有其見地，然見船山言：「知、仁以存天理，勇以遏人欲。欲重者，則先勝人欲而後能存，如以干戈致太平而後文教可修。若聖者，所性之德已足，於人欲未嘗深染，雖有少須克勝處，亦不以之為先務；止存養得知、仁底天德完全充滿，而欲自屏除。」又言：「遇著有一時一事，但克己則已復禮；遇著有一時一事，但復禮則無己可克；遇著有一時一事，克己後更須復禮；遇著有一時一事，復禮後更須克己。此與存養、省察一例，時無先後，功無粗細，只要相扶相長，到天理純全地位去。」參見氏著，《讀四書大全說》，頁 101、374。船山在此即認為若欲重之吾人必須先遏欲，方能存理，而已見天理之成德之人，則重存養自我之性，如此欲即自澄淨。曾昭旭先生即補充道：「吾人乃可點出船山之修身工夫，其要點為何矣。即（1）其工夫是本末交修而仍以本貫於末為主者。（2）其本心之存養，乃是實有一仁義之全體大用（性）為標準，此標準亦超越（自天而來）亦內在（由性所生）亦下貫（必達於情），故亦可因省察有得而愈加篤厚貞定。」參見氏著，《王船山哲學》，頁 453。船山之工夫要旨即在不可偏廢於一端，存養與省察之功必為以本貫末、互相交發，以盡全體之大用。

也。(《讀四書大全說》頁 237)

船山即說道有兩種遏欲之工夫,其一乃為強行抑制富貴惡貧
賤之欲以按捺不發;其二乃為吾人之本性上原本就空空洞洞、清
閒寡欲。然此二種工夫依船山看來,皆「未到存理分上」。換言
之,船山以為若吾人純粹只是專注於「遏欲」之上,此乃佛家義
理之義蘊,而非儒者所強調修身成德之工夫[73],身為儒者之船山,
在此堅定其立場詞斥佛老淨人欲說,不論吾人富貴、貧賤與否,
唯有存理,此時吾人之欲才會進而與天理合一。

然吾人要進一步追問的是,船山所謂之「存理」,究竟要如
何實踐呢?見船山言道:

> 存者,存其理也,存學、問、思、志所得之理也。若空立
> 心體,泛言存之,,既已偏遺仁之大用,……若能於此四
> 者用功,不即與事物俱流,而實以與萬事萬物成極深研幾
> 之體,則心之所存,皆仁之所在,必不使一念之馳於仁外
> 矣。……使人欲不得而起之謂哉?云「所存」者,即存仁
> 也,存仁之顯諸事理者也,存夫所學所志所問所思之擇乎
> 仁而有得者也。(《讀四書大全說》頁 490-491)

---

73 見船山言:「註言『無私欲而有其德』,究在『有其德』三字上顯出聖學,而
非『煩惱斷盡即是菩提』之謂。西山云『諸子寡欲,顏子無欲』,則寡欲者斷
現行煩惱之謂,無欲者斷根本煩惱之謂。只到此便休去、歇去,一條白練去,
古廟香鑪去,則亦安得有聖學哉?」參見氏著,《讀四書大全說》,頁 282。
陳來先生即補充道:「船山認為,儒家聖學,『大要在存天理』,而佛老之學
可謂『大要在淨盡人欲』。這包括兩點,一是儒家在存理遏欲之間主張存理為
主,二是儒家的『遏私欲』與佛老的『淨人欲』有所不同。」參見氏著,《詮
釋與重建:王船山的哲學精神》,頁 185。

　　船山即說道原來吾人存養吾心由學問思辨所涵養之理，即為「存理」，並非存個虛空之心，亦非泛泛地存心，而是須存「仁義之心」[74]，使其不會受「欲」影響而陷溺。「存心」即為「存仁」，船山特別指出吾人必須透過正確之為學工夫（博學切問），以得事物之理（篤志近思）。是以船山言：「求放心者，求仁耳。……只欲仁便是求放心也。……乃昏而放失其仁，固也；然一不昏而即可謂之仁乎？既不昏，亦須有所存。先儒謂『隨處體認天理』，故亦必學問以為之津逮。」（《讀四書大全說》頁 690）吾人存心，即是存理、存仁，即求盡其吾人心中本具之理，而吾人亦可在每一當下，依己心本具之天理以好好惡惡，立人道之極。

　　船山以《論語・憲問》中「克、伐、怨、欲」論其「存理遏欲」之義蘊，見其言：

> 業已有「克、伐、怨、欲」矣，一事忍之，他事不能，一日忍之，他日不能，如善飲人終不免醉。使終日懷挾四者於心，而禁之一絲不露，恐盡天下，通古今，無此強力之人也。明乎此，則知「克、伐、怨、欲不行」，即是克己。即或當念未嘗不動，而從事於非幾將搆之際，以力用其過

---

74 見船山言：「目言『仁義之心』，則以『存之』為工夫，孔子曰『操則存』，孟子曰『存其心』者是也。」又言：「孔子曰『操則存』，言操此仁義之心而仁義存也；『舍則亡』，言舍此仁義之心而仁義亡也；『出入無時』，言仁義之心雖吾性之固有，而不能必其恆在也；『莫知其鄉』，言仁義之心不倚於事，不可執一定體以為之方所也；『其心之謂與』，即言此仁義之心也。」參見氏著，《讀四書大全說》，頁 635、686。陳祺助先生即指出：「本心一經人當下體認、操存，挺立自己，自做主宰，便能擴充其固有的仁義之理，而滋護長養性體的生物成物之能，至於其極，則能與天地參。故存養本心本性之工夫，既易簡，又久大。唯人之心卻可能離性而動，乃放失其固有的仁義之性，而徒有知覺之靈明。當人之心放失仁義，就是其本心或仁心放失──所放失的本心、仁心曰『放心』。」參見陳祺助，《王船山「道德的形上學理論」之開展》（高雄：麗文文化，2012 年 6 月），頁 377-378。

抑，而不能純熟淨盡，則學者之始事，固無不然者。先儒
言克己之功，云「難克處克將去」，正此謂也。亦安得以
強制病之哉？乃朱子抑有「合下連根鏟去」之說，則尤愚
所深疑。合下不合下，連根不連根，正釋氏所謂「折服現
行煩惱」、「斷盡根本煩惱」之別爾。……聖學中原不作
此商量。……乃「克、伐、怨、欲不行」，既即為克己，
而子曰「仁則吾不知」，此固大疑之歸也。雖然，無容疑。
子之言仁，曰「克己復禮為仁」，初不徒言克己；抑曰「能
行五者於天下」，初不徒言不行不仁。以體言之，則有所
復也，而乃以克所克；克所克矣，而尤必復所復。以用言
之，則其所不當行者不行，尤必其所當行者行之也。蓋必
使吾心之仁泛應曲當於天下而無所滯，天下事物之理秩然
咸有天則於靜存之中而無所缺，然後仁之全體大用以賅存
焉。故存養與省察交修，而存養為主，行天理於人欲之內，
而欲皆從理，然後仁德歸焉。(《讀四書大全說》頁 405-406)

　　船山即說道古今天下無人能真正地做到完全「禁欲」之工
夫，是以吾人只能透過「克己」(遏欲) 在當下與外物相幾之時
用力抑止，使自我之意純熟淨盡，然此並非如用強壓之方式體現
之，反而應該使自我之欲暢達，如此欲才會合於天理。[75]船山接

---

75 見船山言：「故君子之用損也，用之於『懲忿』，而忿非暴發，不可得而懲也；
用之於『窒欲』。而欲非已濫，不可得而窒也。」參見清·王夫之撰，李一忻
點校，《周易外傳》(北京：九州出版社，2010 年 1 月)，頁 87。又可見其言：
「不肖者以縱其血氣以用物，非能縱也，遏之而已矣。縱其目於一色、而天下
之羣色隱，況其未有色者乎？縱其耳於一聲、而天下之羣聲閟，況其未有聲者
乎？縱其心於一求、而天下之羣求塞，況其不可求求者乎？……故天下莫大於
人之躬，任大而不惕，舉小而不遺，前知而不疑，疾合於天而不懟，無邁之者，
無所不達矣。……一朝之念，一念之欲，一意之往，馳而不反，莫知其鄉，皆
為其遏之也。」參見氏著，《詩廣傳》，頁 112-113。林安梧先生即補充道：「所

著說到朱熹所謂「合下連根鏟去」之說，實際上即是佛家之「去欲」，然此亦非儒家義理之義蘊。[76]船山以為當吾人之欲淨盡之時，並非必能體現天理[77]，是以唯有透過吾人靜時之存養，於意念動時省察、並進而一念自反，方才可體現天理。[78]「克己復禮」與「存養省察」實為體用、交相成之工夫，貫通吾人之身心，使欲理合一，發用流行，以體現仁德之全體大用。

肆、小　結

經由上文筆者之梳理，吾人可知船山所言之「存理遏欲」之義蘊在於肯定吾人具有飲食男女之欲和聲色貨利之欲，進而使自我身心一如，並追尋自我之生命意義。

船山別於宋明儒者肯定「欲」對於吾人體認天理之正面意

謂的『縱欲』，本質上是『遏欲』的，他認為欲不可縱，縱之所以遏之也，欲亦不可遏，故宜暢其欲，達其情，而上通於道。」參見氏著，《王船山人性史哲學之研究》，頁 116-117。

76 見船山言：「聖學則不然。雖以奉當然之理壓住欲惡、按捺不發者為未至，卻不恃欲惡之情輕，走那高明透脫一路。到底只奉此當然之理以為依，而但繇淺向深，繇偏向全，繇生向熟，繇有事之擇執向無事之精一上做去；則心純乎理，而擇夫富貴貧賤者，精義入神，應乎富貴貧賤者，敦仁守土。繇此大用以顯，便是天秩天敘。所以說「一日克己復禮，天下歸仁」，非但無損於物而以虛願往來也。」參見氏著，《讀四書大全說》，頁 238。

77 見船山言：「人自有人欲不侵而天理不存之時。在為學者，撤除得人欲潔淨，而志不定、氣不充，理便不恆；境當前，則因事見理；境未當前，天理便不相依住。即在未學者，天理了不相依，而私智俗緣未起之時，亦自有清清楚楚底時候。在此際，教他設法去取富貴，舍貧賤，亦非所樂為。此其可謂之君子乎？可謂之仁乎？」參見氏著，《讀四書大全說》，頁 236。

78 曾昭旭先生即補充道：「據船山本必貫末而本末交與為體之義，本乃是必在貫徹於萬末之後，本始真是本者，不然則只是虛玄孤致之道，而非天地之誠矣。故心之存養，必通過中間無數之省察工夫，而後漸得其存在上之貞定。……由是此常存之仁義心始足隨時應幾以誠其意焉，而此仁義心之念念常持常存即所謂靜中工夫，故靜存之工夫必無間斷而與身終始也。而動察之工夫則反而只是隨時應幾而作（所謂『隨事報功也』），以加慎此心而使其存養之功益密者。」參見氏著，《王船山哲學》，頁 457。

義，若吾人完全淨自我之欲，這無法使吾人挺立自我之生命，是以船山主張透過「存理遏欲」，以理導欲、進而使自我之理欲合一，合乎生活世界中之欲求。最後見船山作個總結，見其言：

> 孟子承孔子之學，隨處見人欲，即隨處見天理。學者循此以求之，所謂「不遠之復」者，又豈遠哉？不然，則非以純陰之靜為無極之妙，則以夬之「屬」、大壯之「往」為見心之功，仁義充塞。（《讀四書大全說》頁520-521）

引文中船山即說道先秦儒家聖學，並未否認過人欲之正面意義，在人欲中體現天理（仁義禮智），則隨處皆為天理之流行。船山接著以《周易·復卦·象辭》中「不遠之復，以修身也。」強調儒學中身心一如之意義。[79]接著以《周易·夬卦》中「夬，揚于王庭，孚號有厲。告自邑，不利即戎，利有攸往。」一段，論述天理必體現於人欲之中，若抑制自我之欲，終會有間斷處，而導致吾人心之陷溺。[80]最後以《周易·大壯卦·象辭》中「藩決不羸，尚往也。」一段，論述吾人「靜時存理動時遏欲」之重要性[81]。天理人欲絕非對立，吾人透過「欲」實踐「理」，如此即能療癒自我之身心，進而彰顯自我之生命意義。

---

79 見船山言：「『身』者，最其不遠者也。乃動而出以應物，……得物感而始生其心，後念之明，非本心之至善也。方一起念之初，毀譽吉凶，皆無所施其逆億，而但覺身之不修，無以自安，則言無過言，行無過行，卓然有以自立矣。」參見氏撰，李一忻點校，《周易內傳》，頁115。

80 見船山言：「陰之為德，……在心則為利，為欲。……以義制利，以理制欲者，天理即寓於人情之中。天理流行，而聲色貨利皆從之而正。若恃其性情之剛，遂割棄人情以杜塞之，使不足以行，則處心危，而利欲之乘之也，終因間而復發。」同上注，頁186。

81 船山言：「大體者，天地之靈也；小體者，物欲之交也。……人唯不先立乎其大者，以奮興而有為，……以食色為性，以一治一亂為數之自然，……為君子積剛以固其德，而不懈於動，……正其大體以治小體。」同上注，頁151。

第六章　總結——所遇之境，直下承擔

第一節　以王陽明與王船山之義理所建構之儒家義理輔導學之意義與特色

　　本書《儒家義理輔導學之建構——以王陽明與王船山義理中的意義治療為核心開展》乃是以王陽明與王船山兩位大儒以自我生命所實踐之學問，及其所體現之義理為基礎，並融通西方傅朗克之意義治療學，試圖建立屬於自我文化之「儒家義理輔導學」。儒家義理之旨趣即在強調天地萬物與吾人之間可以依循之義理，並強調吾人自身與天地萬物對應之自覺體證與主觀調節。吾人可據於儒家義理進而有安身立命之可能，是以儒家義理不但重視吾人身心一如之健康狀態，且重視生命內在本質之道德實踐。

　　儒家義理之旨趣即在於透過吾人道德實踐中使自我本具之天德與天理同流行，此乃為圓滿生命之體現，亦為吾人生命境界之最高意義價值。是以輔導之最終目的即在於使吾人能與終極意義之「道」之感通，並使自我能與他人產生真實之感通連結，進而使自我於此生活世界中能透過生命體察與治療之工夫，在面對到身心之苦痛、人生之苦痛乃至於整體人文化成之苦痛中體現真實

之意義並據以此獲得療癒，最終得到真實安頓之可能。[1]

依陽明之義理而言，陽明之義理探究的是當吾人生命遇到困境之時，該如何去復求心物合一。是以，吾人唯有將自我之良知安頓，實踐了良知，亦實踐了學問。陽明以「明明德」詮釋「誠意」，即是以誠意為主，去實踐格物致知之工夫，工夫方有實踐之可能。是以格物者，須要從吾人之內在良知下功夫，若能時時擴充此良知，自審不正而格其正，並於事上實踐，安了此心後，方可追求外在之自然知識，否則此心不安，當吾人在生活中面臨到困境時，無法使所學之知識發揮作用。如此追求外在之理亦是枉然。是故致良知必不能離卻生活世界中之事事物物，通過致良知之工夫，便可善化人生種種事行，使事事物物皆得其正。由此便可將吾人生命中一切事皆收攝而成為良知實踐之內容；換言之，當吾人良知呈現之時，吾人便會與萬物產生一體之感，復其天人、人我、物我之間之隔閡。吾人將自我之良知擴充直貫於當下所接觸之事事物物中而即知即行，將一切事物皆收攝於自我之良知之中，以對治吾人與天地萬物之間種種疏離與異化之現象，並推擴及於他人之心，使天地萬物與吾人之間真切地感通而有萬物一感之連結之感；依船山之義理而言，其著重透過抱持著追本溯源、反省批判並加以創新之態度，進而開展人文化成之世界，並且立人道之極。[2]兩人以儒家義理為宗，進而使萬物歸於一致。

---

1 唐君毅先生即補充道：「此種偉大之生命之對痛苦之感受，並非只是一示現一痛苦之感受。因分裂為真實，則由感分裂以有之痛苦，亦為真實。然因此感分裂之感，仍依於統一之生命，而此統一之生命之力，足以堪任此痛苦，故能一方有此痛苦之感受之堅忍，一方有對痛苦之超越，並能自體驗此痛苦之更內在的開拓其生命之價值意義，而自收獲此痛苦之果實也。」參見唐君毅，《病裏乾坤》（新北：鵝湖出版社，1980 年 9 月），頁 53。

2 必須特別說明的是，陽明並非不是不重視人文歷史，其之義理之義蘊在於強調吾人道德自我之主體與超越之層面。

其肯定吾人之生命皆為形而上之「道」之呈現，是以吾人亦皆能透過正心誠意、格物致知交修之工夫，進而使自我從虛妄之人生復歸於真誠之人生，貞定自我之生命為一真實之存有。

即便陽明與船山之義理有所差異，然在整體儒家義理中，其皆特別重視吾人之道德實踐與創造感通之能力。其旨趣即在吾人能透過自我之道德自覺與道德實踐之相依互進之上並進而擴充開展之，如此除了能滿足自我之意義需求，並建立吾人之外在行為之規範，而在吾人於平時灑掃應對進退之道德實踐中逐步擴充貫通於整個生活世界，是以儒家義理強調吾人與天地萬物之間之一體性、和諧性與連續。[3]不論是賢是愚，吾人之生命皆能透過道德修養與實踐貫通於所有之生命，而能真正體現民胞物與、天下一家，進而做到及物潤物、體現儒家義理中「萬物一體」之真實義蘊。[4]

身處於生活世界中之吾人，若只是順著自我之習氣而陷溺於

---

3 唐君毅先生即補充道：「我們如果把宇宙當作一通體相關宇宙，則任何對象以通體相關之宇宙為背景，其意義都可說通於一切對象。所以我們嚴格說起來，我們應該可以於一對象中，領略其一切意義，而感受一全宇宙之意味於一對象中。」參見唐君毅，《哲學論集》（臺北：臺灣學生書局，1990 年 1 月），頁 99。林安梧先生亦補充道：「天人、物我、人己通而為一的關係，我則把它稱為『存有的連續』……存有的連續觀是當我在談一個存在的對象物之前，我必須先預取我的心靈與存在的對象物是通而為一的，我的心靈意識活動，並不是與這存在的對象在最初時就分而為二，成為一條線的兩端，而是關聯誠一個整體在活動。因此，人與人之間的關係、人與物之間的關係、人與超越之間的關係，都是連在一塊的，構成一個圓環，構成一個整體的關係。這樣的一個心靈活動，是往而能復、有往有復、有來有去的。」參見林安梧，《儒學轉向：從「新儒學」到「後新儒學」的過渡》（臺北：臺灣學生書局，2006 年 2 月），頁 413-414。

4 李瑞全先生即補充道：「從儒家的角度來說，自然的流程或變化，並不必然符合人類的道德判斷的，因此，人類有改變自然的道德要求，這說是對自然的運作或缺陷作出補救，由補救更可進而參與天地化育萬物的生生之德的表現。……人的道德表現在於使得每個人的性分都得到充盡的發揮，由是也使得每一物都同時得到潤澤，即得到其為物的性分的最充分的實現。此即是『人無棄人，物無棄物』的境界，不但無一人一物受到傷害委屈，而且每一人每一物也受到最適其性的照顧和愛護。」參見李瑞全，《儒家生命倫理學》（新北：鵝湖出版社，2000 年 9 月），頁 131。

只為滿足生存需求時，吾人之生命無法獲得向上提昇之可能，吾人之生命乃為一有限之存在，在與外在事物感通之時易常會隨軀殼起念而有一念陷溺於外在實存環境或自身欲望而使身與心、形與神產生矛盾破裂之問題。是以吾人必須自覺地一念自返復歸於生命之源頭對峙之，儒家義理輔導學即為重視吾人自我生命之自覺與自療，並落實於此生活世界中，擴充而療癒他人。[5]

　　吾人之生命處於此生活世界中，乃是具有「責任」之有限之存有。是以如何在吾人有生之年中，在每個當下所遇之無常之實存之境，不論順逆禍福、窮通吉凶皆能不躲閃、不逃避且無所怨尤，真切而自覺地直下正視自我之責任，並承擔起責任。則吾人之生命即能在每個當下，呈現活潑潑且具有意義價值之生命。體現生命本具之真，且建立道德自我。[6]此即為儒家義理中特別強調之義蘊。亦為筆者於本文篇目所下之旨趣。是以吾人在生活世界中落實道德實踐並挺立道德自我，對治道德生命之異化，進而在有限之人生中豐厚自我之生命並創造無限之意義價值。是以儒家義理輔導學之重點不在意義之直接獲取；而是通過當下直接之承擔，復歸到生命存有之至大至廣之道體，理解自我之生命整體、並開展自我之生命存在、豐厚自我之生命內容、提升自我之生命

---

5 唐君毅先生即補充道：「以吾養病之事而言，則為求康復，而求所以治病養生之道，是義，而必求病癒，則是利。然養病不求病癒，又正非易事。此中人自會有種種之轉念以求其必。此則唯待於更一一思此種種之所求之『必』，皆實不可必，否則，利心終可斷也。以此例之，人生一切義利之辨，莫不同於此。人能無往而不辨此義利之分，則人生覺悟之道，於是乎在矣。」參見氏著，《病裏乾坤》，頁35。

6 唐君毅先生即補充道：「人總有一條向上之路可發見，而不必去逃遁其自然生命在俗情世間中所遭遇之一切。對此一切，依此『道』，人都可加以同意。無論我發現我在那裏，我都可說：『是，我在這裏。』是，是，是，之一無限的肯定，可把一切天賦於我的，一切現實的，可能的遭遇，都加以承擔、負載，而呈現之於我之自覺心與自由意志之前。」參見唐君毅，《人生之體驗續編》（臺北：臺灣學生書局，1996年3月）頁70-71。

境界並參贊天地萬物，使自我之生命臻於圓滿，並據以此開展一切人文化成之活動。[7]此即為建構儒家義理輔導學之意義與特色。

第二節　以王陽明與王船山之義理所建構之儒家義理輔導學之反思與限制

　　本書之開展擬以王陽明與王船山之義理為基礎，嘗試以理解、詮釋與辯證之方式建立儒家義理輔導學。在建立之過程中，筆者扣緊之問題即為「吾人處於此生活世界中，該如何面對吾人生命中身心矛盾割裂之問題並如何復歸根源之道提出回應。」然此回應之限制即在於儒家義理輔導學所欲輔導的，仍是以吾人之心靈為主，使自我能從「小人」僅止追求生存需求之生命境界，上達至如「大人」般身心一如之生命境界。是以筆者在行文之過程中，較缺乏客觀地臨床試驗、研究數據亦或是具體之實際療效，此實為本書之不足之處。

　　復次，筆者所建構之儒家輔導學並非如一帖藥方，只要服用了便一定會有所好轉。[8]儒家義理乃是一門生命之學問，是以儒家義理輔導學並非是靠外力之方式療癒自我與他人，其療癒重點仍

7　唐君毅先生即補充道：「人在各種不同之文化活動中，其自覺之目的，固不必在道德之實踐，而恆只在一文化活動之完成，或一特殊的文化價值之實現。……然而一切文化活動之所以能存在，皆依於一道德自我，為之支持。一切文化活動，皆不自覺的，或超自覺的，表現一道德價值。道德自我是一，是涵攝一切文化理想的。」參見唐君毅，《文化意識與道德理性》自序（二）（臺北：臺灣學生書局，2003年4月），頁5-6。

8　林安梧先生即補充道：「我認為治療學基本上並不是有一種普遍的藥方，好像什麼人都可以吃，吃了是有一種普遍的藥方，好像什麼人都可以吃，吃了一定都會好，這是不可能的，其實還是有個別的適應性。」參見氏著，《儒學轉向：從「新儒學」到「後新儒學」的過渡》，頁450。

是在吾人平日生活中臨事時當下之道德實踐，而非只是單純地理解典籍中之語言文字便可通極於道體。儒家義理乃為面對當代之文化困局而謀求更新解決之道。於是吾人便可規定儒家之性質乃為實踐（行）而非徒思辨（知）也；乃道德，而非徒哲學也；乃重用（注重發用流行），而非徒重體（本質釐定）也。於是因體恆定而用必隨環境之變遷而調適之故，儒家義理之精神義蘊乃必須是即用見體而日新又新。

依陽明義理所建立之儒家義理輔導學，其治療之開展乃是肯定自我主體之良知並進而有自覺吾人之生命有向上提昇之需求。然若吾人把持不當理解有誤，將自我之良知呈現視為客觀標準之格局教條而教導他人，此並非陽明義理中良知發用之真實義蘊。[9]

依船山義理所建立之儒家義理輔導學，其重言氣之流行存在，是以治療之開展即在於吾人藉由平時之存養與臨事時之省察，內外本末，還成一體，合內聖與外王之功於一致，如此當下即為圓滿之義，進而能真實建立人文化成之全體大用。然若吾人只將氣視為形而下之二分而限定之關係，此亦並非船山義理之真實義蘊。[10]

9　曾昭旭先生即補充道：「別人不懂或不研究此一套良知學，並非即無良知之呈現。因此要判別他人道德不道德，並不能根據你這一套良知的學問為判準便可知，而更要通過他的良知發用的途徑來觀察，才比較可能得其實。……若人不能如此曲盡其情，而直接將超越的『良知呈現』之境界，拉下來作為一普遍的行為判準……便恆易於見到他人行為的殘缺、陷溺、無自覺、不圓滿之處，而不見他人曲折呈露的種種道德價值，而不免對他人作出種種不相干的苛責了。而此被苛責的他人，……便亦不免會有一種被誤解、被冤屈的憤懣，而以種種言辭行動來反擊來自衛了。這便構成了彼此的違隔不通。」參見曾昭旭，《道德與道德實踐》（臺北：漢光文化，1989 年 8 月），頁 140。

10　林安梧先生曾以「我與您」詮釋「氣」：「『我與您』所強調的是經由人的仁心去潤化萬物，參贊萬物。此參贊潤化並不將其所對之萬物視為對象，而是彼收歸主體，值得注意的是，這裡所謂的『收歸主體』並不是將之據為己有，而是以主體精神涵化之，上遂之，以通極於道之謂也。……萬物之為萬物，當其向人顯現時，是以其主體的身分，而不是以其對象的身份，萬物既以主體之身

　　由於本書之研究目的在於建立儒家義理輔導學，是以對於船山學中其所關懷之政治、歷史、民族等面向較無法多有所論述，此為本書仍有可再延伸空間之處，筆者願深自惕勵，能有更進一步之研究，將俟諸來日。

　　最後筆者仍須特別說明的是，由於吾人之生命乃為獨一無二之存在，是以吾人生命鬱結之疏通上達仍有待於自我之道德實踐，此為無法經由模仿他人之經驗而獲得。是以本書嘗試提出一個參照之可能，然吾人欲成為一個怎麼樣的人，其各自之生命形態在每次臨事之當下欲向上提昇盡其性而天理流行，亦或是向下陷溺而私欲橫流。在此境遇當下之決斷仍須由吾人自我負起責任進而去摸索、嘗試、釐清、疏通、創造並實踐之。[11]

第三節　以王陽明與王船山之義理所建構之儒家義理輔導學之現代意義與未來展望

　　吾人現在所處之生活世界乃是一資訊發展非常快速、且擁有普遍合理規章制度之社會；然而弔詭的是，吾人之心靈卻未隨著科技之發展變遷逐步昇進，反而變得易於陷溺於外在事物，造成

份向人顯現則必與人之主體互相啓發流注，周浹一體，而此一體之為一體，是通極於道，而成之一體。」參見林安梧，《血緣性縱貫軸──解開帝制，重建儒學》（臺北：臺灣學生書局，2016 年 3 月），頁 171。

11　曾昭旭先生即補充道：「詮釋經典不能止於字面或文理之訓詁分析，而須通過心靈明覺、生活實踐，實有所悟所得，以印證於原典，亦賦予原典以新義。而在此實踐性或創造性詮釋中，必是一方面對此原典文句所蘊含之義理有所抉發開展；另一方面亦可串連其他原典或家派之義理，而組構成一新的統整性之義理系統，以朝集大成之方向更進一步也。」參見曾昭旭，〈論實然世界與應然世界的辯證相即──兼論經典義理的創造性詮釋〉，「當代新儒家與心學傳統第十二屆新儒學國際學術研討會」會議論文（貴陽：孔學堂文化傳播中心，2017 年 10 月），頁 2。

意義價值之失落，進而對生活世界中一切事物充滿著憤懣不平之感。是以筆者以為當代科技迅速之發展無法解決吾人意義感失落之問題，現當代之科學本身亦無法完全安頓吾人自身生命之意義價值問題。

職是之故，本書嘗試以儒家義理為核心，提出一個以吾人本具之正向且具有積極性之動力，引導吾人除了安頓自我之生命之外，也亦能安頓他人之生命之修養工夫。希冀治療並調節存在於吾人社會中之種種矛盾、對立與衝突之負面效應。儒家義理特別強調以吾人本善之生命本心之自覺與實踐生命存在之意義價值為起點，關懷吾人處之生活世界中之天地萬物，並具體提出道德實踐如何可能之入路，真正能獲得「安身立命」之道，以真實貫注於於此身此命，使得吾人與天地萬物之間透過感通能真實地互依互存恢復本有之一體感而不再割裂。[12]

復次，筆者據以意義治療之哲學詞彙重新詮釋陽明與船山之義理，使雋永之傳統儒家義理更為體貼吾人之生活，並真正參與至現代社會之生活世界中，據以此重整儒家義理之根本義蘊，並融通西方文化之體與用，挺立自我文化中永恆之體與當代之用，進而開展傳統儒學與當代社會對話之可能，以承續儒家義理之文化生命能自強不息。

「我是誰？」、「我想成為一個怎樣的人？」、「吾人要如何安頓自我之生命？」此為筆者長期以來研讀中國義理所關懷之問題。儒家義理乃為安頓生命之學問，是以筆者嘗以陽明與船山

---

12 唐君毅先生即補充道：「我們雖承認儒家之重盡心知性，身體力行，……然我們亦不能以只有此現實的家庭、社會、國家、人類內部之道德實踐，即足為儒家之精神生活之全幅內容。吾人生命之擴大，心之性情之流行等，要不能安於此限制之內，而終必將洋溢出於其外，且進而洋溢出於特定的自然物。」參見唐君毅，《中國人文精神之發展》（臺北：臺灣學生書局，2000 年 6 月），頁 373。

之兩種義理展示建構儒家義理輔導學，而儒家義理輔導學之最後
目的，即在於使吾人擁有生命自立且能自主之能力。如此受異化
之吾人不僅可以在面對求生命意義上達時能夠克服所遭遇之當下
境遇之困難；更能積極幫助他人受傷之生命上達，疏通其中窒鬱
阻礙之處。使自我與他人皆能歸於天德流行之境。誠然由陽明與
船山之義理所建構之儒家義理輔導學亦可與其他儒家義理輔導學
亦或是由道家義理、佛家義理所建構之輔導學有一交流與互動之
可能。此有待吾人於未來加以闡發。

　　吾人藉由自我生命之自覺體察並據以此展開治療，不但可以
「自療療人」，進而更能「成人成物」。不論吾人所處之當下環
境，皆能在生命之有限有盡中自覺地盡自我之心性之流行，挺立
自我之心靈提昇至天德流行之本來境界，使吾心與天心合一，以
達至善之境。吾人之生命皆能據以此治療之過程，理解自我生命
存在之意義並復位自我之人生而能真實地與他人與天地萬物有所
感通，並省察自我生命中之虛妄與真實，進而建立道德之自我，
擁有道德之生活。[13]吾人生命中之永恆價值唯有落實於有限中方
可得以體現，是以暢通自我之生命與他人、生活世界之互動中擁
有良善且和諧之連結，如此即是在有限中體現了無限之意義價
值，吾人之生命本具良知良能之流行即天德之流行，由此而調適
上遂天人、物我、人我以超主客之別。而吾人藉由此盡性立命之

---

13 關於「道德生活」，唐君毅先生即補充道：「什麼是真正的道德生活？自覺的
　自己支配自己，是為道德生活。」參見唐君毅，《道德自我之建立》（臺北：
　臺灣學生書局，2015 年 9 月），頁 37。又有言：「人生之目的，不外由自己了
　解自己，而實限真正的自己。再進一層，便是由此確立自我之重要，……自強
　不息的開闢自己之理想，豐富生活之內容。再進一層，便是在人與人之生活中，
　人類文化中，體驗各種之價值。最後歸於平凡之日常生活，都能使之實現一種
　價值，如是而後有對生活的肯定。」參見唐君毅，《人生之體驗》（臺北：臺
　灣學生書局，2010 年 10 月），頁 41-42。

過程治療自我受異化之生命，使其復歸於真誠本然之善，真正地
服膺於儒家義理而成為一個「人」。[14]本書論以陽明與船山義理
所建構之「儒家義理輔導學」之說，可止於此。筆者蒙前賢之脈
絡乃能有所見如此，有所說如此。今即暫以此文標示筆者目前之
所見，並以為日後努力之起點，自勉之餘尚祈各位學者賜正。

---

14 唐君毅先生即補充道：「人果能隨處自正此心量之無限，以觀其現實之生命之
　存在中之有限，亦觀他人之現實之生命存在中有限；乃使有限者，皆各成其限，
　仁也；使有限者相限，而各得其限，義也；使有限者互尊其限，禮也；知有限
　者之必有其限，智也。而我之此仁義禮智之心，則意在曲成天下之有限，亦即
　自成其為無限。又我有此仁義禮智之心，人皆有之，充極其量，則又皆同其無
　限，更無互相之節限之可言；而以我之此心通人之此心，即仁也；謂人我同具
　此心，即義也；以我之此心，自敬，而敬人之此心，禮也；知人我皆有此心更
　不復疑，智也。我有此心，人有此心，而同其無限量，以相攝相涵。……以使
　有限者與無限者，各居其正位，以皆直道而行始。」參見氏著，《人生之體驗
　續編》，頁163-164。

主要徵引書目與參考文獻

壹、古籍文獻（按出版先後排序）

一、主要參考古籍文獻

明‧王守仁撰，吳光、錢明、董平、姚延福編校，《王陽明全集》，上海：上海古籍出版社，2014 年 1 月。

明‧黃宗羲，清‧王夫之撰，《黃梨州王船山書》，臺北：世界書局，2015 年 3 月。

清‧王夫之撰，李一忻點校，《周易外傳》，北京：九州出版社，2010 年 1 月。

清‧王夫之撰，李一忻點校，《周易內傳》，北京：九州出版社，2010 年 1 月。

清‧王夫之著，《船山全書》第九冊，長沙：嶽麓書社，2011 年 1 月。

清‧王夫之著，《船山全書》第十二冊，長沙：嶽麓書局，2011 年 1 月。

清‧王夫之著，《詩廣傳》，北京：中華書局，2011 年 3 月。

清‧王夫之著，《張子正蒙注》，北京：中華書局，2011 年 12 月。

清‧王夫之著，王孝魚點校，《尚書引義》，北京：中華書局，

2011 年 12 月。

清・王夫之著，《讀四書大全說》，北京：中華書局，2011 年 12
月。

清・王夫之著，王孝魚點校，《老子衍　莊子通　莊子解》，北
京：中華書局，2014 年 11 月。

清・王夫之著，舒士彥點校，《讀通鑑論》，北京：中華書局，
2015 年 3 月。

二、其他古籍文獻

東漢・許慎撰，清・段玉裁注，《說文解字注》，臺北：天工書局，
1998 年 8 月。

北宋・周敦頤，《周敦頤集》，北京：中華書局，1990 年 5 月。

北宋・張載撰，林樂昌編校，《張子全書》，西安：西北大學出版
社，2014 年 12 月。

北宋・程顥、程頤撰，《二程集》，臺北：漢京文化事業公司，
1983 年 9 月。

南宋・陸九淵撰，《陸象山全集》：臺北：世界書局，2012 年 12
月。

南宋・朱熹，《周易本義》，臺北：大安出版社，2014 年 2 月。

南宋・朱熹，《四書章句集註》，新北：鵝湖月刊社，2014 年 10
月。

南宋・朱熹著，黎靖德編，王星賢點校，《朱子語類》，北京：中
華書局，2016 年 5 月。

明・王廷相著；王孝魚點校，《王廷相集》，北京：中華書局，2009
年 2 月。

明・羅欽順，《困知記》，北京：中華書局，1990 年 8 月。

明・黃宗羲撰，《明儒學案》，臺北：世界書局，2014 年 6 月。

清・王先謙撰，沈嘯寰、王星賢整理，《荀子集解》，北京：中華書局，2012 年 3 月。

清・戴震，《孟子字義疏證》，北京：中華書局，2011 年 3 月。

貳、近人論著

一、專著（按作者姓名筆劃排序）

王金凌，《先秦學術講錄》，臺北：萬卷樓圖書股份有限公司，2017 年 9 月。

王邦雄、曾昭旭、楊祖漢著，《孟子義理疏解》，新北：鵝湖出版社，2010 年 9 月。

王邦雄、曾昭旭、楊祖漢著，《論語義理疏解》，新北：鵝湖出版社，2013 年 3 月。

王邦雄、岑溢成、楊祖漢、高柏園著，《中國哲學史》，臺北：里仁書局，2013 年 3 月。

牟宗三，《宋明儒學的問題與發展》，臺北：聯經出版，2003 年 6 月。

牟宗三，《心體與性體》，新北：正中書局，2010 年 12 月（2012 年 5 月）。

牟宗三，《從陸象山到劉蕺山》：臺北：臺灣學生書局，2011 年 7 月。

牟宗三，《中國哲學十九講》，臺北：臺灣學生書局，2015 年 8 月。

牟宗三，《生命的學問》，臺北：三民書局，2015 年 8 月。

牟宗三，《中國哲學的特質》，臺北：臺灣學生書局，2015 年
　　10 月。

李瑞全，《儒家生命倫理學》，新北：鵝湖出版社，2000 年 9 月。

李滌生著，《荀子集釋》，臺北：臺灣學生書局，2014 年 9 月。

吳震、孫欽香，《新視野中華經典文庫：傳習錄》，香港：中華
　　書局，2015 年 7 月。

林月惠，《良知學的轉折：聶雙江與羅念菴思想之研究》，臺北：
　　國立臺灣大學出版中心，2005 年 9 月。

林月惠，《詮釋與工夫：宋明理學的超越蘄嚮與內在辯證》，臺
　　北：中央研究院中國文哲所，2012 年 12 月。

林安梧，《王船山人性史哲學之研究》，臺北：東大圖書，1987
　　年 9 月。

林安梧，《中國宗教與意義治療》，臺北：明文書局。2001 年
　　7 月。

林安梧，《儒學轉向：從「新儒學」到「後新儒學」的過渡》，
　　臺北：臺灣學生書

局。2006 年 2 月。

林安梧，《中國人文詮釋學》，臺北：臺灣學生書局。2009 年
　　10 月。

林安梧，《牟宗三前後：當代新儒家哲學思想史論》，臺北：臺
　　灣學生書局。2011 年 9 月。

林安梧，《血緣性縱貫軸──解開帝制，重建儒學》，臺北：臺
　　灣學生書局，2016 年 3 月。

姜濤，《管子新注》，山東：齊魯書社，2009 年 4 月。

韋政通，《中國思想史》，臺北：大林出版社，1980 年 4 月。

韋政通主編，《中國哲學辭典大全》，臺北：水牛出版社，1997

年 11 月。

秦家懿，《王陽明》，臺北：東大圖書公司，2013 年 7 月。

張立文，《宋明理學研究》，北京：中國人民大學出版社，2016 年 3 月。

張鼎國，《詮釋與實踐》，臺北：政大出版社，2011 年 12 月，頁 136。

唐君毅，《病裏乾坤》，臺北：鵝湖出版社，1980 年 9 月。

唐君毅，《中國文化之精神價值》，臺北：正中書局，1993 年 1 月。

唐君毅，《人文精神之重建》，臺北：臺灣學生書局，2000 年 6 月。

唐君毅，《中國人文精神之發展》，臺北：臺灣學生書局，2000 年 6 月。

唐君毅，《心物與人生》，臺北：臺灣學生書局，2002 年 9 月。

唐君毅，《人生之體驗》，臺北：臺灣學生書局，2010 年 10 月。

唐君毅，《人生之體驗續編》，臺北：臺灣學生書局，1996 年 3 月。

唐君毅，《人生隨筆》，臺北：臺灣學生書局，2014 年 4 月。

唐君毅，《道德自我之建立》，臺北：臺灣學生書局，2015 年 9 月。

唐君毅，《中國哲學原論·導論篇》，臺北：臺灣學生書局，2004 年 10 月。

唐君毅，《中國哲學原論·原道篇》，臺北：臺灣學生書局，2000 年 9 月。

唐君毅，《中國哲學原論·原性篇》，臺北：臺灣學生書局，2006 年 11 月。

唐君毅，《哲學概論》，臺北：臺灣學生書局，2005 年 10 月。

唐君毅，《哲學論集》，臺北：臺灣學生書局，1990 年 2 月。

唐君毅，《文化意識與道德理性》，臺北：臺灣學生書局，2003 年 4 月。

唐君毅，《中國哲學原論‧原教篇》，臺北：臺灣學生書局，2004 年 10 月。

唐君毅，《生命存在與心靈境界》，臺北：臺灣學生書局，2006 年 9 月。

唐君毅，《青年與學問》，臺北：三民書局股份有限公司，2014 年 4 月。

曾昭旭，《性情與文化》，臺北：時報文化，1988 年 6 月。

曾昭旭，《道德與道德實踐》，臺北：漢光文化，1989 年 8 月。

曾昭旭，《在說與不說之間──中國義理學之思維與實踐》，臺北：漢光文化，1992 年 2 月。

曾昭旭，《良心教與人文教：論儒學的宗教面相》，臺北：臺灣商務印書館股份有限公司，2003 年 8 月。

曾昭旭，《存在感與歷史感：論儒學的實踐面向》，臺北：臺灣商務印書館股份有限公司，2003 年 8 月。

曾昭旭，《儒家傳統與現代生活：論儒學的文化面相》，臺北：臺灣商務印書館股份有限公司，2003 年 10 月。

曾昭旭，《王船山哲學》，臺北：里仁書局，2008 年 3 月。

曾春海，《中國哲學史綱》，臺北：五南圖書出版股份有限公司，2012 年 8 月。

張莉紅、羅波，《天理人欲》，新竹：花神出版社，2004 年 7 月。

許朝陽，《善惡皆天理：宋明儒者對善惡本體意蘊之探討》，臺北：文史哲出版社，2014 年 4 月。

勞思光，《中國哲學史》，香港：友聯出版社，2012 年 10 月。

陳來，《宋明理學》，臺北：允晨文化，2010 年 2 月。

陳來，《詮釋與重建：王船山的哲學精神》，北京：生活‧讀書‧新知三聯書店，2010 年 12 月。

陳來，《有無之境：王陽明哲學的精神》，北京：生活‧讀書‧新知三聯書店，2014 年 2 月。

陳贇，《回歸真實的存在：王船山哲學的闡釋》，上海：復旦大學出版社，2007 年 3 月。

陳大齊，《荀子學說》，臺北：中國文化大學出版部，1989 年 6 月。

陳立勝，《王陽明「萬物一體」論──從「身一體」的立場看》，臺北：臺大出

版中心，2005 年 5 月。

陳祺助，《王船山「道德的形上學理論」之開展》，高雄：麗文文化，2012 年 6 月。

陳鼓應，《莊子今註今譯》，臺北：臺灣商務印書館股份有限公司，2011 年 9 月。

陳榮捷，《王陽明傳習錄詳註集評》，臺北：臺灣學生書局，2006 年 9 月。

傅佩榮，《人生，一個哲學習題：認識自我、開發潛能、修養靈性的追求》，臺北：遠見天下文化出版股份有限公司，2016 年 7 月。

傅偉勳，《批判的繼承與創造的發展》，臺北：東大圖書股份有限公司，1986 年 6 月。

傅偉勳，《從西方哲學到禪佛教》，臺北：三民書局，1991 年 2 月。

傅偉勳，《學問的生命與生命的學問》，臺北：正中書局，1993 年

12 月。

傅偉勳，《從創造的詮釋學到大乘佛學》，臺北：東大圖書股份有限公司，1999 年 5 月。

傅偉勳，《死亡的尊嚴與生命的尊嚴》，臺北：正中書局，2010 年 6 月。

楊祖漢，《儒家的心學傳統》，臺北：文津出版社，1992 年 6 月。

劉滄龍，《氣的跨文化思考──王船山氣學與尼采哲學的對話》，臺北：五南圖書出版股份有限公司，2016 年 8 月。

董金裕，《周濂溪集今註今譯》，臺北：臺灣商務印書館股份有限公司股份有限公司，2011 年 8 月。

鄧克銘，《王陽明思想觀念研究》，臺北：臺大出版中心，2010 年 7 月。

蔡仁厚，《中國哲學史》，臺北：臺灣學生書局，2009 年 7 月。

蔡仁厚，《王陽明哲學》，臺北：三民書局，2009 年 8 月。

蔡家和，《王船山《讀孟子大全說》研究》，臺北：臺灣學生書局，2013 年 9 月。

蔡龍九，《王陽明哲學》，臺北：五南圖書出版股份有限公司，2015 年 1 月。

錢穆，《晚學盲言》，北京：生活・讀書・新知三聯書店，2014 年 1 月。

蒙培元，《情感與理性》，北京：中國人民大學出版社，2009 年 12 月。

鄔昆如，《倫理學》，臺北：五南圖書出版股份有限公司，2011 年 4 月。

戴景賢，《王船山學術思想總綱與其道器論之發展》，香港：中文大學出版社，2013 年 4 月。

二、論文集（依出版年月排序）

周群振，《當代新儒學論文集・內聖篇》，臺北：文津出版社，1991 年 5 月。

鄭仁在、黃俊傑編，《韓國江華陽明學研究論集》，臺北：國立臺灣大學出版中心，2005 年 9 月。

劉國英、張燦輝編，《求索之跡：香港中文大學哲學系六十周年系慶論文集・校友卷》，香港：香港中文大學出版社，2009 年 5 月。

楊儒賓、祝平次編，《儒學的氣論與工夫論》，臺北：國立臺灣大學出版中心，2012 年 5 月。

景海峯主編，《儒學的當代發展與未來前瞻》，北京:人民出版社，2014 年 12 月。

鮑紹霖、黃兆強、區志堅主編，《北學南移：港台文史哲溯源》（學人卷 I），臺北：

秀威資訊，2015 年 4 月。

黃俊傑編，《東亞視域中孔子的形象與思想》，臺北：臺大出版中心，2015 年 10 月。

三、期刊與會議論文（依出版年月排序）

林安梧，〈再論「儒家型的意義治療學」──以唐君毅先生的《病裡乾坤》為例〉，《鵝湖月刊》第 28 卷第 4 期，2002 年 10 月。

鄭志明，〈從唐君毅的《病裏乾坤》談儒學醫療〉，《鵝湖月刊》第 28 卷第 4 期，2002 年 10 月。

蕭裕民，〈王陽明思想中一個應被重視的部份──「樂」〉，《興

大中文學報》第十七期，2005 年 6 月。

劉錦賢，〈儒家圓成之德教論述——興於詩，立於禮，成於樂〉，《興大中文學報》第十九期，2006 年 6 月。

曾春海，〈儒家對身心靈的治療——以王陽明為範例〉，《輔仁宗教研究》，2007 年 2 月。

陳佳銘，〈從孔、孟的命論談儒家意義治療學之建構〉，《生死學研究》第九期，2009 年 1 月。

林維杰，〈王陽明論知行：一個詮釋倫理學的解讀〉，《臺灣東亞文明研究學刊》，第 8 卷第 2 期，2011 年 12 月。

施盈佑，〈王船山重「氣」道德論對重「理」道德論的反思〉，《興大中文學報》第三十三期，2013 年 6 月。

齊婉先，〈王陽明與黃宗羲對於性情善惡詮釋之討論〉，《當代儒學研究》第十七期，2014 年 12 月。

陳志強，〈一念陷溺——唐君毅與陽明學者「惡」的理論研究〉，《中國文哲研究集刊》第四十七期，2015 年 9 月。

趙中偉，〈人性之善也，猶水之就下也——從意義治療剖析孟子的「性善」說〉，《輔仁國文學報》第四十一期，2015 年 10 月。

曾昭旭，〈論實然世界與應然世界的辯證相即——兼論經典義理的創造性詮釋〉，「當代新儒家與心學傳統第十二屆新儒學國際學術研討會」會議論文，貴陽：孔學堂文化傳播中心，2017 年 10 月。

曾昭旭，〈為新子學定性定位〉「2017 新子學論壇」會議論文，臺北：文化大學，2017 年 10 月。

參、外文與譯作資料（按作者姓名筆劃排序）

Viktor E.Frankl，《The Doctor and the Soul: From Psychotherapy to Logotherapy》，New York:：Vintage Books，1986 年 9 月。

Viktor E.Frankl 著，李雪媛、柯乃瑜、呂以榮合譯，《向生命說 yes!》，臺北：啟示出版，2009 年 6 月。

Viktor E.Frankl 著，鄭納無譯，《意義的呼喚》，臺北：心靈工坊，2010 年 7 月。